성도와 목회자들을 향한
주님의 경고

KB191844

성도와 목회자들을 향한 주님의 경고

발행일	2016년 9월 10일		

지은이	주 신 명		
펴낸이	손 형 국		
펴낸곳	(주)북랩		
편집인	선일영	편집	김향인, 권유선, 김예지, 김송이
디자인	이현수, 신혜림, 윤미리내	제작	박기성, 황동현, 구성우
마케팅	김회란, 박진관, 오선아		
출판등록	2004. 12. 1(제2012-000051호)		
주소	서울시 금천구 가산디지털 1로 168, 우림라이온스밸리 B동 B113, 114호		
홈페이지	www.book.co.kr		
전화번호	(02)2026-5777	팩스	(02)2026-5747

ISBN	979-11-5987-145-0 03230(종이책)	979-11-5987-146-7 05230(전자책)

이 도서의 국립중앙도서관 출판예정도서목록(CIP)은 서지정보유통지원시스템 홈페이지(http://seoji.nl.go.kr)와
국가자료공동목록시스템(http://www.nl.go.kr/kolisnet)에서 이용하실 수 있습니다.
(CIP제어번호 : CIP2016021947)

성공한 사람들은 예외없이 기개가 남다르다고 합니다.
어려움에도 꺾이지 않았던 당신의 의기를 책에 담아보지 않으시렵니까?
책으로 펴내고 싶은 원고를 메일(book@book.co.kr)로 보내주세요.
성공출판의 파트너 북랩이 함께하겠습니다.

성도와 목회자들을 향한 주님의 경고

주신명 지음

마라나타!
모든 영광 주님 홀로 받으시옵소서

북랩 book Lab

이 책을
쓰게 된 동기

　　　2015년 4월 17일 금요일 오전, 기도를 하는 가운데 성령님의 음성을 감지했습니다. 성령님은 오랫동안 저를 한밤중에 깨우셔서 기도하게 하시고 성경을 읽게 하시는 가운데 계속 말씀을 주고 계셨습니다. 그때마다 저는 그 말씀들을 노트에 기록해 나갔습니다.

　금요일 아침, 그 날은 조금 늦은 아침 시간에 엎드려 기도하는 가운데 책을 쓰라는 말씀을 주셨습니다.

　　"책을 쓰라. 내가 강권한다. 쓸지어다. 과감히 담대하게
　　쓸지어다. 간증도 함께 쓸지어다."

　책 목차까지 정해 주셔서 저는 바로 받아 적었습니다. A4 용지 두 장의 분량이었습니다. 그중 몇 가지를 적어 보면,

❖ **추도예배, 장례예배 때문에 지옥 가는 자가 너무 많다.**
❖ **예배 시간에 나의 영광 빼앗는 교회 너무 많다.**

❖ 성경 읽는 사람이 너무 적다.

❖ 말씀을 말씀답게 전하는 주의 종이 거의 없다.

❖ 천국 지옥에 대해 의심하는 자가 많다.

등이었습니다.

그러나 저는 곧 실행에 옮기지 못하고 있었습니다. 그때 저는 외부와의 접촉을 거의 끊고 골방에서 계속 기도하며 말씀을 보던 중이었습니다. 저는 그때 아들의 구원 문제를 놓고 필사적으로 기도하고 있었고, 이 마지막 시대를 깨우치지 못하는 영혼들에 대해 기도하고 있었습니다. 사건 사고를 당하는 뉴스를 들을 때마다 '저 사람들 천국 가야 하는데 지옥 갔으면 어쩌나.' 하는 생각만 할 때였습니다. 지옥의 참상, 그것도 영원한 형벌을 겪어야 하는 그 고통을 생각하면 하루도 기도 없이 살 수 없었습니다.

그렇게 기도하는 과정에 깊은 밤 잠든 저를 깨우셔서 기도하게 하시고 그때마다 말씀을 주시고 영적 비밀을 하나씩 깨우쳐 주시는 그 재미에 빠져 그러한 시간들을 책 쓰는 데 빼앗기고 싶지 않아서 주님이 책을 쓰라고 하셨는데도 머뭇거리다가 시간이 흐르면서 그나마 잊고 있었습니다. 그런데 그로부터 8개월이 지난 12월 15일 화요일 아침, 기도하는 가운데 또 책을 쓰라는 영감과 함께 이번에는 이 시대 목사님들에게 전할 메시지를 아주 구체적으로 주셔서 저는 곧바로 받아 적었습니다. 목차만 노트 3페이지에 달하는 분량이었습니다. 계속 기도하면서 2시간 30분에 걸쳐 받아 적게 된 것입니다. 그리고 곧 이어서 성도들에게 주시는 말씀, 그리고 책을 쓸 때 그동안 목사님들을 비롯해서 천국 지옥을 경험한 사람들의 간증을 사례별로 기록하라는 감동도 주셨습니다.

　하나님께서 많은 사람들에게 천국과 지옥을 보여 주신 이유는 성경에 기록된 천국과 지옥의 실재를 믿지 못하거나 의심하는 사람들에게 천국과 지옥이 있다는 사실을 알리고 영원한 형벌의 장소인 지옥에 가지 말고 모두 천국에 갈 수 있는 믿음을 가지라는 하나님의 사랑 때문입니다. 천국, 지옥 간증 자들이 잘못 보거나 혹은 거짓말하는 자들도 있다는 것도 알리시며 천국 지옥을 말씀에 비추어 분별하는 지혜를 주셨습니다. 그리고 말미에 제가 기도 가운데 주님께서 깨우쳐 주시는 말씀들을 함께 쓰라는 감동을 주셨습니다. 말씀을 주실 때마다 노트에 기록을 해 놓았기 때문에 그 일이 어려운 일은 아니었습니다. 성령님께서는 또 '하나님의 심정이 되어 책을 쓰라. 네가 쓴 것이 아니고 내가 쓴다. 너는 도구일 뿐이다.'라는 감동을 진하게 주셨습니다. 그래서 순종하는 마음으로 바로 집필에 들어가게 되었습니다. 주님께서 주신 대로 인도하시는 대로 쓰면 되겠기에 저는 기도했습니다.

주님! 시작부터 마칠 때까지 성령 충만케 하옵시고,

주님께서 하시옵소서.

저를 도구로 사용하심 감사합니다.

이 시대의
세태

지금은 예수님의 재림을 목전에 두고 있는 마지막 시대입니다. 믿지 않는 사람들도 하루하루의 뉴스를 접하면서, 세상 되어지는 현상들을 지켜보면서 말세지 말이라고 말합니다. 세상은 마치 쓰나미가 몰려온 것처럼 한꺼번에 수많은 사건이 터지면서 지구촌을 강타하고 있습니다.

세계 글로벌화를 외치며 세계를 하나로 묶는 '단일 세계정부' 수립을 위해 프리메이슨, 일루미나티의 조직들이 지하에서 이제 과감하게 자신들의 정체를 드러내며, 수면 위에 떠오르면서 '세계정부 통합'을 위해 발 빠르게 움직이고 있습니다.

각국이 이제 개별 국가로 존재할 수 없도록 신세계 정부를 수립하려는 세계 99%의 부를 차지한 1%의 엘리트들이 자유, 평화, 단결, 일치라는 포장된 캐치프레이즈를 내걸고 적그리스도 출현의 길을 열심히 아주 열심히 닦고 있습니다.

청교도가 세운 나라라고 알려진 미국이 '프리메이슨의 나라'였음을 확실하게 드러내고 있습니다. 미국의 이중성, 숨겨진 베일들이 벗겨지고 있으며 청교도의 나라가 아니라 낙태법, 동성애를 합법화 시키고 학교에서 성경 배우는 시간을 없애고 기독교를 탄압하는 미국이 사단의 나라임을 공표하고 있습니다. 세계 평화를 위해 일한 다는 '유엔'은 동성애 합법화에 앞장서고 있으며, 짐승의 정부 단일 세계화의 중심축이 되고 있습니다.

IS의 기독교인 학살, 뿐만 아니라 학살 장면을 대범하게 동영상으로 세계에 알리는 잔인함, 전 세계에 무차별로 확대되는 무슬림의 자살 테러로 인한 파괴, 살인, 방화.

교황의 전 세계 순례를 통한 종교 통합의 행보, 동성애 합법화로 소돔성과 고모라성의 죄악을 능가하는 죄악들, 간통죄 폐지로 전염 병처럼 번지는 성적인 타락, 세계 3차 대전의 불씨가 될지도 모르는 시리아 내전, 태아의 인육으로 강장제 캡슐을 만들어 밀매로 돈을 버는 잔인무도함, 사람을 납치하여 산 채로 장기를 적출해 팔아넘 기는 잔혹함, 더 이상 어떻게 하나님의 심판을 미룰 수 있겠습니까?

우리나라 현 주소만 해도 WCC가 다원주의임이 만방에 드러났음 에도 대형 교회는 거의 그에 입맞춤으로 선조들의 순교의 피와 예 수님의 피 값으로 세워진 교회를 더럽히고 배도의 물결이 이 나라 에서 넘쳐나고 있으며, 차별 금지법을 통과시키려고 발의한 국회의 원들, 이를 빨리 통과시키라는 유엔 반기문 총장의 압력, 동성애를 지지하는 목사님들, 가장 무섭고 극악한 무슬림 세력이 우리나라에 서 터를 넓히며, 다문화 할랄식품 등 이제 공공연하게 자신들을 드 러내면서 이 나라에서의 무슬림 세력이 확산되어 적그리스도 화 되 어 가고 있는 이 시대에, 깨어 정신 차려 회개하고 부르짖어야 할 교회가 타락에 타락의 길을 서슴없이 가고 있으며, 60년 넘게 적화

통일의 의지를 꺾지 않고 호시탐탐 남한을 노리는 북한의 '땅굴'과 '핵' 앞에서도 이러한 것들을 외면하고 세상 복만 설교하시는 목사님들, 영혼들의 구원에는 관심 없고 오직 자신의 명예를 위해 교회 성도 부풀리기만 하여 가라지를 양산시키는 목사님들을 향해 주님은 채찍을 드셨습니다. 사랑하시기 때문입니다.

물론 복음을 위해 영일 없이 자신을 드려 목회의 사명을 감당하시고 충성하시며, 밤마다 눈물 흘리시면서 나라와 민족을 위해, 죽어가는 영혼들을 위해 시대의 아픔을 안고 주님의 마음으로 기도하시는 목사님들도 많으십니다.

이 책을 읽으시는 독자들은 한 사람의 목소리로 듣지 마시고 이 시대를 향해 눈물 흘리시며, 한 사람도 멸망치 않고 구원에 이르기를 원하시는 사랑의 하나님의 안타까운 마음을 헤아리시기를 바랍니다.

IS의 세력이나, 교황의 종교 통합 운동이나, 신세계 정부의 수립이나, 뉴에이지의 표적은 그리스도인이며, 그들의 궁극적 목적은 이 세상에서 기독교를 박멸하는 것입니다.

성경에 기록된 말씀대로 창세 이후로 없는 대 환난, 전무후무한 대 환난, 아비가 자식을, 자식이 아비를 죽게 하는 환난이 이들을 통해 서서히 다가오고 있습니다. 앞으로 믿음을 지키기 위해서는 순교를 각오해야 할 시대입니다. 순교의 각오 없이는 믿음을 지킬 수 없습니다. 이러한 일들이 현실로 우리 눈앞에서 버젓이 행해지고 있습니다. 그래서 예수님은 '내가 올 때에 믿음을 보겠느냐'고 미리서 경고의 말씀을 하신 것입니다.

그럼에도 이러한 시대 상황을 외면하는 교회가 너무 많고, 이를 전하는 사람들을 비난하는 교회도 많고, 지금 이 시대의 풍요와 안락한 환경에 젖어 기도하지 않고, 말씀 읽지 않고, 세상 문화와 TV 앞에서 시간을 보내는 성도들을 깨우는 일은 목사님들이 하셔야 할 사명입니다. 그것을 주님은 찾고 계십니다.

목사님들의 궁극적인 사명은 성도들을 말씀으로, 기도로 깨우쳐 천국으로 인도하는 일입니다. 예수님이 이를 위해 이 세상에 오셔서 십자가에서 죽으신 것입니다. 결코 예수님의 피를 헛되이 해서는 아니 됩니다. 예수님은 지금도 피눈물을 흘리고 계십니다.

저는 정말 부끄러운 죄인일 뿐이며 가족 구원도 온전히 이루지 못한 사람입니다. 단지 죄를 날마다 회개하는 사람일 뿐입니다. 그래서 제 의지라면 이 책을 쓰고 싶지 않습니다. 그러나 주님의 명령이므로 주님의 도구가 되어 주님의 마음을 전하는 것뿐입니다. 주님께서 이 책을 마칠 때까지 지켜주실 것을 믿습니다.

이 책을 읽으시는 독자 분들은 자신의 이성으로 이 책을 판단하지 마시고 이 책이 무명의 한 사람의 작품인지 주님께서 이 무명인을 도구로 사용하셔서 주님이 주신 말씀인지를 기도로 여쭙기 바랍니다. 그리고 이 책을 대충 읽어 넘기지 마시고 꼼꼼히 읽으실 것을 당부 드립니다. 글자 한 자 한 자에 깃들인 주님의 마음을 놓치지 마시길 거듭 부탁드립니다.

이 책의 출간을 기다리며 성심을 다해 기도해 준 박정희 목사님, 박현숙 전도사님, 그리고 하루도 빠짐없이 전도하며 순교를 각오하면서 주야로 기도하는 고광숙 집사님과 오세광 집사님에게 감사의 마음을 전합니다. 더불어 기도와 함께 항상 영적 도전을 주시며, 죽어가는 영혼들을 위해 찬양으로, 전도로 혼신의 힘을 다 하시는 허마리아 목사님께도 심심한 감사의 말씀을 드리며 모든 영광을 성삼위 하나님께 돌려드립니다.

목 차

친정어머니의 죽음

2014년 7월 20일 주일. 저는 그날 주일 예배를 사당동에 있는 엘림교회에서 드리게 되었습니다. 20년 동안 마지막 시대를 전하시는 장로님이 계셨는데 저는 그 장로님 얼굴을 한 번도 뵌 적은 없었지만 전화상으로 장로님으로부터 많은 정보를 얻고 있던 터라 그 장로님께서 사당동에 개척교회를 세우셨다는 소식을 접하고 이 기회에 축하도 드릴 겸 한 번 뵙고자 엘림교회에 가서 예배를 드리게 된 것입니다.

그날 장로님께서는 제게 간증을 부탁하셨습니다. 그래서 그때 한 간증 가운데 제 친정어머니께서 천국에 가신 모습을 하나님께서 환상 가운데 아주 선명하게 보여 주셨다는 간증을 하게 되었습니다. 간증은 3일 동안 계속되었는데 간증이 끝나던 날 집으로 돌아와서 기도하는 가운데 성령님께서 감동을 주셨습니다.

"지금은 마지막 때이다. 내가 기름 부은 간증이다. 간증이 나를 기쁘게 했다."

하셨습니다. 그리고 그 후 제가 책을 쓰게 될 때 이 간증을 함께 쓰라는 감동을 주셨습니다.

2013년 7월 20일, 그날은 토요일이었는데 목포에 있는 여동생에게서 전화가 왔습니다. 어머니께서 갑자기 병원에 입원하셨다는 것입니다. 제가 놀란 것은 열흘 전 서울에 있는 저희 집에 올라오셨다가 며칠 전에 시골 어머니 댁으로 모셔다 드리고 올라온 바로 뒷날 이 소식을 듣게 되어 너무 갑작스런 일이었기 때문입니다. 이틀 전만 해도 아무 변고 없이 저희들을 전송하셨는데 갑자기 입원하셨다니 그저 놀랍기만 했습니다.

그때 쓰러지신 어머니는 입, 퇴원을 반복하시다가 결국 목포에 있는 요양병원으로 옮겨 장기 입원에 들어가게 되었습니다. 그로부터 6개월 후에 어머니는 90세를 일기로 하늘나라로 가셨습니다. 6개월 동안 요양병원에 계실 때는 치매에 파킨슨병까지 겹쳐 몸이 점점 굳어 가면서 말씀 한마디도 못 하시고 누워만 계시게 되니까 욕창까지 생겨서 결국 치료되지 못하고 90세 되던 2월 13일에 한 많은 이 세상을 뒤로하고 눈을 감으신 것입니다.

평생 6남매를 위해 고생만 하시다가 말년에는 홀로 그 큰 집을 지키시며 많이 외로우셨던 어머니셨기에 모시지 못하고 지켜 드리지 못한 죄송함이 뒤늦게 뼛속에 사무친 자식들은 어머니를 이 세상에서는 다시 뵐 수 없다는 슬픔에 어머니를 못내 그리워하면서 통한의 눈물을 흘렸습니다. 그러나 저는 맏딸이면서 어머니께서 천국에 입성하신 모습을 너무 선명하게 보았기 때문에 그 일로 동생들을 위로했습니다.

평소 저는 지옥이 얼마나 참혹한가를 알았기에 천국 가지 못하고 지옥 갈 바에는 차라리 태어나지 않은 것이 낫다고 생각했었고, 예수님 믿는다고 다 천국 가는 것이 아니라 천국에 가는 자는 극소수라는 말씀을 알았기에, 그리고 간증 자들의 간증을 수없이 듣고 수많은 책들을 보았기에 고생만 하신 우리 어머니는 꼭 천국에 가셔야 한다는 일념으로 어머니를 뵐 때마다 함께 예배드리며 그 말씀을 강조해 왔습니다. 그리고 어머니께 천국 갈 수 있는 믿음을 달라고 계속 간절한 마음으로 기도했습니다.

어머니는 신앙생활 하신 지 꽤 오래되셨고, 집사 직분으로 교회를 섬기시면서 매일 1시간씩은 꼭 기도하셨고 또 무시로 기도하시면서 성경도 많이 읽으셨지만 용서 못할 사람이 있어서 그 사람은 절대 용서 못한다고 하셨기에 용서 못하면 우리 죄도 용서받지 못하고 지옥 가게 되니 용서하시라고 말씀드렸지만 쉬운 일이 아닌 것 같았습니다. 그러나 결국 병상에 계시면서 용서하셨다고 무언으로 고개를 끄덕이던 어머니께 우리는 너무나 기뻐서 "어머니, 천국에 먼저 가 계시면 우리도 곧 따라갈게요. 꼭 천국 가셔야 해요." 했더니 말을 못 하시니 눈물만 주르르 흘리셨습니다. 그때 모습을 생각하면 지금도 가슴이 아려옵니다.

저는 어머니가 돌아가신 뒷날 금요일 새벽에 장례식장 방 한 귀퉁이에서 어머니께서 천국에 가셨는지 주님께 묻는 기도를 드렸습니다. 성령님께선 '천국으로 인도했다.'는 답을 주셨습니다. 그때 저는

"그러면 어머니가 천국으로 간 모습을 꿈이나 환상으로 보여 주세요. 그러면 간증하겠습니다."

라는 청을 드렸습니다. 그러나 그에 대해서는 아무 응답이 없었습니다.

그날은 문상 오신 분들을 맞이하기 위해 준비해야 했기에 기도는

거기서 마무리하고 내일 다시 여쭈어야겠다고 생각했습니다.

하루를 보내고 삼 일째 되는 날 어머니를 해남 고향 땅에 안장하고 형제들이 잠깐 모여 이야기를 나누다가 저녁 무렵에 다 떠난 뒤 저와 동생 목사만 남아서 어머님 댁에서 하룻밤을 머무르게 되었습니다. 뒷날이 주일이라 어머님이 생전에 섬기시던 교회 목사님도 뵙고 그 교회에서 예배를 드리기 위해서였습니다.

어머니께서 평생 사시던 집이라 곳곳에 어머니 흔적이 배어 있었지만 이상하리만큼 마음이 평온했습니다. 그러나 몸은 좀 고단해서 저녁 10시쯤 잠이 들었습니다. 무슨 소리가 들린듯하여 간간이 눈을 뜨면 동생이 계속 찬송을 부르다 성경을 낭송하는 것입니다. 눈뜨면 새벽 1시, 잠들다가 또 눈뜨면 새벽 2시, 이렇게 동생은 새벽 5시 제가 일어날 때까지 계속 찬송하며 성경을 읽고 있었습니다. 동생은 늘 그랬습니다. 평소보다 한 시간 늦은 새벽 5시에 일어난 저를 보더니 "언니가 이제 깨어났으니 난 눈 좀 붙일게요." 하면서 자리에 누웠습니다.

저는 그때부터 찬송을 부르기 시작했습니다. 그런데 이상하게도 자신의 목소리가 아닌 것 같았습니다. 얼마나 아름답고 청아한지 저는 찬송을 부르면서도 그 아름다운 목소리에 심취되면서 '아니야, 이것은 내 목소리가 아니야. 이상하다, 내가 찬송을 부르는데 왜 이렇게도 곱고 아름다운 소리가 나올 수 있을까?' 하는 의구심을 가지면서 목소리에 도취되어 부르는데 누웠던 동생이 "아니 무슨 찬송이 이렇게 은혜스러워요?" 하면서 자리에서 벌떡 일어나는 것입니다. 그러고는 다시 기도를 하는 것입니다. 저는 찬송을 부르고 곧바로 기도에 들어갔습니다. 그런데 기도도 하기 전 제 앞에 너무나도 선명한 장면들이 마치 영화 속의 화면처럼 뚜렷하고 확실하게 펼쳐지는 것입니다.

환상으로 보여 주신
어머니의 천국행

공중이 보였습니다. 하얀 드레스를 입은 뒷모습의 사람이 공중에서 좌우로 몸을 약간씩 미동하고 있었습니다. 저는 '저 사람이 누구지? 얼굴 좀 보았으면' 하고 생각하자마자 뒷모습을 보이던 드레스의 주인공이 옆으로 얼굴을 돌리는 것입니다. 저의 정면에서 마주보는 것이 아니라 왼쪽 측면을 보이는 그는 바로 제 어머니였습니다. 얼굴은 30대 후반 정도로 아주 젊고 피부색이 하얀 화장기 없는 모습의 어머니가 하얀 드레스를 입고 머리에는 관을 썼는데 저는 그때 미스코리아의 관을 생각했습니다. 하얀 드레스는 광채가 날 만큼 너무나 희고 하늘하늘하여 그 아름다움은 이루 말로 표현할 수 없을 정도였습니다. 마치 결혼식장에 입장하는 신부처럼 단장한 아름다운 모습이었습니다.

그러더니 어느 순간에 제 눈은 멀리 위를 쳐다보게 되고 아득히 먼 곳에 정사각형의 모양인데 테두리가 하얗게 빛나는 조그만 문이 저 멀리 하늘 위에 떠 있는 모습을 보게 되었습니다. 그 밑으로 원을 그리며 조그만 아기 천사 다섯 명이 역시 좌우로 미동하고 있었습니다. 그러다가 어느 순간에 하얀 드레스의 어머니가 그 진주처럼 하얀 사각형의 문 앞에 서 있는데 거기가 너무 멀어서인지 아주 조그맣게 보였습니다. 그러더니 어머니가 그 문으로 들어가는 것입니다. 문으로 들어갈 때는 어머니 뒷모습이 크게 확대되어 보였습니다. 결혼식장에서 새하얀 드레스를 입고 입장한 신부의 뒷모습처럼, 아니 그보다 훨씬 더 아름다운 뒤태를 보이며 천국 문으로 곧게, 아주 당당하게 입성하는 어머니의 뒷모습은 너무나도 아름다웠습니다. 그래서 전 넋을 잃고 바라보고 있는데 어머니의 모습이 그 문 안으로 사라지는 것입니다.

그때 영감으로 문에서 안쪽으로 조금 떨어진 곳에 예수님이 서 계시고 많은 성도들이 길게 늘어서 있는데 예수님께서 천국 문에 들어서는 어머니를 향해 "딸아, 고생했다." 하고 말씀하시는 것 같았습니다. 그러더니 곧바로 제 앞에 아주 곧고 하얀 길이 일직선으로 길게 뻗어 있는 것입니다. 그래서 제가 속으로, '천국은 다 정금 길이라는데 왜 이 길은 하얀 길이지?' 하고 속으로 생각하는데 그 길 위를 어느새 어머니를 태운 마차가 가고 있었습니다. 흰 드레스를 입은 어머니가 타고 있는 옆에, 분명 어떤 사람이 앉아 있는 것 같은데 누군지는 확실하게 보이지 않았습니다. 그 마차를 바라보면서 생각했습니다. '아니 마차를 끄는 말이 있다는데 저 마차는 말도 없네?' 하고 의아하게 생각하는 순간에 하얀 쌍둥이같이 생긴 두 마리의 말이 눈을 뜨고 바로 제 눈앞에서 저를 똑바로 쳐다보는 것입니다. 너무나 귀족스러운 그리고 너무나 잘생긴 두 마리의 말이 쳐다보는 그 눈들이 얼마나 선하고 예쁜지 저는 속으로 '저렇게 잘생긴 말도 있나?' 감탄하면서 저도 말들을 쳐다보았습니다. 그 말들의 아름다운 모습들은 2년이 지난 지금도 제 눈앞에 너무나 선명합니다.

장면이 바뀌면서 하얀 천국 문 위로 위에서부터 하얀 빛이 쏟아졌습니다. 그리고 또 장면이 바뀌면서 아득히 아름다운 색색의 궁전 같은 집들이 보이는데 지붕이 둥글둥글하여 혹시 새 예루살렘? 맘속으로 그렇게 생각하면서 보고 있는데 그 위로 위에서 또 하얀 빛이 쏟아지고 있었습니다. 그러자 곧바로 제 앞에 빛이 날 만큼 너무나 희고 투명한 시트로 덮여진 침대 두 개가 나란히 보이는데 사람은 보이지 않지만 그 아름다움에 취해 한참 들여다보고 있을 때 왼쪽 침대에서 갑자기 등을 가린 사람이 옆으로 일어나면서 공중으로 사라지는 것입니다.

그 장면을 끝으로 눈을 뜨게 되었는데 심령이 기쁨으로 넘치면서 감사와 기쁨의 찬양이 제 입술에서 흘러나오는 것입니다. 마치 영화를 보듯 너무나 선명하고 확실한 장면들이어서 저는 어머니가 천국에 가신 모습을 꿈이나 환상으로 보여 주시라는 그 기도에 응답하신 하나님께 감사하고 어머니가 천국에 가셨다는 기쁨에 환호하며 기쁨의 찬송을 드렸습니다. 그때의 기쁨이란 이루 형언할 수 없었습니다.

저는 서울에 올라와서도 만나는 사람마다 이를 간증했습니다. 단순히 우리 어머니가 천국 가셨다는 것만이 아니라 예수님을 믿으면서도 천국 지옥을 믿지 않는 사람들을 무수히 봤기에 전도 차원에서도 말했던 것입니다. 그들이 믿든지 아니 믿든지 전했습니다. 어머니가 천국 가신 것을 보여 주시면 간증하겠다는 약속 때문이기도 했습니다. 동생들에게는 장면 하나하나를 직접 그림으로 그리고, 장면마다 성경과 연결해서 그리고 간증 자들의 간증 내용까지 덧붙이는 글까지 써서 보여 주며 전했습니다. 그중 하나가 아주 작은 '사각형의 천국 문'이었습니다. 겨우 혼자 들어가는 좁은 문으로 들어가는 어머니의 뒷모습을 보면서 '천국 문이 왜 저리 작지?' 하며 의아스러워 했기에 간증 자들의 책을 더듬는 가운데 두 분의 간증을 찾아내었습니다.

먼저는 하워드 피트만 목사님의 〈플라시보〉라는 책 70페이지에 적힌 글입니다.

"성도들이 천국을 들어서는 것을 보면서 나는 이상한 것을 하나 느꼈다. 즉 그들은 오로지 한 명씩만 문으로 들어가게 되어 있었다. 둘이서 함께 들어가는 것은 허락되지 않았다."

두 번째는 〈하늘에서 온 이메일〉 80쪽에 실린 어느 성도의 간증입니다.

"천국에 두 천사에게 이끌려 올라갈 때 어느 문 앞에 이르렀습니다. 진주가 박힌 문이었는데 그 문을 들어가는데 너무나 좁고 좁아요. 그렇게 좁을 수가 없어요."

"좁은 문으로 들어가라 멸망으로 인도하는 문은 크고 그 길이 넓어 그리로 들어가는 자가 많고 생명으로 인도하는 문은 좁고 길이 협착하여 찾는 이가 적음이니라."(마7:13)

이 말씀은 실제 한 사람밖에 들어갈 수 없는 천국 문을 말씀하신 것은 아닙니다. 그러나 실제 영생으로 인도하는 천국으로 들어가는 문이 좁다는 의미로도 이해될 수 있다고 생각하게 된 것입니다.

그리고 또 한 가지는 제가 본 환상은 색색으로 보인 궁궐 모습의 집을 제외하고는 모든 것이 흰색이었습니다. 어머니의 옷도, 말도, 천국 문도, 길도, 침대 위의 시트도, 위에서 쏟아지는 빛도 그러나 그중에서도 천국 문 위로 그리고 궁궐 위로 쏟아지는 하얀빛이 무슨 의미인지 성경을 보았습니다. 그 빛은 예수님으로부터 나오는 빛이라는 것을 성경을 통해 알 수 있었습니다.(마17:2)

더욱이 어머니께서 돌아가실 때는 머리도 많이 빠지시고 얼굴도 완전히 90세 할머니의 노쇠한 모습이었고 몸도 많이 마른 상태였습니다. 뿐만 아니라 건강하실 때도 허리가 많이 굽어서 제대로 걷지도 못한 상태였습니다. 그런데 그 날 환상 가운데 보여 주신 어머니는 사진 속에서 보았던 긴 파마머리의 젊고 아름다운 30대 모습과 비슷했고, 식장의 신부처럼 눈부실 만큼 하얗고 하늘거리는 아름다운 드레스에 머리에는 관을 쓰셨고, 천국 문으로 들어가실 때의 뒷모습은 아주 곧고 날씬하고 말할 수 없이 아름다운 모습이었던 것이 천국에서는 모두가 그 사람 일생 가운데 가장 아름다운 모습이라는 간증 자들의 말을 생각나게 했습니다.

그러나 시간이 지나면서 저는 다시 기도했습니다. '하나님! 천국 지옥 보고 와서 간증한 사람도 많던데 저도 천국에 가서 실제 우리 어머니 모습을 보게 해 주시옵소서.' 하는 기도를 드린 것입니다. 그렇게 확실하게 보여 주셨음에도 제 눈으로 천국에서 직접 확인하고 싶었던 것입니다. 그리고 어머니가 보고 싶기도 해서입니다. 그러나 이런 저의 기도에 응답 주시지 않고 제가 섬기는 목사님에게 직접 천국 여행을 통해 두 번이나 천국에 계신 어머니를 보여 주셨습니다. 저 대신 목사님이 보시고 제게 알려주신 것입니다.

추도예배에 관해

1

추도예배 드리고
지옥 간 자 너무 많다

주님께서 제게 책을 쓰라고 감동을 주셨을 때 제일 먼저 주신 말씀이 '추도예배 때문에 지옥 간 자가 너무 많다.'는 것이었습니다. 제가 신앙생활을 하면서 가장 먼저 깨달은 것은 추도예배 드리면 안 된다는 것과 시체는 반드시 매장을 해야 한다는 것이었습니다. 그런데 기독교인 가운데 제사 지내면 안 된다는 것은 알지만 추도예배는 괜찮다고 거의 대부분의 목사님들이나 성도들이 그렇게 인정하고 있다는 것입니다. 그래서 저는 이미 답을 가지고 있지만 몇 분의 목사님들께 여쭈어 보았습니다.

"목사님, 추도예배 드려도 되는 겁니까?"

돌아오는 답은 이구동성으로

"추도예배는 드려도 됩니다."

혹은

"추도예배는 드려야 합니다."

"추도예배 드리는 것은 당연하지요."

권사님들에게도 물어보았습니다.

"권사님, 부모님 추도예배 드리시나요?"

"그럼요. 당연히 드려야지요."

그러면 제가 말합니다.

"저희는 추도예배 안 드리는데요."

"그건 너무한데요?"

저는 그때마다 이상하게 마음이 아려옵니다.

제 친정 아버님은 40년 전에 돌아가셨습니다. 그때는 제가 출가전이어서 친정에서 살고 있었는데 어머니도 아버님 추도예배를 드리지 않았습니다. 그래서 제가 구태여 추도예배 드리면 안 된다고 설명하지 않아도 되었습니다. 그러나 제 주위의 거의 모든 목사님들께서나 성도님들은 장로님이든, 권사님이든, 집사님이든 모두 추도예배를 드리고 있음을 알고 저는 안타까울 뿐이었습니다.

그러면, 추도예배 왜 드리면 안 되는가?

첫째, 성경적으로,

둘째, 주님께서 기도 가운데 깨닫게 해 주신 영적인 면에서,

셋째, 추도예배 드린 죄로 지옥에 떨어져서 형벌 가운데 뒤늦게 후회하며 추도예배 절대 드리지 말라고 외치는 간증을 함께 기록해 보고자 합니다. 먼저 제사에 대해 알아봅니다.

> "대저 이방인의 제사하는 것은 귀신에게 하는 것이요 하나님께 제사하는 것이 아니니 나는 너희가 귀신과 교제하는 자 되기를 원치 아니하노라 21) 너희가 주의 잔과 귀신의 잔을 겸하여 마시지 못하고 귀신의 상에 겸하여 참예치 못하리라."(고전10:20-21)

이 말씀은 제사에 대해서 네 가지 의미를 담고 있습니다.

첫째, 제사는 하나님께만 드리는 것이다.

둘째, 그런데 이방인의 제사는 하나님께 드리는 것이 아니라 귀신에게 하는 것이다.

셋째, 그러므로 제사를 드리는 것은 귀신과 교제하는 것이 된다. 나는 그것을 원치 않는다.

넷째, 제사 음식을 먹어서는 안 된다.

이와 같이 기독교인이 제사를 드리는 것은 죄 된 일이며, 제사 음식을 먹어서는 안 된다는 것을 알기 때문에 믿지 않는 가족과 많은 갈등을 일으키면서도 제사를 지내지 않는 것입니다. 그럼에도 불구하고 제사를 드리는 기독교인도 있습니다. 초 신자들이나, 가족 간의 갈등을 이기지 못해 형식적으로나마 제사에 참여하는 분들을 위해 여기에 박효진 장로님의 간증을 실어보겠습니다.

✝ 제사에 대한 간증(박효진 장로: 전 청송교도 근무)

저서: 『하나님이 고치지 못할 사람은 없다』에서 발췌

그날 나는 평소에 가까이 지내던 믿음의 동역자 한 사람과 밤늦도록 기도하다가 집으로 돌아오고 있었다. 새벽 1시를 넘기고 있을 무렵이었다.

그런데 옹기도마(옛날에 옹기를 굽던 동네라서 이름이 그렇게 붙여진 것 같다) 앞을 지나쳐 오는 순간에 썩는다는 말로는 도저히 표현할 수 없을 정도로 독한 냄새가 코를 찔렀다. 지금까지 맡아보지 못했던 엄청난 악취였다. 마치 세상의 모든 더러운 것들을 한 장소에 모아놓고 태우는 듯했다. 동역자와 내 눈이 마주쳤다. 순간적인 무언의 교감. 옹기도마 안에 틀림없이 무슨 일이 벌어지고 있다.

"가 봅시다."

옹기도마 안으로 들어갈수록 독한 냄새는 한층 더 코를 찔렀다.

사냥개처럼 냄새를 따라 걸어 들어가는 우리 눈앞에 이윽고 환하게 불이 켜진 집이 나타났다. 활짝 열린 대문, 환한 전등불 아래 대청에서 분주히 움직이는 사람들을 보니 제사 지내는 집이 분명했다.

사람들은 빨랫줄을 풀어 마당에 늘어놓고(귀신이 들어오다가 빨랫줄에 걸리지 않게) 제사상 앞에서 절을 하고 있었다. 제사상 위에는 갖가지 제물들이 진설되어 있었고 제사상 중앙에는 지방과 함께 돌아가신 내외분의 사진이 놓여 있었다. 다소 긴장하며 다시 한 번 대청 안을 살펴본 순간 나는 너무 놀라운 장면을 목격했다.

나는 그때까지 귀신이나 악령을 추상적인 개념으로만 받아들이고 있었다. '선'과 '악'이라는 개념에 익숙해 있었으므로 영적 존재도 동일한 범주에 국한시켜 생각해 왔던 것이다. 그런데 제사상 위에는 물론이고 제사상 아래에도 천장에도 '비로드처럼 진한 흑색의 영체들'이 온통 북적대고 있었다. 혹시 잘못 보았나 싶어 아무리 눈을 비비고 다시 보아도 마찬가지였다. 수백을 헤아리는 엄청난 귀신 떼들이 온 집을 누비고 있었다.

그들은 흡사 여름날 강물 속의 숱한 피라미 떼처럼 한꺼번에 무리를 지어 종횡으로 방향을 바꾸어 가면서 사람들의 몸속에까지 들락거렸다. 수백의 떼거리들이 사람의 입으로 한꺼번에 들어가 그의 온몸을 휘젓고 다니다가 옆구리로 빠져나오지를 않나 가히 말로 표현할 수 없는 기괴한 광경이었다. 그러나 내가 놀란 것은 아무리 눈을 씻고 찾아봐도 오늘의 주인공 두 사람의 '영(靈)'이 보이지 않는다는 것이었다. 보기에도 섬뜩한 귀신들만 헤아릴 수 없을 만큼 많이 북적대고 있을 뿐 정작 제사를 받는 사람의 영혼은 어디에도 없었다. 그 순간 내 속에 거하시는 성령께서 나의 마음을 활짝 열어 주셨다.

"지금 네가 보는 것이 바로 사단의 실체이며 귀신의 실상이다. 인간의 영은 육신을 떠나면 하나님의 나라가 임하시는 그날까지 임의로 세상을 들락거릴 수 없다. 영계에 들어간 인간이 제삿날이라고 외출하여 제사상 앞에 찾아온다는 것은 사단이 인간에게 넣어준 생각이다. 사람은 누구를 막론하고 죽는 순간 하나님의 판단을 받아 '낙원'과 '음부'로 구분되어 들어간다. 제삿날에 후손들이 벌여놓은 이 제사상에는 조상의 영이 찾아오는 것이 아니라 저 더러운 귀신들이 대신 몰려들어 무지한 인간의 영혼과 육신을 더럽히는 것이다. 그러므로 하나님께 드리는 제사 외에는 그 어느 제사라도 귀신들의 놀이터요 인간을 더럽히는 사단의 유희임을 알라!"

이 간증을 통해서도 알 수 있듯이 사람이 한 번 죽으면 하나님의 심판(히9:27)을 받아 음부나 낙원으로 갑니다. 음부나 낙원에 있는 사람들은 예수님이 재림하시기까지 세상에 다시 올 수 없으며, 제삿날 죽은 영이 제사상 앞에 와서 음식을 먹는다는 것은 사단의 속임수이며 제사상에 오는 것은 귀신들입니다. 그래서 바울 사도는 제사는 귀신에게 하는 것이라고 성경을 통해 말하고 있는 것입니다. 그런데 이와 같은 사실에도 불구하고 추도예배는 드려도 된다고 하는 것은 다 귀신의 속임수에 속는 일입니다.

추도예배를 드리는 분들이 하는 말이 제사에 대해서는 명백하게 성경에서 말하고 있지만 추도예배 드리지 말라는 것은 성경 어디에 기록되어 있느냐는 것입니다. 그렇다면 역으로 추도예배 드리라는 말씀은 성경 어디에 기록되어 있습니까? 추도예배는 이름만 바꾼 제사 행위라는 것을 추도예배의 유래에 대한 다음 글에서 알 수 있습니다.

2

추도예배 드리면
왜 안 되나?

추도예배의 유래

1837년 당시 아펜젤러 선교사 등이 발행한 신문 [조선 그리스도인 화보] 9월 호에 실린 내용입니다.

"최초로 추도예배를 드린 사람은 이무영이라는 정동감리교회 교인이다. 궁중에서 물품을 관리하는 사람으로 정3품의 높은 직위에 있던 사람이었다. 윤치호와 함께 독립협회 운동을 한 사람이었다. 이무영은 모친 기일이 되어 '어떻게 할까?' 고민하다가 추도예배를 착안했다. 그리고 추도예배를 드렸다. 이 기사를 보고 다른 교인들이 좋다고 생각하여 추도예배를 많이 드렸다."고 소개하고 있습니다. 이어서 다음과 같은 사실이 밝혀졌습니다.

"추도예배를 정식으로 인정한 것은 1934년 감리교총회 때이다. 그때 감리교는 '교리와 장정 예문서'에 부모님 기일 기념예문을 삽입했다. 그 이후 감리교의 영향을 받아 구세군과 성결교가 50년대에 추도식을 공식적 예식으로 인정하고, 장로교는 70년대 말에 인정하였다. 제사를 추도예배로 바꾼 것은 우상숭배라는 비난을 극복하고 유교 사회의 중요한 가치인 '효'를 기독교 안으로 받아들인 것이다. 가톨릭교에서 선교라는 이름으로 불교의 염주(묵주)와 제물을 차려놓은 제사(차례)를 받아들인 거와 다름없다."

이 문서에 의해 아래와 같이 정리할 수 있습니다.

이무영(감리교인)이 1897년에 최초로 추도예배 드리다. → 이를 1934년에 '감리교 총회'에서 받아들이다. → 이후 50년대에는 '구세군'과 '성결교단'이 뒤를 이어 받아들이고 → 70년대 말에 '장로교'가 받아들여 오늘에까지 이르고 있다는 것입니다.

여기에서 우리는 두 가지 사실을 알 수 있습니다.

추도예배는 말씀이 아니고 사람이 만든 유전이다.

추도예배는 제사와 타협하여 이름만 바꾼 제사 행위이다.

불신자 가족과 제사 문제로 갈등을 빚었던 사람들에게 추도예배는 좋은 출구가 된 것입니다. 갈등을 해소하는 방편이 되었고, 불효자라는 낙인을 면하게도 되고, 불신 형제와의 불화도 완화시킬 수 있는 완충 역할을 하게 된 것입니다. 추도예배는 이러한 것들을 각 교단에서 하나님 말씀이 아닌 인간의 생각으로 여과 없이 받아들여져 세월과 함께 하나의 관습으로 굳어진 것입니다.

추도예배를 드려야 한다는 목사님들의 말씀을 들어보면,

첫째, 돌아가신 부모님을 추모해야 하는 것은 자식 된 도리이다. 다시 말해 효의 한 방편이라는 것입니다.

둘째, 자녀들에게 자신의 뿌리를 돌아보며 가문의 전통과 정신을 배울 수 있는 기회를 제공하는 교육장이 된다.

셋째, 형제들과 친족들이 모일 수 있는 기회가 되고 우의를 다지게 된다.

넷째, 불신 형제나 친족에게 좋은 전도의 기회가 된다.

다섯째, 추도예배는 하나님께 드리는 것이니 좋은 것이다.

이러한 이유로 추도예배를 드려야 된다는 것입니다.

그러나 성경 그 어디에도 죽은 부모를 위해 추도예배 드린 예가 없습니다. 또한 성경에도 없는 추도예배를 인간 위주로 즉 '유전'으로 정해놓고 예배라는 이름을 붙여 드리는 것은 하나님의 '신성을 모독하는 행위'입니다. 추도예배라는 용어 자체가 하나님과 예배를 모독하는 행위입니다. 왜냐하면 아무리 부인해도 추도식이나 추도 예배 그 자체가 제사 행위이기 때문입니다.

죽은 자는 부모라 할지라도 죽고 나면 이미 나의 어머니 아버지가 아닙니다. 그 영혼은 이 물질 세계를 벗어나 이미 영계에 귀속된다는 것입니다. 영계는 혈연관계의 세계가 아닙니다. 혈연관계는 육에 속한 이 땅에서만 이루어지는 것이며, 죽음으로 이 땅에서의 혈연관계가 끝나는 것입니다. 천국에서는 이 땅에서처럼 나의 어머니 나의 아버지를 찾아 어머니, 아버지 부르면서 사는 것이 아닙니다. 또 이 땅에서처럼 나의 어머니 아버지와 함께 사는 것도 아닙니다.

천국은 영적 세계이므로 새로운 영적 관계 형성이 이루어집니다. 즉 예수님과 구원받은 자들의 영적 관계 속에서 사는 것입니다. 큰 틀에서 예수님을 왕으로 모시는 백성으로, 예수님을 신랑으로 모신 신부로 사는 것이며, 구원받은 자들의 관계는 하나님을 아버지로 모시는 한 형제로 사는 것입니다. 그러므로 천국에서는 이 세상에서의 가족 개념이 없습니다. 물론 질서가 있습니다.

지옥은 형벌의 장소입니다. 영원토록 형벌 가운데 사는 것입니다. 만약 불행하게도 내 부모가 지옥에 있는데 그 부모를 추모하며 매년 추도예배를 드린다면 그 예배를 과연 드릴 필요가 있으며 그 예배를 하나님이 받으시겠습니까? 그 예배를 귀신이 받는 것입니다. 귀신에게 드려지는 것을 모르고 하나님께만 사용되어야 할 예배를 귀신에게 하는 것에 붙여지게 되니 그것이 바로 예배를 모독하고 하나님을 모독하는 행위가 아니겠습니까? 이것은 추도예배 하는 분들에 대해 기도하는 가운데 주님께서 제게 깨닫게 해 주신 영적 비밀입니다. 제가 이것을 깨닫고 얼마가 지나서 저는 한 책을 통해서 천국 간증을 읽게 되었습니다. 거기에 실려 있는 글 한 토막을 소개하고자 합니다.

천국에서 어머니를 만나 기쁨에 넘쳐 "어머니!" 하고 크게 부른 아들을 향해 엄중하게 말한 어머니의 충고입니다.

"내가 한때 지상에서 너의 어머니이긴 했지만 이곳에서는 나를 어머니라고 부르면 안 된다. 이곳에서는 지상에서의 모든 혈연관계가 그치고 모두가 이 거대한 천국 가족의 크신 아버지이신 하나님 안에 귀속된다. 우리는 육체를 벗었으므로 영혼의 복되신 우리의 신랑만 계실 뿐이다."

또 다른 간증에서는 천국에서 아내를 만나게 된 남편이 너무 기뻐서 "여보!" 하고 크게 외치며 아내에게 달려갔습니다. 그때 지상에서 아내였던 그는 남편이었던 사람에게 말합니다.

"이곳에서는 '여보'가 없습니다. 이곳에서의 모든 사람들은 시대를 아우르는 한 형제요, 한 왕을 모신 백성들이요, 한 분 신랑을 모신 신부들입니다."

그렇습니다. 우리에게 가정을 주심은 세상에서 장성한 남녀가 결혼을 통해 경건한 자녀를 낳아 거룩한 하나님의 나라를 확장시키고 그 가정을 통해 하나님 사랑과 이웃 사랑을 실천하는 장으로서 또 훈련장으로서 장차 가게 될 천국의 모형으로 주신 것이며, 땅에서는 혈연관계지만 천국에서는 영적 세계이므로 영적 관계로 영원히 살게 되는 것입니다.

　바로 이 땅에서의 삶은 천국 가기 위한 준비 장소요 훈련장입니다. 그리고 임시 처소입니다. 그러므로 죽음으로 세상에서의 삶은 끝나고 영원한 본향에서는 새로운 영적 관계가 형성되며 그 관계 속에서 육신의 관계를 떠나 왕 되신 주님을 모시는 천국 가족이 되는 것입니다.

　천국에는 세상적인 가족의 호칭은 사라지고 관계도 사라집니다. 그러므로 추도예배 장례예배는 할 필요가 없으며 단지 사람이 만든 유전일 뿐만 아니라 이방 종교인 유교의 산물이므로 이방 종교의 전통을 따르지 말아야 합니다. 하나님의 백성이 이방 종교의 풍습을 따르는 것은 우상숭배요 영적 간음입니다. 몰랐을 때는 어쩔 수 없었다 할지라도 깨달은 후에는 과거의 무지에서 행했던 죄를 철저히 회개하고 그쳐야 할 것입니다. 그러면 주님께 사함을 받게 됩니다.

　우리는 하나님을 두려워해야 합니다. 사실 금요예배, 수요예배, 철야예배라는 용어도 기도회로 바뀌어야 합니다. 20년 전만 해도 그렇게 명명했습니다. 그러나 언제부턴가 예배로 명칭이 바뀐 것입니다.

　주일날 하나님의 성전에서 살아계신 하나님께 드리는 예배도 하나님께서 받지 않는 예배가 많은데 부모라 할지라도 죽은 자를 추모하며 드리는 예배를 하나님은 절대 받지 않으십니다. 그 예배는 귀신이 받습니다. 아무리 하나님께 드리는 예배라고 변명해도 그것은 자신들의 생각이며 자신들이 지어낸 말이지 하나님은 그렇게 인정하시지 않으며 오히려 하나님을 욕되게 한다는 것입니다. '조상 교육' 필요합니다. '형제 우애' 귀한 것입니다. 그러나 꼭 그날 해야 할 필요는 없습니다. 평소에 하면 됩니다. 그리스도인답게 삶으로 보여주면 됩니다.

불신자를 위해 드리는 예배라는 것도 변명이 될 수밖에 없습니다. 오히려 불신자들에게 하나님의 참뜻을 전하는 자리가 되어야 합니다. 왜 추도예배 드리지 말아야 하는가를 가르쳐야 하는 자리가 되어야 한다는 것입니다. 인간의 유전으로 만든 행사에 찬송하고 기도한다고 해서 그것이 다 예배가 아닙니다. 천 번, 만 번 예배라는 이름으로 드렸어도 하나님이 받지 않으시면 헛것입니다.

목사님의 사명은 그 무엇보다도 성도들을 천국으로 인도하는 것이라고 말씀드렸습니다. 그런데 오히려 성도들을 잘못 가르쳐 지옥으로 떨어지게 한다면 얼마나 불행한 일입니까? 주님은 제게 책을 쓰라며 명하셨을 때 제일 먼저 주신 음성이 '추도예배 장례예배로 인해 지옥에 떨어지는 자가 너무 많다.'였습니다. 그리고 추도예배에 붙이는 '예배' 용어부터 잘못된 것임을 지적하셨습니다. '추도식' '추모식' 모두 죽은 자를 위한 그 어떤 것도 하지 말아야 합니다. 우리나라의 효 사상을 이용한 사단의 전략입니다.

기독교는 어느 종교보다도 효의 종교입니다. 10계명 가운데 사람에게 지켜야 할 계명 중 첫 번째 계명인 제5계명에 "네 부모를 공경하라."고 명령하셨습니다. 그만큼 기독교는 효를 강조합니다. 그러나 효는 부모님 생존 시에 하는 것입니다. 부모님 생존 시에는 불효했던 사람이 사후에 제사를 지내는 것은 사람이 죽으면 귀신이 되고, 그 귀신이 자손들을 돌본다는 유교의 터무니없는 우상숭배 사상을 답습하는 것입니다. 조상이 자손들의 제삿밥 먹고 자손들을 돌봐 준다는 사상이며 효의 연장이라고 생각하는데서 기인한 이방 종교의 터무니없는 유전인데 어찌 하나님을 신앙하는 그리스도인들이 하나님의 법을 무시하고 이방 종교의 가르침을 답습하는지 참으로 안타까운 일이며, 이름만 바꾼 제사 행위인 추도예배를 하는 건지 이해하기 어려운 문제입니다. 심지어는 교회 안에 영정 사진을 걸어놓고 추도예배 드리는 교회가 있는데 너무나 한심한 노릇입니다. 목사님들께서 먼저 철저하게, 바르게 인식하시고 성도들을 가르치셔야 할 것입니다. 우리의 영생이 달린 문제입니다. 추도예배 모르고 드리신 분들 철저히 회개하고 다시 드리지 않을 뿐 아니라 성도들에게도 철저히 가르치셔야 합니다.

유교를 기본 이념으로 건국된 이조 500년의 역사는 '효'를 최고의 가치로 여겼습니다. 사후 제사는 효의 연장이라고 생각한 유교의 가치관이 오랜 세월 동안 문화 속에 깊이 뿌리내려 자자손손 대를 이으며 의식화되고 토착화되어 하나의 전통으로 내려오면서 뼛속까지 스며들어 제사는 당연한 것으로 알고 지내게 되었습니다. 심지어는 아들을 낳지 않으면 제삿밥도 못 얻어먹는다는 인식 속에 아들 못 낳은 여자는 칠거지악(七去之惡)이라는 죄 아닌 죄명을 씌워 쫓아내기도 했던 이조시대의 철저한 유교의 우상숭배로 인해 희생된 사람들이 많았습니다.

우리나라에 최초로 복음이 들어왔을 때 대원군은 복음을 받아들여 제사 지내지 않은 신자들을 극형으로 다스려 얼마나 많이 죽였는지 모릅니다. 한 영혼이라도 지옥으로 끌고 가고자 발버둥치는 사단이 끝까지 제사를 효라고 속여 수많은 사람들을 지옥으로 끌고 갔으며, 이제는 추도예배를 통해 목사님들까지도 속이고 있으니 이

제부터라도 제대로 알고 이제까지 모르고 추도예배 드린 목사님들이나 성도님들은 철저히 회개하고 시정하여 다시는 추도예배로 사단에게 속지 말기를 간절히 바랍니다.

추석이나 명절날 예배드리는 것도 삼가야 합니다. 추석이나 설 명절은 사단 문화입니다. 반만년의 역사 속에 사단을 섬기며 살았던 우리나라의 모든 문화는 사단 문화입니다.

추석은 조상들이 돌봐서 추수의 기쁨을 누리며 갖가지 햇과일, 햇곡식을 먹게 되었다고 조상들에게 감사하는 마음으로 그러한 음식들을 차려서 조상들에게 차례 드리는 제사 행위를 하는 날이며, 설날 역시 조상들에게 제사를 드리게 됩니다. 그러한 날 전도를 빙자하여 하나님께 예배드린다고 하나 그 예배 하나님이 받지 않으십니다. 차라리 그날은 부모, 형제, 일가친척끼리 모인 자리에서 화기애애하게 담소를 나누며 예수님이 어떤 분이신가 소개하고 왜 예수님을 믿어야 하는가 전하는 자리가 되어야 할 것입니다. 귀신들이 몰려드는 명절날, 예배를 드린다고 그 예배를 하나님이 받지 않으시기 때문이며 오히려 하나님의 신성을 모독하는 행위가 되기 때문입니다.

추도예배에 대한 위의 말씀들을 다시 정리해 봅니다.

1) 추도예배는 제사와 똑같은 우상숭배이다.(고전10:21-22)
2) 추도에 '예배'라는 용어를 붙이는 자체가 예배를 모독하고 하나님의 거룩을 훼손하는 모독죄이다. 예배는 하나님께만 드리는 것이다.(롬12:1)
3) 추도예배, 하나님은 받지 않으시고 귀신이 받는다.(고전10:20)

4) 추도식, 추모식 그 자리에 하나님은 안 계시고 귀신이 들끓는다.(고전 10:20)

하나님은 죽은 자의 하나님이 아니시고 산 자의 하나님이시다.(마 22:32)

예수님께서는 '나, 즉 예수'를 기념하라 하셨지 죽은 자들을 기념하라 하지 않으셨다.(눅22:19, 고전11:24)

5) 추도예배는 사람이 만든 유전이다.(마15:3, 9, 막7:7-9, 13)

6) 부모라도 죽음과 동시에 세상에서의 혈연관계는 끊어진다. 그 영혼은 낙원이나 음부에 가기 때문에 더 이상 나의 부모로 존재하지 않는다.

7) 천국에서 구원받은 자는 형제로 살아간다.(영적관계 형성)

8) 추도예배 모르고 드렸다가 회개치 못하고 지옥에 간 목사, 장로, 권사, 성도들 수두룩하다.(지옥 간증)

9) 추도식 위해 만든 음식도 우상의 제물로서 먹으면 안 된다.(고전8:7-12, 시106:28-30, 계12:14, 20)

10) 기독교는 효의 종교, 부모 생존 시 최선을 다해 효도하고, 임종 시 그 영혼이 철저히 회개하여 편안히 주님 품에 안기도록 찬양과 기도로 예배를 드리고 사후에는 죽은 자를 위한 어떤 의식도 하지 말아야 한다.

11) 진정한 효는 부모님 생존 시 예수님 영접하여 천국 가시도록 전도와 기도로 돕는 것이다.

그리고 성령님은 제게 천국과 지옥의 실재를 의심하거나 믿지 않는 사람들을 위해 천국 지옥을 경험하신 목사님들이나 성도들의 천국 지옥 간증을 선별하여 사례별로 쓰라고 하셨기 때문에 순종함으로 지옥 간증을 적어봅니다.(지옥을 체험한 덕정 사랑교회 지옥 간증입니다.)

3

지옥의 소리

† 간증 1) 추도예배 드리고 지옥 간 어느 권사의 울부짖음

추도예배 드리는 것이 죄인 줄도 몰랐어요. 구역 식구 중에 추도예배 드린다고 하면 가서 예배드려 주었어요. 십자가 긋고 제사 음식 먹어도 된다고 그랬어요. 추도예배가 얼마나 큰 죄인지 지옥에 와서 알았어요. 죽은 사람에게 하는 모든 행위들이 얼마나 큰 죄인지 지옥에 와서 알았어요. 그런 걸 회개치 않아서 내가 지옥에 떨어졌어요.

추도예배가 죄인 줄도 몰랐기 때문에 그건 아예 회개할 생각도 않았다구요. 그냥 절에 가서 부처한테 절하는 것만이 우상숭배인 줄 알았는데 추도예배 그게 다 우상숭배였어요. 다 귀신에게 속은 거였어요.

기독교인들이 제일 많이 속는 게 뭔 줄 알아요? 바로 추도예배, 장례예배예요.

살아계신 하나님 외에는 다 우상숭배야. 부처를 신으로 만들어 놓고 그 앞에 절하는 것만 우상숭배가 아니라 내 부모가 죽은 날, 부모를 기리며 드리는 추도예배도 우상숭배야. 내 말 명심해요. 내 말 명심해요. 진짜예요. 나 너무 억울하다고요.

† 간증 2) 추도예배 드리고 지옥 간 어느 목사님의 울부짖음

나, 목사였어요. 나도 천국, 지옥을 얘기하면서 지옥 가면 안 된다고 얘기 했던 목사였어요. 그런데 내가 사단에게 속아서 영 분별을 못해서 지옥에 떨어졌어요. 나도 추도예배를 드려줬어요. 그게 죄인 줄도 몰랐어요. 그런데 그게 제사와 똑같은 거였어요. 그걸 내가 몰랐어요. 추도예배라고 찬송 부르고 기도하지만 하나님이 안 받으셔요.

귀신에게 속아서 많은 목사와 교회들이 다 거기에 걸려 있어요. 정신 차려요. 추도예배 드리면 안 된다고 얘기하면 더 손가락질하네요. 진짜를 가르쳐주면 손가락질하네요. 손가락질하지 말고 배워요. 목사님들 정신 차려요. 추도예배도 제사라는 것을 가르쳐요. 죽은 자를 위해서는 아무것도 하지 말아야 된다는 것을 성도들에게 가르쳐야 해요.

† 간증 3) 목사님! 추도예배, 장례예배 드리면 지옥 간다고 제발 전하세요

우리 목사님 추도예배 드려도 아무 말 안 했어요. 그게 죄라는 걸 가르치지 않았어요. 오히려 목사님이 와서 추도예배 드려줬어요. 죄라는 걸 몰랐기 때문에 회개도 안 했어요.

그런데 그게 우상숭배야! 아예 노골적으로 하는 우상숭배야! 그런데 귀신한테 목사들도 속고, 성도들도 속고, 다 속아 목사님들 정신 차려요! 추도예배 드리란 말이 성경 어디에 있어. 여기 있는 사람들이 억울해 죽을려고 그래요. 억울해 죽을려고 그래. 당신들은 하나님한테 예배드린다고 하지만 하나님은 추도예배 안 받으셔. 하나님이 안 받으신 추도예배 귀신이 다 받아. 추도예배 드리는 당신들 귀신한테 다 속고 있는 거야. 추도하면 안 된다고 제대로 가르치는 목사가 없네. 오히려 추도예배는 하나님한테 드린다고 성도들을 속이고 있네. 목사님들 정신 차려요. 성경을 어떻게 보는 거예요.

추도예배는 귀신들이 받는다니까요. 해해거리며. 왜 그걸 몰라요, 목사님들. 아! 나두 걸렸어. 우리 목사가 왜 안 가르친 거야. 목사님도 모르니까 추도예배 드리면 지옥 간다는 것을 모르니까 안 가르친 거야. 우리 교회 식구들 다 지옥 떨어지겠네. 다 걸렸어. 안 걸린 사람이 없어. 정신 차려! 정신 차려! 속지 마! 귀신에게 속지 마! 말씀을 보면서 깨어. 정신 차려! 100% 귀신에게 속는 거야. 진짜 목사 잘 만나야 돼.

진짜 예수 잘 믿어요. 말씀 봐요. 말씀 속에서 진리를 찾아요. 내가 말씀이 없기 때문에 목사님 말하면 그것이 옳고 그른지도 모르고 다 따라가다가 지옥에 떨어졌어요. 지금은 갈수록 귀신들이 목사를 잡아요. 성도를 잡는 게 아니야. 목사를 잡어! 목사 말 한마디 잘못 가르치면 성도는 그냥 따라가거든. 의심 없이 따라가거든. 그대로 믿거든. 우리 목사님이 최고라고 의심 없이 따라가거든. 그러면 지옥이야! 영원한 형벌을 받는 지옥으로 떨어져요. 억울하잖아! 그럼 너무 억울하잖아! 기껏 예수 믿고 지옥에 떨어지면 너무 억울하잖아! 내가 그렇게 억울해! 내가 그렇게 억울하다고!

지옥이 이렇게 고통스러운 줄 알았으면 내가 말씀 보고 제대로 된 목사 찾아 갈 걸! 나는 제대로 믿었다고 했단 말이야. 나같이 봉사 잘한 사람 없다구 했단 말이야. 목사님도 이렇게 집사님처럼 봉사 잘하는 사람 없다고 그랬다구. 그럼 뭐 해! 죽도록 일하고 지옥에 떨어졌는데 너무 억울해! 너무 억울해! 너무 억울해!

내가 잘못했어요. 하나님 말씀 믿지 않고 목사 말 들은 것 잘못했어요. 지옥이 어떤 곳인지 알어? 불바다야! 불바다! 불바다도 있고, 녹는 물도 있고. 그뿐 아니야. 너무 너무 무서운 곳이 지옥이야. 갖가지 형벌이란 형벌은 말도 못 해! 껍데기를 홀랑 벗기는 고통을 아냐구! 사람이 막 죽으면 신선하다고.
그 피를 짜먹는 고통을 아냐구! 정신 차려! 교회 다니는 사람들 정신 차려!
앞으로 지옥으로 너무 많이 떨어져! 교회 다닌다고 다 천국 가는 거 아냐. 믿
음만 가지고 안 돼. 믿으면서 회개해야 돼. 말씀대로 순종하면서 가야 돼.

2장

장례예배에 관해

1

장례예배 드리면
왜 안 되나?

우리나라가 이제까지 전통과 관습에 의해 시행해 온 장례예배 절차를 한번 살펴보겠습니다.

우리나라에서 장례를 중시하는 것은 죽음을 단절로 보지 않고 죽은 조상은 귀신이 되어 자손들을 직, 간접으로 돕는다고 생각하는데 있습니다. 그래서 사후에도 생존 시와 똑같이 공경해야 된다는 인식을 하고 있습니다. 이 사후 효가 바로 제사로 표현된 것이고, 기독교인은 예배를 드리는 것인데 이것이 바로 효 사상을 이용한 사단의 속임수라는 것을 간과해서는 안 됩니다.

옛날에는 3년 상이라 해서 부모가 임종을 하면 묘 옆에 초막을 짓고 3년을 살아야 했는데 이것이 49일제로 축소되고 7일장, 5일장, 3일장으로 간소화되면서 요즘은 대개 3일장을 합니다. 3년 상도 유교의 산물이요, 49제는 불교의 산물이요, 분향은 역시 하나님께만 드리는 것인데 사단이 모방해서 이방 신에게 하게 된 것이요, 헌화 또한 이방 풍습입니다.

사람이 운명하면 시체를 염해서 관속에 넣고 빈소를 마련합니다. 그래서 조객들을 맞이하는데 문상객들이 빈소를 찾아가서 조객록에 서명을 하고, 헌화와 분향을 하고 영정 앞에서 재배를 한 다음에 상주와 맞절을 하면서 위로의 말을 건넵니다.

영정 앞에 재배를 하는 것은 천신(天神)에게 죽은 자를 잘 봐달라는 뜻이 있고, 상주와 맞절을 하는 것은 지신(地神)에게 잘 떠나게 해 달라는 의미가 담겨 있습니다. 그런데 이 모든 절차는 모두 이방 종교에서 비롯된 사단의 문화와 전통이며 미신적 행위입니다. 그런 사단적이고 미신적인 요소가 다분한 전통과 유전을 오늘날 사람들이 아무런 통찰 없이 답습하고 있는 것입니다.

그나마 교회에서는 문상을 갈 때 영정 앞에 절하는 대신 고개 숙여 기도한다고 하지만 영정 앞에 바글거리는 귀신에게 고개 숙이는 것과 같고, 그 기도는 하나님이 받지 않으시고 귀신이 받는다는 것입니다. 헌화도 그 유래가 고대 로마에서 신에게 사람을 제물로 바칠 때, 머리에 화환을 씌웠던 데서 비롯된 것이라고 합니다. 국화는 죽은 자의 '혼'을 기린다는 뜻이 있습니다. 돌아가신 분의 명복을 빌며 '극락왕생'하라는 뜻입니다. 명복이나 극락왕생은 불교적 용어인데 불교의 산물인 것을 알 수 있습니다.

장례식 때 국화가 이용된 것은 개화기 때라고 합니다. 더 소급하면 구석기 때부터라고 하는데 일반적으로 대중화된 것은 강화도 조약 이후 서구 문화가 들어오면서부터입니다. 이때 흰 국화와 검은색 옷이 장례식에 등장하게 되었습니다. 유교 문화는 장례식에 향 피우고 명복 빌지만, 서양에서는 장례식 때 죽음을 상징하는 검은색 의복을 착용하고 백합 등 흰색 꽃을 바치는 전통이 있는데 이 같은 서양 장례 문화가 우리나라를 비롯해 동양으로 유입되면서 시작된 것입니다. 서양 장례식장에서 국화를 바치는 이유는 죽은 이가 저승에서 평화롭게 쉬기를 기원하는 의미를 지니고 또한 죽은 혼을 기린다는 뜻이 있습니다.

그러면 기독교인이 타인의 장례식장에 갈 때 어떻게 해야 할까요?

될 수 있으면 가지 않고 부의금만 전달하는 것이 최선입니다. 가더라도 부의금만 전달하고 오는 것입니다. 그러나 가까운 친척이나 형제들 빈소에는 안 갈 수 없어 가게 되니 영정 앞에서 고개 숙여 기도한다거나 헌화한다거나 예배에 참석한다거나 하지 않고 부의 음식도 먹지 않는 것이 낫습니다.

> "죽은 자들을 위하여 슬퍼하지 말고 종용히 탄식하며 수
> 건으로 머리를 동이고 발에 신을 신고 입술을 가리우지 말
> 고 '부의하는 식물'을 먹지 말라 하는지라."(겔24:17)

장례식장에 차려진 제단은 귀신에게 제사 드리는 제단으로 꾸며졌습니다. 즉 죽은 자의 영정이 있고, 영정 주위에 죽은 자를 위한 꽃들로 장식되어 있으며, 그 앞에는 음식을 차려놓고, 죽은 자에게 바치는 꽃(국화)이 있고, 저승길을 밝히는 의미가 담겨진 촛불을 켜놓았습니다. 그 앞에서 절을 하는 것이 바로 귀신에게 하는 것입니다. 성도들은 기도한다고 하나 그곳은 이미 귀신들이 장악하고 있습니다. 영안이 열린 사람은 그 귀신 떼들을 볼 수 있지만, 대부분의 사람들은 그 영들의 실체를 보지 못합니다. 특히 불신자들의 장례식장에는 이와 같이 죽을 자를 위한 음식이 차려지기 때문에 불신자의 장례식장에서 음식을 먹는 것은 더욱이 우상의 제물을 먹는 거와 같습니다.

"저희가 또 바알브올과 연합하여 죽은 자에게 제사한 음식을 먹어서 29)그 행위로 주를 격노케 함을 인하여 재앙이 그중에 유행하였도다."(시106:28-29)

"그러나 네게 두어 가지 책망할 것이 있나니 거기 네게 발람의 교훈을 지키는 자들이 있도다. 발람이 발락을 가르쳐 이스라엘 앞에 올무를 놓아 '우상의 제물'을 먹게 하였고 또 행음하게 하였느니라."(계2:14)

그러면 우리 부모님이 돌아가셨을 때 어떻게 해야 하나요?

제 경우를 말씀드리겠습니다.

제 어머니 돌아가시기 전 장례를 치르게 될 막내 동생에게 영정 앞에 꽃 장식하지 말라고 했습니다. 그리고 일절 예배 안 드리니까 각자 교회의 목사님들에게 사전에 말씀 드리도록 했습니다. 5남매가 각기 교회가 다르기 때문에 사전에 말씀을 드리도록 한 것입니다. 빈소에 가 보니 동생이 제 말대로 일절 꽃 장식을 하지 않았는데 촛불이 양쪽에 켜져 있었습니다. 그래서 촛불을 꺼서 촛대를 눈에 띄지 않게 감춰 두었습니다.

촛불의 의미는 영혼이 저승길 가는 데 어두우면 안 되니까 저승길을 밝힌다는 의미가 있습니다. 그래서 촛불을 껐고, 저는 빈소에서 귀신을 쫓아내는 축귀를 했습니다. 비록 눈에 보이지는 않지만 빈소는 사망 세력을 가지고 있는 귀신들이 이미 진을 치고 있기 때문입니다. 그리고 어머님 교회 목사님께 일체의 절차는 생략하시고 오시더라도 유족을 위해서 잠깐 기도만 해 달라고 부탁 드렸습니다. 목사님은 예배도 생략했지요. 입관, 발인, 하관예배도 안 하지요. 그러니까 부담 안 되고 홀가분하다고 가실 때 제게 고맙다고 인사를 하셨습니다.

그런데 문제는 시체를 염할 때 유족들이 참석하라고 해서 생전 처음 염하는 모습을 보았는데 세 번 정도 시체를 향해 절을 시켰습니다. 잘 가시라는 인사, 고이 쉬시라는 인사, 장지에 갈 때 마지막 인사를 하는 거였습니다. 저는 당연히 안 했지만 거의 다른 형제들은 절을 하는 겁니다. 그래서 나중에 회개하라고 일렀습니다.

바람직한 장례는 가족과 가까운 친지만 모여서 아무 절차 없이 치르는 것이라고 생각됩니다.(이스라엘에서는 시체는 당일에 매장한다고 합니다. 물론 기후 때문이기도 하겠지요.) 몰랐을 때는 어쩔 수 없지만 알았으니 안대로 행해야 되지 않겠습니까? 이러한 것들은 이제까지 전통적인 장례 문화에 젖어 있는 가족이나 친척들에게 비난의 소지가 됩니다. 그러나 각오해야 합니다. 핍박은 당연한 것이고 그것이 좁은 문입니다. 넓은 문은 찾는 이가 많고 편안한 길이지만 좁은 문은 찾는 이가 적고 힘든 길입니다. 그러나 주님은 우리에게 넓은 문으로 가지 말고 좁은 문으로 들어가라고 하십니다. 그러시면서 우리에게 위로의 말씀을 주십니다.

"의를 위하여 핍박을 받은 자는 복이 있나니 천국이 저희 것임이라. 나를 인하여 너희를 욕하고 핍박하고 거짓으로 너희를 거스려 모든 악한 말을 할 때에는 너희에게 복이 있나니 기뻐하고 즐거워하라. 하늘에서 너희의 상이 큼이라. 너희 전에 있던 선지자들을 이같이 핍박하였느니라."(마5:10-12)

물론 이 말씀은 성도들의 전반적인 문제를 말씀하고 있습니다만 장례예배에도 적용되는 말씀입니다. 너희의 그 특별한 짓이 '별나다'라는 빈축을 사게 될 것입니다. 욕을 하는 사람도 있을 것입니다. 저희 동생이 제 말대로 장례식을 치르겠다고 약속했지만 막상 꽃 한 송이 없는 영정 사진만 덩그러니 있는 모습을 보고 문상 온 사람들에게 빈축을 살까 봐 차마 저에게 대놓고 불평은 못 하고 다른 형제들 앞에서 하는 말이 누나는 장례 치르고 가면 그만이지만 자기는 그곳이 생활 터전이고 문상 온 사람들을 매일 만나게 되는데 자기를 어떻게 보겠느냐고 불평했다는 것입니다. 그러면서 누나는 성경대로만 하니까 사회를 너무 모른다고요.

　동생으로서는 당연히 할 말이지요. 그렇게 말한 동생의 심정도 이해하지만 그러나 우리의 영생이 달린 이 문제를 사람의 비위 맞출 수 없었습니다. 저는 어머니 영정 사진도 세우지 말라고 하고 싶었지만 그나마 동생을 약간 배려해서 그것만은 허용한 것입니다. 이 모든 것은 제게는 고난입니다.

　그러나 현재의 고난은 장차 올 영광과 족히 비교할 수 없습니다.(롬8:18) 우리는 오직 하나님을 기쁘시게 해야 합니다. 하나님 말씀은 언제나 역설적입니다. 죽고자 하는 자는 살 것이요, 살고자 하는 자는 죽을 것이요, 높아지고자 하는 자는 낮아질 것이요, 낮아지고자 하는 자는 높아질 것이요 등등 그것은 좁은 문으로 들어갈 때만 가능합니다.

　우리 행위에는 반드시 상급이 있다(대하15:7)는 사실, 우리의 돌아보는 것은 세상이 아니요, 영원한 천국(고후4:18)이기에 말씀 순종하기 위해서 욕먹는 것을 두려워해서는 안 되고 감내해야 합니다.

"어떤 길은 사람의 보기에 바르나 필경은 사망의 길이니
라."(잠16:25)

그러면 장례에 대한 하나님 말씀을 보겠습니다.

"또 다른 사람에게 나를 좇으라 하시니 그가 가로되 나
로 먼저 가서 내 부친을 장사하게 허락하옵소서. 가라사대
죽은 자들로 죽은 자들을 장사하게 하고 너는 가서 하나님
나라를 전파하라.(눅9:59-62)

마8:21-22 말씀에도 같은 내용이 기록되어 있습니다.

왜 하나님은 부친의 장례를 치르고 주님을 따르겠다는 제자에게
죽은 자는 죽은 자들로 장사하게 하고 너는 나를 따르라고 하셨을
까요? 이 말씀은 인간 편에서 볼 때 너무 비정한 말씀이 아닐까요?
사랑의 주님, 효를 강조하시는 주님께서 부친의 장례를 치르겠다는
제자에게 부친의 장례는 네가 치르지 말고 너는 나를 따르라는 말
씀은 이율배반적인 말씀이 아닐까요? 이런 생각이 들 수도 있겠지
요. 그러나 여기에는 주님의 영적 교훈이 들어 있습니다. 말씀 가운
데 죽은 자들이란 예수님을 믿지 않는 불신자를 말합니다.

**첫째, 영혼이 빠져나간 빈 껍질인 시체에 아무런 의미를 두지 않
는다는 것입니다.**

예수님은 비록 죽은 자가 자기 부모라 할지라도 이미 이 세상에서

는 죽음으로써 그 혈연관계가 끊어지고 이제는 영계에 귀속되었으니 즉 천국이나 지옥에 갔으니 본질인 영혼이 빠져나간 빈 껍질인 시체에 아무런 의미가 없다는 것을 말씀하고 있습니다. 빈 껍질은 이미 내 어머니나 아버지가 아니고 흙으로 취함을 받은 흙에 지나지 않기 때문입니다. 이것이 영적인 비밀입니다. 오직 깨닫는 자만이 깨닫게 되는 영적 비밀.

그럼 어떤 자들이 깨닫게 됩니까? 오직 천국을 소망하면서 어떻게 하면 천국에 갈 수 있을까 자기 생활을 돌아보고 문화 속에 사단적인 요소들을 제거하고 오직 하나님의 방법으로 살고자 하는 즉 '천국을 침노하는 자들'에게 깨닫게 하시는 하나님의 영적 비밀입니다. 예수님 자체가 비밀입니다. 깨닫는 자만 깨닫고 깨닫지 못한 자들은 손에 쥐어줘도 깨닫지 못하기 때문에 전도도 받아들이지 않고 불신자로 살다 지옥 가는 것입니다. 우리가 천국을 침노하기 위해서는 예수님을 영접하여 신앙생활을 하면서 천국 가기까지 꾸준히 말씀을 통해 기도를 통해 천국을 침노해야 하는 것입니다. 다른 말로 천국 백성 되기 위해 노력해야 한다는 것입니다.

둘째, 시체는 부정한 것이라고 말합니다.

- 대제사장은 시체 가까이 말라. 부모로 인하여도 더러워지게 말라.

"자기 형제 중 관유로 부음을 받고 위임되어 예복을 입은 대제사장은 그 머리를 풀지 말며 그 옷을 찢지 말며 11) 어떤 '시체'에든지 가까이 말지니 부모로 인하여도 더러워지

게 말며"(렘21:10-11)

"아론의 자손 중 문둥 환자나 유출병이 있는 자는 정하기 전에는 성물을 먹지 말 것이요 '시체'로 부정하게 된 자나 설정한 자나"(렘22:4)

"유출 병이 있는 자와 주검으로 부정케 된 자를 다 진 밖으로 내어 보내되 3) 무론 남녀하고 다 진 밖으로 내어 보내어 그들로 진을 더럽히게 말라. 내가 그 진 가운데 거하느니라 하시매"(민5:2-3)

계속해서 말씀을 봅니다.

- 나실인이 시체로 더럽혀지면 지나간 날은 무효가 된다.

6) 자기 몸을 구별하여 여호와께 드리는 모든 날 동안은 '시체'를 가까이 하지 말 것이요. 7) 그 부모, 형제, 자매가 죽은 때에라도 그로 인하여 몸을 더럽히지 말 것이니 이는 자기 몸을 구별하여 하나님께 드리는 표가 그 머리에 있음이라. 8) 자기 몸을 구별하는 날 동안 그는 여호와께 거룩한 자니라. 9) 누가 홀연히 그 곁에서 죽어서 스스로 구별한 자의 머리를 더럽히거든 그 몸을 정결케 하는 날에 머리를 밀 것이니 곧 제 칠 일에 밀 것이며 10) 제 팔 일에 산비둘기 두 마리나 집비둘기 새끼 두 마리를 가지고 회막문에 와서 제사장에게 줄 것이요 11) 제사장은 그 하나를 속죄제물로 하나를 번제물을 드려서 그의 '시체'로 인하여 얻은

죄를 속하고 또 그는 당일에 그의 머리를 성결케 할 것이며 12) 자기 몸을 구별하여 여호와께 드릴 날을 새로 정하고 일 년 된 숫양을 가져다가 속건제로 드릴지니라. 자기 몸을 구별한 때에 그 몸을 더럽혔은즉 지나간 날은 무효니라.(민 6:6-12)

위의 말씀은 나실인이 비록 자기 부모, 형제의 시체라 할지라도 그 '시체'를 가까이 하면 몸을 더럽히는 죄가 되기 때문에 여호와께 구별하여 드린 날이 무효가 됨으로 예물을 드려 속건제로 죄를 속하고 나실인의 날을 새로 정하라는 말씀입니다.

- 사람의 시체를 만진 자는 칠 일 동안 부정하게 된다.

11) 사람의 '시체'를 만진 자는 칠 일을 부정하리니 12) 그는 제 삼 일과 제 칠 일에 이 잿물로 스스로 정결케 할 것이라 그리하면 정하려니와 제 삼 일과 제 칠 일에 스스로 정결케 아니하면 그냥 부정하니 13) 누구든지 죽은 사람의 '시체'를 만지고 스스로 정결케 아니하는 자는 여호와의 성막을 더럽힘이라. 그가 이스라엘에서 끊쳐질 것은 정결케 하는 물을 그에게 뿌리지 아니하므로 깨끗케 되지 못하고 그 부정함이 그저 있음이니라.(민19:11-13)

- 시체를 만져 부정하게 된 자는 칠 일 동안 진 밖에 머무르라.

"너희는 칠 일 동안 진 밖에 주둔하라. 무릇 살인자나 죽임을 당한 '시체'를 만진 자나 제 삼 일과 제 칠 일에 몸을 깨끗케 하고 너희의 포로도 깨끗케 할 것이며"(민31:19)

- 시체로 땅을 더럽히면 그들의 악과 죄를 배로 갚겠다.

"내가 위선 그들의 악과 죄를 배나 갚을 것은 그들이 그 미운 물건의 '시체'로 내 땅을 더럽히며 그들의 가증한 것으로 내 산업에 가득하게 하였음이니라."(렘16:18)

- 성소 안에 시체를 두는 것은 하나님의 이름을 더럽힌 것이다.

7) 내게 이르시되 인자야 이는 내 보좌의 처소, 내 발을 두는 처소 내가 이스라엘 족속 가운데 영원히 거할 곳이라 이스라엘 족속 곧 그들과 그 왕들이 음란히 행하며 그 죽은 왕들의 '시체'로 다시는 내 거룩한 이름을 더럽히지 아니하리라. 8) 그들이 그 문지방을 내 문지방 곁에 두며 그 문설주를 내 문설주 곁에 두어서 그들과 나 사이에 겨우 한 담이 막히게 하였고 또 그 행하는 가증한 일로 내 거룩한 이름을 더럽혔으므로 내가 노하여 멸하였거니와 9) 이제는 그들이 그 음란과 그 왕들의 '시체'를 내게서 멀리 제하여 버려야 할 것이라. 그리하면 내가 영원토록 그들의 가운데 거하리라.(겔43:7-9)

다시 본문 말씀으로 돌아갑니다.

"또 다른 사람에게 나를 좇으라 하시니 그가 가로되 나
로 먼저 가서 내 부친을 장사하게 허락하옵소서. 60) 가라
사대 죽은 자들로 죽은 자들을 장사하게 하고 너는 가서
하나님 나라를 전파하라."(눅9:59-60)

이제 주님께서 먼저 가서 부친의 장사를 치르게 허락해 달라는
자에게 왜 죽은 자들로 죽은 자의 장례를 치르게 하라 하셨는지 이
해하셨을 줄 압니다.

시체는 부정한 것 왜? 사단의 사망 세력 하에 있게 된 빈 껍질이
며, 한낱 한 줌 흙에 지나지 않기 때문입니다. 세상에서 내 부모였
지 영계에서는 그 관계가 끊어진다는 것. 죽는 그 순간 영혼은 음
부나 낙원으로 가서 새로운 영적 세계에 귀속된다는 것입니다. 이
미 영계에 귀속된 죽은 자를 기린다는 것 자체가 하나님의 섭리를
대적하는 사단의 궤휼에 속고 있다는 것입니다. 때문에 장례예배를
드리는 자들은 하나님께 드린다고 하지만 그 예배는 하나님이 받지
않으십니다. 귀신이 받습니다.

추도예배, 장례예배에서 예배라는 명칭을 사용한 자체가 예배를
모독하고 하나님의 신성을 모독하는 사단의 속임이라는 것. 하나님
께서 그렇게 부정하게 생각하시는 '시체'를 놓고 장례식장에서 예배
드린다는 것은 하나님의 말씀이 아닌 전통과 관습에 얽매인 인간
의 유전이며, 역시 하나님을 모독하는 행위라는 것입니다. 추도식
장소나 장례식 장소에 하나님은 안 계시고 귀신들만 우글거리기 때

문에 하나님께 드린다는 예배는 결국 귀신에게 예배하는 것이 된다
는 것입니다.

장례예배 드려도 된다는 목사님들 중에는 야곱이나 요셉의 장례
식이 다 화려하게 치렀다고 반박하시는 분이 있습니다. 그러나 장례
식을 화려하게 치렀지만 장례예배는 드리지 않았습니다. 성경에는
장례예배 자체가 없습니다. 당시 야곱과 요셉의 장례가 화려하게 치
러진 것은 애굽의 장례 풍습이었습니다. 그나마 평민이 아닌 고위
층의 국장으로 치러진 장례 문화였습니다. 당시 요셉이 국무총리 자
리에 있었기 때문에 부친인 야곱의 장례식은 국장으로 치러진 것입
니다.

> "요셉이 자기 아비를 장사하러 올라가니 바로의 모든 신
> 하와 바로 궁의 장로들과 애굽 땅의 모든 장로와 8) 요셉의
> 온 집과 그 형제들과 그 아비의 집이 그와 함께 올라가고
> 그들이 어린 아이들과 양떼와 소떼만 고센 땅에 남겼으며
> 9) 병거와 기병이 요셉을 따라 올라가니 그 떼가 심히 컸더
> 라. 10) 그들이 요단강 건너편 아닷 타작마당에 이르러 거
> 기서 크게 호곡하고 애통하며 요셉이 아비를 위하여 칠 일
> 동안 애곡 하였더니"(창50:7-10)

당시 애굽에는 고도의 의술을 가진 의사가 있었다고 합니다. 그
의사는 시체에 향 재료를 넣었고 그렇게 한 이유는 시체를 미이라
로 만들기 위한 절차였습니다. 요셉은 야고보의 시체에 향 재료를
넣게 하였습니다.

"그 수종 의사에게 명하여 향 재료를 아비의 몸에 넣게 하매 의사가 이스라엘에게 그대로 하되 사십 일이 걸렸으니 향 재료를 넣는데 이 날수가 걸림이며 애굽 사람들은 칠십일 동안 그를 위하여 곡하였더라."(창50:2-3)

그것을 넣는 데 40일이 걸렸다는 것은 당시 '애굽의 특수 장례법'이었습니다. 즉 미이라를 만드는 과정이었습니다. 무덤에 장사할 때 그가 평소에 쓰던 물건들도 함께 넣었습니다. 이와 같이 미이라를 만드는 데, 즉 향품을 넣는 데 40일이 걸렸습니다. 그리고 애굽의 관습대로 70일을 곡했습니다. 바로의 장례에는 72일 동안 곡을 했는데 요셉의 아버지 야곱을 위해서는 70일을 곡했습니다. 거의 바로에 준하는 장례 의식인 것입니다. 야곱의 장례는 바로 애굽의 국장이 된 것입니다. 이는 아들 요셉이 국무총리였기 때문에 가능한 일이었습니다. 그리고는 어떤 의식 없이 바로 매장을 했습니다.

"야곱의 아들들이 부명을 좇아 행하여 13) 그를 가나안 땅으로 메어다가 마므레 앞 막벨라 밭 굴에 장사하였으니 이는 아브라함이 헷 족속 에브론에게 밭과 함께 사서 소유 매장지를 삼은 곳이더라."(창50:12-13)

요셉 역시 110세에 죽었을 때 같은 방법으로 장례를 치렀습니다.
"요셉이 또 이스라엘 자손에게 맹세시켜 이르기를 하나님이 정녕 너희를 권고하시리니 너희는 여기서 내 해골을 메고 올라가겠다 하라 하였더라. 26) 요셉이 일백십 세에

죽으매 그들의 그의 몸에 향 재료를 넣고 애굽에서 입관하였더라."(창50:25-26)

이와 같은 성경 기록은 당시 애굽 장례 풍습에 일치하는 것입니다. 그러나 성경 어디에도 장례예배 같은 것은 없습니다. 죽은 자를 위해 장례식장에서 입관, 발인, 하관 예배를 드린다는 것이 이치적으로도 합당치 않음은 이미 죽음과 함께 하나님의 심판을 받아 그 영혼은 낙원이나 음부에 가 있는데 빈 껍질인 시체를 두고 예배를 드린다는 것은 헛일이라는 것입니다. 죽은 자를 위해서는 아무것도 필요치 않다는 것이 그 이유입니다.

죽기 전 임종예배가 중요한 이유는 그 영혼이 세상 떠나기 전 죄를 온전히 회개하여 그 영혼이 천국 가도록 돕는 예배이기 때문에 중요한 것입니다. 임종 예배를 드리고 그 영혼이 육체에서 떠난 후로는 어떤 예배도 필요 없다는 것입니다. 아무 효력이 없기 때문입니다.

오히려 죽은 시체를 놓고 예배하는 것은 우상숭배가 되며, 사망 세력을 잡고 있는 사단이 그 예배를 받는다는 것입니다. 더욱이 장례식장에서 향을 피우거나 헌화하거나 촛불을 켜 놓거나 하는 것들은 아무 의미가 없을 뿐 아니라 이러한 것들은 이방인들의 귀신을 위해서 하는 이방 풍습입니다. 때문에 장례식장에는 가되 예배나, 영정 앞에 고개 숙여 기도하거나, 헌화하지 말고 단지 유가족을 위로하고 유가족을 위해 기도하는 정도에 그쳐야 한다는 것입니다.

참고로 부의금 봉투에도 '명복을 빕니다.'라고 적은 분들도 있지만 명복은 불교 용어입니다. 불교에서 사후 심판이 있는데 그곳을 '명부(冥府)'라 합니다. 명부에서 염라대왕이 심판을 할 때 복된 심판을 받기를 원한다는 뜻입니다.

49제는 죽은 다음 심판 자리에서 다음 생을 받는 기간이 49일 걸린다는 것입니다. 그래서 불교에서 49제를 드리면 즉 돈 많이 내고 공을 들이면 죽은 자가 좋은 곳에서 태어난다는 것입니다. 불교는 사람이 한 번 죽으면 인과응보(因果應報)에 의해서 다시 짐승이나 사람으로 태어난다는 '다회적 삶'을 믿기 때문에 그들의 신앙 교리에 의해 다음 생에는 좋은 곳에 태어나기를 기원하는 마음으로 49제를 하게 되는 것입니다.

우리나라 장례 문화는 불교와 유교의 혼합 문화입니다. 조상들이 하는 관습적인 문화를 그대로 답습한 것입니다. 그러니 똑바로 믿고 잘못된 관습이나 전통이나 문화는 나 자신부터 개혁해 나가야 합니다. 특히 교회 안에서부터 목사님을 통해 성도들을 깨우고 사단 문화를 과감하게 철폐하고 하나님의 법대로 따라야 할 것입니다. 추도예배니 장례예배니 귀신에게 예배하는 행위는 절대 하지 말아야 될 것입니다. 욕을 먹더라도 이를 전해야 합니다. 몰랐을 때는 할 수 없지만 알고 난 이상 더 이상 답습하여 죄 짓지 말고 지난날을 철저히 회개해야 하겠습니다.

참고로 저는 이러한 장례예배에 대해 문서로 작성해서 목사님들에게 배포했습니다. 며칠 후 한 목사님이 제게 와서 말씀했습니다. 내용인즉, 친구 목사님에게 그 문서를 전달했는데 그날 밤 그 목사님이 온 밤을 지새우며 통곡하며 회개했다는 것입니다. 이렇게 회개한 목사님이 있는 반면 무슨 소리냐고 무시해 버리는 목사님도 계실 것입니다. 그러나 되풀이되는 말이지만 교회에서 장례식장에 가셨을 때 장례 절차를 진행해서 유가족을 교회가 도와야 하지만 영정 앞에서 기도나 예배, 그리고 입관, 하관, 발인 예배는 드리지 말고 헌화하거나 화환도 보내지 말고 유가족을 위로하는 기도만 해야 된다는 것입니다. 목사님들이 먼저 바로 알고 성도들이 시험 들지 않도록 말씀대로 바로 지도해야 할 것입니다.

저는 몇 년 전 친척분의 장례식장에 간 적이 있습니다. 큰 아드님은 장로님, 작은 아드님은 목사님, 그리고 두 자부 모두 신앙이 돈독한 권사, 집사님이었습니다. 장례식장에 들어가자 영정 앞에 꽃 장식을 화려하게 했고, 그 앞에는 제사상처럼 갖가지 음식이 차려져 있었습니다. 음식 앞 중간 자리에 성경을 펼쳐두고 좌우에 촛불 한 자루씩 불을 밝혀두고 있었습니다. 그리고 그 앞에서 문상 오신 목사님들도 헌화를 하고 기도하고 그리고 예배를 드리고 있었습니다. 오늘날 우리나라 장례 문화의 현실입니다. 그러면 장례식장에서 예배드리고 회개치 않아 지옥에 떨어져 부르짖는 모습을 하나님께서 보여 주신 덕정 사랑교회의 간증을 적어 보겠습니다.

2

지옥의 소리

† 간증 1) 죽은 자 앞에 아무것도 하지 말라

결단코 죽은 자 앞에 꽃 놓지 말고, 고개 숙이지 말아요. 묘지 앞에 꽃

놓지 말고, 영정 앞에서 고개 숙여 묵념하지 말고, 장례식장에서 일절 예배드리지 말아요. 그곳에서 드리는 찬송, 기도 하나님이 받지 않으십니다. 그것은 우상숭배이기 때문입니다. 장례식장에서 입관, 발인, 하관예배 드리지 말고 우상의 제물 먹지 마세요. 이러한 행위는 다 하나님이 가장 싫어하시는 우상숭배입니다.

숨이 끊기면 그 영혼은 '낙원' 아니면 '음부'에 갑니다. 영혼이 떠난 빈 껍데기 앞에서 드리는 예배는 하나님이 결코 받지 않으십니다. 하나님이 받지 않은 예배는 귀신이 받습니다. 하나님 말씀보다 인간의 전통, 문화, 관습을 이어가는 행위는 목사나 성도가 해야 될 일이 아닙니다. 하나님은 이런 행위들을 심판하시고 결국 지옥으로 가는 것입니다. 귀신에게 속지 마세요. 목사님들이 제대로 알지 못하고 그럼으로 제대로 가르치지 못하기 때문에 무고한 성도들이, 목사님 말씀대로 따라가는 양떼들이 무더기로 지옥에 떨어집니다.

성도들을 천국으로 보내야 할 목사님들이 성도들을 지옥으로 보낸다면 그 책임을 하나님은 물으실 것입니다. 그리고 목사님들께 더 큰 심판이 임할 것입니다.

+ 간증 2) 어느 유명 목사님의 지옥에서 부르짖는 소리

몇 년 전 기독교계에서도 너무나 유명한 대형교회 목사님이 폐암으로 세상을 떠나신 후, 그분은 천국 갔을 거라는 모든 이들의 예상을 뒤엎고 지옥에서 처참하게 부르짖는 지옥 간증을 적어 봅니다.

"장례예배 하지 마, 죽은 자를 위해서는 아무것도 하지 마, 이미 지옥에 가 있는 자 위해 예배는 무슨 예배야! 사단이 공개적으로 속이는 거야. 나도 몰랐어! 나도 속았어! 내가 사단에게 속은 거야! 나도 모르게 속은 거야! 지옥 가면 결코 나올 수 없으니 절대 지옥 가면 안 된다고 성도들에게 가르쳤는데 내가 지옥에 왔어! 기가 막혀! 내가 영원히 이곳에서 이 형벌을 받으며 살아야 한다니 너무나 기가 막혀! 하나님 용서해 주세요. 용서해 주세요. 아아, 하나님 용서해 주세요.

장례예배 한 목사님들 회개하세요. 성도들을 다 지옥으로 끌고 가는 거야. 당신들은 이곳에 오면 안 돼, 안 돼. 절대 오지 마! 아아, 기가 막혀. 내가 영원히 이곳에서 살아야 한다니. 아아!

간증 3) 장례식장에서 예배드리는 것은 귀신에게 속는 것

장례식장에서 예배드리지 마요! 귀신이 얼마나 깔깔대고 비웃는지 알아요? 성경 펴놓고 예배드린다고 할 때 귀신들이 얼마나 깔깔대고 좋아하는지 나처럼 억울하게 지옥에 떨어지지 말고 정신 차려요. 속지 말아요. 나도 교회 다녔어요!

장례식장에서도 다 속는 거야. 예배드리는 게 아니야. 그건 귀신들에게 속는 거야. 귀신들이 자기네가 영광 받는 거야. 죽은 사람 앞에서 예배는 무슨 예배야. 그 예배 하나님이 안 받아요. 귀신이 받아요. 하나님께 드린다고 했는데 결국 귀신한테 한 거였어요. 우리가 귀신에게 속은 거였어요. 세상에서는 몰랐는데 죽어 지옥에 와서 보니까 추도예배 장례예배는 귀신한테 한 것이라는 것을 알았어요. 교회 다닌 사람들이 다 속고 있어요. 목사들도 속고 성도들도 속고 있어요. 속지 말아요. 제발 속지 말아요.

너무 억울해! 너무 억울해! 장례식장 가서 예배 하지 말아요! 장례식장에서 드리는 예배는 제사랑 똑같아요. 명절날 예배드리는 그거 다 귀신이 받아요! 나 너무 억울해! 나 좀 꺼내 줘! 나 좀 꺼내 주면 내가 나가서 얘기할게. 내가 나가서 얘기할게. 귀신들이 너무 많이 속여요. 그런데 귀신들이 속일 때 다 넘어 간다는 거야. 목사들이 다 속아요.

목사들이 정신 차려야 되는데 하나님의 말씀은 줄줄 가르치면서도 다 속아요. 말씀을 다 안다고 하지만 영적으로 모르기 때문에 소경이 소경을 인도하는 격이야. 말씀을 몰라서 소경이 아니라 영적으로 모르는 소경을 얘기하는 거야. 귀가 있어도 듣지 못한다는 게 뭔지 알아? 하나님의 음성을 듣지 못하는 거야. 영적인 주의 종들이 되어야 해요. 영적인 목사들이 되어야지 분별할 수 있는 영의 세계 그게 비밀이야. 그건 비밀이야. 영적이지 못하면 아무리 말씀을 알고 성경 66권을 알고 창세기 1장 1절부터 요한계시록까지 안다고 해도 영적인 것을 모르면 다 속아 넘어가! 당신들의 영혼을 아무 목사에게 맡기지 마요. 제발 부탁이에요.

결국 장례식장에서 예배를 드리는 것은 지옥 가는 무서운 죄라는 것입니다.

〈예수님이 말씀하세요〉

"사랑하는 딸아! 너는 장례식장에서 예배하는 것이 얼마나 무서운 죄며, 그것 또한 회개치 못하면 지옥이라는 것을 너는 보고 철저히 이것을 전하라! 내가 너와 함께함이라. 강하고 담대하라! 내가 열어서 보여 주는 것이니 너는 모든 것을 분명히 다 전하라! 하나도 빼놓지 말고 다 전하라! 어찌하여 모세의 시체를 감췄는지 아느냐? 그 시체 때문에 우상숭배를 할까 봐 내가 모세의 시체를 감췄느니라! 말씀을 줄줄 외운다고 하는 목사들조차 이것을 깨닫지 못하는도다!"

"오직 나 예수만 기념해다오! 오직 나 예수만 기념해다오!"

예수님께서 다시 지옥을 보여 주시는데 장례식장에서 예배를 드리고 회개치 못해서 지옥에 떨어진 목사님들, 주의 종들을 보여 주세요. 하나님 믿던 백성들과 뒤엉켜서 바다 같은 용암 물에 형벌 받고 있어요. 한데 뒤엉켜서 사람들이 뜨거워서 손을 내밀고 소리를 질러요! 사람들이 나오고 싶어서 막 발버둥을 쳐요!

우상숭배 때문에 많은 종들이 암에 걸립니다. 다 우상 숭배 때문입니다.

"잘못했습니다. 잘못했습니다. 한 번만 꺼내주세요! 예수님, 한 번만 꺼내주세요. 아!"

"나는 세상에서 부흥 잘되는 교회, 성도들 많은 대형 교회를 부러워했는데 천국 간 자가 그렇게 부럽구나. 천국 간 자만이 진정한 부러움의 대상이구나! 너무 부러워, 너무 부러워!"

시체 장례에 관해

요즈음은 시체를 거의 화장하는 문화가 급속도로 번지고 있습니다. 심지어는 수목장을 하는 예도 많습니다. 비좁은 국토를 무덤으로 잠식해서는 안 된다는 어쩌면 애국심의 발로이기도 하고, 매장지를 쉽게 얻을 수 없고, 사후 관리가 필요함에 비해 화장은 쉽게 이루어지고 또 사후 관리도 필요 없이 지정된 장소에 오래도록 보관되는 편리함 때문이기도 합니다.

그래서인지 2010년 일 년간 42%가 화장을 하였다고 하는데 이 수치는 매년 높아간다고 합니다. 그러나 성경은 모든 시체를 매장했습니다. 지금부터 왜 화장은 안 되며, 매장해야 하는지 구체적으로 성경을 통해서 살펴보겠습니다.

1

시체는 왜 매장해야 하는가?

1) 매장은 하나님의 명령이다

죽음은 죄의 대가입니다. 아담과 하와가 하나님 말씀을 불순종하여 따 먹지 말라는 선악과를 따 먹었을 때 하나님께서는 그들에게 징벌로 죽음을 선고하셨습니다.

"네가 얼굴에 땀이 흘러야 식물을 먹고 필경은 '흙'으로 돌아가리니 그 속에서 네가 취함을 입었음이라. 너는 '흙'이니 '흙'으로 돌아갈 것이니라 하시니라."(창3:19)

2) 묘실로 들어가는 것도 하나님 명령이며 선한 일을 한 자의 복이다

"너는 장수하다가 평안히 조상에게로 돌아가 장사될 것이요"(창15:15)

"내가 너로 너희 열조에게 돌아가서 평안히 묘실로 들어가게 하리니…."(왕하22:20)

물론 성경에 기록된 이스라엘인의 매장은 우리나라처럼 땅을 파서 땅속에 묻는 매장이 아니고 굴에 안치하는 것이지만 화장이 아닌 매장입니다.

3) 성경 속의 선진들도 시체를 무덤에 장사했다

① 아브라함

"그 후에 아브라함이 그 아내 사라를 가나안 땅 마므레 앞 막벨라 굴에 장사하였더라. 마므레는 곧 헤브론이라. 이와 같이 그 밭과 그 속의 굴을 헷 족속이 아브라함 소유 매장지로 정하였더라."(창23:19-20)

② 이삭

"…이삭과 그 아내 리브가도 거기(막벨라 굴) 장사되었으며 나(야곱)도 레아를 그곳에 장사 하였느니라."(창49:31)

③ 야곱

"야곱이 애굽으로 내려가 자기와 우리 조상들이 거기서 죽고 세겜으로 옮기워 아브라함이 세겜 하몰의 자손에게서 은으로 값 주고 산 무덤에 장사되니라."(행7:15-16)

④ 요셉의 뼈를 세겜에 장사했다

요셉이 죽어 애굽에서 입관했으나 그 뼈를 보호하고 있다가 세겜에 장사했습니다.

"이스라엘 자손이 애굽에서 이끌어내 요셉의 뼈를 세겜에 장사하였으니 이곳은 야곱이 세겜의 아비 하몰의 자손에게 금 일백 개를 주고 산 땅이라 그것이 요셉 자손의 기업이 되었더라."(수24:32)

4) 매장되지 아니한 자는 낙태된 자보다 못하다

솔로몬 왕은 전도서에서 사람의 몸이 매장되지 아니하면 낙태된 자보다도 못하다고 기술하였습니다.

"사람이 비록 일백 자녀를 낳고 또 장수하여 사는 날이

많을지라도 그 심령에 낙이 족하지 못하고 그 몸이 '매장'
되지 못하면 나는 이르기를 낙태된 자가 저보다 낫다 하노
니"(전6:3)

5) 매장되지 아니한 자는 저주다

"그날에 나 여호와에게 살육을 당한 자가 땅 이 끝에서
땅 저 끝에 미칠 것이나 그들이 슬퍼함을 받지 못하며 염습
함을 입지 못하며 '매장'함을 얻지 못하고 지면에서 분토가
되리로다."(레25:33)

"그들은 독한 병으로 죽고 슬퍼함을 입지 못하며 '매장'
함을 얻지 못하여 지면의 분토와 같을 것이며 칼과 기근에
망하고 그 시체는 공중의 새와 땅 짐승의 밥이 되리라."(렘
16:4)

"큰 자든지 작은 자든지 이 땅에서 죽으리니 그들이 '매장'
되지 못할 것이며 그들을 위하여 애곡하는 자도 없겠고 자기
몸을 베거나 대머리 되게 하는 자도 없을 것이며"(렘16:6)

2

시체를 왜 화장하면
안 되는가?

1) 흙으로 돌아가라는 하나님의 명령에 역행하는 일이다.(창3:19)

흙으로 돌아가라는 말씀은 시체를 땅에 '매장'하라는 말씀입니다. 그러나 화장하면 흙이 아니라 '재'가 됩니다. 이는 하나님 말씀에 역행하는 일입니다. 하나님은 인간이 죽음으로 흙으로 돌아가라고 하셨지 화장하여 '재'가 되라고 하시지 않았습니다. 성경 속의 모든 인물도 '매장'하였습니다. 그러므로 화장하여 '재'가 되게 하는 것은 하나님 말씀을 거역하고 하나님 뜻을 거스르는 죄 된 일입니다.

2) 하나님은 죄에 대한 징벌로 불살라 '재'가 되게 하셨다

"네가 죄악이 많고 무역이 불의하므로 네 모든 성소를 더럽혔음이여. 내가 네 가운데서 불을 내어 너를 사르게 하고 너를 목도하는 모든 자 앞에서 너로 땅 위 '재'가 되게 하였도다. 만민 중에 너를 아는 자가 너로 인하여 다 놀랄 것임이여. 네가 경계거리가 되고 네가 영원히 다시 있지 못하리로다 하셨다 하라."(겔28:18-19)

'화장한 자는 영원히 다시 있지 못하리라'는 말씀의 의미를 깨달 으시기 바랍니다.

3) 산 채로 불사름을 당한 자는 하나님의 형벌을 받은 자들이다

① 산 채로 불사름 당하여 '재'가 된 소돔성 사람들

"여호와께서… 유황과 불을 비같이 소돔과 고모라에 내 리사"(창9:24-28)

"소돔과 고모라 성을 멸망하기로 정하여 '재'가 되게 하사 후세에 경건치 아니할 자들에게 본을 삼으셨으며"(벧후2:6)

"소돔과 고모라와 그 이웃 도시들도 저희와 같은 모양으 로 간음을 행하며 다른 색을 따라가다가 '영원한 불의 형 벌'을 받음으로 거울이 되었느니라."(유1:7)

소돔과 고모라 성의 사람들을 유황불로 화장하여 현재의 화장터 에서 나오는 뼛가루와 같이 '재'가 되게 하셨다는 것입니다.

4) 흙과 재의 다른 점

자연적인 '흙'은 토기장이가 그릇을 만들 수 있고 씨를 뿌리면 싹 이 틉니다. 그러나 '재'는 불로 인해 타버린 후 남은 것으로서 흙이 아니며 흙과는 성질이 다릅니다. 재에서는 싹도 트이지 않고 그릇 도 만들 수 없습니다.

시체를 화장하면 유골이 남고, 가열하면 사리로 남게 됩니다. 전쟁 시 식량고를 불살라 곡식이 '재'로 남겨져 있는 것처럼 화장한 시체는 '재'가 되어 사리로 남게 되는데 '흙'과 '재'는 엄연하게 분별이 됩니다.

　짐승이나 사람이나 불속에 들어가면 '재'가 되는 것은 자연적 원리입니다. 그러므로 매장하여 흙으로 된 자나 화장하여 '재'가 된 자는 엄연하게 구분이 됩니다. 흙으로 돌아가라는 하나님 명령이 최우선적입니다(창3:19).

① 사울을 화장함

"모든 장사가 일어나 밤새도록 가서 사울과 그 아들들의 시체를 벧산 성벽에서 취하여 가지고 야베스에 돌아와서 거기서 불사르고 그 뼈를 가져다가 야베스 에셀나무 아래 장사하고 칠일을 금식하였더라."(삼상31:12-13)

"사울은 하나님께 버림받은 왕이었습니다."(삼상15:26)

"더욱이 그는 자살하였습니다."(삼상16:4)

"사울의 시체는 화장되었습니다."(삼상31:12-13)

② 아론의 아들들도 불사름

"불이 여호와 앞에서 나와 그들을 삼키매 그들이 여호와 앞에서 죽은지라."(레10:2)

③ 악인에게 형벌 방법으로 화장(불사름)을 했다

"누구든지 아내와 그 장모를 아울러 취하면 악행인즉 그와 그들을 함께 불사를지니 이는 너희 중에 악행이 없게

하려 함이니라."(레20:14)

"아무 제사장의 딸이든지 행음하여 스스로 더럽히면 그 아비를 욕되게 함이니 그를 불사를지니라(레21:9)

④ 여호와의 언약을 어기고 바친 물건을 도적한 아간을 불사름

"바친 물건을 가진 자로 뽑힌 자를 '불사르되' 그와 그 모든 소유를 그리하라. 이는 여호와의 언약을 어기고 이스라엘 가운데 망령된 일을 행하였음이라 하셨다 하라."(수7:15)

"여호수아가 이스라엘 모든 사람으로 더불어 세라의 아들 아간을 잡고 그 은과 외투와 금덩이와 그 아들들과 딸들과 소들과 나귀들과 양들과 장막과 무릇 그에게 속한 모든 것을 이끌고 아골 골짜기로 가서 25) 여호수아가 가로되 네가 어찌하여 우리를 괴롭게 하였느뇨. 여호와께서 오늘날 너를 괴롭게 하시리라 하니 온 이스라엘이 그를 돌로 치고 그것들도 돌로 치고 '불사르고' 26) 그 위에 돌무더기를 쌓았더니 오늘날까지 있더라. 여호와께서 극렬한 분노를 그치시니 그러므로 그곳 이름을 오늘날까지 아골 골짜기라 부르더라."(수7:24-26)

⑤ 마귀도 불로 소멸당함

"천년이 차매 사단이 그 옥에서 놓여 나와서 땅의 사방 백성 곧 곡과 마곡을 미혹하고 모아 싸움을 붙이리니 그 수가 바다 모래 같으리라. 저희가 지면엔 널리 퍼져 성도들의 진과 사랑하시는 성을 두르매 하늘에서 '불'이 내려와 저희

를 소멸하고"(계20:8-9)

5) 뼈를 사르는 것은 저주다

"나 여호와가 말하노라. 그때에 사람들이 유다 왕들의 '뼈'와 그 방백들의 '뼈'와 제사장들의 '뼈'와 선지자들의 '뼈'와 예루살렘 거민의 '뼈'를 그 묘실에서 끌어내어 그들의 사랑하며 섬기며 순복하며 구하며 경배하던 해와 달과 하늘의 뭇 별 아래 쬐리니 그 '뼈'가 거두이거나 묻히지 못하여 지면에서 분토 같을 것이며"(렘8:1-2)

"때에 하나님의 사람이 여호와의 말씀을 인하여 유다에서부터 벧엘에 이르니 마침 여로보암이 단 곁에 서서 분향하는지라. 2) 하나님의 사람이 땅을 향하여 여호와의 말씀을 외쳐 가로되 단아 단아 여호와께서 말씀하시기를 다윗의 집에 요시야라 이름 하는 아들을 낳으리니 저가 네 위에 분향하는 산당 제사장을 네 위에 제사할 것이요 또 사람의 '뼈'를 네 위에 사르리라 하셨느니라 하고"(왕상13:1-2)

"이스라엘로 범죄케 한 느밧의 아들 여로보암이 벧엘에 세운 단과 산당을 왕이 헐고 또 그 산당을 '불사르고' 빻아서 가루를 만들며 또 아세라 목상을 불살랐더라. 16) 요시야가 몸을 돌이켜 산에 있는 묘실들을 보고 보내어 그 묘실에서 해골을 취하였다가 단 위에 '불살라' 그 단을 더럽게 하니라. 이 일을 하나님의 사람이 전하였더니 그 전한 여호와의 말씀대로 되었더라.(왕하23:15-16)

"전에 이스라엘 열 왕이 사마리아 각 성읍에 지어서 여호와의 노를 격발한 산당을 요시야가 다 제하되 벧엘에서 행한 모든 일대로 행하고 20) 또 거기 있는 산당의 제사장들을 다 단 위에서 죽이고 사람의 해골을 단 위에 '불사르고' 예루살렘으로 돌아왔더라."(왕하23:19-20)

6) 시체 뼈를 화장한 모압 왕은 멸망을 받았다

모압 왕이 죽임을 당하고 궁궐들이 살라지는 징벌을 받은 것은 에돔 왕의 뼈를 불살라 회(재)를 만들었기 때문이라고 성경에 기록하고 있습니다.

"여호와께서 가라사대 모압의 서너 가지 죄로 인하여 내가 그 벌을 돌이키지 아니하리니 이는 저가 에돔 왕의 뼈를 불살라 회(재)를 만들었음이라. 내가 모압에 불을 보내리니 그리욧 궁궐들을 사르리라. 모압이 요란함과 외침과 나팔 소리 중에서 죽을 것이다."(암2:1-2)

7) 죽은 자를 화장한 친척들을 벌하심

"죽은 사람의 친척 곧 그 시체를 불사를 자가 그 뼈를 집 밖으로 가져갈 때에 그 집 내실에 있는 자에게 묻기를 아직 너와 함께한 자가 있느냐 하여 대답하기를 아주 없다 하면 저가 또 말하기를 잠잠하라. 우리가 여호와의 이름을 일컫지 못할 것이라 하리라. 11) 보라 여호와께서 명하시므로

큰 집이 침을 받아 갈라지며 작은 집이 침을 받아 터지리라."(암6:10-11)

이스라엘 민족의 장사는 시신을 가족이 매장하는 것입니다.(창23:19, 50:14) 그러나 가족이 없어서 친척이 장사를 지내고 그것도 매장이 아니라 당시에 저주받은 자들에게나 하는 화장을 한다는 것은 하나님의 심판을 자초한다는 것을 보여 주는 말씀입니다.

8) 여로보암 왕의 죄

북이스라엘 당시 13대 왕인 여로보암 2세 시대는 국가적으로 부와 힘이 절정에 달한 전성기였습니다. 그러나 한편 도덕적으로는 타락한 암흑기였으며(암2:6-7), 종교적으로는 혼합주의(암5:26)였고, 방종이 만연(암6:4-6)했었습니다. 그중 한 예로 이스라엘 민족의 장사는 시신을 매장(창23:19, 50:14)하는 것이었음에도 가족이 없는 사람을 친척이 장사 지낼 때 당시에 저주 받은 자에게나 하는 화장을 했습니다(암6:10). 시체를 매장하라는 것이 하나님의 명령이었음에도 이 명령을 거스리고 화장을 함으로 하나님의 심판을 자초하는 일을 한 것입니다. 이러한 죄악을 더함으로 여로보암은 아모스의 예언대로 하나님의 심판을 받았습니다.

윤석전 목사:
추도, 장례, 화장 등 버려야 할 우상숭배 특강 일부 인용

___

납골당에 한번 가 보세요. 오산리순복음 기도원 납골당에 가 보면, 칸막이 된 공간에 꽃, 사진, 시계, 팔찌 등 각 종 유물 외에도 성경책 펴 놓은 것을 봅니다. 죽은 자를 위한 것 아닙니까? 이것이 '우상숭배'입니다. 묘지에 가서 꽃도 꽂아 놓습니다. 죽은 자를 인격화하여 하는 행위이므로 '우상숭배'가 됩니다. 우리 교회 권사 두 분에게 물었습니다.

"두 분의 가족 납골당에는 어떻게 해 놓았습니까?"

"잘 몰라서 꽃을 갖다 놓았습니다."

그래서 그것이 우상숭배이니 당장 치워야 한다고 알려주었습니다. 죽은 자가 꽃을 받습니까? 자신의 유물을 기억합니까? 나는 부활이요, 생명이라고 하는 부분의 성경 구절 부분을 펼쳐서 놓았는데, 우습지 않습니까? 납골당에 가서 보고도 발견을 못하는 것입니다.

귀신들은 목사님들이 그것을 보고도 알지 못하게 속이기 때문입니다. 우리는 전통에 끌려가지 맙시다. 수없는 핍박이 있을 것입니다. 사단은 자신을 섬기게 하려고 귀신들을 동원하여 멸망으로 끌고 가도록 하면서, "남들이 하는 일을 너는 안 하냐?"라고 하는 사람들의 미움을 받게 할 것입니다. 별의별 미움이나 핍박이 있다고 해도, 주님께서 동행하지 않는 장례식 예배를 '우상숭배'로 알고 거부하는 것이 중요합니다. 성경에도 없는 것을 기독교인들이 만들어 놓은 것이기 때문에 내버려야 합니다. 성경에 없는 것이 확실하니 폐기처분해 버려야 하는 것입니다.

3

화장의 유래

화장은 하나님 말씀에 의한 기독교의 장례가 아니고 불교의 장례 문화 입니다. 불교에서는 장례식을 '다비식'이라고 하는데, 다비란 불에 태운다는 뜻으로 화장을 일컫는 말입니다. 그런데 더 소급하면 불교의 이 화장도 배달나라의 화장법을 유입한 것입니다. 그러면 화장의 유래를 고증에 의해 자세히 알아보겠습니다.

'배달'은 단군왕검께서 (고)조선을 세우시기 전, 더 옛날에(B.C. 3897년) 환웅께서 세우신 우리 민족 첫 번째 나라의 이름입니다. 고조선이 세워지기 전까지 약 1500년가량 존속되었다고 합니다.

부도지(신라 눌지왕 때 박제상이 저술한 역사서) 11장에 기록된 환웅시대 무여율법(無餘律法) 4조(四條)에 보면, '大犯罪過者 流居於暹島 死後焚其尸 使罪集 無餘於地上'라는 기록이 있습니다. 이는 "죄를 크게 범한 자는 섬도(섬)에 유배시켜 죽은 뒤에 그 시체를 죄업(罪業)이 지상에 남지 않게 하라."는 뜻입니다. 즉, 중범자 시체를 화장하도록 하는 법입니다.

불교에서 바로 이 배달나라 무여율법 4조의 〈중범자 시체 화장〉을 유입한 것입니다. 화장을 하여 육신이 사라지게 하여 죄의 덩어리도 연기가 되어 사라지게 하라는 상징적인 의미를 가집니다. 불교에서는 죽은 승려만 화장하는 것이 아니라 살아 있는 승려도 화장을 합니다. 물론 특별한 경우이긴 합니다.(출처: 한문화사업총단)

참고 불교의 시체 화장 다비식

삼국유사에 보면 신라의 고승 자장율사의 장례를 화장을 했다는 문헌이 나오고, 또한 신라 문무왕은 왕의 신분임에도 불구하고 화장을 했다는 기록이 남아 있습니다. 우리나라 화장 제도는 통일신라 문무왕의 유언에서 비롯되어 800년 동안 지속되어 오다가 조선 성종 때 금지되었습니다.

우상종교는 화장을 장려합니다. 기독교를 제외한 세상종교들은 마귀에게 속한 종교입니다. 이 우상 종교들은 사람을 번제(제물을 불에 태워 드리는 제사)로 합니다.

4

매장의 현실적 문제로
화장을 장려하는 사람들의 말

"해마다 20만 개의 분묘가 늘어나 작년 한 해에 여의도 1.2배에 해당하는 국토가 묘지로 변하고 국토의 0.9%(남한)가 묘지이니 이런 추세로 가면 죽은 사람들 때문에 산 사람은 설 자리가 없게 되므로 심각한 문제가 아닐 수 없습니다. 〈화장의 실용성〉, 〈저렴한 비용〉, 〈국토의 효율적 이용〉이라는 면에서 볼 때 기독교도 화장에 대한 인식을 바꾸어야 할 때가 되었다고 봅니다."

이로 인해 1998년 12월 16일 '기독교 화장장려운동본부'가 발족하였습니다. 고 옥한흠 목사님을 비롯해 곽선희 목사님, 이동원 목사님, 최홍준 목사님, 박종근 목사님, 최일도 목사님 등 기독교에 영향을 끼치는 목사님들이 발족 위원이었습니다. 그 목사님들은 화장문화가 신앙에 전혀 위배되지 않는다며 목회자들이 앞장서 줄 것을 당부하였습니다. 그러나 성경은 시체를 매장해야 하며 왜 화장은 안 되는지 앞에서 말씀에 의해 누누이 살펴보았습니다. (인용)

유명한 목사님의 주장이라 해서 무조건 따라하는 안일한 자세를 떠나 그 일을 행하기 전에 과연 성경적인가 말씀에 비추어 분별하는 지혜를 가져야 하며, 진리의 말씀에 의해 진(眞), 위(僞)를 가릴 줄 알아야 할 것입니다. 목사님들은 더욱 더 그러한 자세를 가지셔야 할 것입니다. 절대 진리인 하나님의 말씀을 진리대로 가르쳐야 할 사명을 하나님께로부터 받았기 때문입니다. 성도들에게 하나님 말씀을 바르게 가르치는 일이야말로 참으로 중요한 이유는 하나님 말씀은 영생에 들어가는 구원에 이르게 하기 때문입니다. 말씀을 잘못 가르쳐 기르는 양이 지옥에 간다면 그 책임을 하나님은 반드시 물으실 것이며, 양들은 무조건 목자를 따르기 때문에 목사님의 말씀의 영향력은 성도들의 '영생'과 '영벌'을 좌우하는 지대한 일이기도 하기 때문입니다.

실제 지옥에서 분별없이 목사님의 가르침만 따르다가 지옥에 가게 되었다고 주의 종을 원망하는 영혼들이 많습니다. 특히 추도, 장례예배에 대해서 더욱 그러합니다. 제대로 가르침을 받지 못했기 때문입니다. 목사님들조차 유전과 전통으로 내려온 추도, 장례예배를 성경적 통찰 없이 답습해서 당연한 것처럼 행해 왔기 때문에 세월이 흐르면서 굳어질 대로 굳어진 문화가 잘못된 것인지조차 모르는 분들이 많습니다. 그러나 알면서도 빈축을 사거나 따돌림을 받거나 성도들을 잃을 것 같은 염려 때문에 시정한다는 생각조차 못하고 있는 분도 있을 것입니다. 또한 외쳐도 이단으로 정죄되거나 효과가 없기 때문에 그대로 행하시는 분도 있을 것입니다. 그러나 과감한 개혁이 필요합니다. 하나님 말씀은 세상과 타협할 수 없으며 성도들의 생사의 문제를 뛰어 넘어 '영생'과 '영벌'에 관한 문제이기 때문입니다.

또한 목사님만 원망하는 성도도 잘못이 있습니다. 스스로 떠 먹여주는 밥만 먹는 어린아이의 신앙에서 떠나 자기 스스로 밥을 떠먹는 장성한 사람의 신앙을 가져야 할 것입니다. 장성한 자는 스스로 말씀을 읽고 기도하며 깨닫고 연구하여, 베뢰아 사람처럼 날마다 간절한 마음으로 말씀을 받고 성경을 상고하여 이 말씀이 그러한가(행17:11) 분별하는 적극적 신앙의 자세를 가져야 할 것입니다. 구하는 자에게나 노력하는 자에게 그만큼 하나님은 말씀도 깨닫게 하시고 영의 세계도 열어 주시기 때문입니다. 성경은 문자로만 보는 것이 아니고 문자 이면에 있는 영적 의미를 깨달아야 합니다. 그것은 기도할 때 열어 주십니다. 성경의 저자는 성령 하나님이시기 때문에 성령의 조명을 받아야 말씀을 바로 깨달을 수 있기 때문입니다.

아무리 박사 학위를 소지한 지식적인 사람이라 할지라도 성령의 도움 없이는 성경을 깨달을 수 없습니다. 아무리 무식한 사람이라 할지라도 간절한 마음으로 말씀을 상고하며 힘써 기도할 때 성령님의 역사로 말씀을 깨달을 수 있습니다.

그러므로 성경을 읽는 데 그치지 말고 그 말씀을 깨닫기 위해 기도하는 거룩한 습관을 가져야 할 것입니다. 하나님은 기도한 만큼 말씀도 깨닫게 하시고 영의 세계도 열어 주시기 때문입니다.

성경 말씀은 문자적 의미와 영적 의미가 있기 때문에 문자적 의미만 가지고 성경을 제대로 알았다고 할 수 없습니다. 하나님은 영이시기 때문에 무궁무진한 영의 세계에 대해 알아야 하며 사단 역시 영이기 때문에 하나님을 대적하고 성도들을 지옥으로 끌고 가려는 사단의 실체를 알아야 거짓말쟁이인 사단의 꼬임에 속지 않습니다. 우리가 너무 영의 세계에 무지하기 때문에 사단을 바로 알지 못하고 사단에게 속기 십상입니다. 추도, 장례예배도 문화를 통해 한국인의 효 사상을 이용하여 속이는 사단의 역사입니다.

저의 개인적 간증을 한다면 기도 없이 성경 말씀만 수십 번 읽어도 영적 의미를 깨닫지 못했지만 기도와 병행해서 성경을 읽었을 때 기도한 만큼 열어 주셨음을 알게 되어 기도 많이 하지 못한 세월들이 제게는 잃어버린 세월이 되어 커다란 아쉬움으로 남기 때문에 지금은 기도에 더욱 힘쓰게 되었습니다.

5

매장의 대안

그러면 사람들이 우려하는 대로 부족한 땅을 잠식하는 매장에 대한 대안은 없을까요?

가족묘를 만들어 합장하는 방법이 있습니다. 성경의 선진들도 이와 같이 가족묘를 만들었던 것을 말씀을 통해 알 수 있습니다.(창 23:19-20, 49:31) 땅이 부족하면 조상들의 무덤에 뼈와 한 줌의 흙 그대로 모아두고 합장(合葬)하면 아무리 많은 시체라도 관리할 수 있습니다. 매장을 하는 것은 매장을 선호해서가 아니라 성경적이요 하나님 명령이기 때문입니다.

마귀는 국토 이용 관리라는 이름으로 화장을 장려하지만, 하나님은 무덤의 뼈도 흙도 흠 없이 보존되기를 원하시는 것입니다. 에돔 왕의 뼈를 불살라 회를 만든 것은 곧 재로 만들었다는 것입니다. 이것을 보고 계신 하나님은 모압의 죄를 지적하시고 모압을 '불'로 죽게 하셨습니다.(암2:1-2)

"한국인의 매장 선호가 전통적 유교 사상에 기인한 조상 숭배 차원에서 묘를 잘 쓰면 자손이 잘된다는 미신적 풍수지리설에 근거를 두고 있다."라고 언급한 사람들도 있습니다. 유교적 사상이 배어 있는 불신 가정에서는 이러한 뜻으로 매장을 하는 경우도 있으나 우리 그리스도인의 매장은 오직 성경에 근거하여 하나님 말씀에 따르는 것이며 기독교인은 매장을 하더라도 묘에 헌화하거나, 묘를 장식하거나, 묘에 대한 우상숭배적 행위는 금해야 합니다. 그래서 매장할 묘를 봉분을 올리지 말고 평토장하는 것이 좋습니다. 기독교의 매장은 유교식 매장이 아닌 하나님의 명에 의한 매장이므로 묘를 평토장하여 묘에 대한 우상숭배를 제거해야 된다는 것입니다.

참고로 인터넷 상에 올라온 '묘소'에 관한 글을 소개합니다.

최근 우리나라에는 묘소 주변의 조경, 웅장한 돌과 비석을 세우는 것이 마치 조상을 잘 모시고 부의 상징인 것처럼 생각하여 각 문중마다 자연환경의 훼손과 유지 관리에 시간과 비용이 과다하게 지출되는 실정이다.

유교의 본산인 '공자의 묘소'와 유적이 있는 중국 산동성 곡부시에 가보면 공자의 제례를 모시는 사당인 '공묘(孔廟)'가 있고, 공자의 후손들이 대대로 살면서 행정을 관장하던 '공부(孔府)'가 있으며, 공자를 비롯해서 제자와 후손의 묘를 쓴 '공림(孔林)'이 있다.

필자는 작년에 태산과 '공자의 묘소'를 방문해서 참배를 한적이 있다. 일행들과 함께 참배를 하면서 놀란 것은 공자의 묘소 즉 봉분이 잔디로 잘 가꾸어져 있지 않고 자연 숲 그대로 방치되어 있으며, 심지어 수백 년 된 나무가 봉분 위에서 자라고 있는데 그대로 방치해 두고 있다는 점이다. 공자 묘소 옆에 후손들이 공부(孔府)에 살고 있으며, 공림은 국가가 관리하는 국립공원이며, 공자는 세계 4대 성인이 아니던가?

금년 8월에는 요녕성 심양에 있는 청나라 황제인 '청 태종의 묘소'를 관람했을 때도 황제의 묘소인 봉분 정상에 나무가 자라고 있었다.

북경에 있는 '명나라 황제들의 묘소인 명 13능'에도 묘소를 알 수 있는 봉분이 없었고, 중국을 최초로 천하 통일한 '진시황제의 묘소'도 외부에서 찾을 수가 없도록 자연 그대로의 상태로 되어 있어 현지에 가면 '이 부근이 진시황제의 묘소가 있는 곳이다.'라고 안내원이 산을 가리키며 설명을 한다.

(초암: 경희대 경영대학 겸임교수 글 발췌)

위의 글을 다시 정리하면 필자가 중국에 가서 공자의 묘소를 참배했는데 국가가 관리하는 '공림'이라는 공원에 공자의 묘가 있고, 공자 묘소 옆에는 후손들이 살고 있는데도 공자의 묘소가 방치되어 있다는 것과 청나라 황제인 '청 태종의 묘소'나 '명나라 황제들의 묘소인 명 13능'에도 묘소를 알 수 있는 봉분이 없었고, 중국을 최초로 천하 통일한 '진시황제의 묘소'도 외부에서 찾을 수가 없도록 자연 그대로의 상태로 되어 있어 놀라웠다는 내용입니다. 그런데 우리나라는 묘소 꾸미기가 지나치다는 것입니다. 묘소에 대해서 한번 숙고해 볼 만한 내용입니다.

예배 시간에 내 영광 빼앗는
교회 너무 많다

1. 예배 시간 박수에 관하여

2. 말씀에 가감하지 말라

3. 때를 따라 양식을 나눠 주는 주의 종이 되어라

4. 주의 종이 되려는 자가 해야 할 다짐

5. 소경 된 서기관과 바리새인이 되지 말라

6. 자살하면 100% 지옥행임을 전하라

7. 한 번 구원은 영원한 구원이 아니다

1

예배 시간 박수에 관하여

어느 날 주님께서는 제게 예배 시간에 '내 영광 빼앗는 교회가 너무 많다.'고 하셨습니다. 하나님의 영광을 빼앗는 그 예배는 하나님이 받지 않으십니다. 성경은 가인과 아벨의 제사(예배)를 통해 받으시는 예배와 받지 않으시는 예배가 있다는 것을 말씀하고 있습니다. 또한 이스라엘 백성들이 광야 40년 동안 하나님께 희생(예배)을 드렸지만 하나님은 그 예배를 받지 않으셨을 뿐만 아니라, 오히려 마귀에게 제사했다고 책망하셨습니다.

> "이스라엘 족속아, 너희가 사십 년 동안 광야에서 희생과 소 제물을 내게 드렸느냐. 26) 너희가 너희 왕 식굿과 너희 우상 기윤 곧 너희가 너희를 위하여 만들어서 신으로 삼은 별 형상을 지고 가리라."(암5:25-26)
> "그들은 하나님께 제사하지 아니하고 마귀에게 하였으니"(신32:17)

즉, 이 말씀을 통해 하나님이 받지 않으시는 제사(예배)는 결국 마귀가 받는다는 사실을 알 수 있습니다. 추도예배, 장례예배가 다 이에 해당합니다. 참으로 무서운 말씀입니다. 결국 가나안 땅에 들어

가려고 출애굽한 이스라엘 백성의 1세대는 여호수아와 갈렙만 제외하고 가나안 땅에 들어가지 못하고 광야에서 멸망당하였습니다.

오늘날 예배도 마찬가지입니다. 자신은 분명 예배를 드렸다고 안심하지만 하나님께서 그 예배를 받지 않으실 수도 있다는 것을 생각하면 우리는 예배자의 자세가 어떠해야 한다는 것을 돌아볼 수밖에 없습니다.

여기 어느 목사님의 간증을 실어봅니다.

이 목사님은 10대 때부터 하나님의 명령에 의해 하루에 10시간씩 기도하는 훈련을 받고 지금은 전 세계에 다니며 말씀을 전하시는 목사님이십니다. 그분이 쓴 책 『아름다운 영의 나라』 121쪽에 보면 예배 현장에서 하나님이 받으시는 예배 자와 받지 않으시는 예배 자를 숫자화한 장면이 나옵니다.

① 3,000명이 모인 연합집회에 흰옷 입은 자(받으시는 예배자)가 10명(0.3%)에 불과했습니다.

② 10,000명 모인 교회 예배에 고작 30명(0.3%)이 흰옷을 입고 있었습니다.

③ 미국 뉴욕 맨하튼 거리에서는 흰옷 입은 자는 한 사람도 없었습니다.

④ 호주 시드니 2,000명 모인 교회에는 8명(0.4%)이었고,

⑤ 이스라엘 나사렛 1,500명이 모인 교회에서는 5명(0.3%)뿐이었으며,

⑥ 인도 광장 집회 6,000명 가운데 단 20명이었으며(0.3%),

⑦ 페루 10,000명 모인 집회에서는 10명(0.1%)에 불과했고,

⑧ 필리핀 3,000명 집회에서는 10명(0.3%),

⑨ 멕시코 극장에 모인 1,600명 가운데 흰옷 입은 자는 6명(0.3%)에 불과했다는 것입니다.

✝ 어느 목사님의 간증

세마포란 헬라어로 '브씨노스'라 하는데 신앙의 삶이 하나님 보시기에 순결함으로 하나님 보좌로부터 발산되는 영광의 빛으로 입혀지는 '영적인 옷'이라는 의미입니다.

시104:2 말씀에 "주께서 옷을 입은 것 같이 빛으로 입히시며"라는 말씀이 있고, 제가 제 어머니 천국 입성 환상을 통해 천국 문에 위에서부터 쏟아지는 하얀빛을 보았는데 이는 예수님께서 변화 산에서,

> "저희 앞에서 변화되사 그 얼굴이 해같이 빛나며 옷이
> 빛과 같이 희어졌더라."(마17:2)

하신 말씀을 통해 천국 문에 쏟아진 하얀빛은 하늘에서 쏟아지는 빛이며 그 빛은 예수님으로부터 오는 빛이라는 깨우침을 주셨던 것입니다.-필자 역)

또한 계19:8절 말씀에는 '예복(흰옷)'은 '성도들의 옳은 행실'이라고 했습니다. 막연히 착한 행실이 아니라 헬라어로 '디카이오마' 즉 말씀에 순종하여 경건하고 의로운 믿음의 삶으로 하나님께 인정받는 옳은 행실의 삶이라는 것입니다.(『아름다운 영의 나라』 발췌)

비단 이 목사님의 간증뿐 아니라 이와 같은 간증을 하신 분들이 있습니다. 수천 명이 예배드리는 교회에서 흰옷을 입은 자는 고작 10여 명에 불과했다는 간증입니다. 사람들은 육안으로 보는 세계가 전부인 것처럼 생각하여 영안을 뜨고 영의 세계를 보는 사람들의 간증을 우습게 여기거나 믿지 않으려는 마음이 있습니다. 이것이 죄의 본성을 지닌 인간의 모습입니다. '육의 것'은 '영의 것'을 보지

못할 뿐 아니라 '영의 것'을 믿지 않습니다. 그래서 하나님을 보여 주면 믿겠다는 사람들이 있게 되고, '영의 것' 즉 천국과 지옥을 보고 간증하는 사람들의 간증도 이단이니 뭐니 해서 정죄하는 크리스천들이 많습니다. 물론 영의 세계는 잘 분별해야 합니다. 무조건 다 믿는 것은 아닙니다.

　그러면 하나님의 영광을 빼앗는 교회가 많다는 것은 무슨 말씀일까요?

　제가 근래 1년여 동안 20곳이 넘는 교회를 순회한 적이 있습니다. 그때 제 마음을 아프게 했던 것은 찬양대원들이 찬양을 끝낼 때 성도들이 일제히 박수를 보내는 장면을 보았을 때입니다. 더 심한 곳은 목사님께서

　"은혜로운 찬양을 부른 찬양대원들에게 박수를 보냅시다."

　하며 박수를 유도하는 장면을 보게 되었습니다. 뿐만 아니라 헌금 시간에 찬송을 부르는 성도의 찬양이 끝날 때도 박수를 보냅니다. 그러면 찬송을 부른 그 성도가 고개를 숙여 인사로 답례를 합니다. 결국 하나님께서 예배를 통해 받으셔야 할 영광을 사람에게 보내고 사람이 가로채는 것이 됩니다.

　저는 몇 분에게 왜 박수를 치느냐고 물어본 적이 있습니다. 그에 대한 답은 찬양에 감동을 받아서, 박수는 당연한 것, 부른 자에 대한 예의 등등이었습니다. 하나님 위주로 생각하는 것이 아니라 사람 위주로 생각하는 답이었습니다.

　예배는 하나님께 드린다는 것을 모르는 성도는 없습니다. 그러나 예배 시간에 하나님의 영광을 빼앗는다고 생각하는 성도는 별로

없는 것 같습니다.

예배 시간에 드리는 찬양은 하나님께 드리는 것입니다. 찬양대원들이 찬양을 할 때 성도들은 그 찬양을 감상하는 것이 아닙니다. 자신은 비록 찬양대 석에서 찬양을 하는 것은 아니지만, 그 대원들의 찬양을 나도 함께 심령으로 하나님께 올려드려야 하는 것입니다. 그런데 하나님께 드리는 찬양을 듣고 그들에게 박수를 보내는 것은 참 예배자의 자세가 아닙니다.

예외는 있습니다. 교회 안에서 전도 차원에서 음악회를 하는 때가 있습니다. 그때는 예배가 아니고 음악회이니 맘껏 감동 받은 대로 박수를 보내서 화답하고 격려를 하는 것입니다. 그러나 공적 예배 시간에 찬양이 끝날 때 박수를 보내서는 안 됩니다. 어떤 목사님은 그 박수가 사람에게 보내는 것이 아니고 하나님께 올려드리는 박수라고 합니다. 그래서 찬양이 끝나면,

"우리 모두 하나님께 영광의 박수를 보냅시다."

하고 선포하면서 박수를 보내는 교회도 있습니다. 하나님은 찬양으로 영광 받으시지 박수로 영광 받으시는 분이 아니십니다. 박수를 보내는 것은 사람이 사람에게 하는 인본주의적인 방법입니다. 물론 예배 시간에 전 교인이 박수하며 찬양하는 것은 말씀에 있으니 문제될 것이 없습니다.

"너희 만민들아, 손바닥을 치고 즐거운 소리로 하나님께 외칠지어다."(시47:1)

그러나 예배 중 찬양대원이나 찬송 드리는 성도에게 박수를 보내

는 것은 하나님이 받으셔야 할 영광을 사람들이 취하는 것이라는 것을 분별해야 할 것입니다. 찬양이 끝날 때 '아멘'으로 화답하면 되는 것입니다.

> "하나님의 약속은 얼마든지 그리스도 안에서 예가 되니 그런즉 그로 말미암아 우리가 '아멘'하여 하나님께 영광을 돌리게 되느니라."(고후1:20)

또 강사 목사님을 단에 모실 때, "우리 모두 박수로 환영합시다." 하고 담임 목사님이나 사회자가 환영의 의미에서 성도들에게 박수를 유도합니다. 그것도 바른 예배자의 태도가 아닙니다.

일화가 있습니다. 어느 목사님이 강사로 초청받아 말씀을 전했을 때 감동을 받은 성도들이 박수를 보냈습니다. 그 목사님은 엄숙한 얼굴로,

"예배 시간은 오직 하나님께 영광을 돌려 드려야지 사람에게 박수를 보내는 것은 잘못된 것입니다."

라고 책망하시며 바른 가르침을 주셨습니다.

반대로 TV로 방영된 설교 시간에 보면,

"이때는 박수를 보내야 하지 않겠습니까?"

하고 설교하시는 목사님께서 성도들에게 박수를 유도한 장면을 가끔 보게 됩니다. 같은 목사님이신데 대조되는 모습입니다.

하나님께서 말씀하셨습니다.

"무릇 내 이름으로 일컫는 자 곧 내가 내 영광을 위하여
창조한 자를 오게 하라. 그들을 내가 지었고 만들었느니
라."(사43:7)

하나님께서 우리 인간을 창조하신 목적은 하나님께서 영광을 받
으시기 위함이요 그 영광은 다른 누구에게도 주지 아니하신다고 하
셨습니다. 하물며 하나님을 예배하는 예배 시간은 말할 필요도 없
습니다.

"나는 여호와니 이는 내 이름이라. 나는 내 영광을 다른
자에게 내 찬송을 우상에게 주지 아니하리라."(사42:8)

얼마만큼 하나님께서 자신의 영광을 원하시냐 하는 것은 헤롯왕
을 통해서 예를 보여 주셨습니다.

"헤롯이 날을 택하여 왕복을 입고 위에 앉아 백성을 효
유한대 22) 백성들이 크게 부르되 이것은 신의 소리요 사
람의 소리는 아니라 하거늘 23) 헤롯이 영광을 하나님께로
돌리지 아니하는 고로 주의 사자가 곧 치니 충이 먹어 죽
더라."(행12:21-23)

하나님께 돌려야 할 영광을 가로챈 헤롯왕이 즉사하는 장면입니
다. 즉 헤롯왕은 하나님의 영광을 도적한 것입니다. 10계명 중 8계
명은 '도적질하지 말라'입니다. 남의 물건을 훔치는 것만이 도적질한

것이 아닙니다. 십일조를 내지 않는 것도 하나님의 것을 도적질하는 것이요(말3:8-9), 하나님이 받으셔야 할 영광을 사람이 받는 것도 하나님의 것을 도적질하는 것입니다.

사람이 사람의 것을 도적질하여도 상당한 벌을 받거든 하물며 지존하신 하나님의 영광을 도적한 자는 회개치 않으면, 영원한 형벌을 받게 됩니다. 목사님들이나 성도들이 은연중에 가장 범하기 쉬운 죄가 하나님의 영광을 도적하는 죄입니다. 자기 이름을 드러내기 좋아하고 자기 이름이 알려지고 높아지기 좋아하는 것 즉 명예욕도 하나님의 영광을 가로채는 죄이기 때문입니다. 인간은 사람으로부터 영광 받아서는 안 되며 모든 영광은 오직 하나님께 돌려드려야 하는 것입니다.

"그날에 많은 사람이 나더러 이르되 주여 주여 우리가 주의 이름으로 선지자 노릇하며 주의 이름으로 귀신을 쫓아내며 주의 이름으로 많은 권능을 행치 아니하였나이까 하리니 23) 그때에 내가 저희에게 밝히 말하되 내가 너희를 도무지 알지 못하니 불법을 행하는 자들아 내게서 떠나가라 하리라."(마7:22-23)

이들은 하나님께로부터 오는 능력을 자신들의 능력으로 착각하고 하나님이 받으셔야 할 영광을 자신들이 받았습니다. 모든 영광을 하나님께, 목사님들이 이구동성으로 하시는 설교입니다. 그런데 막상 예배 현장에서는 이와 같은 일들이 벌어지고 있습니다. 뿐만 아닙니다. 예배 시간에 헌금 순서를 맡은 헌금 위원들이 헌금함을 돌리기 전 또는 목사님께 헌금함을 드릴 때 목사님을 향해 절을 하는 모습들을 보게 됩니다. 예배는 사람에게 예를 갖추는 것이 아닙니다. 하나님께 예를 갖추고 오직 하나님만 높여 드리고 하나님께만 초점을 맞춰야 합니다.

또 외부 유명 인사가 예배 참석했는데 일어서게 해서 박수를 보냅니다. 그리고 병상에 계시던 장로님이 회복해서 출석하셨는데 또 박수를 보냅니다. 물론 인간적으로 생각하면 다 이해되는 모습들입니다. 귀한 손님이 오셔서, 장로님이 회복되셔서 반갑고 기쁜 마음을 나누는 것이기 때문입니다. 그러나 예배는 오직 그 절차에 하나님만 위하는 것이어야 합니다. 인간 본위의 요소가 들어가서는 안 된다는 것입니다. 그래야 온전한 예배가 되는 것입니다.

예배라고 다 예배가 아닙니다. 이런 외적인 것들을 예로 든다면 적지 않습니다. 심한 교회는 주일 예배 시간에 성경 읽은 사람들에게 시상을 합니다. 돈을 봉투에 넣어서 줍니다. 이 모든 일들은 이름이 널리 알려진 중·대형 교회에서 이뤄진 일들입니다. 이런 일들은 주일 예배를 피해서 수요일 기도회 때 해도 되는 일입니다. 물론 형식이 아무리 경건해도 예배자의 심령 상태도 중요합니다. 일주일 동안 삶의 예배를 드리고 그 삶과 물질을 가지고 드려지는 예배라야 할 것은 당연한 것입니다.

예배모범 제2장 3항에, "우리의 예배 대상은 전능하신 하나님이시니 모든 예배의 목적과 내용은 인간 중심적이 될 수 없고, 오직 하나님께만 영광과 감사와 찬송을 드리도록 준비되어야 한다."고 되어 있습니다. 또 6항에는, "주일예배는 예배와 성례전 외에 다른 예식을 행치 말 것이며, 어떤 개인을 기념하거나 축하, 위안하는 예배를 행치 말고 온전히 하나님께만 예배하여야 한다."라고 되어 있습니다. 그러므로 예배 시간 사람들에게 박수쳐 주는 것은 하나님 앞에 심히 불경스러운 일이므로 해서는 아니 됩니다. 오직 하나님께만 온전히 영광 돌리는 예배를 받으십니다. 인간적 요소가 깃든 예배는 받지 않으신다는 것입니다. 물론 심령 상태도 온전히 회개한 깨끗한 마음으로 드려야 할 것입니다.

> "하나님은 영이시니 예배하는 자가 신령과 진정으로 예배할지니라."(요4:24)

2

말씀에 가감하지 말라

1) 말씀을 말씀답게 전하는 나의 종이 귀하다

성령님께서 제게 책을 쓰라고 말씀하시면서 책의 목차를 주셨을 때 오늘날 주의 종들이 하나님 말씀을 말씀답게 제대로 전하는 종이 귀하다고 하셨습니다. 즉 성경을 자의적으로 해석해서 가감하거나 세상적인 복을 강조함으로써 성도들 입맛에 맞게 말씀을 요리한다는 것입니다. 그럼으로 알곡이 되어야 할 성도들이 가라지가 되어 가라지를 양산하는 교회가 많다는 것입니다. 그러면 말씀을 가감할 때 어떤 결과가 되는지 살펴봅니다. 이 말씀을 모르는 분은 없을 것입니다.

2) 말씀을 가감하면 받게 되는 징벌

"내가 이 책의 예언의 말씀을 듣는 각인에게 증거 하노니 만일 누구든지 이것들 외에 '더하면' 하나님이 이 책에 기록된 재앙들을 그에게 더하실 터이요 19) 만일 누구든지 이 책에 기록된 예언의 말씀에서 '제하여 버리면' 하나님이 이 책에 기록된 생명나무와 및 거룩한 성에 참예함을 제하려 버리시리라."(계22:18-19)

"내가 너희에게 명하는 말을 너희는 '가감'하지 말고 내가 너희에게 명하는 너희 하나님 여호와의 명령을 지키라." (신4:2)

"내가 너희에게 명하는 이 모든 말을 너희는 지켜 행하고 그것에 '가감'하지 말지니라."(신121:32)

"하나님의 말씀은 다 순전하며 하나님은 그를 의지하는 자의 방패시니라. 너는 그 말씀에 '더하지 말라' 그가 너를 책망하시겠고 너는 거짓말하는 자가 될까 두려우니라."(잠30:5)

① 말씀이신 예수님도 오직 하나님의 말씀만 전하셨다
"… 내 교훈은 내 것이 아니요 나를 보내신 이의 것이니라." (요7:16)

"내가 자의로 말한 것이 아니요 나를 보내신 아버지께서 나의 말할 것과 이를 것을 친히 명령하여 주셨으니 나는 그의 명령이 영생인 줄 아노라. 그러므로 나의 이르는 것은 내 아버지께서 내게 말씀하신 그대로 이르노라."(요12:49-50)

② **예수님은 마귀를 물리치셨을 때도 오직 하나님의 기록된 말씀으로 하셨다.**(마4:1-11)

"예수께서 대답하여 가라사대 '기록되었으되' 사람이 떡으로만 살 것이 아니요 하나님의 입으로 나오는 모든 말씀으로 살 것이라 하였느니라 하시니"(마4:4)

"예수께서 이르시되 또 기록되었으되 주 너의 하나님을 시험치 말라 하였느니라 하신대"(마4:7)

"이에 예수께서 말씀하시되 사단아 물러가라. 기록되었으되 하나님께 경배하고 다만 그를 섬기라 하였느니라."(마4:10)

"나를 사랑하지 아니하는 자는 내 말을 지키지 아니하나니 너희의 듣는 말은 내 말이 아니요 나를 보내신 아버지의 말씀이니라."(요14:24)

③ **성령도 자의로 말하지 않았다**

"그러하나 진리의 성령이 오시면 그가 너희를 모든 진리 가운데로 인도하시리니 그가 자의로 말하지 않고 오직 듣는 것을 말하시며 장래 일을 너희에게 알리시리라."(요16:13)

3) 말씀을 잘못 전해 지옥에 가는 목사님들에 대한 간증

＋간증 1) 리베타

- 말씀대로 가르치지 않고 해석을 넣는 목사들

"지옥에 있는 저 목사들은 기록된 말씀 그대로를 가르치지 않았다. 그 말씀은 시대에 맞지 않았다고 했지. 많은 자들이 내 말씀에 또 다른 해석을 넣고 있구나! 가서 전해라 성경에 씌어 있는 말씀 그대로를 가르치라고. 반드시 씌어 있는 그대로 가르쳐야 한다."

＋간증 2) 메어리 백스터 목사

- 임의로 말씀을 연구하고 사람의 지식으로 풀었던 사람들

성직자 가운을 입은 많은 남녀들이 불이 활활 타오르는 의자에 앉아 있으며 의자 밑에서 불길이 쉬익! 쉬익! 하고 나오기 시작했다. 그 불꽃이 얼마나 강한지 옆에 다가갈 수 없었으며 시뻘겋고 시퍼런 불꽃이 점화되어 온몸으로 번지는데도 머리털이나 눈썹 하나도 그을리지 않았고 상하지도 않았다. 오직 처절하게 절규할 뿐이었다.

그곳에는 교회의 중직들이 많이 있었으며, 예수님을 많이 안다고 하던 사람들이 더 많았고, 말씀을 연구한다고 했던 사람들로 바글바글했다. 그리고 임의로 말씀을 연구하고 사람의 지식으로 풀었던 자들이 많고 많았다. 마귀들은 지옥에 온 영혼들을 고문하는 것처럼 보였는데 정말 즐거워했다. 그곳은 대형 운동장과 같은 큰 곳이었으며 수효를 셀 수 없을 만큼 넓고 크고 많았다는 표현밖에 할 수가 없다.

- 말씀을 말씀대로 전하지 않고 자기 자랑으로, 자기 의를 전하는 자들

불이 안에서 타고 있는데 사람들을 굽고 있었다. 사람들이 그 안에서 구워지고 있었다. 그곳에 유명한 종교 지도자 중의 한 사람이 보였다. 그런데 그 모습이 너무 참혹했다. 그때 주님이 말씀하셨다.

"말씀을 말씀대로 전하지 않고 자기 자랑으로 자기 의를 전하는 자들은 자기만 죽는 것이 아니고 너무나도 많은 자들을 죽게 하기 때문에 그 벌이 감당할 수 없을 정도로 크다."

- 성경 이외의 것을 가르치며 타락한 설교자

(육체의 정욕과 물질의 욕심에 이끌려 타락한 설교자)

관 속에 들어 있는 남자를 검은 옷차림을 한 지옥사자 12명이 각각 끝이 뾰족한 창을 가지고 관 속으로 뚫린 작은 구멍들을 통하여 안에 있는 사람을 사정없이 찌르고 있었다. 공기 중에 공포의 전율이 흘렀다. 나는 너무 무서워서 몸을 떨었다. 예수님은 이런 나의 생각을 이미 읽고 계셨다

"캐더린, 여기에는 많은 영혼들이 갖가지 모양으로 고통을 당하고 있단다. 한때 복음을 증거하다가 타락했거나 하나님의 부르심에 불순종한 자들은 더 큰 심판을 받고 있느니라. 그의 고통은 낮이나 밤이나 쉬지 않고 계속되느니라. 그를 이 관 속에 집어넣은 이는 바로 사탄이다. 그리고 그에게 이런 고통을 가하고 있단다.

이 남자는 전에 하나님의 말씀을 전파하는 설교자였다. 한때 그는 온 힘으로 나를 섬기며 많은 영혼들을 구원의 길로 인도했었지. 그를 통하여 변화된 자들 중에는 지금 여전히 나를 섬기는 자들도 있단다. 그러나 수년이 지난 후 이 남자는 육체의 정욕과 물질의 욕심에 끌려 끝내 타락하고 말았단다. 결국 사탄에게 완전히 사로잡히고 말았다.

그는 큰 교회를 담임 하였고 비싼 차에 많은 사례를 교회에서 받았단다. 그러면서도 그는 헌금을 도둑질하기 시작했다. 거짓을 가르쳤고 설교할 때도 반은 거짓말들이요 반만 진실이었다. 나는 그가 회개하고 진리만을 전하도록 나의 종들을 보냈지만 그는 듣지 않았느니라. 하나님을 위하여 살아가는 삶보다는 인생을 즐기며 사는 정욕적인 삶을 더 좋아했단다.

그는 성경 이외의 것을 가르치면 안 되는 것도 알고 있었다. 그러나 그는 죽기 전 성령 받는 것은 거짓이며 성령을 받았다고 하는 자들을 향해 위선자들이라고 비난했었다. 그리고 그는 술주정뱅이라도 천국에 갈 수 있으며 회개하지 않고도 천국에 갈 수 있다고 주장했느니라.

그는 말하기를, 하나님은 누구라도 지옥에 보내지 않으신다고 주장했다. 왜냐하면 하나님은 너무나 좋으신 분이시기에 지옥에 사람들을 보내는 그런 일들은 안 하신다고 했다. 그는 많은 믿는 자들을 주님의 은혜에서 떨어지게 만들었다. 그리고 하나님과 자기 사이에 다른 중보자는 필요 없다고 하면서 마치 자기가 그 위치에 있는 척 행세하였느니라. 그는 이 그릇된 이론을 가르치기 위해 세미나를 개최했단다. 그는 하나님의 거룩한 말씀을 철저하게 발밑에 짓밟았느니라. 그럼에도 나는 그를 여전히 사랑하였단다."

- 그의 고백

"제가 지구에 있을 때 지옥이 있음을 믿지 않았습니다. 주님이 다시 재림하실 것도 믿지 않았습니다. 왜냐하면 사람들이 원치 않았기 때문입니다. 나는 거룩한 하나님의 말씀을 너무 많이 왜곡시켜 전했습니다."

† 간증 3) 김웅삼 목사
- 자신의 생각과 성도들이 듣기 좋아하는 말씀을 전한 목사

전했던 말씀이 상상할 수 없는 살인적 무기가 되어 거인 같은 마귀가 망치로 한 방에 내리치자 온몸이 부서져 버렸고, 또 회를 뜨는 칼로 온 몸을 생선처럼 포를 떠서 마귀의 입속에 넣는 모습, 그리고 커다란 믹서기가 되더니 통째로 집어넣어서 갈아 버리는 모습들은 말로 다 할 수 없는 잔인함과 고통의 연속이었다.

† 간증 4) 손 에스더 전도사
- 복음을 바로 전하지 못하는 목사들이 가는 지옥

사람들의 머리부터 발끝까지 껍질을 벗겨내고 있었다. 주님이 말씀하셨다.

"이들은 세상에 있을 때 나의 종이었다. 처음에는 복음에 불타서 열심히 전도하고 교회에 충성했지만, 교회가 크게 부흥되고 성도들의 대접을 받다 보니 차츰 그 열정과 기도가 식어지면서 외식하기 시작했다. 그때부터 복음을 바로 전하지 못하고 변질된 말씀만 전하게 되었다. 그러다가 어느 날 교통사고로 죽어 이곳에 오게 되었다. 내가 준 생명의 말씀을 그대로 전하는 목자가 많지 않구나. 생명이 없는 설교로는 내가 나타날 수 없고 사람을 살릴 수도 없단다. 그저 형식적인 교인만 양성할 뿐이지."

3

때를 따라 양식을 나눠 주는
주의 종이 되어라

① 지금은 대 환난을 목전에 두고 있는 마지막 때이다.

② 지금은 예수님의 재림을 가까이 두고 있는 마지막 시대이다.

③ 지금은 재림하시는 예수님을 맞이할 신부 단장을 할 때이다.

④ 지금은 자다가도 깰 때이다.

⑤ 지금은 노아의 때보다 소돔과 고모라 때보다 더 악한 시대이다

⑥ 지금은 사단이 최후의 발악을 하고 있는 때이다.

⑦ 지금은 적 그리스의 출현이 임박한 때이다.

⑧ 지금은 그 어느 시대보다 영적으로 혼돈과 암흑의 시대이다.

⑨ 지금은 그 어느 시대보다 심각한 타락의 시대이다.

⑩ 지금은 성경의 마지막 시대 징조들이 쓰나미처럼 몰려오고 있는 때이다.

주의 종들은 경성하여 성도들을 신부 단장을 시켜 슬기로운 다섯 처녀와 같은 믿음의 소유자로 준비시켜야 합니다. 기도하는 모든 이들에게 성령님은 주님의 때가 임박했음을 알리고 계십니다.

주의 종이 되려는 자가
해야 할 다짐

① 목숨까지도 기꺼이 내놓을 수 있는 순종하는 종이어야 한다.(빌2:8)

② 부모나 아내나 자식을 하나님보다 더 사랑해서는 안 된다.(마19:29)

③ 나는 없어야 한다.(갈2:20)

④ 나는 숨고 오직 하나님만 높이고 하나님께 영광 돌려야 한다.(사42:8)

⑤ 뒤돌아보지 말고, 오직 앞만 보고 달려야 한다.(빌3:13-14)

⑥ 날마다 자신을 쳐 복종시키며 자기 십자가를 지고 가야 한다.(마16:24)

⑦ 바울도 전파한 후에 버림받을까 봐 날마다 자신을 쳐 복종하게 했다.(고전9:27)

⑧ 철저히 자신을 낮춰야 한다.(눅18:14)

⑨ 예수님도 자기를 비어 종의 형체를 가져 사람의 모양으로 나타나셨으며 자기를 낮추셨다.(빌2:7-8)

⑩ 섬김을 받기보다 사랑으로 섬기는 자라야 한다.(마22:26)

⑪ 예수님도 섬기려 이 세상에 오셨다고 했다.(마20:28, 막10:45)

⑫ 하나님 말씀에 철저히 복종해야 한다.(빌2:12)

⑬ 예수님도 하나님 말씀에 죽기까지 복종하셨다.(빌2:8)

⑭ 천국과 지옥을 전파해야 한다.(마3:2)

평생 신앙생활을 하고 지옥 가는 주의 종, 성도들이 많다. 얼마나 불행한 일인가? 지옥의 참혹함은 말로 다 할 수 없다. 더 참혹한 것은 지옥 형벌이 영원하다는 것이다. 그래서 지옥에 갈려면 차라리 태어나지 않는 것이 낫다. 믿으면 다 천국 간다는 잘못된 가르침 때문에 수 많은 사람들이 지옥으로 떨어지고 지옥에서 부르짖는다. "목사에게 속았다. 주의 종 잘 만나라." 천국 가는 길은 좁은 길이다. 천국 가는 자는 극소수이다.(마7:14, 눅12:32, 고전10:5, 벧전3:20)

예수 믿으려면 생명 내놓고 믿고 목회자가 되려면 전 소유를 드려야 한다.

"한 사람이 두 주인을 섬기지 못할 것이니 혹시 이를 미워하며 저를 사랑하거나 혹 이를 중히 여기며 저를 경히 여김이라. 너희가 하나님과 재물을 겸하여 섬기지 못하느니라."(마6:24)

"예수께서 가라사대 네가 온전하고자 할진대 가서 네 소유를 팔아 가난한 자들을 주라 그리하면 하늘에서 보화가 네게 있으리라. 그리고 와서 나를 좇으라 하시니"(마19:21)

5

소경 된 서기관과
바리새인이 되지 말라

바리새인들은 어떤 사람들이었을까요?(마15장, 23장, 막7장)

그들은 말씀은 많이 알고 있었지만 영적인 것에는 무지했고 깨닫지도 못한 영적 소경들이었습니다. 그들은 구세주를 기다리고 있었지만, 막상 구세주로 오신 예수님을 알아보지 못하고 예수님을 죽이는 데 선동했고, 결국 예수님을 죽였습니다. 그러면 그들이 왜 영적인 소경이 되었는지 그 이유를 말씀을 통해 살펴보겠습니다.

그들이 영적 소경이 된 이유를 성경에서는 다음과 같이 말씀하고 있습니다.

① 사람의 계명으로 교훈을 삼아 가르쳤기 때문에 하나님을 헛되이 경배하는 자들이었다.(마15:9)

② 겉은 거룩해 보이나 속에는 더러운 것들이 가득한 자들이었다.(마23:27)

③ 말만 하고 행치 않는 자들이었다.(마23:3)

④ 모든 행위를 사람에게 보이고자 하는 외식하는 자들이었다.(마23:5)

⑤ 천국 문을 닫고 자기들도 들어가지 않고, 들어가려 하는 자도 들어가지 못하게 하는 자들이었다.(마23:13)

⑥ 전도된 자들을 지옥 자식이 되게 하는 자들이었다.(마23:15)

⑦ '의'와 '인'과 '신'을 버린 자들이었다.(마23:23)

⑧ 겉은 깨끗하되 속에는 탐욕과 방탕이 가득한 자들이었다.(마23:26)

⑨ 회칠한 무덤 같은 자들이었다.(마23:27)

⑩ 외식과 불법이 가득한 자들이었다.(마23:28)

　♠ 불법을 행한 자들이 갈 곳 = 지옥(마7:20-23, 마13:40-43)

⑪ 선지자를 죽인 자들의 자손이었다.(마23:30)

⑫ 하나님의 '비밀'이 가려진 자들이었다.(마13:13, 막4:12)

　('비밀' = 천국 비밀 = 천국으로 인도하는 말씀)

왜 그들에게 천국 비밀이 가려진 것일까요?

　하나님 말씀보다 인간의 유전을 더 중시했기 때문입니다.(마15:9)

그러므로 그들은 말씀을 많이 알고 있었지만 깨닫지 못하는 소경이었고 소경된 인도자였습니다.(마23:16)

"소경이 소경을 인도하면 둘 다 구덩이에 빠진다."(마15:14)

♠ 소경 된 선지자들에게 하신 일
말씀을 깨닫지 못하게 하셨다.(사29:9-14)
지옥 갈 자들이라고 무섭게 책망하셨다.

"뱀들아, 독사의 새끼들아, 너희가 어떻게 지옥의 판결을 피하겠느냐."(마23:33)

오늘날 이와 같이 말씀은 많이 알고 있으되, 영적으로 깨닫지 못하여 소경된 인도자가 많다고 하십니다.

6

자살하면
100% 지옥행임을 전하라

자살에 대해 교회가 침묵하는 것은 죄다.

2013년도 일입니다. 제가 직장에서 친근하게 지내던 여교사 가운데 교회 집사 직을 맡으신 분이 있었는데 그분의 초청으로 어느 주일 그분이 섬기는 교회에 가서 주일 예배를 드린 적이 있었습니다. 강남에 위치한 대형 교회였는데 강남 부자 동네라서인지 성도들의 옷차림부터 달랐습니다. 본당 외에 수많은 부속 시설이 교회 건너편에 위치하고 있었는데 또 새롭게 교회 건축을 하기 위해 대지를 구입했다고 그 터까지 집사님은 친절하게 안내했습니다.

그날 1층 본당에서 예배를 드리는데 집사님이 맨 앞자리를 가리키며 저기가 유명 연예인 최00과 그녀의 동생 최00이 예배드리던 자리였다고 말했습니다. 저는 집사님이 가리키는 맨 앞자리를 바라보았습니다. 빈자리였습니다. 빈자리가 없을 정도로 성도들이 본당을 꽉 채운 탓에 기다란 의자 하나가 텅 비어 있는 모습은 눈에 잘 띄었습니다.

그때 집사님이 한 가지 사실을 더 추가했습니다. 남매가 자살한 뒤 한동안 비어 있었는데 최00 씨의 이혼한 남편이 그 자리에 앉아서 예배를 드렸다는 것입니다. 그런데 그마저 자살한 후 그 의자에는 몇 년이 지난 지금까지 아무도 앉지 않는다는 것입니다. 저는 생각지도 않은 말들을 듣게 되고 그날은 온전한 예배가 되지 못한 채 설교하시는 목사님을 쳐다보고 있었습니다. 한 교회에서 세 사람의 성도가 차례대로 자살을 했다. 그것도 한 가족이었던 사람들이. 그러면 이 교회 목사님께서는 한 사람이 자살했을 때, "자살하면 안 된다. 자살하면 지옥 간다."라는 설교를 하셨을까, 아니면 침묵하셨을까. 계속 머릿속에서 그 생각이 맴돌고 있었습니다. 그때 저는 또 최00 씨가 지옥의 고통 속에서 울부짖는 모습과 그 소리를 직접 지옥 체험에서 보고 들었다고 인터넷 상에까지 올렸던, 그래서 수많은 사람들에게 충격을 주었던 그 내용 가운데 처절하게 부르짖던 한 구절이 생각났습니다.

"아! 이런 곳이 있었다니, 이렇게 무서운 지옥이 있었다니, 나는 몰랐어! 지옥이 있는 줄 나는 몰랐어. 나도 교회에 다녔어! 그런데 그 누구도 지옥이 있다는 걸 말하지 않았어. 자살하면 지옥 간다는 말도 하지 않았어!"

비통하게 외치는 소리. 그런데 동생마저 그곳에 오게 된 것을 보고, "왜 왔어! 왜 너까지 이 무서운 곳에 온 거야! 네가 그랬잖아. 우리 아이들 잘 키워 주겠노라고 그런데 왜 온 거야!" 외칩니다.

참으로 불행한 일입니다.

제가 30대 중반에 있었던 일입니다. 결혼 생활에서 믿지 않는 시댁의 제사 문제로 갈등을 겪으며 또 그로 인해 파생된 문제들로 한때 자살 충동을 느낄 때가 있었습니다. 그때 몇 해 동안 섬 지방에서 살던 때입니다. 배를 타고 육지로 가는 길이었습니다. 뱃전에서 망망한 바다를 멀거니 바라보다가 배 밑으로 시선을 돌리는데 밀려오는 파도가 통통거리며 달려가는 뱃전에 부딪치면서 하얀 포말을 일으키고 있었습니다. 여러 가지 착잡한 상념에 사로잡혀 있던 전 그때 물속으로 뛰어들고 싶은 충동을 느꼈습니다. 몸을 던지면 그대로 '퐁당!' 바닷속으로 들어가서 생을 마감할 수 있을 거라는 생각이 든 것입니다. 그때 저는 세미한 성령님의 음성을 감지했습니다.

"네가 지금 죽으면 너는 절대 천국 갈 수 없다."

천국 갈 수 없다는 것은 지옥 간다는 건데 저는 놀라 정신을 가다듬었습니다. 그러나 그때 일을 잊고 다시 한 번 자살 충동이 왔습니다. 그때도 똑같은 성령님의 음성을 들었습니다.

"네가 지금 죽으면 너는 절대 천국 갈 수 없다."

그 후로 저는 자살에 대한 생각은 한 번도 하지 않았습니다. 너무도 선명한 그 음성을 기억하기 때문입니다. 믿지 않는 사람들은 죽으면 모든 것이 끝난다고 생각하기 때문에 자살로 삶의 고통을 마감하겠다는 생각에서 자살을 하지만 천국과 지옥의 실재를 믿는 크리스천으로서 지옥 간다는 말은 영원한 고통을 의미하기 때문에 길어야 80, 90년의 삶 속에서 겪는 고통은 지옥의 영원한 고통에 비하면 아무것도 아니라는 믿음을 가져야 합니다. 그러므로 삶이 아무리 고난 가운데 있다 하더라도 천국에 대한 소망을 잃지 않고 끝까지 인내하며 고난을 감수해야 하는 것입니다.

"고난당한 것이 내게 유익이라. 이로 인하여 내가 주의 율례를 배우게 되었나이다."(시119:71)

"나의 가는 길을 오직 그가 아시나니 그가 나를 단련하신 후에는 내가 '정금'같이 나오리라."(욥23:10)

우리나라가 OECD 국가 중 자살률 1위라는 오명을 갖고 있다는 것은 주지의 사실입니다. 통계청 '청소년 통계' 발표에 의하면 20대 청소년 가운데 한 해 동안 교통사고로 숨진 사람보다 자살로 생을 마감한 경우가 두 배나 많은 것으로 조사됐다고 합니다.

'한국보건복지부'의 2013년 자살실태조사 결과 발표에 의하면 '메르스보다 더 무서운 자살 충동바이러스'라는 제목 하에 실린 글입니다.

"2014년 자살자 수는 14,427명으로 하루 39명꼴로 자살이 이루어졌는데 그중 청소년 자살이 6명꼴로 청소년 20-30대 사망 원인 1위가 자살이며, 2009년부터 갑작스레 자살이 증가하여 한 해 전체 자살자 수는 15,000명을 넘었다."

라고 발표했습니다. 이 숫자는 매일 41명이 자살한다는 통계입니다. 2009년 자살이 증가한 이유는 잇단 유명 연예인의 자살 보도로 인한 모방 자살, 일명 '베르테르 효과'에 의한 자살이 급증했기 때문이라고 볼 수 있습니다. 2005년부터 7년간 전체 자살자 가운데 18%가 유명인 자살 후 한 달 이내 행해진 모방 자살이었다는 것입니다. 정치인, CEO보다 여배우 자살 후 모방 자살이 많았고 특히 20, 30대 여성의 자살이 급증했다고 합니다.

'베르테르 효과'란 괴테가 쓴 소설 『젊은 베르테르의 슬픔』이라는 책에 주인공이 이룰 수 없는 사랑을 비관하여 자살한 대목을 모방하여 당시 자살자들은 소설 속의 베르테르처럼 정장을 하고, 부츠, 파란 코트, 노란 조끼를 착용한 뒤 책상 앞에 앉아 권총 자살을 하는 등 베르테르의 모든 걸 흉내 냈다고 합니다. 괴테는 독자들에게 제발 베르테르를 따르지 말라고 호소하기도 했지만 별 효과가 없어 이 책은 한동안 이탈리아, 독일, 덴마크 등에선 금서가 되었다고 합니다. 이러한 내력에 의해 '베르테르 효과'를 간단히 말하면, 유명한 사람이나 자신이 흠모하는 사람이 자살할 경우 따라서 목숨을 끊는 현상을 말합니다. 즉 모방 자살을 말하는 것입니다.

이를 뒷받침하는 예로 서울 아산병원 김남국 교수 팀이 최근 20여 년 사이 스스로 목숨을 끊은 유명인 15명의 경우를 조사했었는데 국내에서 유명인이 자살할 때마다 자살자 수는 평소의 2배에서 3배까지 치솟았던 것으로 나타났습니다.

평소 국내 자살자 수는 하루 평균 39명 정도이지만, 유명인 자살 발생 이후 짧게는 1주 길게는 2주 정도까지 자살자 수가 크게 늘어나 하루 평균 80명을 넘는 경우도 많았다는 것입니다. 문제는 크리스천의 자살이 의외로 많다는 것입니다. 저는 여기에 초점을 두고 글을 써 나가려고 합니다. 제가 기독교 신자이기 때문입니다.

결론부터 말씀드리면 중생한 그리스도인, 하나님 말씀대로 순종하는 크리스천은 절대 자살할 수 없다는 것입니다. 물론 오죽하면 자살했겠나 인간적으로는 얼마든지 이해할 수 있고 동정을 할 수도 있지만 자살은 영생에 관한 문제이기 때문에 그리고 그 생명의 주인은 자신이 아니고 하나님이기 때문입니다. 탈무드에 나온 생명의 비유에 관한 글이 생각납니다.

오후에 직장에서 퇴근한 남편에게 아내가 말합니다.

"오늘 하나님께서 우리에게 맡겨두신 보석 두 개를 찾아가셨습니다."

이 보석은 말할 것도 없이 그들의 자녀들입니다.

예수님께서도 말씀하셨습니다.

"사람이 만일 온 천하를 얻고도 제 목숨을 잃으면 무엇이 유익하리요. 사람이 무엇을 주고 제 목숨을 바꾸겠느

냐."(마16:25)

세상에 하나밖에 없는 자신의 생명은 천하보다 귀한 생명입니다. 부자라고 명예나 권력이 있다고 지위가 높다고 그 생명이 더 귀하고 가치 있는 것이 아닙니다. 빈, 부, 귀, 천 남녀노소를 불문하고 생명은 귀한 것입니다. 그러한 귀한 생명을 스스로 끊는 것은 죄악이며 영원한 지옥의 고통으로 이어집니다. 그러므로 크리스천의 죽음은 교회에서 침묵해서는 안 되며, 생명 경시의 풍조가 만연한 작금의 세상에서는 교회 안에서 목회자들이 막중한 책임 의식을 가지고 자살을 미연에 방지하는 말씀들을 강하게 전해야 한다는 것입니다. 물론 자살 문제는 사회문제로 이슈화되어 자살 예방 프로젝트나 여러 방법을 통해 실시되고 있는 교회도 있는 줄 압니다. 또한 일반 사회에서도 자살 미연 방지 기관이 여러 곳에 있고 적극적으로 지방자치에서도 힘쓰고 있는 줄 압니다. 그러나 무엇보다 교회에서 강력하게 말씀으로 예방해야 할 것입니다.

1) 자살하면 왜 지옥에 가는가?

자살은 살인입니다. 타인의 목숨을 끊는 것만이 살인이 아니며, 자신의 목숨을 끊는 것도 살인입니다. 살인자는 자연히 지옥에 갑니다. 계21:8 말씀에 보면 지옥 갈 자가 열거되어 있습니다.

"그러나 두려워하는 자들과 믿지 아니하는 자들과 악한 자들과 '살인자들'과 행음 자들과 술객들과 모든 거짓말을

하는 자들은 불과 유황으로 타는 못에 참예하리니 이것이 둘째 사망이라."(계21:8)

그러나 사랑의 하나님은 이러한 사람들에게 회개를 통하여 구원의 길을 열어 놓고 계십니다.

"여호와께서 말씀하시되 오라 우리가 서로 변론하자 너희 죄가 주홍 같을지라도 눈과 같이 희어질 것이요 진홍같이 붉을지라도 양털같이 되리라."(사1:18)

"만일 우리가 우리 죄를 자백하면 저는 미쁘시고 의로우사 우리 죄를 사하시며 모든 불의에서 우리를 깨끗케 하실 것이요"(요1서1:9)

"내가 네 허물을 빽빽한 구름의 사라짐같이 네 죄를 안개의 사라짐같이 도말하였으니 너는 내게로 돌아오라 내가 너를 구속하였음이니라."(사44:22)

어떤 죄라도 비록 살인죄라도 우리가 주님께 고백하고 회개하면 죄가 주홍같이, 진홍같이 붉을지라도 양털같이 희게 할 것이요, 모든 불의에서 깨끗케 하시며 죄를 도말하신다는 것입니다. 그뿐 아니라, 우리가 지은 죄를 다시 기억조차 하지 아니하신다(히1:18)는 것입니다. 그러나 자살은 다릅니다. 자신의 목숨을 끊음으로 회개할 기회를 잃어버렸기 때문에 용서의 기회를 잃어버렸습니다. 하나님께 용서받지 못한 죄는 결국 지옥에 갈 수밖에 없습니다. 그래서 자살은 살인 중에서도 최악의 죄라는 것입니다.

그러나 한편 어떤 사람들은 말합니다. 예수님이 십자가에 죽으심으로 이미 우리의 과거, 현재, 미래의 죄를 다 용서하셨기 때문에 크리스챤이 자살해도 천국갈 수 있다는 것입니다. 그러나 우리의 자범죄는 회개를 통해 용서를 받아야 합니다. 죄를 가지고는 천국에 들어갈 수 없기 때문입니다.

또 어떤 사람은 예수 믿으면 누구나 성령이 내주하시는데 성령님이 자살을 방치하셨으므로 우리가 어떻게 말할 수 없다 하면서 단호한 대답을 피합니다. 그러나 죄를 지을 때 성령은 소멸됩니다.

"성령을 소멸치 말며"(살전5:19)

시51:11에서는 다윗이 범죄했을 때, "나를 주 앞에서 쫓아내지 마시며 주의 성신을 내게서 거두지 마소서."라고 고백합니다.

그러면 자살자들이 사후에 과연 어디에 갔는지 지옥체험 간증 자들을 통해 실상을 적어 봅니다.

2) 자살자들이 가는 지옥

† 간증 1) 서사라 목사

최근에 죽은 유명인과 그 동생이 자살한 이유로 고통 받고 있는 지옥에 갔다. 그들은 긴 장대에 목도 묶여 있고, 몸도 그렇게 묶여서 달려 있었다. 거기에 그들의 살갗이 안 보일 정도로 밧줄로 칭칭 감아 놓듯이 빽빽이 감겨 있었다. 그리고 그 장대 아래쪽을 보니 갈색과 검정색들의 구렁이들이 가득하였다. 색깔이 짙어서 그런지 처음에는 무엇인지 잘 알 수 없었다. 그런데 그들이 장대를 타고 올라온다. 장대에 묶여 있는 그들을 괴롭히기 위해서다. 자세히 보니 그들을 목에서부터 감고 있는 것이 사실은 다 이 구렁이들이었다. 즉 뱀들이 목을 조이고 몸을 또 조인다. 계속 압력이 세지니까 구렁이 몸 사이사이로 살이 터져 나오고 있었고 배 속의 내용물과 살갗 안의 내용물들이 뱀들 사이로 터져 나오고 있었다. 이들은 너무 괴로워했다. 우리는 자살하면 지옥 간다는 사실을 잊지 말아야 할 것이다.(『이제도 있고 전에도 있었고 장차 올 자 예수 그리스도』 2권 168-169쪽)

† 간증 2) 신성종 목사

가인을 비롯한 살인자들과 사울 왕을 비롯한 자살자들, 자살을 도와준 사람들, 컴퓨터에 자살 사이트를 만들어 많은 사람들을 자살하도록 유혹한 자들이 지옥에 있었다. 안락사를 도와준 의사와 간호사도 같은 지옥에 있었다.

(질문) 자살이 왜 죄가 되지요? 오죽하면 자살했겠나요?

(답) 생명은 하나님의 소유다. 개인 소유가 아니다. 자신의 생명을 끊는 것은 생명의 주인이신 하나님께 도전을 했기 때문이다. 자살자와 살인자가 지옥에서 같이 있는 것은 둘 다 같은 죄명인 까닭이다.(『내가 본 천국과 지옥』 70쪽)

자살자들은 지옥에서 하루 종일 칼로 자신의 목과 가슴을 계속 찌르면서 스스로 괴롭히고 있었다. 온몸이 피로 적셔져 있는 것을 볼 수 있었다. 살인자들은 구더기가 많은 호수 속에 빠져 허우적거리고 있었다. 발은 쇠사슬로 묶여 있어 움직이지도 못하고 있었다. 이곳에 갇혀 있는 자들은 피를 마시며 피로 몸을 문지르고 피비린내를 맡고 있었다. 여기서 나는 생명의 존엄성을 깊이 깨달았다.

나(신성종 목사)는 과거에 먹을 게 없는 현실이 힘드니까 도피하기 위해 자살을 생각했었다. 그러나 자살 방법도 몰랐고 또 죽음 후에 무엇이 있는

지에 대한 두려움 때문에 자살하지 못했다. 그때 내가 자살을 했다면 나도 지옥에 갈 뻔했다고 생각하니 가슴이 덜컹 내려앉았다.

✝ 간증 3) 신성종 목사

자살한 가룟 유다가 간 지옥

뜨거운 불 가운데로 날카로운 못이 박힌 줄에 그들의 목이 매달려 있어서 숨조차 쉴 수 없는 고통 가운데 있었다. 가룟 유다는 침통한 얼굴로 이미 온몸이 불에 탄 채 매달려 있었다. 유다 옆에 있는 수많은 영혼들이 내가 어찌하여 자살했던가 탄식과 후회 가운데 꺼내 달라고 소리를 질렀다. 그 지옥을 보면서 우리는 스스로 목숨을 끊은 죄가 얼마나 큰 것인가를 다시 한 번 깨닫게 되었다.(『내가 본 천국과 지옥』 39쪽)

✝ 간증 4) 이현숙 목사

집에서 기도하던 중 내 육신을 빠져 나간 또 다른 나는 엘리베이터처럼 생긴 좁은 공간 안에 이끌리어 들어갔고, 내가 들어가자 갑자기 문이 닫히면서 어마어마하게 빠른 속도로 하늘로 치솟으며 올라가는 것이었다. 꿈같은 상황 속에서 정신을 차리고 보니 나도 모르는 사이 어느 건물 안으로 들어 와 있었다. 알 수 없는 공간 안에서는 분위기가 두렵도록 심각했으며 자세히 주위를 둘러보니 재판하는 장면이 보였다. 천사처럼 보이는 하나님의 사람들과 예수님의 제자들이 심판하는 자리에 있었으며 심판받을 사람들이 한 사람씩 예수님 앞에 나와 무릎을 꿇고 무엇인가 진지하게 대화를 나누고 있었다. 아이를 포함해서 네 사람이 재판을 받기 위해 기다리고 있는 모습이 보였다. 이윽고 예수님과 여인이 대화를 시작하는 것이었다.

여인: 예수님! 저는 주님을 사랑합니다. 저는 아이도 주일마다 빠지지 않

고 교회에 가도록 했으며, 저도 항상 주일이면 교회에 나갔을 뿐만 아니라 교회의 크고 작은 일에 언제나 빠지지 않고 열심히 봉사했습니다.

〈예수님 말씀〉

"딸아! 네가 나를 진심으로 사랑하였더라면 이런 모습(자살)으로 나를 찾지 않았을 것이요, 나 역시 비통한 마음으로 너를 바라보아야 하는 일은 없었을 것이다. 네가 정녕코 진심으로 나를 사랑하며, 네 마음에 나를 영접하였더라면 나는 네 문제를 이길 뿐만 아니라, 이 세상을 이길 힘까지도 너에게 주었으리라. 보라! 그러나 네가 원치 아니하였도다."

대화가 끝나자마자 누군가 형체도 알아 볼 수 없는 물체가 나타나더니 기다렸다는 듯이 그 여자를 순식간에 낚아채듯 불속으로 던져버리는 것이었다. (『지옥에서 본 천국』1권 자살자의 심판 202-204 발췌)

✝ 간증 5) 박성현 집사(덕정사랑교회)

오늘 주님께서 자살한 자들이 지옥에서 고통당하는 것을 보여 주셨다. 자기 스스로 생명을 끊은 것이기에 사탄도 더욱 잔인하게 고문을 하고 있었다. 죽으면 모든 고통이 멈추는 줄 알지만 착각이다! 자살해 죽으면 상상도 못할 고문이 기다리고 있는 것이다. 귀신들이 각 방향에서 끈으로 양손과 발과 머리를 묶어서 잡아당겨 온몸을 갈기갈기 찢기도 하고, 방앗간의 쌀 빻는 기계 같은 것에 사람을 집어넣어서 빻아 버리기도 하고, 그 속에서는 피와 살과 뼈가 분리되면서 그 고통이 얼마나 큰지 온통 비명뿐이다. 그리고 조금 있으면 그 고통이 회복되어서 그 고통이 반복되고 있었다. 그럴 때마다 소리쳤다.

"어찌 이런 곳이 있을 수가 있나? 어찌 이런 곳이 있을 수가 있나? 나 교회 다녔었는데 어찌 이런 곳이 있을 수가 있나?" 하면서 이를 갈며 살려 달라고 몸부림을 쳐 보지만 아무도 구해 줄 사람이 없다. 고통은 끝나지 않고 영원히 계속되니 정말 자살해서 지옥 가는 일이 없어야 한다. 자살하면 무조건 지옥이다. 100퍼센트 지옥이다. 정말 내가 확실하게 눈으로 직접 보았다. 여러분! 주위에 우울증이나 자살하고 싶어 하는 사람들 있으면 전도하시다가 그것만큼은 꼭 말씀해 주십시오. 자살하면 무조건 지옥이라고.

✝ 간증 6) 백봉녀 성도(자살한 동생이 간 지옥)

벌레들이 동생 몸을 바늘 찌르듯이 찌르고 물어 버리니까 동생은 독이 온몸으로 퍼져서 새까맣게 변해 버리고 말았다. 어느새 시커먼 해골로 변해 있었다. 동생은 자살을 했는데 그것이 이렇게 무서운 형벌의 대상이 되는 줄 몰랐다.

✝ 간증 7) 썬다싱

언젠가 나는 영의 세계에서 한 사람의 영이 원통하게 부르짖으며 미친 사람처럼 뛰어다니는 것을 보았습니다. 그때 한 천사가 나에게 말했습니다.

"이 사람은 땅에 있을 때 번민이 생기면 술을 마시고 재산을 탕진하고 가정도 파괴하고 자살한 것입니다. 그래서 들어오자마자 미친개와 같이 날뛰며 그 잃은 기회를 원통히 여기며 가슴을 쥐어뜯으며 번민하고 고통하는 것입니다.

3) 자살에 대한 경고

"자살은 영원한 고통의 시작일 뿐"
"어떤 상황에서도 자살만은 안 된다."

손쉽게 자기 목숨을 끊는 것은 영적 무지 때문입니다. 자살하면 모든 것을 잊고 소멸되는 것으로 알지만 자살로 죽는 것은 육신뿐이며, 실체인 영혼은 죽지 않습니다. 하나님의 생기를 불어 넣음으로 창조된 인간의 영혼(창2:7)은 영원불멸하기 때문입니다. 자살자는 이것을 모르고 죽으면 모든 것이 끝나는 줄 압니다. 그러나 자살한 순간, 지옥에 떨어진 영혼은 영원한 고통이 시작됩니다. 지상에서의 고통과는 비교할 수 없는 형벌의 고통, 잠시의 쉼도 없는 고통이 영원히 지속되는 것입니다. 자살은 고통의 끝이 아니라 영원한 고통의 시작입니다. 이러한 사실을 안다면, 누구도 절대 자살하지 않게 될 것입니다. 그럼에도 심지어는 예수 믿으면 구원 받았으니 자살해도 천국 간다는 인식을 가지고 있는 교회의 가르침도 있으니 참으로 한심한 일입니다. 이는 영적 무지의 소치입니다. 말씀은 많이 알고 있었지만 영적으로 무지했던 서기관과 바리새인들과 같은 이치입니다.

또한 "한 영혼이 천하보다 귀하다."고 설교하시는 목사님들은 많으시지만 자살하면 지옥 가니 절대 자살해서는 안 된다고 자살에 대해 강력하게 가르침을 주는 목사님은 드뭅니다. 목사님들께서 자살은 영원한 고통이 시작되는 형벌을 받게 된다는 가르침을 성경적으로 철저하게 가르치신다면, 성도가 자살하는 일은 미연에 방지할 수 있을 것입니다. 살인은 하나님 법도 중 가장 무거운 죄인데 자살은 그 살인 중에서도 가장 큰 죄임을 다시 한 번 상기할 필요가 있습니다.

- 소크라테스: 신이 어떤 필연성을 부여하기까지 인간은 자살할 수 없다.
- 아리스토텔레스: 자살은 정치적 공동체 안에서 타인에 대한 불의한 행동이다.
- 락탄티우스(Lactantius, 250-317): 초대교회 지도자

  자살자는 살인자이다. 인간이 세상에 태어날 때 자의적이 아닌 것처럼, 세상을 떠날 때도 하나님의 명령이 있어야 떠날 수 있다.
- 어거스틴(Augusting, 354-430): 자살은 영혼을 더럽히는 행동이다.
- 토마스 아퀴나스(Thomas Aquinas, 1224-274): 신학 체계를 가장 잘 집대성한 신학자. 그의 저서 『신학대전』에서 자살은,

  첫째, 자신을 사랑하라는 자연법을 거역하는 행위이며,

  둘째, 공동 선과 집단에 손해를 끼치거나 모독이 될 수 있으며,

  셋째, 생명에 대한 절대권을 가지신 하나님의 권위를 침해하는 행동이다.

4) 자살에 대한 현대 신학자들의 견해

① 자살은 회개와 용서를 불가능하게 한다.

  자살은 하나님의 형상대로 지음 받은 인간의 존엄성을 파괴하는 행위이다.
② 사람의 생명은 온 천하와도 바꿀 수 없는 절대 가치이다.
③ 자살은 독생자를 보내 인류를 구원하신 하나님의 섭리에 도전하는 행위이다.
④ 자살은 하나님의 은혜와 그리스도 안에 있는 소망을 거부한다.
⑤ 살인을 금하신 하나님의 계명과 예수님의 가르침은 자살에도 적용된다.
⑥ 하나님의 자녀들은 믿음으로 세상을 이겨야 한다.

(김충렬 박사: 한일 장신대 한국 상담치료 연구 소장)

예수님의 말씀(덕정사랑교회 간증자를 통해)

사랑하는 나의 자녀들아! 너희들은 이 말을 듣고 전하라. 나를 믿는다는 자들 중에서도 작은 환난을 이기지 못하고 자살해서 귀한 생명을 끊는 패망의 길로 서슴없이 내리꽂는구나! 이미 지옥으로 떨어진 다음에는 백 번 후회해도 아무 소용이 없다.

5) 우울증에 걸린 자살자

〈문〉 우울증은 왜 걸립니까?
〈답〉 하나님 말씀대로 살지 못했을 때 걸립니다.

물론 어떤 충격이나 여러 가지 이유로 우울증에 걸릴 수 있지만, 성도가 우울증에 걸린다는 것은 그 안에 하나님 말씀이 없기 때문에 걸립니다.

하나님은, "항상 기뻐하라. 쉬지 말고 기도하라. 범사에 감사하라. 이는 그리스도 예수 안에서 너희를 향하신 하나님의 뜻이니라."(살전5:16-18)고 하셨습니다.

우울증은 말씀이 없는 상태에서 마귀가 가져다 준 병입니다. 우울증에 걸린 사람이 전혀 자신의 의지로 행동할 수 없다는 것은 마귀에게 얽매어 있기 때문입니다 마귀는 성도를 죽이고 멸망시키기 위해 쉬지 않고 활동합니다. 때문에 베드로는, "근신하라. 깨어라.

너희 대적 마귀가 우는 사자 같이 두루 다니며 삼킬 자를 찾나니 너희는 믿음을 굳게 하여 저를 대적하라."(벧전4:7-8)고 했습니다.

또 한 가지 이유는 성도는 그 안에 성령이 내주하십니다. 성령이 자살하도록 이끌 수 없으십니다. 성도가 죄를 범했을 때 성령은 소멸됩니다.

6) 자살로 이끄는 사단의 전략 3단계

1단계 : 사단은 생각 속에 들어온다.

자살하고 싶다는 생각을 하게 한다. 이때 말씀으로 과감하게 물리쳐야 합니다.

2단계 : 생각이 마음을 정복한다.

자살을 해야겠다는 생각이 마음을 지배하므로 그를 제어할 수 있는 이성적 사고를 잃는다. 이때는 사단에게 사로잡혀 의지로 극복하기 어렵게 됩니다.

3단계 : 마음이 행동으로 나타난다.

결국 자살을 하게 됩니다.

각종 투쟁과 다툼, 중병, 불행과 불운, 가지각색의 범죄, 자살 등 세상에서 일어나는 흉사의 대부분은 악령이 저지르는 일이라 해도 과언이 아닙니다. 그 악령들은 인간이 눈치 채지 못하는 방법으로 조종하여 불행의 동기와 원인을 만듭니다. 항상 기뻐하고 범사에 감사하며 매일 기도하면서 하나님 말씀에 순종하는 삶을 살아야 할 것입니다

7

한 번 구원은
영원한 구원이 아니다

구원받은 자도 버림받을 수 있다.

지금부터 약 25년 전 일입니다. 주일 예배를 마치고 집에 돌아온 제게 그때 중학교 2학년에 다니던 아들 녀석이 불쑥 하는 말이, "엄마! 칼뱅은 천국 갈 자, 지옥 갈 자가 미리 정해져 있대요." 하면서 교과서 한쪽을 펼쳐서 제 앞에 내미는 것입니다. 녀석이 가리키는 곳을 보니 그곳에는 칼뱅의 얼굴 사진이 실려 있고 그 밑에 녀석의 말대로 "칼뱅은 천국 갈 자, 지옥 갈 자가 미리 정해져 있다고 한다."라는 짤막한 글귀가 씌어 있었습니다. 녀석 하는 말이, "이미 지옥 갈 자로 정해졌다면 굳이 교회에 다닐 필요는 없잖아요."라고 한마디 했습니다. 저는 그때 부정적으로 받아들이지 말고 긍정적으로 받아들이라고 말했지만 그 후로 녀석은 교회를 멀리했습니다.

이와 비슷한 사건이 제게도 있었습니다. 30대 중반에 저희 가족이 완도 지방 오지 섬에서 몇 년간 살게 되었습니다. 그때 저는 교역자가 없는 교회를 잠시 맡아 사역을 했었습니다. 그때 이웃 교회를 섬기시던 목사님께서 제게 세 권으로 출간된 칼빈의 『기독교 강요』를 빌려 주시면서 한번 읽어 보라고 하셨습니다. 저는 열심히 읽었습니다. 그런데 예정론에서 많은 의문이 생겼습니다. 그래서 그 책을 돌려 드릴 때 목사님께 여쭈었습니다.

"목사님. 예정론은 아무래도 이해가 안 가는데요?"

"다들 그래요. 그러나 그대로 믿으시면 됩니다."

그로부터 10년 뒤 저는 서울에서 칼빈신학교에 들어갔습니다. 담임 목사님께서 장로교에서 가장 건전한 신학교라시며 추천해 주셔서 가게 되었습니다. 만학이었지만 일생에 그렇게 열심히 공부해 본 적이 없을 정도로 참으로 열심히 공부했습니다. 예정론에 대해서 많은 학생들로부터 질문을 받으신 조직신학 교수님께서 말씀하셨습니다.

"우리 인간은 죄로 인해 다 지옥 형벌을 받아야 마땅하지만, 사랑이신 하나님께서 그중에서 얼마라도 구원해 주시니 얼마나 감사한 일입니까?" 이 한마디로 일축하셨습니다.

학교를 졸업하고 20년 동안 장로교에서 신앙생활을 하던 제게 '한 번 구원은 영원한 구원이다'라는 말이 꺼림칙한 문제로 다가왔습니다. 성경은 한 말씀인데 그 성경을 기초해서 세워진 교리는 상반된 두 교리로 갈라졌다는 사실입니다. 그 후 3년 동안 구원론에 대해서 집중적으로 말씀을 듣고 공부하던 중 성경 말씀을 통해 '한 번 구원은 영원한 구원이 아니라 한 번 구원 받은 자라도 영원한 구원에서 탈락될 수 있다'는 결론을 얻었습니다. 저는 칼빈의 5대 교리를 배웠고 이제까지 옳다고 생각했지만 하나님께서 천국 갈 자, 지옥 갈 자를 미리 정해놓으셨다는 예정론에 승복할 수 없었습니다.

한 사람도 멸망치 않고 다 회개하여 천국 가기를 원하시는 하나님의 '사랑'(벧후3:9)과 행위대로 심판(렘25:14,겔7:27, 18:30, 33:20, 잠24:12, 전12:14, 호12:2, 마17:27, 요5:29, 행17:31, 롬2:6, 고후5:9-10, 벧전1:17, 계20:14)하시는 하나님의 '공의'(겔7:27)에 위배된다고 생각했고, 결코 그런 하나님이 아니시라는 것을 말씀 속에서 깨닫게 된 것입니다.

즉, 하나님의 속성은 크게 '사랑'과 '공의'입니다. 모든 사람이 천국 가기를 원하시는 구원은 예수님의 십자가 대속의 죽으심으로 나타난 하나님의 '사랑'이요, 행한 대로 갚으시고 뿌린 대로 거두시는 심판은 하나님의 '공의'입니다. 사랑의 하나님이 인간을 창조하신 목적이 여러 가지 있으나 그중 하나는 인간들을 모두 천국에 보내시기 위함입니다.(딤전2:4, 벧후3:9) 하나님은 사람을 누구나 천국에 가게 하시기 위해서 출생시키신 것이지 지옥에 보내기 위해서 출생시키신 것이 아닙니다.

예수 그리스도의 십자가 구속은 지옥에 갈 수밖에 없는 인간들을 구원하여 천국에 보내시기 위함입니다. 독생자도 아끼지 아니하시고 죄인들을 위해 희생 제물로 이 땅에 보내신(롬8:32) 하나님이 어찌 지옥 갈 자를 미리 정해서 이 땅에 태어나게 하시겠습니까? 악은 모양이라도 버리라(살5:22)고 말씀하신 하나님을 아주 악한 하나님으로 만드는 그야말로 악한 사단적인 말일 수밖에 없습니다.

"하나님은 모든 사람이 구원을 받으며, 진리를 아는 데 이르기를 원하시느니라."(딤전2:4)
"오직 너희를 대하여 오래 참으사 아무도 멸망치 않고 다 회개하기에 이르기를 원하시느니라."(벧후3:9)

또한 하나님의 '공의'는 행한 대로 갚고 뿌린 대로 거두게 하시는 분명한 추수의 법칙에 의해 심판을 하시는 것입니다.

"주께서 각 사람이 행한 대로 갚으심이니이다."(시62:12)
"이는 우리가 다 반드시 그리스도의 심판대 앞에 드러나 각각 선악 간에 그 몸으로 행한 것을 따라 받으려함이라." (고후5:10)
"보라, 내가 속히 오리니 내가 줄 상이 있어 내게 있어 각 사람에게 그의 일한 대로 갚아 주리라."(계22:12)
"사람이 무엇으로 심든지 그대로 거두리라."(갈6:7)

이렇게 사랑과 공의가 공존하시는 하나님이 인간을 창조하실 때 '천국 갈 자', '지옥 갈 자'를 미리 정하셨다는 것은 하나님의 사랑과 공의에 위배되므로 예정론은 틀린 것입니다. 흔히들 예정론을 설명할 때 하나님의 절대주권 하에 '야곱은 사랑하고 에서는 미워하였다'(롬9:13). 즉 야곱은 택하시고 에서는 유기된 자로 말하고, 또 렘 18:1-12의 '토기장이의 비유'를 하나님의 선택과 유기에 적용하여 예정론을 주장하나 이는 성경적 해석이 아님을 알 수 있습니다. 에서를 미워했다는 것은 하나님이 사람처럼 어떤 감정을 가지고 에서를 미워했다는 것이 아니라 에서가 버림받은 자임을 의미하며 그가 버림받은 이유는 하나님의 예정에 의해서가 아니라 그가 망령된 행동으로 범죄 하였으며 회개의 기회를 얻지 못했기 때문이라고 말씀합니다.

"한 그릇 식물을 위하여 장자의 명분을 판 에서와 같이
망령된 자가 있을까 두려워하라. 17) 너희의 아는 바와 같
이 저가 그 후에 축복을 기업으로 받으려고 눈물을 흘리며
구하되 버린 바가 되어 회개할 기회를 얻지 못하였느니라."
(히12:16-17)

이 말씀에 보면 에서가 버림받은 이유는 에서 자신에게 있습니다.

첫째, 장자 명분을 팥죽 한 그릇에 팔아 버린 망령된 자라는 것입니다.

둘째, 회개할 기회를 얻지 못했다는 것입니다.

'장자의 명분'은 장자가 갖는 특권과 책임을 뜻합니다. 장자는 부친을 승계하여 한 가정의 우두머리가 되어 집안의 대소사를 처리하며, 유산의 두 몫을 분배받을 수 있는 특권이 있습니다. 또 한 가정의 제사장 직분을 수행함으로 언약 관계에서 영적 축복의 상속자가 됩니다. 그런데 에서는 이러한 장자의 명분을 소홀히 했습니다. 이는 하나님의 언약을 무시해 버리는 소행이기도 했습니다. 에서는 이러한 축복권을 배고픔을 참지 못하고 팥죽 한 그릇에 팔아 버린 것입니다. 태중에서 싸우는 에서와 야곱을 걱정하는 리브가에게 "큰 자가 어린 자를 섬기리라."는 말씀 때문에 에서는 지옥 갈 자로 정했다는 예정론은 하나님의 사랑과 공의에 입각한 성경적 해석이 아니고 교리에 맞춘 인간적 해석입니다.

하나님이 에서를 지옥 갈 자로 정해 놓은 것이 아니요, 그는 하나님 뜻대로 살지 않고 자신의 뜻대로 산 자입니다. 말씀에 불순종한 자였습니다. 그래서 버림받은 것입니다.

"이뿐 아니라 또한 리브가가 우리 조상 이삭 한 사람으로 말미암아 잉태하였는데 11) 그 자식들이 아직 나지도 아니하고 무슨 선이나 악을 행하지 아니한 때에 택하심을 따라 되는 하나님의 뜻이 행위로 말미암지 않고 오직 부르시는 이에게로 말미암아 서게 하려 하사"(롬9:10-11)

위의 말씀을 또한 예정론의 결정적인 말씀으로 주장하나 하나님의 절대주권을 의미하는 이 말씀은 천국 갈 자 지옥 갈 자를 미리 정하셨다는 것이 아니라 그들이 선과 악을 행하기 이전 태중에 있을 때 큰 자(형)가 어린 자(야곱)를 섬기리라고 정하신 것(롬9:12)이라는 것입니다. 그들의 행위를 보고 정하신 것이 아니라 하나님의 절대주권을 행사하셨다는 말씀입니다. 그런데 이 말씀을 구원론과 연관시켜 천국 갈 자와 지옥 갈 자를 미리 정하셨다고 예정론의 확정 구절로 비약시키는 것은 하나님의 하나님 되심을 멸시하는 것입니다.

토기장이의 비유 역시 하나님의 절대주권을 말씀하고 있습니다. 사람은 토기장이의 손에 있는 진흙과 같은 존재로서, 토기장이이신 하나님의 절대주권을 인정하고, 그의 뜻대로 살아야 하며, 그 뜻대로 살지 못했을 때 반드시 회개를 통해 그의 뜻에 합당한 자로 돌이키라는 의미입니다. 결코 인간을 지옥 갈 자 천국 갈 자로 정한 것이 아니라는 것입니다.

"…우리는 진흙이요 주는 토기장이 이시니 우리는 다 주

의 손으로 지으신 것이라."(사64:8)

"…지음을 받은 물건이 어찌 자기를 지은 자에 대하여 이르기를 그가 나를 짓지 아니하였다 하겠으며 빚음을 받은 물건이 자기를 빚은 자에 대하여 이르기를 그가 총명이 없다 하겠느냐"(사29:16)

"질그릇 조각 중 한 조각 같은 자가 자기를 지으신 자로 더불어 다툴진대 화 있을진저 진흙이 토기장이를 대하여 너는 무엇을 만드느뇨 할 수 있겠으며 너희 만든 것이 너를 가리켜 그는 손이 없다 할 수 있겠느뇨."(사45:9)

"이 사람아, 네가 뉘기에 감히 하나님을 힐문하느뇨. 지음을 받은 물건이 지은 자에게 어찌 나를 이같이 만들었느냐 말하겠느뇨. 21) 토기장이가 진흙 한 덩이로 하나는 귀히 쓸 그릇을, 하나는 천히 쓸 그릇을 만드는 권이 없느냐."
(롬9:20-21)

위의 말씀들은 철저하게 하나님의 절대주권에 도전해서는 안 된다는 경고의 말씀입니다. 원망 불평 말고 모든 것을 순리대로 받아들이라는 의미도 내포되어 있습니다. 사람은 어떤 환경이나 어떤 상황에서도 원망하거나 불평 불만해서는 안 되며 그러했을 때 어떤 상황이 벌어지는지 가나안 땅에 들어가지 못하고 광야에서 멸망당한 이스라엘 백성을 샘플로 보여 주신 것입니다.

하나님의 약속의 땅에 들어갈 때 하나님의 뜻을 따라 순종해야 될 그들이 불순종하고 하나님을 원망하고 불평 불만했을 때 그들을 멸망시키신 것입니다. 그런데 이 상황을 하나님은 이스라엘 백성을 광야에서 멸망시키기 위해 출애굽시켰다고 말할 수 있겠습니까? 하나님의 위대한 구원의 섭리를 깨닫지 못하고 매번 불평 불만한 그들을 하나님은 용서하시고 또 용서하시기를 거듭하셨지만 끝까지 하나님을 거역하는 그들을 결국 멸망시킬 수밖에 없었던 이 일을 하나님이 멸망시키기로 예정하셨다고 할 수 있느냐 말입니다.

피조물인 모든 인간은 창조주 하나님의 절대주권 하에서 순종하는 삶을 살아야 하며 어떤 환경이나 상황에서도 비록 죽음에 처한 환경일지라도 "항상 기뻐하며, 쉬지 말고 기도하며 범사에 감사해야 한다."는 것입니다. 이는 그리스도 예수 안에서 너희를 향하신 하나님의 뜻이니라."(살전5:16-18) 하셨습니다.

칼빈은 당시 '예정론'을 인정하지 않는 자들을 모두 죽였습니다. 하나님이 심판하실 일을 칼빈이 한 것입니다. 칼빈이 아무리 위대한 신학자였을지라도 한낱 하나님의 손에 빚어진 진흙입니다. 그런데 하나님만이 하실 수 있는 심판의 자리에서 사람들을 죽였습니다.

저는 교리보다 앞서는 것은 정확무오한 하나님 말씀이기에 성경 말씀에 의해 이 문제를 풀어 나가고자 합니다. 제가 아는 한에서이기 때문에 완전할 수는 없겠지만 그래서 반론을 제기할 분들이 있다는 것도 염두에 두고 있습니다. 그러나 우리는 성경을 볼 때 구속사적인 관점에서 부분적으로 보지 말고 전체적인 큰 틀에서 보아야 할 것입니다. 구원론은 우리의 영생이 달린 참으로 중차대한 문제이기 때문입니다.

첫째, 왜 한번 구원은 영원한 구원이 아니고 한번 구원받은 자도 버림받을 수 있을까요?

- 생명책(Book of Life)에서 이름이 흐려지거나 지워질 수 있기 때문이다.

우리가 예수님을 구주로 영접하고 교회 생활을 하게 되면 우리의 이름은 생명책에 기록이 됩니다. 그러나 죄를 범하게 되면 그 이름이 생명책에서 흐려지거나 지워질 수 있다는 것입니다.

> "여호와께서 모세에게 이르시되 누구든지 내게 범죄하면 그는 내가 내 책에서 지워 버리리라."(출32:33)
> "저희를 '생명책'에서 도말하사 의인과 함께 기록되게 마소서."(시69:28)
> "내가 그 이름을 '생명책'에서 반드시 흐리지 아니하고" (계3:5)

생명책에서 이름이 지워진 자는 버림받은 자가 되어 지옥에 들어가게 됩니다.

> "누구든지 생명책에 기록되지 못한 자는 불못에 던지우더라."(계20:15)

우리는 위의 말씀에서 두 가지 사실을 알 수 있습니다.

- 구원받은 자는 생명책에 그 이름이 기록된다.
- 구원받아 생명책에 이름이 기록된 자라도 죄를 범하면 그 이름이 흐려지거나 지워질 수 있다. 즉 버림받아 천국에 갈 수 없다는 것입니다.

'한번 구원(원죄에서의 구원)'받은 자라도 '천국 가는 구원(영원한 구원)'을 잃을 수 있으므로 원죄를 사함 받았다 할지라도 다 천국에 가는 것이 아니라는 것입니다. 한번 구원이 영원한 구원이라면 구원받아 생명책에 그 이름이 녹명(錄名)된 자는 절대 그 이름이 지워지지 않아야 합니다. 그러나 죄를 지으면 그 이름이 생명책에서 지워진다는 사실입니다.

그러면 구원에도 두 가지 종류가 있음을 알 수 있습니다. 예수님을 구주로 영접하고 교회 생활을 하게 된 사람은 누구나 원죄에서 구원받아 천국 갈 수 있는 길이 주어지며 생명책에 이름이 기록됩니다. 문제는 이 구원을 과거, 현재, 미래의 죄까지 다 사하셨기 때문에 영원한 구원, 곧 천국 갈 수 있는 구원이라고 착각하는 데 있습니다. 그래서 신앙생활을 하면서 마치 천국 가는 티켓을 따놓은 사람처럼 생각하기 때문에 자범죄에 대해서 회개할 줄도 모르고 오히려 불신자들에게 손가락질을 받는 언행과 삶으로 "예수 믿는 자들이 더 나쁘다."는 비판을 받게 되고, "하나님의 이름이 너희(성도)로 인하여 이방인 중에서 모독을 받게 되는 것"(롬2:24)입니다.

사람이 살아가면서 짓게 되는 이 자범죄에 대해서는 우리가 회개해야만 용서받을 수 있습니다. 만약 나는 이미 구원 받았으니 즉 천국에 가게 되었으니 죄를 회개할 필요가 없다고 한다면 그 사람은 그 죄 때문에 지옥에 가기 때문에 한 번 구원 받았으나 천국 가는 영원한 구원을 잃어버리는 결과가 됩니다.

요13:4-10 말씀에 보면 예수님께서 제자들과 함께 마지막 만찬을 하시고 그 자리에서 제자들의 발을 씻기셨습니다. 그때 베드로가 너무 황송해서

"내 발을 절대로 씻기지 못 하리이다."라고 말합니다.

그때 주님께서

"내가 너를 씻기지 아니하면 네가 나와 상관이 없느니라."

라고 대답하십니다. 그러자 베드로는

"내 발뿐만 아니라 손과 머리도 씻겨 주옵소서."

그러자 주님께서,

"이미 목욕한 자는 발밖에 씻을 필요가 없느니라. 온몸이 깨끗하니라."라고 말씀하십니다. 이미 목욕한 자란 예수 그리스도를 믿음으로 죄 사함을 받은 자를 말합니다. 이런 자는 아담으로부터 유전된 원죄에 대해서는 다시 회개할 필요가 없습니다. 그러나 발을 씻는 자범죄에 대해서는 회개해야 한다는 뜻입니다. 만약 회개하지 않으면 그 죄로 생명책에서 그 이름이 지워지기 때문에 원죄에서 구원받았을지라도 천국으로 가는 구원은 받을 수 없고 지옥에 가게 된다는 것입니다. 그래서 '지옥은 죄인이 가는 것이 아니라 회개하지 않는 자가 간다.'는 말을 하게 된 것입니다.

또한 우리의 구원(천국 가는 구원)은 다 이루어진 것이 아니요 이루어 가는 것입니다. 즉 구원은 미래 완료형이 아니라 현재 진행형입니다. 예수님께서 십자가에서 우리의 모든 죄를 다 짊어지시고 죽으셨기 때문에 우리는 과거, 현재, 미래의 죄까지 다 용서 받았다는

안일한 생각에서 탈피해서 우리의 구원을 두렵고 떨림으로 이루어 가야 합니다.

> "그러므로 나의 사랑하는 자들아, 너희가 나 있을 때뿐 아니라 더욱 지금 나 없을 때에도 항상 복종하여 두렵고 떨림으로 너희 구원을 이루라."(빌2:12)

둘째, 왜 구원받은 자도 구원을 잃을 수 있을까요?

- 원죄에서 구원 받았어도 자범죄를 회개하지 않으면 구원을 잃을 수 있기 때문이다.

아담의 죄가 후손들에게 전가되어 모든 사람은 원죄를 가지고 태어납니다. 이 원죄를 가지고는 천국에 들어갈 수 없습니다. 그러므로 이 세상에 태어난 모든 사람은 지옥 형벌을 받아야 마땅합니다. 그래서 예수님께서 이 죄에서 우리를 구원하시기 위해 이 땅에 오셔서 우리 죄를 담당하시고(대속), 십자가에서 피 흘려 죽으셨습니다. 그로 인해 지옥 갈 수밖에 없는 우리 인간은 이제 천국에 갈 수 있는 길이 열렸습니다.

그러나 원죄에서의 구원도 예수님이 생명의 구주이심을 고백하고 교회 생활을 하는 사람에게만 적용됩니다. 예수님을 믿지 않는 자들은 원죄가 그대로 남아 있습니다. 그러므로 불신자는 지옥에 가게 됩니다. 때문에 이 세상에서 가장 큰 죄는 예수님을 구세주로 믿지 않는 불신 죄입니다.

그러나 원죄에서 사함 받은 사람일지라도 천국 가는 구원을 받으려면 하나님 말씀에 순종해야 합니다. 하나님 말씀에 순종하지 않고 제멋대로 신앙생활을 하는 사람은 결단코 천국에 들어갈 수 없습니다.

여기서 구원도 두 가지로 생각해야 이해가 됩니다. 예수님의 십자가 구원은 '원죄에서의 구원'과 '자범죄에서의 구원' 두 가지를 충족시키십니다. 예수님께서 십자가에서 피 흘려 우리 죄를 짊어지시고 대속의 죽음을 당하심으로 아담으로부터 전가된 원죄를 가지고 태어난 우리 인간의 원죄가 사해졌기 때문에 천국 갈 수 있는 길이 열린 것입니다. 그러나 살면서 인간은 죄를 짓게 됩니다. 그 죄를 자범죄라고 합니다.

인간은 죽을 때까지 이 자범죄를 지으며 살게 됩니다. 그런데 예수님이 우리의 과거, 현재 미래의 죄. 즉 인간의 삶 속에서 죽을 때까지 짓게 된 모든 죄를 다 사해 주셨기 때문에 예수 믿고 교회 생활을 한 사람은 다 천국에 간다는 생각은 성경적이지 않다는 것입니다. 이 자범죄는 반드시 회개를 통해서만 사함을 받게 되기 때문입니다. 만약 회개를 하지 않으면 그 죄는 그대로 남아 있습니다. 그 죄를 가지고는 천국에 갈 수 없다는 것입니다. 죄는 반드시 회개해야 하며 회개할 때 하나님께서 용서해 주십니다.

"만일 우리가 우리 죄를 자백하면 저는 미쁘시고 의로우
사 우리 죄를 사하시며 모든 불의에서 우리를 깨끗케 하실
것이요."(요1서 1:9)

만약 죄를 짓고도 회개치 않으면 같은 죄를 반복하게 되고 그 죄는 남아 있습니다. 그 죄를 가지고는 천국에 갈 수 없습니다. 회개를 하지 않았기 때문입니다. 그래서 세례 요한도 제일 먼저

"회개하라, 천국이 가까웠느니라."(마3:2)

고 외치면서 자신은 회개케 하기 위하여 물로 세례를 주지만 예수님은 성령과 불로 세례를 주실 것(마3:11)이라고 말했습니다. 그리고 예수님께서도 공생애를 시작하시면서 제일 먼저 선포하신 말씀이

"회개하라, 천국이 가까웠느니라."(마4:17)

였습니다. 그리고 열두 제자를 세워 파송하시면서도

"전파하여 말하되 천국이 가까웠다 하라."(마10:7)

고 이르셨습니다. 회개를 외치라는 것입니다. 그래서 제자들도 나가서 "회개하라"고 전파(막6:12)했습니다. 사도 바울도 유대인과 헬라인들에게 '회개에 합당한 일'을 행하라고 가르쳤으며(행20:21, 26:20), 베드로도 예수 믿는 형제들에게 하나님은 아무도 멸망하지 않고 다 '회개'하기에 이르기를 원한다고 가르쳤습니다.(벤후3:9) 그런데도 오늘날 예수 믿고 교회 생활을 하면 예수님이 우리 미래의 죄까지 다 용서하셨기 때문에 안심하고 어떻게든지 신앙생활만 하면 천국 갈 거라는 생각은 대단히 잘못된 생각입니다.

반복되는 말이지만 우리가 원죄에서 구원 받았을지라도 자범죄를 회개치 않으면 '영원한 구원' 즉 천국에 갈 수 없습니다. 그래서 한 번 구원(원죄에서의 구원)은 영원한 구원(자범죄를 회개함으로 가게 되는 천국 가는 구원)에 이르지 못하고 구원받은 자도 구원을 잃게 된다는 것입니다.

그래서 우리는 회개가 얼마나 중요하다는 것을 알게 됩니다. 회개란 단순히 입으로 잘못했으니 용서해 주십시오, 하는 것이 아닙니다. 회개란 그 죄에서 완전히 돌이키는 것입니다. 간음한 사람이 잘못했다고 용서를 구하고 다시 간음하고 다시 용서를 구하고 다시 간음하고 하는 것은 회개가 아닙니다. 뉘우침에 불과합니다. 뉘우침과 회개는 다릅니다. 회개는 180도 완전히 돌이켜 다시는 그 죄를 범하지 않는 것입니다.

> "너희에게 이르노니 아니라 너희도 만일 '회개'치 아니하면 다 이와 같이 망하리라."(눅13:3)
> "사람이 '회개'치 아니하면 저가 그 칼을 갈으심이여. 그 활을 이미 당기어 예비하셨도다."(시7:12)
> "아무도 멸망치 않고 다 '회개'하기에 이르기를 원하시느니라."(벧후3:9)

셋째, 왜 한번 구원은 영원한 구원이 아닐까요?

- 산 믿음으로 구원 받고 죽은 믿음으로는 구원받을 수 없기 때문이다.

우리는 믿음으로 구원받습니다. 그러나 믿음에도 두 종류가 있습니다. 믿음에는 '산 믿음'이 있고 '죽은 믿음'이 있습니다. 산 믿음은 하나님 말씀에 순종하는 믿음이요 죽은 믿음은 말씀에 불순종하며 말씀과 기도 없이 자기 멋대로 신앙생활을 하는 사람입니다. 산 믿음은 반드시 행함이 따릅니다. 우리는 '행위'와 '말씀에 순종하는 행함'을 구별해야 합니다. 행위로 구원받는 것이 아니라 믿음으로 구원받는다고 하니까 그저 입으로 고백하고 교회 생활을 하면 구원받는 줄 알지만 믿음은 반드시 행함이 따라야 합니다. 즉 믿음과 행함은 하나입니다. 하나님 말씀에 순종하는 행함. 그것이 믿음입니다. 그 믿음으로 구원받는 것이며 죽은 믿음 즉 말씀에 불순종하여 행함이 없는 믿음으로는 구원받을 수 없습니다.

"내 형제들아, 만일 사람이 믿음이 있노라 하고 행함이 없으면 무슨 이익이 있으리요. 그 믿음이 능히 자기를 구원하겠느냐 15) 만일 형제나 자매가 헐벗고 일용할 양식이 없는데 너희 중에 누구든지 그에게 이르되 평안히 가라 더웁게 하라 배부르게 하라 하며 그 몸에 쓸 것을 주지 아니하면 무슨 이익이 있으리요. 17) 이와 같이 행함이 없는 믿음은 그 자체가 죽은 것이라."(약2:14-16)

"영혼 없는 몸이 죽은 것같이 행함이 없는 믿음은 죽은 것이니라."(약2:26)

또한 믿음으로 말미암아 의롭게 되었다(롬5:1)는 말씀은 무조건 주여 주여 하는 믿음이 아니라 말씀에 순종하는 믿음을 말하는 것입니다. 바울도 로마서 서문에 "믿어 순종케 하나니"(롬1:5)라고 했고 로마서를 맺으면서 "모든 민족을 믿어 순종케 하시려고"(롬16:26)라고 순종을 강조했습니다.

또한 약2:21 말씀에도 "우리 조상 아브라함이 그 아들 이삭을 제단에 드릴 때에 행함으로 의롭다 하심을 받은 것이 아니냐."

> "이로 보건대 사람이 행함으로 의롭다 하심을 받고 믿음으로만 아니니라."(약2:24)

한 예로 광야에서 멸망한 이스라엘 백성들의 사건을 들 수 있습니다.

모세의 영도 하에 출애굽한 이스라엘 백성 중 장정만 60만 명, 인구 모두를 합치면 자그마치 200만 명은 족히 넘었을 출애굽 1세대 가운데 가나안 땅에 입성한 사람은 여호수아와 갈렙 단 두 사람뿐이었습니다. 나머지는 광야에서 모두 멸망당했습니다. 애굽은 세상, 광야 생활은 교회 생활, 가나안 땅은 천국으로 비유된 이 사건에서 가나안 땅에 들어간 사람은 1세대 가운데 여호수아와 갈렙 단 두 사람뿐이었다는 것입니다.

> "또 하나님이 사십 년 동안에 누구에게 노 하셨느뇨. 범죄하여 그 시체가 광야에 엎드러진 자에게가 아니냐 18) 또 하나님이 누구에게 맹세하사 그의 안식에 들어오지 못하리라 하셨느뇨. 곧 순종치 아니하던 자에게가 아니냐

19) 이로 보건대 저희가 믿지 아니하므로 능히 들어가지 못한 것이라."(히3:17-19)

이스라엘 백성이 광야에서 멸망당한 이유는 순종하지 아니했기 때문이며 이는 곧 그들이 믿지 아니했기 때문이라고 말합니다. 여기에서 우리가 유추할 수 있는 말은 '믿음은 반드시 순종이 따라야 하며 그 믿음이 산 믿음이요 행함이 있는 믿음이요 천국 가는 믿음이라는 것입니다. 반대로 불순종은 믿음이 아니라는 것입니다. 즉 구원받지 못하는 죽은 믿음이라는 것입니다.'

"그러므로 우리는 두려워할지니 그의 안식에 들어갈 약속이 남아 있을지라도 너희 중에 혹 미치지 못할 자가 있을까 함이라. 2) 저희와 같이 우리도 복음 전함을 받은 자이나 그러나 그 들은바 말씀이 저희에게 유익되지 못한 것은 듣는 자가 믿음을 화합지 아니함이라."(히4:1-2)

위의 말씀은 우리에게 천국 갈 수 있는 길이 열렸을지라도 천국 갈 수 있는 행함의 믿음, 즉 순종이 없으면 갈 수 없다는 말씀입니다. 그러니 두려워하라는 것입니다. 또 유다서 1:5 말씀에는

"…주께서 백성을 애굽에서 구원해 내시고 후에 믿지 아니하는 자들을 멸하셨으며"

라고 기록했습니다. 여기서 믿지 아니하는 자들이라는 것은 말씀

에 순종하지 아니한 자들을 말합니다.

이와 같이 한번 구원받은 사람(원죄에서의 구원)이라도 말씀에 순종하는 행함이 없는 사람은 영원한 구원에서 버림받아 천국에 갈수 없다는 것입니다. 이 외에도 이스라엘 백성의 다수가 가나안에 입성하지 못하고 광야에서 멸망당한 것은 그들의 불순종이라는 것을 성경 곳곳에서 말씀하고 있습니다.

"애굽에서 나온 자들의 이십 세 이상으로는 한 사람도 내가 아브라함과 이삭과 야곱에게 맹세한 땅을 정녕히 보지 못하리니 이는 그들이 나를 온전히 '순종'치 아니하였음이라."(민32:11)

"이스라엘 자손들이 여호와의 말씀을 '청종'치 아니하므로 여호와께서 그들에게 대하여 맹세하사 그들의 열조에게 맹세하며 우리에게 주마 하신 땅 곧 젖과 꿀이 흐르는 땅을 그들로 보지 못하게 하리라 하시매 애굽에서 나온 족속 곧 군사들이 다 멸절하기까지 사십 년 동안을 광야에 행하였더니."(수5:6)

"다만 그나스 사람 여분네의 아들 갈렙과 눈의 아들 여호수아는 볼 것은 여호와를 온전히 '순종'하였음이리라 하시고."(민32:12)

"오직 여분네의 아들 갈렙은 온전히 여호와를 '순종'하였은즉."(신1:36)

"…복음 전함을 먼저 받은 자들은 '순종'치 아니함을 인하여 들어가지 못하였으므로."(히4:6)

"그러므로 우리가 저 안식에 들어가기를 힘쓸지니 이는 누구든지 저 '순종'치 아니하는 본에 빠지지 않게 하려 함이라."(히4:11)

성경의 사람들은 모두 순종의 사람들이었습니다.

① 아브라함

"또 네 씨로 말미암아 천하 만민이 복을 얻으리니 이는 네가 나의 말을 '준행' 하였음이니라 하셨다 하니라."(창22:18)

"네 자손을 하늘의 별과 같이 번성케 하며 이 모든 땅을 네 자손에게 주리니 네 자손을 인하여 천하 만민이 복을 받으리라. 5) 이는 아브라함이 내 말을 '순종' 하고 내 명령과 내 계명과 율례와 내 법도를 지켰음이니라 하시고."(창26:4-5)

② 노아

"노아가 그와 같이 하되 하나님이 자기에게 명하신 대로 다 '준행' 하였더라."(창6:22)

"노아가 여호와께서 자기에게 명하신대로 다 '준행' 하였더라."(창7:5)

③ 예수님도 죽기까지 복종하셨다

"사람의 모양으로 나타나셨으매 자기를 낮추시고 죽기까

지 '복종' 하셨으니 곧 십자가에 죽으심이라."(빌2:8)

"그러므로 나의 사랑하는 자들아, 너희가 나 있을 때뿐 아니라 더욱 지금 나 없을 때에도 항상 '복종' 하여 두렵고 떨림으로 너희 구원을 이루라."(빌2:12)

노아 시대 구원받은 사람이 단 여덟 명뿐이었던 것은 그 시대 사람들이 순종치 아니하였기 때문이었다고 성경은 말씀합니다.

"그들은 전에 노아의 날 방주 예비할 동안 하나님이 오래 참고 기다리실 때에 '순종'치 아니하던 자들이라. 방주에서 물로 말미암아 구원을 얻은 자는 몇 명뿐이니 겨우 여덟 명이라."(벧전3:20)

또한 영원한 지옥 형벌을 받을 자는 불신자는 물론이지만 하나님을 믿는 자라도 하나님 말씀에 불순종하는 자들이라는 것을 성경은 강조하고 있습니다.

"하나님을 모르는 자들과 우리 주 예수의 복음을 '복종' 치 않는 자들에게 형벌을 주시리니 9) 이런 자들이 주의 얼굴과 그의 힘의 영광을 떠나 영원한 멸망의 형벌을 받으리로다."(살후1:8,9)

그러므로 말씀에 순종하는 자들이 되라는 것입니다.

"여호와를 사랑하고 그 말씀을 순종하며 또 그에게 부종

하라 그는 네 생명이시오."(신30:20)

"만일 나의 전한 그 말을 굳게 지키고 헛되이 믿지 아니하였으면 이로 말미암아 구원을 얻으리라."(고전15:2)

"내 말을 지키면 죽음을 영원히 보지 아니하리라."(요 8:51)

"내 명령을 지키라. 그리하면 살리라."(잠4:4)

"그로 말미암아 우리가 은혜와 사도의 직분을 받아 그 이름을 위하여 모든 이방인 중에서 믿어 '순종'케 하나니"(롬1:5)

"…모든 민족으로 믿어 '순종'케 하시려고"(롬16:26)

구원 받았다고 다 천국에 가는 것이 아니요 말씀에 순종하는 믿음, 즉 산 믿음으로 천국 가게 됨을 알아 오늘날 이 시대 성도들은 경각심을 가지고 하나님 말씀에 순종함으로 두려움과 떨림으로 구원을 이루어 나가야 함을 명심해야 할 것입니다. 즉 말씀에서 하라는 것은 하고, 하지 말라는 것은 하지 말아야 한다는 것입니다.

넷째, 왜 한번 구원은 영원한 구원이 아닐까요?

- 원죄를 사함 받고 교회 생활을 해도 하나님 뜻대로 살지 않고 자기 뜻대로 사는 자는 버림을 받을 수 있기 때문이다.

"나더러 주여 주여 하는 자마다 천국에 다 들어갈 것이 아니요 다만 하늘에 계신 내 아버지의 뜻대로 행하는 자라야 들어가리라."(마7:21)

그러면 하나님의 뜻은 무엇일까요?

"하나님의 뜻은 이것이니 너희의 거룩함이라…"(살전4:3)

그렇다면 우리가 거룩해지려면 어떻게 해야 할까요?

"말씀과 기도로 거룩하여짐이니라."(딤전4:5)
"저희를 진리로 거룩하게 하옵소서. 아버지의 말씀은 진
리니이다."(요17:17)

하나님의 말씀으로 거룩하게 되며, 기도로 거룩하게 된다고 하십
니다.
하나님 말씀은 구원에 이르게 하는 생명의 말씀(빌2:16)이요, 영
생의 말씀(요6:68)입니다. 이 말씀을 듣고, 읽고, 묵상하며 그 말씀
에 순종하는 삶이 거룩한 삶입니다. 또,

"항상 기뻐하라. 쉬지 말고 기도하라. 범사에 감사하라.
이는 그리스도 예수 안에서 너희를 향하신 하나님의 뜻이
니라."(살전5:16-18)

고 하셨습니다. 주 안에서 항상 기뻐하며, 모든 일에 감사하며, 말
씀에 순종하며 기도하는 삶이 거룩한 삶이요 그러한 삶을 사는 것
이 하나님의 뜻대로 행하는 삶이라는 것입니다. 그러나 주의 뜻대
로 행치 아니하는 자는 그가 주의 종이라 할지라도 천국에 들어갈

수 없음을 다음 말씀에서 알 수 있습니다.

> "그날에 많은 사람이 나더러 이르되 주여 주여 우리가
> 주의 이름으로 선지자 노릇하며 주의 이름으로 귀신을 쫓
> 아내며 주의 이름으로 많은 권능을 행치 아니하였나이까
> 하리니 23) 그때에 내가 저희에게 밝히 말하되 내가 너희
> 를 도무지 알지 못하니 '불법을 행하는 자들'아 내게서 떠
> 나가라 하리라."(마7:22-23)

'불법을 행하는 자들'이란 하나님 뜻대로 하지 않는 자, 즉 하나님 말씀에
불순종하는 자들은 주님의 이름으로 많은 일을 했을지라도 천국에 갈 수
없다는 뜻입니다. 불법은 곧 죄이며 죄는 과녁을 벗어난 것, 즉 말씀에 불순
종하여 자신의 뜻대로 하는 것입니다.

다섯째, 왜 한번 구원은 영원한 구원이 아닐까요?
- 교회 안에는 알곡과 가라지가 있습니다.

> "손에 '키(심판)'를 들고 '자기의 타작마당(교회)'을 정하게
> 하사 '알곡(말씀에 순종하는 자)'은 모아 '곡간(천국)'에 들이
> 고 '쭉정이(불순종하는 자)는 꺼지지 않는 불(지옥)'에 태우
> 시리라."(마3:12)

위의 말씀은 교회 안에 심판이 있으며 그 심판은 알곡과 가라지
를 가르는 심판이며 그 심판에 의해 말씀에 순종하는 자는 알곡으
로 천국에 가지만 말씀에 불순종하는 자는 쭉정이가 되어 지옥에

가게 된다는 말씀입니다. 이미 천국 갈 자 지옥 갈 자가 정해졌다면 굳이 심판이 필요치 않을 것입니다. 그러나 심는 대로 거두고, 행한 대로 받는 것이 영계의 법칙입니다. 영계의 법칙은 추수의 법칙과도 같습니다. 농부가 봄에 씨를 뿌리는 것은 가을에 열매를 얻기 위함이요. 벼를 탈곡하는 것은 알곡과 쭉정이를 가르기 위함입니다. 농부는 알곡은 곡간에 들이지만 쭉정이는 불에 태웁니다.

마13:24-30에 기록된 가라지 비유에서 천국에 대한 비유를 밭에 뿌린 씨로 비유했습니다. 밭에 좋은 씨를 뿌렸는데 나중에 보니 뿌리지 않는 가라지가 덧나고 있었습니다. 이를 발견한 종이 주인에게 가라지를 뽑을까 물었더니 주인이 대답하길 추수 때까지 가만 두었다가 가라지는 먼저 거두어 불사르게 단으로 묶고 곡식은 모아 곡간에 넣으라고 합니다. 이는 심판을 의미합니다. 이 가라지는 "사람들이 잘 때에 그 원수(사단)가 와서 곡식 가운데 가라지를 덧뿌리고 갔더니"라고 마13:24에 기록되어 있습니다. 교회 안에서 깨어 있지 못한 자들은 가라지가 되기 싫다는 비유의 말씀이기도 합니다. 이와 같이 믿으면 즉 교회 생활을 하면 다 천국 가는 것이 아니라 교회 안에는 항상 알곡과 가라지가 있다는 것입니다. 가라지가 되지 않기 위해 항상 말씀과 기도로 깨어 있어야 하고 죄는 반드시 회개해야 하는 것입니다. 알곡과 가라지는 심판에 의해 가려지는 것입니다.

> "한 번 죽는 것은 사람에게 정하신 것이요 그 후에는 심판이 있으리니."(히9:27)

그런데 이 심판은 교회에서부터 시작합니다. 대하 3:1에 보면 솔로몬이 성전을 아라우나(여부스)의 타작마당에 건축했음을 알 수 있습니다. 그러면 솔로몬 성전을 왜 하필 타작마당에 건축했을까요?

> "솔로몬이 예루살렘 모리아 산에 여호와의 전 건축하기를 시작하니 그곳은 전에 여호와께서 그 아비 다윗에게 나타나신 곳이요, 여부스 사람 오르난의 '타작마당'에 다윗이 정한 곳이라."(대하 3:1)

이는 타작마당에서 알곡과 쭉정이를 고르듯이 성전에서 심판을 하신다는 것입니다.

"주께서 그의 백성을 심판하리라."(히10:30)

"하나님 집에서 심판을 시작…"(벧전4:17)

"내 성소에서 시작(심판)할지니라…"(겔9:1-6)

"이스라엘 열두 지파를 심판…"(마19:28)

"자기의 타작마당을 정하게 하사 알곡은 모아 곡간에 들이고 쭉정이는 꺼지지 않는 불에 태우시리라."(마3:12)

예수님께서는 이미 십자가에서 우리의 현재, 과거, 미래의 죄까지 다 짊어지셨기 때문에 성도는 심판을 받지 않는다는 말을 하는 사람도 있습니다. 그러나 성경은, 사람은 누구나 심판을 받으며 그 심판은 하나님의 집, 성전에서부터 그리고 하나님의 백성들로부터 먼저 시작한다고 말씀합니다. 이에 대해 좀 더 자세히 성경을 봅니다.

"한 번 죽는 것은 사람에게 정하신 것이요 그 후에는 심
　　판이 있으리니"(히9:27)

　신자든 불신자든 누구나를 막론하고 사람이 죽으면 하나님의 심
판을 받게 되며, 그 심판에 의해 낙원이나 음부에 가게 됩니다. 우
리는 눅16:19-23에서 이 사실을 알 수 있습니다. 거지는 '아브라함의
품(낙원)'에서 안식을 누리고 부자는 '음부'에 떨어져 불꽃 가운데 괴
로워하고 있는 장면입니다. 그런데 계20:12-15에 보면 모든 사람이
책에 기록된 대로 심판을 받는 장면이 나옵니다.

　　"또 내가 보니 죽은 자들이 무론 대소하고 그 보좌 앞에
　　섰는데 책들이 펴있고 또 다른 책이 펴졌으니 곧 생명책이
　　라. 죽은 자들이 자기 행위를 따라 책들에 기록된 대로 '심
　　판'을 받으니."(계20:12)

　그러면 히9:27 말씀대로 사람이 죽을 때 심판을 받아 음부와 낙
원에 가 있는데 다시 부활해서 또 심판을 받게 된다는 말씀입니까?
그러면 두 번 심판을 받게 되는 것이 아닙니까? 이렇게 문제를 제기
할 사람도 있을 것입니다. 그러나 이 심판(백보좌 심판)은 천년왕국
이 끝나고 영원한 천국과 지옥의 처소를 결정하는 심판입니다. 낙
원과 음부는 영원한 장소가 아니요 천국과 지옥으로 옮겨가기 전의
임시 장소입니다. 사람들의 영원한 처소는 천국과 지옥입니다. 그래
서 천국 지옥을 보고 왔다는 간증 자들이 말하는 천국과 지옥은
낙원과 음부로 표현하는 것이 정확한 표현입니다. 그런데 천국 지옥

이라고 해도 결코 틀린 말이 아니기 때문에 그대로 사용하는 것입니다.

심판은 이미 사람이 죽을 때 심판 받아 낙원이나 음부에 갈 자가 결정되기 때문에 계20:11-15에 나오는 '백보좌 심판'은 다시 심판하여 음부에 있는 자가 천국에 갈 수도 있는 그런 심판이 아니고 영원한 처소인 천국과 지옥의 장소가 결정되는 심판입니다. 그러므로 낙원에 있던 성도들에게는 '상급 심판'이 되는 것이며, 음부에 있던 자들은 죄의 경, 중에 따라 지옥의 처소가 결정되는 '형벌 심판'이 되는 것입니다. 그런데 이러한 심판을 구별하지 못하고 믿는 성도들은 심판을 받지 않고 상급 심판만 받는다고 잘못 생각하기 때문에 구원받아 교회에 다닌 사람은 다 천국 가는 줄 알고 안일하고 느슨한 신앙생활을 하게 되어 영원히 지옥 형벌을 받게 될 신자들이 천국 갈 신자들보다 더 많다는 것을 말씀하고 있습니다.

"생명으로 인도하는 문은 좁고 길이 협착하여 찾는 이가 적음이니라."(마7:14)

좁은 문으로 들어가는 자는 생명으로 인도하는 문, 즉 천국 가는 문입니다. 이 좁은 문으로 가는 자가 미리 정해진 것이 아니고, 좁은 문으로 가는 자는 자신의 의지의 선택입니다. 이를 좀 더 자세히 말한다면 인간의 자유의지로 연결이 됩니다.

여섯째, 왜 한번 구원은 영원한 구원이 아닐까요?

- 사람에게는 자유의지가 있으며, 이 자유의지로 선택을 하기 때문이다.

선택은 반드시 책임이 따릅니다. 아담과 하와가 선악과를 따 먹은 것도 그들의 자유의지에 의한 것입니다. 그들은 자유의지로 선악과를 먹을 수도 안 먹을 수도 있었습니다. 그러나 그들은 하나님보다 사단을 선택했습니다. 그러므로 후손들에게 그 죄가 전가(롬5:12)된 것입니다. 그런데 한편에서는 아담이 선악과를 따 먹은 후에 자유의지마저 상실했다고 합니다. 이를 신학적 용어로 '전적인 타락' 혹은 '전적인 무능력'이라고 합니다.

그러나 이들 말대로 자유의지를 상실했다면 선악을 택할 수도 없는 완전히 로봇이 되는 것입니다. 인간 로봇은 아무것도 할 수 없습니다. 로봇은 하나님과 교제할 수도 없습니다. 이러한 로봇과 하나님께서 무슨 사랑을 나눌 수 있겠습니까? 그렇다면 '전적인 무능력'이란 말은 틀립니다. 아무것도 아무 선도 행할 수 없는 무능력의 상태. 자유의지를 상실한 상태의 인간, 이는 '인간 로봇'입니다. 물론 성경에는 "선을 행하는 사람은 한 사람도 없다."(롬3:12)는 말씀이 있으며, 예수님께서도 "선한 이는 오직 한 분이시다."(마19:17)라고 말씀하셨습니다. 그러나 마12:35 말씀에는

"선한 사람은 그 쌓은 선에서 선한 것을 내고 악한 사람은 그 쌓은 악에서 악한 것을 내느니라."(마12:35)

고 하십니다. 그러면 이 말씀은 서로 상충된 말씀입니까? 그렇지 않습니다. 선에는 '절대적 선'과 '상대적 선'이 있습니다. '절대적 선'은

오직 하나님께만 해당된 것이요 인간의 선은 '상대적인 선'입니다. 즉 절대적 선의 기준에서 볼 때 선한 사람은 한 사람도 없지만 상대적 선의 기준에서 볼 때 선한 사람이 있는 것입니다. 성경 말씀은 항상 양면성이 있습니다. 구원도, 믿음도, 의도, 선도, 택함도 한 가지로만 보면 해석이 막히고 말씀이 상충된 것처럼 보입니다.

그러나 두 가지 측면에서 보면 성경 말씀은 일관성 있고 통일성 있게 해석됩니다. 예를 들어 구원도 한 가지로 보면 예수님을 구세주로 고백하고 교회 생활을 한 자는 다 천국 간다는 '한번 구원은 영원한 구원'이 되지만, 구원을 '원죄에서의의 구원', '천국에 이르는 구원'으로 보게 되면, 한번 구원은 영원한 구원이 아니고 한번 구원 받은 자(원죄에서의 구원)도 영원한 구원(천국 가는 구원)에서 탈락될 수 있다는 것을 쉽게 이해하게 됩니다. 또한 믿음도 한 가지로만 보기 때문에 '구원에는 변동이 없다.'라고 생각하지만 믿음도 산 믿음, 죽은 믿음 두 가지로 구분하면 산 믿음만이 천국에 이르고 죽은 믿음은 아무리 주를 위해 많은 일을 했다 하더라도 구원에서 탈락될 수 있다(마7:21-23)는 것을 쉽게 이해할 수 있습니다. 의도, 선도 택함도 마찬가지라는 것입니다.

오늘날 인간은 부패한 자유의지라 해도 끊임없이 선택하며 살아갑니다. 할 수도 있고 안 할 수도 있는 자유의지. 천국은 침노하는 자의 것(마11:12)이라 했습니다. 그것은 천국에 가기 위해 노력해야 한다는 뜻이기도 합니다. 그 노력은 자유의지가 동반됩니다. 결국 천국 갈 자, 지옥 갈 자가 정해진 것이 아니라 인간의 자유의지가 천국과 지옥을 선택하게 된 것입니다. 그러면 하나님이 인간에 의해서 피동적으로 움직인단 말인가? 이는 하나님의 절대주권을 무시하는 것이라는 생각도 할 수 있습니다. 그러나 성경은 말합니다. 예수님은 십자가에 죽으심으로 죄인들의 죄를 사하시고 천국갈 수 있는 길을 열어 놓으셨지만 인간이 죄를 짓고 회개치 않음으로 지옥의 길을 스스로 선택하고 있다는 것입니다. 그러므로 바울도 자신이 전파한 후에 버림받을까 하여 날마다 자신을 쳐 복종시킨다고 했습니다.

우리는 사도 바울을 기독교 역사상 가장 위대한 사도로 봅니다. 낙원을 보았고,(고후12:4) 오직 주의 복음을 위해 온갖 고난을 감수하며,(고후11:23-27) 전력투구했으며,(행20:24) 주 예수 외에 모든 것을 배설물(빌3:8)로 여겼고, 마지막에는 순교까지 했습니다. 더욱이 그는 성경 66권 가운데 13권을 성령의 인도하심 따라 기록했습니다. 그렇게 위대한 사도 바울도 다음과 같이 고백했습니다.

"내가 내 몸을 쳐 복종하게 함은 내가 남에게 전파한 후에 자기가 도리어 버림이 될까 두려워 함이로라."(고전9:27)

사도 바울처럼 위대한 사도도 남에게 복음을 전파한 후에 자기가 버림받아 지옥에 갈까 봐서 날마다 자신을 쳐서 복종시킨다는 것이니 일반 우리 성도야 말해서 무엇 하겠습니까? 이는 한 번 구원받아 생명책에 기록된 자라도 생명책에서 그 이름이 지워져서 지옥 갈 수 있다는 말입니다. 즉 한 번 구원받은 자라도 자범죄를 회개하지 않으면 구원에서 탈락될 수 있다는 말이니 한 번 구원은 영원한 구원이 아니라는 것입니다. 그런데 "당신은 구원 받았습니까?" 그래서 구원 받았다고 하면, "당신은 구원의 확신을 가졌으니 천국에 갈 수 있습니다."라고 설명한 교회가 많다는 것입니다.

견인교리는 한번 구원받을 자로 택함을 받은 자는 그 확정된 구원의 길로 이끄신다는 것인데 그러면 이는 다시 하나님은 천국 갈 자, 지옥 갈 자를 정하셨다는 것인바 다시 말하거니와 이는 하나님의 사랑과 공의에 역행하는 비성경적이라는 것입니다. 인간이 만든 교리라는 것입니다. '에서'는 모태에서부터 버림 받고 '야곱'은 택함을 받아 에서는 미워하고 야곱은 사랑했다는 것이 과연 하나님의 사랑과 공의에 합당하느냐는 말입니다.

에서는 자신의 의지로 장자 직분을 소홀히 했고 자신이 선택한 것이지 하나님께서 에서를 지옥 갈 자로 미리 정해놓고 태어나게 해서 하나님의 명을 거스르게 하고 지옥에 보내신다. 과연 이런 일을 행하시는 하나님은 사랑과 공의의 진정한 하나님이 되실 수 있겠습니까? 그래서 예수님의 죽으심은 인류를 위한 것이 아니고 택함 받은 자만을 위한 것이라는 '제한속죄'라는 이론이 대두되는 것입니다. 그렇다면 지옥 갈 자로 정해진 자가 지옥 갔으니 당연하다고 생각하셔야 될 주님이 왜 지옥 간 자들 때문에 눈물 흘리시며 지옥의 참혹함을 보여주시면서 본 그대로 전하여 지옥 가는 사람들이 없도록 해야 한다고 일일이 당부하시는 겁니까?

천국 지옥을 체험한 사람들을 향해 '마귀가 보여준 것이다. 계시는 사도시대에 끝났으니 천국 지옥 체험한 사람들의 말을 믿지 말라' 하겠습니까? 잘못하면 성령 훼방죄가 되는 것입니다. 성령 훼방죄는 성령께서 하시는 일을 인간의 의지로 거역하는 것입니다. 성령 훼방죄는 사함받지도 못합니다.

"그러므로 내가 너희에게 이르노니 사람의 모든 죄와 훼방은 사하심을 얻되 성령을 훼방하는 것은 사하심을 얻지 못하겠고 32) 또 누구든지 말로 인자를 거역하면 사하심을 얻되 누구든지 말로 성령을 거역하면 이 세상과 오는 세상에도 사하심을 얻지 못하리라."(마12:32)

"내가 진실로 너희에게 이르노니 사람의 모든 죄와 무릇 훼방하는 훼방은 사하심을 얻되 29) 누구든지 성령을 훼방하는 자는 사하심을 영원히 얻지 못하고 영원한 죄에 처하느니라 하시니"(막3:28-29)

"누구든지 말로 인자를 거역하면 사하심을 받으려니와 성령을 모독하는 자는 사하심을 받지 못하리라."(눅12:10)

구원론에 관해 다시 한 번 성경을 꼼꼼히 읽으면서 기도하며 주님께 겸손함으로 여쭙기 바랍니다. 창세로부터 주님 오실 때까지 항상 두 길이 있습니다. 성령의 사람들과 마귀의 사주를 받는 마귀에 속한 사람들. 그리고 천국으로 가는 길과 지옥으로 가는 길. 좁은 문으로 가는 길과 넓은 문으로 가는 길, 이 두 길이 있습니다. 천국 갈 자, 지옥 갈 자가 정해졌다면 왜 넓은 문으로 가지 말고 좁은 문으로 가라고 구태여 말씀하시겠습니까? 인간의 의지로 선택하라는 말씀이 아니겠습니까?

'나는 일평생 예수님을 믿고 교회에 잘 나가고 내 믿음을 지켰으니 천국에 갈 것이다.'

'나는 평생 주님을 위해 헌신하고 큰 교회를 일구어 목회 사역을 했으니 당연히 천국에 갈 것이다.'

'나는 위대한 신학자로 칭송을 받고 많은 주석 책을 쓰고, 세계를 다니면서 하나님 말씀을 전했으니 천국에 갈 것이다.'

'나는 입신하여 천국과 지옥을 보고 와서 책을 쓰고 많은 교회를 다니면서 간증을 했으니 천국에 갈 것이다."

'나는 수고하여 장로, 권사, 집사로 일했으니 천국에 갈 것이다.'

등등 자신이 천국 갈 거라고 해서 천국 가는 것이 아니고 공의로 우신 하나님의 심판에 의해서 천국 가는 것이기 때문에 우리는 죽을 때까지 신앙이 나태하거나 방심해서는 아니 되며, 죄에 대해서는 철저하게 회개하여

"내가 거룩하니 너희도 거룩할 지어다."(레11:45)
"하나님의 뜻은 이것이니 너희의 거룩함이라."(살전4:3)

하는 하나님 말씀에 따라 순종하며, 사랑하며, 섬기며, 용서하며, 끝까지 믿음을 지켜서 하나님께 인정받는 삶을 살아야 할 것입니다. 끝까지 믿음을 지킨다는 것이 중요합니다. 이것은 자기 의를 드러내는 율법적인 행위가 아니라 말씀에 순종하는 행함입니다. 믿음은 반드시 행함이 따라야 하고, 그 행함으로 열매를 맺게 되는 것입니다. 말씀에 불순종하는 믿음으로는 열매를 맺을 수 없습니다. 마3:10-12에서 세례 요한은 이에 대해 다음과 같이 말합니다.

"그러므로 회개에 합당한 열매를 맺고 9) 속으로 아브라함이 우리 조상이라고 생각지 말라. 내가 너희에게 이르노니 하나님이 능히 이 돌들로도 아브라함의 자손이 되게 하리라. 이미 도끼가 나무뿌리에 놓였으니 좋은 열매를 맺지 아니하는 나무마다 찍어 불에 던지우리라."(마3:8-10)

그러므로 구원 받았다고 방심하지 말고 끝까지 믿음을 지키며 구원을 이루어 나가야 합니다.

"너희의 인내로 너희 영혼을 얻으리라."(눅21:19)
"나중까지 견디는 자는 구원을 얻으리라."(마10:22, 마24:13, 막13:13)

이에 관련된 말씀을 겔33장에서도 찾아볼 수 있습니다.
"만일 의인이 돌이켜 그 의에서 떠나 죄악을 지으면 그가 그 가운데서 죽을 것이고 19) 만일 악인이 돌이켜 그 악에서 떠나 법과 의대로 행하면 그가 그로 인하여 살리라.…너희의 각기 행한 대로 심판하리라 하시니라."(겔33:18-20)

이 말씀들은 구원은 이루어가는 것이며 끝까지 믿음을 지켜야 한다는 것입니다. 이것은 의지의 선택입니다.
그래서 큰 교회 목사들도, 위대한 신학자도, 훌륭한 봉사자도, 입신해서 쓰임을 받았던 사람도 지옥에 갈 수 있다는 사실을 우리는 간과해서는 안 됩니다. 성경은 천국에 들어가는 자가 극히 적다는

것을 명백하게 말씀하고 있습니다.(마7:13-14)

또 이 성경 말씀을 입증하듯 천국 지옥 간증 자들도 지옥에 너무나 많은 목사, 신학자, 장로, 권사, 집사들이 있는 것을 보고 놀라는 사람들도 있습니다. 그런데 간증 집회를 했던 모 교회에서 목사님들이 지옥에 있는 것을 보았다고 간증하는 강사의 마이크를 빼앗으며 "어떻게 목사가 지옥에 갈 수 있느냐?"고 호통 치면서 간증을 중단시켰다는 에피소드를 들은 적이 있습니다.

이는 예수 믿으면 다 천국 간다는 교리를 믿는 까닭입니다. 그러나 예수 믿으면 다 천국 간다는 것은 사람이 만든 교리이지 성경 말씀이 아닙니다. 교리는 성경 말씀에 기초하여 체계적으로 세운 것이지만 거기에는 오류가 있습니다. 그런데 믿으면 다 천국 간다는 '견인 교리'를 정확무오한 말처럼 믿고 그 믿음의 바탕에서 성경을 해석하기 때문에 성경에서 벗어난 구원론이 등장하게 된 것입니다. 이것이 바로 안일한 성도를 만들어 교회 다니면서도 간음하고, 도적질하고, 거짓말하고, 분쟁하고, 시기하고, 미워하고, 원수 맺고, 용서 못하고, 주일날 잠깐 나와 예배드리고 오후에는 가족 나들이, 야유회 등등 세상과 짝하게 되고 TV 앞에서는 시간 가는 줄 모르고 즐기면서도 성경 읽고 기도하고 전도하는 일에는 게으른 무늬만의 종교인이 되게 하는 것입니다. 그러면 성경 말씀을 통해 예수 믿으면서도 다시 말해 한번 구원 받아 교회 생활을 하면서도 천국 갈 수 있는 구원에서 탈락되는 말씀들을 알아봅니다.

1) 육체의 일을 행하는 자는 천국(영원한 구원) 갈 수 없다

"육체의 일은 현저하니 곧 음행과 더러운 것과 호색과

20) 우상 숭배와 술수와 원수를 맺는 것과 분쟁과 시기와 분냄과 당 짓는 것과 분리함과 이단과 21) 투기와 술 취함과 방탕함과 또 그와 같은 것들이라. 전에 너희에게 경계한 것같이 경계하노니 이런 일을 하는 자들은 하나님의 나라를 유업으로 받지 못할 것이요."(갈5:19-21)

"자기의 육체를 위하여 심는 자는 육체로부터 썩어진 것을 거두고 성령을 위하여 심는 자는 성령으로부터 영생을 거두리라."(갈6:8)

2) 음행과 온갖 더러운 것을 행하는 자는 영원한 구원에서 제외된다

"음행과 온갖 더러운 것과 탐욕은 너희 중에서 그 이름이라도 부르지 말라. 이는 성도의 마땅한 바니라. 4) 누추함과 어리석은 말이나 희롱의 말이 마땅치 아니하니 돌이켜 감사하는 말을 하라. 5) 너희도 이것을 정녕히 알거니와 음행하는 자나 더러운 자나 탐하는 자 곧 우상숭배 자는 다 그리스도와 하나님 나라에서 기업을 얻지 못하리니."(엡5:3-5)

(이 외 롬8:6-7, 빌3:18-19, 골3:1-6, 고전6:9-10, 벧후2:5-10)

3) 좋은 열매 맺지 아니하는 나무

"이미 도끼가 나무뿌리에 놓였으니 좋은 열매 맺지 아니하는 나무마다 찍어 불에 던지우리라."(마3:10)

"아름다운 열매를 맺지 아니하는 나무마다 찍혀 불에 던지우느니라."(마7:19)

4) 가라지

"둘 다 추수 때까지 함께 자라게 두어라. 추수 때에 내가 추숫군들에게 말하기를 가라지는 먼저 거두어 불사르게 단으로 묶고 곡식은 모아 내 곳간에 넣으라 하리라."(마 13:20)

"그런즉 가라지를 거두어 불에 사르는 것같이 세상 끝에도 그러하리라."(마13:40)

5) 의가 바리새인보다 서기관보다 더 낫지 못한 자

"내가 너희에게 이르노니 너희 의가 서기관과 바리새인보다 더 낫지 못하면 결단코 천국에 들어가지 못하리라." (마5:20)

6) 형제에게 미련한 놈이라 판단하는 자

"나는 너희에게 이르노니 형제에게 노하는 자마다 심판을 받게 되고 형제를 대하여 라가라 하는 자는 공회에 잡히게 되고 미련한 놈이라 하는 자는 지옥 불에 들어가게 되리라."(마5:22)

7) 음욕을 품는 자

"나는 너희에게 이르노니 여자를 보고 음욕을 품는 자마다 마음에 이미 간음하였느니라. 29) 만일 네 오른 눈이 너로 실족케 하거든 빼어 내버리라. 네 백체 중 하나가 없어지고 온몸이 지옥에 던지우지 않는 것이 유익하며 30) 또한 만일 네 오른 손이 너로 실족케 하거든 찍어 내버리라. 네 백체 중 하나가 없어지고 온몸이 지옥에 던지 우지 않는 것이 유익하니라."(마5:28)

8) 넓은 길로 들어가는 자(멸망으로 인도하는 문)

"좁은 문으로 들어가라. 멸망으로 인도하는 문은 크고
그 길이 넓어 그리로 들어가는 자가 많고"(마7:13-14)

9) 아버지의 뜻대로 행치 않는 자=불법을 행하는 자

"나더러 주여 주여 하는 자마다 천국에 다 들어갈 것이 아니요, 다만 하늘에 계신 내 아버지의 뜻대로 행하는 자라야 들어가리라." (마7:21)

10) 어린아이와 같이 자기를 낮추지 않는 자

"가라사대 진실로 너희에게 이르노니 너희가 돌이켜 어린아이들과 같이 되지 아니하면 결단코 천국에 들어가지 못하리라."(마10:15)

11) 끝까지 견디지 못하는 자(환난을 이기지 못하는 자)

(마10:19-22, 24:9-13, 29:31)

12) 하나님을 부인하는 자

"누구든지 사람 앞에서 나를 부인하면 나도 하늘에 계신 내 아버지 앞에서 저를 부인하리라."(마10:33)

13) 넘어지게 하는 자와 불법을 행하는 자

"인자가 그 천사들을 보내리니 저희가 그 나라에서 모든 넘어지
게 하는 것과 또 불법을 행하는 자들을 거두어 내어 풀무 불에 던
져 넣으리니 거기서 울며 이를 갊이 있으리라."(마13:41-42)

14) 못된 것 = 악인

"세상 끝에도 이러하리라. 천사들이 와서 의인 중에서 악
인을 갈라내어 풀무 불에 던져 넣으리니 거기서 울며 이를
갊이 있으리라."(마13:47-50)

15) 가난한 이웃을 구제하지 않는 자

(마19:16-30, 막10:17-31, 눅18:18-30)

16) 용서하지 않는 자

"너희가 각각 중심으로 형제를 용서하지 아니하면 내 천
부께서도 너희에게 이와 같이 하시리라."(마18:35)

17) 예복을 입지 아니한 자

"사거리 길에 가서 사람을 만나는 대로 혼인 잔치에 청하
여 오너라. 한대 10) 종들이 길에 나가 악한 자나 선한 자나
만나는 대로 모두 데려오니 혼인 자리에 손이 가득한지라
11) 임금이 손을 보러 들어올 때 거기서 예복을 입지 않은
한 사람을 보고 12) 가로되 친구여 어찌하여 예복을 입지
않고 여기 들어왔느냐 하니 저가 유구무언이거늘 13) 임금

이 사환들에게 말하되 그 수족을 결박하여 바깥 어두움에 내어 던지라. 거기서 슬피 울며 이를 갊이 있으리라 하니라 14) 청함을 받은 자는 많되 택함을 입은 자는 적으니라."(마 22:9-14)

18) 외식하는 자

"화 있을진저 외식하는 서기관과 바리새인들이여 너희는 교인 하나를 얻기 위하여 바다와 육지를 두루 다니다가 생기면 너희보다 배나 더 지옥 자식이 되게 하는도다."(마 23:15)

19) 주의 재림을 예비하지 못한 미련한 다섯 처녀 같은 자

"그 후에 남은 처녀들이 와서 가로되 주여 주여 우리에게 열어 주소서 12) 대답하여 가로되 진실로 너희에게 이르노니 내가 너희를 도무지 알지 못하노라 하였느니라." (마25:1-13)

20) 달란트를 땅에 숨겨 둔 자

"이 무익한 종을 바깥 어두운 데로 내어 쫓으라. 거기서 슬피 울며 이를 갊이 있으리라 하니라."(마25:30)

21) 염소와 같은 자

"또 왼편에 있는 자들에게 이르시되 저주를 받은 자들아 나를 떠나 마귀와 그 사자들을 위하여 예비된 영영한 불에 들어가라. 내가 주릴 때에 너희가 먹을 것을 주지 아니하였고, 목마를 때에 마시게 하지 아니하였고, 나그네 되었을 때에 영접하지 아니하였고, 벗었을 때에 옷 입히지 아니하였고, 병들었을 때와 옥에 갇혔을 때에 돌아보지 아니하였느니라."(마25:41-45)

22) 물(말씀)과 성령으로 거듭나지 않는 자

"예수께서 대답하여 가라사대 진실로 진실로 네게 이르노니 사람이 거듭나지 아니하면 하나님 나라를 볼 수 없느니라."(요3:3)

"예수께서 대답하여 가라사대 진실로 진실로 네게 이르노니 사람이 물과 성령으로 나지 아니하면 하나님 나라에 들어갈 수 없느니라."(요3:5)

23) 옛 사람과 그 행위를 벗지 못한 자

"그러므로 땅에 있는 지체를 죽이라. 곧 음란과 부정과 사욕과 악한 정욕과 탐심이니 탐심은 우상 숭배니라. 6) 이것들을 인하여 하나님의 진노가 임하느니라. 8) 이제는 너희가 이 모든 것을 벗어 버리라. 곧 분과 악의와 훼방과 너희 입의 부끄러운 말이라. 9) 너희가 서로 거짓말을 말라 옛사람과 그 행위를 벗어버리고"(골3:5-9)

24) 육체를 따라 더러운 정욕 가운데서 행하는 자

"육체를 따라 더러운 정욕 가운데서 행하며 주관하는 이를 멸시하는 자들에게 특별히 형벌하실 줄을 아시느니라. 이들은 담대하고 고집하여 떨지 않고 영광 있는 자를 훼방하거니와"(벧후2:10)

　예) 마24:37-39, 눅17:26-27=노아의 때. 눅17:28-30=롯의 때

25) 두려워하는 자들과 악을 행하는 자들

"그러나 두려워하는 자들과 믿지 아니하는 자들과 흉악한 자들과 살인자들과 행음자들과 술객들과 우상숭배자들과 모든 거짓말한 자들은 불과 유황으로 타는 못에 참예하리니 이것이 둘째 사망이라."(계21:8)

26) 화평함과 거룩함을 좇지 않는 자

"모든 사람으로 더불어 화평함과 거룩함을 좇으라. 이것이 없이는 아무도 주를 보지 못하리라."(히12:14)

27) 형제를 미워하는 자

"우리가 형제를 사랑함으로 사망에서 옮겨 생명으로 들어간 줄을 알거니와 사랑치 아니하는 자는 사망에 거하느니라. 그 형제를 미워하는 자마다 살인하는 자니 살인하는 자마다 영생이 그 속에 거하지 아니하는 것을 너희가 아는 바라."(요일3:14-15)

28) 자살자

자살은 살인이다.

자살이 가장 무서운 살인이 되는 이유는 회개할 기회가 없다는 것이다.

회개하지 못하는 자는 결단코 천국에 갈 수 없다.

29) 낙태자

낙태는 살인이다.

"그러나…살인자들과 행음자들과…불과 유황으로 타는 못에 참예하리니 이것이 둘째 사망이라."(계21:8)

30) 사랑하지 않는 자

"나를 사랑하지 아니하는 자는 내 말을 지키지 아니하나니 너희의 듣는 말은 내 말이 아니요 나를 보내신 아버지의 말씀이니라."(요14:24)

"누구든지 하나님을 사랑하노라 하고 그 형제를 미워하면 이는 거짓말하는 자니 보는바 그 형제를 사랑치 아니하는 자가 보지 못하는바 하나님을 사랑할 수가 없느니라."(요일4:20)

"사랑 안에 두려움이 없고 온전한 사랑이 두려움을 내어 쫓나니 두려움에는 형벌이 있음이라. 두려워하는 자는 사랑 안에서 온전히 이루지 못하였느니라."(요일4:18)

31) 계명을 지키지 않는 자

"어떤 사람이 주께 와서 가로되 선생님이여 내가 무슨 선한 일을 하여야 영생을 얻으리이까. 17) 예수께서 가로되 어찌하여 선한 일을 내게 묻느냐. 선한 이는 오직 한 분이시니라. 네가 생명에 들어가려면 계명들을 지키라."(마19:16-17)

32) 물질을 섬기는 자

"한 사람이 두 주인을 섬기지 못할 것이니 혹 이를 미워하며 저를 사랑하거나 혹 이를 중히 여기며 저를 경히 여김이라 너희가 하나님과 재물을 겸하여 섬기지 못하느니라." (마6:24)

33) 십일조를 내지 않는 자

"사람이 어찌 하나님의 것을 도적질하겠느냐 그러나 너희는 나의 것을 도적질하고도 말하기를 우리가 어떻게 주의 것을 도적질 하였나이까 하도다. 이는 곧 십일조와 헌물이라. 9) 너희 온 나라가 나의 것을 도적질하였으므로 너희가 저주를 받았느니라."(말3:8-9)

34) 말씀에 불순종하는 자

"또 하나님이 누구에게 맹세하사 그의 안식에 들어오지 못하리라 하셨느뇨. 곧 순종치 아니하던 자에게가 아니냐. 19) 이로 보건대 저희가 믿지 아니하므로 능히 들어가지 못한 것이라. 그러므로 우리는 두려워할지니 그의 안식에 들어갈 약속이 남아 있을지라도 너희 중에 혹 미치지 못할 자가 있을까 함이라."(히3:18-19, 4:1)

"하나님께 속한 자는 하나님의 말씀을 듣나니 너희가 듣지 아니함은 하나님께 속하지 아니 하였음이로다"(요8:47)

35) 우상의 제물을 먹는 자

"그러나 네게 두어 가지 책망할 것이 있나니 거기 네게 발람의 교훈을 지키는 자들이 있도다. 발람이 발락을 가르쳐 이스라엘 앞에 올무를 놓아 우상의 제물을 먹게 하였고 또 행음하게 하였느니라.(계2:14)

"그러나 네게 책망할 일이 있노라. 자칭 선지자라 하는 여자 이세벨을 네가 용납함이니 그가 내 종들을 가르쳐 꾀어 행음하게 하고 우상의 제물을 먹게 하는 도다. 21) 또 내가 그에게 회개할 기회를 주었으되 그 음행을 회개하고자 아니하는 도다."(계2:20-21)

36) 회개하지 않는 자

죄를 가지고는 어느 누구도 천국에 들어갈 수 없습니다. 죄는 반드시 회개해야 합니다. 회개하면 하나님은 다 용서해 주십니다.

"만일 우리가 우리 죄를 자백하면 저는 미쁘시고 의로우사 우리 죄를 사하시며 모든 불의에서 우리를 깨끗케 하실 것이요."(요일1:9)

그러므로 말씀의 거울에 비추어 매일 회개의 삶을 살아야 하며, 특히 임종 시 회개는 더욱 중요합니다. 회개가 온전히 이루어지지 않을 때 사단은 임종 시 찾아옵니다. 그래서 우리는 돌연사 하지 않고 철저히 회개하고 임종을 맞이할 수 있는 죽음으로 인도해 주시라는 기도가 필요합니다.

위의 말씀들은 믿음에 따른 행함, 즉 말씀에 순종하는 산 믿음을 갖지 않고 말씀에 불순종하는 죽은 믿음을 가진 사람들이 갖는 행위들입니다. 믿음으로 구원받지 행위로 구원받는 것이 아니니 말씀을 지키지 않아도 이미 예수님이 우리의 죄를 십자가 피로써 사해 주셨다는 말을 하는 분들은 다시 한 번 되새겨 보시기 바랍니다.

예수님께서 우리를 위해 죽으심으로 우리가 구원받아 천국 갈 수 있는 길이 열렸을지라도 그 천국에 들어가는 것은 하나님 말씀에 순종하는 믿음으로 가기 때문에 예수 믿고 교회 생활을 잘 하고 남들에게 인정받은 믿음이라 할지라도 하나님께 인정받지 못하면 천국에 갈 수 없으므로, 즉 한번 구원은 영원한 구원이 아니므로 두렵고 떨림으로 구원을 이루어 나가야 합니다.(빌2:12)

영원한 구원은 좁은 문으로 들어가는 자만이 갈 수 있고 그 길은 좁고 협착하여 찾는 이가 적다고 했습니다.(마7:13-14) 주일 성수 한 가지만 보더라도 주일을 거룩히 지키라고 하셨는데 주일날 오전 예배 잠깐 드리고 오후에는 동창회다 계모임이다. 혹은 야유회다 등등 주일날 세상과 짝하는 것은 안 된다는 것입니다. 예수 믿기만 하면 다 천국 간다는 안일한 생각으로 방심하다가 영원한 구원을 잃지 않기를 바라는 바입니다.

주님이 영원한 지옥 형벌을 받아 마땅할 우리를 목숨을 바쳐 구원해 주셨으니 이제는 우리가 하나님을 위해 목숨을 드려야 할 때입니다. 이 세상에서의 삶은 육체의 안락을 추구하며 사는 삶이 아니라 천국 가기 위해 준비하는 삶입니다. 세상에서는 아무리 오래 살아도 130년을 넘지 못합니다. 거의 100세 이전에 죽습니다. 그러나 천국과 지옥은 영원히 죽지 않는 영원한 삶입니다.

이 세상은 길면 100년의 삶을 투자하여 영원을 사게 되는 임시 장소요, 훈련소입니다. 태어날 때는 똑같이 축복받는 사람으로 태어나지만 죽은 후에는 그 사람이 어떤 삶을 살았느냐에 의해 영원한 천국과 지옥으로 갈라집니다. 사람은 하나님께로부터 생명을 받아 이 땅에 태어났고 하나님의 영광을 위해 살다 하나님께로 돌아가는 것입니다. 성경은 이에 대해 다음과 같이 말합니다.

"이는 만물이 주에게서 나오고, 주로 말미암고, 주에게로 돌아감이라. 영광이 그에게 세세에 있으리로다. 아멘."
(롬11:36)

그런데 성도로 자처하는 사람들이 오히려 하나님의 이름을 더럽히고 욕되게 하는 삶을 살고 있는 경우가 많습니다. 이로 인해 불신자들로부터 손가락질을 받게 됩니다. 이는 하나님의 거룩한 이름을 모독하게 하는 것이라고 성경은 말합니다.

"기록된 바와 같이 하나님의 이름이 너희로 인하여 이방인 중에서 모독을 받는도다."(롬2:24)

저 자신은 이 말씀에 찔린바 되어 회개하며, 항상 이 말씀을 마음에 새겨 자신을 돌아보는 잣대로 삼고 있습니다.

우리는 이 땅에서 주님을 위해 최선을 다해야 합니다. 오직 그를 구하며 그의 뜻대로 살아드리는 것입니다. 또한 어떤 죄도 회개하면 하나님은 그 죄를 다 용서해 주시기 때문에(요1서1:9) 우리는 날마다 죄를 회개해야 합니다. 그러면서 죄를 하나씩 버리고 성화되어 "내가 거룩하니 너희도 거룩하라."(레11:45, 19:1, 26)는 하나님의 말씀 가운데 거해야 하는 것입니다.

그러나 사함 받지 못하는 죄도 있습니다. 성령 훼방죄입니다.

"그러므로 내가 너희에게 이로노니 사람의 모든 죄와 훼방은 사하심을 얻되 성령을 훼방하는 것은 사하심을 얻지 못하겠고 32) 또 누구든지 말로 인자를 거역하면 사하심을 얻되 누구든지 말로 성령을 거역하면 이 세상과 오는 세상에도 사하심을 얻지 못하리라."(마12:31-32)

"내가 진실로 너희에게 이르노니 사람의 모든 죄와 무릇 훼방하는 훼방은 사하심을 얻되 29) 누구든지 성령을 훼방하는 자는 사하심을 영원히 얻지 못하고 영원한 죄에 처하느니라 하시니"(막3:28-29)

"누구든지 말로 인자를 거역하면 사하심을 받으려니와 성령을 모독하는 자는 사하심을 받지 못하리라."(눅12:10)

"하나님의 선한 말씀과 내세의 능력을 맛보고 6) 타락한 자들은 다시 새롭게 하여 회개케 할 수 없나니 이는 자기가 하나님의 아들을 다시 십자가에 못 박아 현저히 욕을 보임이라."(히6:4-6)

위의 말씀들은 한번 구원받은 자라도 버림받을 수 있다는 말씀들입니다.

성경에서 택함 받았으나 즉, 한 번 구원 받았으나 버림받은 자로 사울 왕과 가룟 유다, 그리고 광야에서 멸망당한 출애굽 1세대를 예로 들 수 있습니다.

여기 존 비비어 목사님의 간증을 실어 봅니다.

✝ 존 비비어 목사가 본 환상
(천국 갈 줄 알았던 크리스천들이 지옥에 가는 간증)

존 비비어 목사는 미국의 목사로 그의 저서 가운데 10여 권이 우리나라에 번역되어 출판되었습니다. 이 환상은 그 목사님이 1980년대에 본 환상입니다.

"나는 큰 무리를 보았다. 사람들이 무수히 많았다. 한 번도 본 적이 없는 거대한 무리였다. 그들은 천국 문 앞에서 입성을 기다리고 있었다. 주님이 이런 말씀을 하실 것을 기대하면서 말이다. "

"내 아버지께 복 받을 자들이여, 나아와 창세로부터 너희
를 위하여 예비된 나라를 상속하라.(마25:34)."
그러나 정작 그들은 주님으로부터,

"내가 너희를 도무지 알지 못하니 불법을 행하는 자들아

내게서 떠나가라!"(마7:23)

라는 말씀을 들었다. 그들의 얼굴에는 넋이 나간 듯한 충격과 공포가 어렸다.

이 환상을 보게 된 이후 존 비비어 목사의 삶과 사역이 송두리째 바뀌었다고 합니다. 그의『순종』이라는 책은 자기가 구원 받아 천국 갈 것이라고 착각한 불순종의 크리스천들이 필히 읽어야 할 책이라고 생각합니다. 많은 목사님들께서 이 책을 성도들에게 권한 책이기도 합니다.

안식일(주일)을
거룩히 지키라

1

안식일에 관해

1) 안식일의 의미

하나님은 애굽에서 430년 동안 종살이를 하던 이스라엘 백성들(출12:40)을 출애굽 시키시고 시내 산에서 친수로 돌판에 새긴 10계명을 주십니다.(출20장) 그리고 이스라엘 백성이 지켜야 될 '율례와 법도'를 주십니다.(출21-23장) 율례와 법도는 '하나님을 섬기는 법', '하나님을 경외하는 법'입니다. 그리고 이 율례와 법도를 잘 지키기 위해 언약서에 기록하고, 이 언약서를 이스라엘 백성들에게 낭독하여 들리매 이스라엘 백성들은 하나님의 말씀을 준행하겠다고 언약합니다. 이 언약은 피로써 맺은 '피의 언약'입니다.

"모세가 와서 여호와의 모든 말씀과 그 모든 율례를 백성에게 고하매 그들이 한 소리로 응답하여 가로되 여호와의 명하신 모든 말씀을 우리가 준행하리이다."(출24:3)
"이스라엘 자손의 청년들을 보내어 번제와 소로 화목제를 여호와께 드리게 하고 6) 모세가 피를 취하여 반은 양푼에 담고 반은 단에 뿌리고 8) 모세가 그 피를 취하여 백성에게 뿌려 가로되 이는 여호와께서 이 모든 말씀에 대하여

너희와 세우신 '언약의 피'니라."(출24:5, 6, 8)

특히 10계명은 모세가 시내 산에서 40일을 금식하며 받게 됩니다. 신약에서 예수님은 어떻게 해야 영생을 얻겠느냐고 묻는 한 사람에게 계명을 지키라고 말씀하십니다.(마19:16, 막10:17-31, 눅18:18-30) 10계명은 '하나님과 이웃에 대한 사랑'입니다. 결국 사랑하는 자가 천국에 들어간다는 말씀입니다. 또한 하나님을 사랑하는 자는 제4계명인 '안식일을 거룩하게 지키라'는 명령에 순종하게 됩니다. 그러면 안식일의 의미는 무엇인지 살펴봅니다.

"하나님이 일곱째 날을 복 주사 거룩하게 하셨으니 이는 하나님이 그 창조하시며 만드시던 모든 일을 마치시고 이 날에 안식하셨음이더라."(창2:3)

위의 말씀에서 본 바,

첫째, 안식일은 하나님이 세상의 창조를 끝내시고 안식하신 날입니다.

둘째, 안식일은 하나님이 복 주시고 거룩하게 하신 날입니다.

2) 안식일을 어떻게 지켜야 하는가?

- 거룩하게 지키라 명령하셨습니다.

"여호와 너의 하나님이 네게 명한대로 안식일을 지켜 거룩하게 하라."(신5:12)

"또 나의 안식일을 거룩하게 할지어다. 이것이 나와 너희 사이에 표징이 되어 너희로 내가 여호와 너희 하나님인 줄 알게 하리라 하였었노라."(겔20:20)

3) 안식일을 거룩하게 지키는 법

첫째, 안식일은 일하지 말라.(출20:8-11, 신5:12, 렘17:21-27)

"엿새 동안은 일할 것이요 일곱째 날은 쉴 안식일이니 성회라 너희는 무슨 일이든지 하지 말라. 이는 너희 거하는 각 처에서 지킬 여호와의 안식일이니라.(레23:3)

구약시대에는 안식일에 일하는 자를 죽이라 명하셨습니다.

"엿새 동안은 일할 것이나 제 칠 일은 큰 안식일이니 여호와께 거룩한 것이라. 무릇 안식일에 일하는 자를 반드시 죽일지니라."(출31:15)

둘째, 장사하지 말라.

"그때에 내가 본즉 어떤 사람이 안식일에…예루살렘에 들어와서 식물을 팔기로 그날에 내가 경계하였고…물고기와 각양 물건을 가져다가 안식일에 유다 자손에게 예루살렘에서도 팔기로 내가 유다 모든 귀인을 꾸짖어 이르기를 어찌 이 '악'을 행하여 안식일을 범하느냐. 너희 열조가 이같이 행하지 아니하였느냐. 그러므로 우리 하나님이 이 모든 재앙으로 우리와 이 성읍에 내리신 것이 아니냐. 이제 너희가 오히려 안식일을 범하여 진노가 이스라엘에게 임함이 더욱 심하게 하는도다 하고"(느13:15-18)

셋째, 오락과 사사로운 말을 하지 말라.

"만일 안식일에 네 발을 금하여 내 성일에 오락을 행치 아니하고 안식일을 일컬어 즐거운 날이라 여호와의 성일을 존귀한 날이라 하여 이를 존귀히 여기고 네 길로 행치 아니하며 네 오락을 구치 아니하며 사사로운 말을 하지 아니하면 네가 여호와의 집에서 즐거움을 얻을 것이라. 내가 너를 땅의 높은 곳으로 올리고 네 조상 야곱의 업으로 기르리라. 여호와의 입의 말이니라."(사58:13-14)

4) 구약의 안식일이 신약에서는 주일로 바뀌다

이에 대해, 골로새서에서 다음과 같이 말씀하고 있습니다.

"그러므로 먹고 마시는 것과 절기나 월삭이나 안식일을 인하여 누구든지 너희를 폄론하지 못하게 하라. 이것들은 장래 일의 그림자이나 몸은 그리스도의 것이니라."(골2:16-17)

구약의 할례는 신약에서는 세례로, 구약의 유월절은 ⇒ 성찬식으로, 구약의 안식일은 ⇒ 주일로 바뀌었습니다. 그 이유는 구약의 실체이신 예수님께서 오심으로 예수님에 의해 새로워진 것입니다. 그러나 지금도 구약의 안식일을 지키면서 주일을 지키는 교회들을 잘못됐다고 비방하는 소위 이단에 속하는 교회들이 있습니다. 원래 일요일은 로마나 이교도에서 태양신을 섬기는 날인데 이날을 주일로 정하여 지킨다는 것입니다. 그래서 지금도 안식일을 지키고 절기를 지키는 교회가 있습니다. 그러나 이는 성경에서 벗어난 처사입니다. 위에서 언급한 대로 성경은 분명히,

"안식일은 장래 일의 그림자이니 안식일에 대해 폄론하지 말라."(골2:16-17)
고 말씀하셨고,

"인자는 안식일의 주인"(눅6:5)

이라고 예수님께서 말씀하셨기 때문입니다.

또한 십자가 위해서 죽으신 예수님은 안식 후 첫날, 주일 새벽에 부활하심으로(막16:9) 부활의 첫 열매가 되셨습니다.(고전15:20, 23) 성도는 부활하신 예수님께 붙은 자로 부활에 참예하는 자가 됩니다. 부활하신 주의 날을 소중히 여기고 주의 날(주일)을 거룩히 지키는 자가 되어야 합니다. 밧모 섬에 유배되었던 사도 요한도 주의 날 예수님을 만나게 됩니다.(계1:10) 그리고 계시를 받아 일곱 교회에 편지하게 됩니다.(계2, 3장)

2

교회 안에서
하지 말아야 할 일

1) 교회 안에서 장사해서는 안 된다

요즈음 중, 대형 교회에는 주일날 성도들의 편의를 위해 교회 안에 음료수나 커피를 파는 좌판기가 설치되어 있는 교회가 많습니다. 그리고 책을 출간하시는 목사님들께서는 교회 안에 출판사는 물론 서점이 있어서 성도들이 주일날도 책을 구매할 수 있도록 하고 있습니다. 뿐만 아니라 다과나 커피, 여름에는 팥빙수 등 빙과를 파는 상점까지 있습니다. 어떤 교회는 아예 음료수나 다과를 진열해 놓고 주일날 예배당에 온 사람들에게 혹은 주일학교 아이들에게 예배 전 다과와 음료수를 마음대로 사 먹을 수 있도록 하여 그곳을 휴식 공간으로 마련해 놓고 있습니다.

예배 드리러 예배당에 간 성도들은 아예 그곳에 들러서 커피를 마시며 차 한 잔의 여유를 즐기고 있다가 예배 시간 맞춰 예배실로 가는 사람들도 있습니다. 예배당 안에 있는 이와 같은 시설들은 편리하고 성도들의 욕구를 채워 주는, 그래서 성도들을 만족케 하는 일이 되기 때문에 그러한 교회는 성도들이 많습니다. 대신 개척교회는 텅텅 비어 있습니다.

그런데 저는 이런 교회들을 보면서 왜 그리 마음이 편치 않는지 모르겠습니다. 비판적인 시각이 아니라 '과연 그래도 되는가?'라는 의문이 들기 때문입니다.

제가 섬기던 교회에 어느 주일날 음료수가 들어 있는 자판기 한 대가 들어선 것을 보았습니다. 그런데 얼마 동안 자리를 지키고 있던 그 자판기가 갑자기 사라졌습니다. 자판기가 사라진 그 주일 목사님께서 광고 시간에 말씀하셨습니다.

"그동안 성도님들의 편의를 위해서 음료수 자판기를 설치했는데 장로님 중 몇 분이 자판기를 교회 안에 두는 것이 좋지 않다는 말씀이 있어서 치웠습니다."

라고 사라진 자판기에 대해 설명을 하셨습니다.

교회는 세상과 다릅니다. 주일을 세상 사람들은 모처럼 맞은 휴일이라 해서 산으로 들로, 혹은 모임에, 가족 동반 나들이에 혹은 행락장이나 골프장, 낚시 등 취미 생활을 즐기기도 합니다. 그러나 하나님의 백성 된 성도는 세상과 구별된 교회에서 세상 날과 구별된 주의 날 하나님 앞에 나와서 예배를 드리게 됩니다. 그렇다면 교회의 모습 역시 세상과 구별된 모습이어야 할 것입니다.

성경은 성전 안에서 장사하는 것에 대해 어떻게 말씀하고 있을까요?

"예수께서 성전에 들어가사 성전 안에서 매매하는 모든 자를 내쫓으시며 돈 바꾸는 자들의 상과 비둘기 파는 자들의 의자를 둘러엎으시고 13) 저희에게 이르시되 기록된바 '내 집은 기도하는 집'이라 일컬음을 받으리라 하였거늘 너

희는 강도의 굴혈을 만드는도다 하시니라."(마21:12-13)

그런데 그들은 성전 안에서 비둘기를 팔고 돈을 바꾸는 등 종교 행위를 하고 있었습니다. 당시 예루살렘 성전으로 오는 이들 중에는 멀리서 오는 이들이 있었습니다. 따라서 그들이 제사를 드리려면 양이나 비둘기 등의 제물이 있어야만 했기에 멀리서 들고 올 수 없으니 성전 근처에서 사는 예가 많았습니다. 이러한 이유로 당시 유대 지도자들은 그 제물을 성전에서 사도록 했습니다. 성전 밖에서 살 수 있었을 텐데도 굳이 성전 안에서 매매하도록 한 종교 지도자들은 과연 올바른 지도자들 이었을까요? 그들은 바로 구세주로 오신 예수님을 못 박은 소경 된, 그리고 돈에 눈이 어두워 타락한 지도자들이었습니다. 예수님은 그들을 향해 진노하시며, "내 집은 기도하는 집"이라 말씀하셨습니다.

어떤 목사님은 주일날 교회 안에서 음료수를 파는 것은 삼가야 되지 않겠느냐는 한 성도의 건의에 설교 시간에 강대상에서 답변하시길,

"주일날 여러분이 사 마시는 음료수 값은 선교회비로 지출되니까 사 먹어도 괜찮다."

고 공포하셨습니다. 주일날 예배드리고 기도하는 성전, 곧 하나님의 집에서 장사하여 남은 돈으로 선교하는 행위를 하나님은 과연 기뻐하실까요? 그리고 필요 이상 큰 교회를 짓고 장사하는 집을 만든 그 교회를 과연 잘했다고 칭찬하실까요?

오늘날 많은 교회에 세상 문화가 유입되고 점점 세속화되어 가는 교회들을 향해 하나님은 탄식하고 계십니다. 이런 하나님의 마음을

헤아리고 말씀대로 살고자 하는 소수의 성도들을 향해 율법적이라고 비난하는 사람들이 있습니다. 그러나 하나님 말씀에 순종치 않는 사람들을 향해 하나님을 멸시하는 죄이며 그들을 멸하신다고 말씀하십니다.

> "나의 규례를 멸시하였고 나의 안식일을 크게 더럽혔으므로 내가 이르기를 내가 분노를 광야에서 그들의 위에 쏟아 멸하리라."(겔20:13)

2) 주일에 장사해서는 안 된다

구약의 안식일(신약의 주일)에 성전 안에서는 물론이지만 세상에서 장사하거나 돈 사용을 금하시는 것을 성경은 이미 말씀하고 있습니다.

> "그때에 내가 본즉 어떤 사람이 안식일에…예루살렘에 들어와서 식물을 팔기로 그날에 내가 경계하였고…물고기와 각양 물건을 가져다가 안식일에 유다 자손에게 예루살렘에서도 팔기로 내가 유다 모든 귀인을 꾸짖어 이르기를 너희가 어찌 이 '악'을 행하여 안식일을 범하느냐, 너희 열조가 이같이 행하지 아니하였느냐. 그러므로 우리 하나님이 이 모든 재앙으로 우리와 이 성읍에 내리신 것이 아니냐. 이제 너희가 오히려 안식일을 범하여 진노가 이스라엘에게 임함이 더욱 심하게 하는도다 하고"(느13:15-18)

이 말씀에 보면 안식일에 장사하는 것은 '악을 행하는 일'이요 '안식일을 범하는 일'이요 '하나님의 진노가 임하게 하는 일'이라고 합니다. "지금은 안식일을 지키는 것이 아니고 주일을 지키며, 구약의 율법은 폐하여 졌으니 상관없다." 하실 건가요?

예수님은,

> "내가 율법이나 선지자나 폐하러 온 줄로 생각지 말라.
> 폐하러 온 것이 아니요 완전케 하려 함이로라." (마5:17)

하셨습니다. 물론 동물 제사는 폐하여졌습니다. 실체이신 예수님께서 단번에 드려지는 속죄의 제물이 되셨기 때문입니다. 그러나 안식일을 거룩히 지키라는 율법은 폐하여지지 않았습니다. 오늘날도 10계명은 우리 성도들이 지켜야 할 하나님의 명령이기 때문입니다.

> "어떤 사람이 주께 와서 가로되 선생님이여 내가 무슨 선한
> 일을 하여야 영생을 얻으리이까 17) 예수께서 가라사대 어찌
> 하여 선한 일을 내게 묻느냐 선한 이는 오직 한 분이시니라.
> 네가 생명에 들어가려면 '계명들'을 지키라."(마19:16-17)

3) 주일에 돈 사용해서는 안 된다

주일은 다른 날과 구별되어 하나님을 섬기며 하나님을 예배하는 날입니다. 구별된 그날은 세상에서 살 때처럼 세상적인 일을 삼가고

거룩하고 경건하게 주님께 드려지는 날입니다. 또한 안식일(주일)에 장사해서는 안 된다는 말씀을 앞에서 살펴보았습니다. 장사하지 말라는 것은 돈 사용을 하지 말라는 말씀과 연결됩니다. 주일은 예배당에서 예배만 드리고 끝내는 것이 아닙니다. 몸과 마음의 자세 등도 구별되게 주님께 드리는 날이 되어야 합니다. 여기 주일 돈 사용에 대한 간증을 적어 봅니다.

4) 주일 돈 사용에 관한 지옥 간증

+ 간증 1) 김용두 목사

주님은 주일에 교회 안에서 식사 후에 커피 자판기에 돈을 넣고 사 먹는 것을 원치 않으셨으며, 주일 오후에 시행되는 선교 목적을 위한 바자회도 평일에 하기를 원하신다고 하셨다. 주님께서 기록하라고 하셨는데 주일 성수를 올바르게 선포하지 않는 목회자가 먼저 바뀌어야 하고 성도들도 회개해야 한다고 무섭게 말씀하셨다.

하나님의 성전 안에서 주일날 진행하는 모든 행사는 무료로 해야 하며, 성도들이 많아 교회 식당에서 식권을 주고 사 먹는 행위도 주일을 거룩하게 지키지 못한 것이라고 하셨다. 주님께서는 한국 교회와 성도들이 주일 성수하는 문제만으로도 거룩하신 하나님께 제대로 인정받지 못하고 있음을 속속들이 보여 주셨다. 주님은 또 주일 집회 때 강사를 모시고 대접하는 일도 일반 식당에서 사 먹는 것보다 사택이나 성도의 집, 혹은 교회 식당에서 있는 음식 그대로 대접하기를 원하셨으며, 물질 사용을 금하는 쪽으로 말씀을 맺으셨다. 또 하나님께서는 승영이(초신자)에게 주일날 껌이나 과자류를 사 먹지 말고 주일을 거룩하고 온전하게 지키라고 말씀하셨으며, 주일날 사사로이 외출하는 것, 가족끼리 먹는 외식도 책망하셨고 삼가라고 하셔서 우리 가족은 물론 성도들의 가족들 모두 주일엔 외출을 삼가며 교회에서 예배를 드리고 전도하며 쉼을 얻고 있다.(『내가 너에게 불세례를 주노라』 3권 167-173)

+ 간증 2) 김용두 목사

예수님께서는 주일을 계명처럼 철두철미하게 지켜야 하며 TV 시청이나 특히 주일에 그리스도인들이 영업을 하며, 이익을 남기는 것, 장사하거나, 시장을 보는 것들을 인정하지 않으셨다. 실제로 천국에 가서 보면 주일 성수를 제대로 하지 못한 성도들치고 천국에 있는 영혼들은 많지 않았으며, 그와는 달리 지옥에는 주일 성수를 하지 못한 성도들이 넘치고 넘쳐서 아우성치며 비탄에 빠진 채 수많은 형벌을 당하고 있었다.

예수님께서는,

"저 영혼들을 보아라. 저 영혼들은 나의 날을 존귀하게 여기지 않았고 더럽혔던 자들이다. 자, 똑똑히 보아라."

라고 명령하셨을 때 나를 비롯한 우리 교회 성도들은 모두 눈앞에 펼쳐진 소름 끼치는 현장을 목격하고서 엄청난 충격을 받았다. 그러고 나서 그동안 주일 성수에 대하여 좀 더 철저하지 못했음을 집중적으로 회개하였다.

"복음을 위한다는 명목으로 주일에 대한 계명을 흐리고 남용하는 일이 교회 안에 비일비재하다. 무슨 일이 있어도 주일에는 돈을 사용하지 마라. 인간들은 한 번 마음을 먹으면 어떻게 해서라도 무슨 수단과 방법을 이유로 내세워서 기어코 계명을 어기는구나."

라고 말씀하시는 주님의 모습은 근엄하시고 위엄이 넘치셨으며 그것이 생생하게 내 피부에 전달되었다.

✝ 간증 3) 성옥임 집사(천국 지옥 보고 간증)

교회를 가려면 집에서 20리 길, 왕복 4시간 걸린다. 주일을 거룩히 지키라는 말씀대로 그 먼 길을 오가면서 아이들 새우깡 하나 사 먹이지 않았다.

✝ 간증 4) 공택모 목사

…현실 목회에서 여러 가지의 죄의 부분이 엄청난 결과로 나타난다는 사실을 알면서도 죄의 잣대를 너무 느슨하게 성도들에게 적용하여 목회를 해왔으며, 복음 안에서 너무나 자유로운 신앙생활을 방종할 정도로 하였음을 깨닫게 되었습니다.

주일 성수 문제만 보더라도 저부터 주일 예배 이후에는 물건도 사고, 교회 텃밭에서 일도 하고, 식당에 가서 식사도 사 먹는 등 자유스럽게 목회를 해왔습니다. 성도들에게는 주일 예배를 빼먹는 부분에 대하여 설교하였지만, 주일 예배 후 일을 하며, 일락을 즐기는 문제, 즉 낚시를 하며, 야외 나들이, TV 시청, 인터넷 검색, 게임 등을 하는 것에 대하여는 강력한 메시지를 전하지 못했습니다. 누군가 혹 주일 성수 문제를 거론할 때는 그것은 '율법적'이라는 단어를 써 가며 복음적이지 못하다고 말하곤 하였습니다.

저희 성도 중 한 분이 주일 오후 시간을 내어서 낚시를 하러 갔습니다. 왜 갔느냐고 했더니, 전도할 사람이 있는데 그 사람이 민물고기를 좋아한다는 것입니다. 그래서 고기를 잡아다 주고 그 사람의 마음을 얻으려고 낚시를 했다고 하였습니다. 그러나 주님께서는 주일 밤 철야기도 시간에 주일을 범하고 낚시한 것을 회개 시키셨습니다. 전도 한다는 명목 하에 주일을 온전히 드리지 않는 것을 기뻐하지 않았습니다.

그러던 중 교회 성도에게 뜻하지 않은 사고가 일어났습니다. 2007년 2월 18일 주일이자 설날의 일이었습니다.

그 학생은 고등학교를 졸업하고 대학 등록까지 마친 학생이었는데 예배 때 드럼을 치고, 주일학교 교사로 봉사를 하였습니다. 사고 당일에도 드럼을 치고 주일 예배를 드렸습니다. 예배를 마치고 점심시간이 되어 점심을 먹으려고 찾아보니 없었습니다. 물어보았더니, 예배 중간에 동창 모임이 있어서 교회를 나갔다고 했습니다. 황당하고 기가 막혔습니다. 그는 주일을 범하고 동창회에 가서 주일날 술까지 먹고 오토바이를 타다가 그만 사고로 죽고 말았고, 다른 학생은 중상을 입게 되었습니다.

사고 소식을 접하고, 대학병원 응급실로 갔더니 의사분들께서 인공호흡을 시키고 있었는데 가망이 없어 보였습니다. 지금 죽는다면 지옥에 갈 것이 뻔하구나 생각을 하니 하늘이 무너질 것 같았습니다. 응급실에서 나와 간절히 기도했습니다.

"주님, 저 아이를 잘못 가르치고 양육을 잘못 했으며, 바른 삶을 살도록 하지를 못했습니다."

회개 하고, 기도 하며 다시 한 번 기회를 주실 것을 기도했지만 결국 그 학생은 죽고 말았습니다. 너무 심적으로 고통스러워서 교회에 가서 기도하려고 차를 타고 가는데, 주님이 조 집사를 통하여 영안을 열어 그 학생의 영혼이 가는 길을 보여 주셨습니다. 시커먼 터널 안으로 혼자서 쓸쓸하게 걸어 들어가는 뒷모습을 보게 됐으며, 그 모습을 보게 된 집사님이 너무 무섭고 다리가 떨려서 집에도 못 갈 지경이었습니다. 주님께서는 그 학생의 가는 길의 이유를 말씀하셨는데 '죄' 때문이라고 말씀하셨습니다.

'목사로서 죄의 문제를 왜 점검하지 못하고 같이 고민하고 회개시키지 못했던가? 왜 하나님 말씀대로 살지 못하는 문제, 주일 성수 문제, 십일조 문제, 술 먹는 등의 문제는 엄청난 영적인 문제에 직면하게 된다는 것을 강하게 가르치지 못하고 회개시키지 못했던가?' 귀한 한 영혼을 놓친 저로서는 다시는 정말 한 영혼이라도 다시는 놓치는 일이 없어야겠다고 다짐하였습니다. 또한 이 학생의 죽음이 우리 교회 모든 성도들의 신앙생활에 경고가 되었고, 어떤 믿음의 삶을 살아야 할 것인가에 대한 거울이 되었습니다. 그래서 밤마다 드리는 철야 예배를 통해서 뜨겁게 찬양하고, 모든 죄를 통회 자복하고 회개하며 기도했습니다. 복음 안에서 순종하고 거듭남의 삶을 살 것을 전했습니다. 그렇게 기도할 때마다 성도들의 심령에서 어둠이 물러갔으며, 영혼들이 주님의 생명으로 충만해짐을 볼 수 있었습니다. 성도들의 영혼은 날마다 새로워지고 깨끗해져서 많은 영적 체험들을 하게 되었습니다.

✝ 간증 5) 예리의 간증(주일날 돈 쓰는 사람들이 가는 지옥)

어느 날 내게 지옥을 보여 주셨다. 그 지옥은 폭포 지옥이었는데 폭포 지옥은 이상하게 물 색깔이 검은색이었으며 많은 사람들이 낭떠러지로 향하고 있었고 낭떠러지에서 바닥으로 떨어진 사람들의 온몸이 터져 버렸다. 예수님께 "이 지옥은 누가 가는 것입니까?" 하고 물었더니 주님께서는 "주일에도 돈 쓰는 사람이 가는 곳"이라고 말씀 하셨다. 또 주일날 일하는 사람들이 가는 지옥을 보여 주셨는데 그곳은 사람들이 얼어 있는 상태에서 마귀들이 숟가락으로 얼어 있는 사람들을 퍼서 먹는 지옥이었다.

5) 주일을 범한 자들에 대한 지옥 간증

✝ 간증 1) 김광전 목사

〈예수님 말씀〉

"저기를 보라! 주일을 범하는 사람, 떡 먹듯, 물 마시듯 주일을 범하는 자는 건너갈 길이 없는 강이 만들어져 두 주일만 범해도 건널 길이 없느니라."

"그러면 저 사람들은 무조건 주일을 범했다고 지옥에 옵니까?"

"회개치 않고 당연하게 생각하다가 지옥에 떨어지느니라."

"저기 저 영혼들은 강을 못 건너고 저러고 있네요."

"저 영혼들은 주일을 몇 개월씩 범한 자인데 회개는 안 하고 당연하게 하나님은 이해하시는 하나님, 사랑의 하나님, 넓으신 하나님, 축복하시는 하나님, 복 주시는 하나님, 이렇게 알고 주일을 범해도 바쁜 사정을 아시겠지 하고는 자기들이 하나님이고, 자기들이 하나님 역할 다 하며, 하나님을 손에서 갖고 놀다가 여기저기서 죽은 자들인데 강을 못 건너고 지옥사자에 끌려 지옥에 떨어질 자들이니라."

3

주일을 말씀대로
지키는 자가 받는 복

† 간증 1) 오종덕 목사 (고려고등성경학교장)

오 목사는 일제 말엽 신사참배를 거부하고 농촌에 들어가 농사를 했다. 어느 해 봄, 비가 왔으나 주일을 지키느라고 빗물을 가두지 못해 모를 심지 못했다. 하는 수 없이 조, 콩, 메밀 등 대파를 했다. 동네 사람들이 비웃었다. 그런데 그해는 너무나 가물어 벼농사는 안 되었고, 대파를 심은 오 목사의 논만은 대 수확을 했다. 일본 군수가 특별상으로 가족들

1년분의 백미를 주었다고 한다.

† 간증 2) 손봉호 장로

손 장로가 고3 때 서울대학에 입학하려고 원서를 냈더니 담당 직원이

"수험표는 일요일 오후 세 시에 와서 받아 가시오."

라는 것이었다.

"그날은 못 옵니다."

"왜?"

"교회에 가야 합니다."

"오전 예배 마치고 오후에 오면 되잖은가!"

"안 됩니다. 종일 거룩하게 지켜야 하기 때문에 안 됩니다."

손봉호 학생은 결국 주일에 안 갔다. 월요일 아침 학교에 가서 수험표를 달라고 했더니 직원이 큰 소리로,

"일요일에 수험표 받으러 안 온 학생은 시험 칠 자격이 없다."

하면서 수험표를 주지 않았다. 그런데 그 직원이 시험 시간 5분 전에 수험표를 건네주는 것이었다. 손봉호 학생은 시험장에 들어가 답안지를 받고 오랫동안 묵상으로 감사 기도를 올린 후 눈을 떠서 시험지를 보았더니 수학 시험지에 두 문제가 나왔는데 예습했던 문제였다. 그래서 수학 문제를 잘 쓸 수 있었다. 나중에 알고 보니 백지로 시험지를 낸 학생들이 200명이었단다.

그는 말하기를,

"나의 서울대학 입학은 오직 하나님 은혜였습니다."

라고 하였다. 이어 말하기를,

"나처럼 몸이 약한 사람이 만약에 주일이 없었다면 지금까지 못 살았을

것입니다. 아무리 중요한 시험이 월요일에 있더라도 주일 밤 열두 시까지는 공부를 안 합니다. 그러니까 주일에는 긴장하지 않고 쉴 수가 있고, 일주일 동안의 피곤이 말끔히 해소가 됩니다. 그리고 저의 아들딸도 그렇게 하고 있습니다."

+ 간증 3) 김성권 목사

지옥 체험 이후 지옥에 가지 않기 위해서 말씀을 많이 읽고 그대로 순종하도록 노력한다. 그중에서도 안식일, 곧 주일을 지키는 일에 있어서 철저하게 하려고 최선을 다하고 있다. 일단 토요일 밤 12시만 되면 주일 밤 12시될 때까지 온전히 주님 생각만 하고 신문도 안 보고, 라디오도 안 듣고, 기도하고, 전도하고, 예배드리고, 교사로서 가르치고 성경 읽는 일에 몰두했다. 나의 생각으로는 지금도 변함없이 주일날 24시간을 온전히 지켜야 한다고 생각하고 실천하고 있다.(『천국 지옥 체험』 90-111쪽 발췌)

4

임직 시
돈 받는 것은 성직 매매다

1) 직분자(장로, 권사, 안수집사) 임직할 때 돈을 각출하는 문제

제가 권사 직분을 받을 때 교회에서는 임직 자들에게 1원도 요구하지 않았습니다. 오히려 작은 수도 아닌 임직 자들에게 임명장 외에 패까지 만들어 선물해 주셨습니다. 그래서 제 경우는 임직에 대한 감사헌금을 드렸습니다. 그런데 타 교회에서 임직식이 있었는데 권사 직분을 받으려면 200만 원을 내야 하는데 그 돈이 없어서 권사 임직을 포기한 한 집사님을 보게 되었습니다. 저는 그때 이건 아니라는 생각이 들면서 마음이 아팠던 때를 지금도 가끔 떠올립니다. 그런데 주님은 이것은 성직 매매라는 감동을 주셨습니다. 그 후 저는 인터넷상에서 이에 대해 올라온 글들을 보게 되었습니다.

인터넷 상에 올라온 글입니다. 임직 시 교회에서 돈 갹출에 대해 공개적으로 질문한 내용입니다.

(문) 임직비에 대해 여러분의 의견을 듣고자 합니다.

모 교회에서 새로 임직하는 피택 장로와 안수집사들에게 임직 시 건축 헌금 조로 상당액(천만 원)의 헌금을 요구 받았다고 하는데 과연 그 임직비가 합당한 것인지요? 거기에는 임직식에 초빙된 여러 목사님들의 사례비와 손님 접대를 위한 음식비용이 포함된다고 하네요. 전례라고 불리는 임직비에 대해 여러분의 의견은 어떠하신지요?

댓글 1) 주님께로부터 받는 성직이므로 임직 자들에게 일률적으로 액수를 책정해서 드리는 것이 아니라 받은 은혜에 감사한 마음에서 각자 감사 헌금을 드려야 되지 않나 하는 생각입니다.

여러 사람의 답변은 위의 답변과 대동소이했습니다.

댓글 2) 매관매직이라는 말이 있습니다. 벼슬을 사고, 파는 것입니다. 받은 직분에 대한 감사의 표현이라면 누가 뭐랄 것도 없습니다. 반 강제성을 띠니 이게 문제입니다. 10년 전에 섬기는 교회에서 피택이 있었는데 피택 자의 반 강제 헌금은 없애고 축하하러 오신 목사님들은 도서상품권을 조금 넣어 드렸던 기억이 있습니다. 참 괜찮았던 기억이 있는데 아직도 반 강제 헌금 강요하는 교회가 있다면 퇴출해야 합니다. 일반 국민도 얼마나 많이 변해 있으며 관공서도 엄청나게 변해 가고 있는데 교회만큼은 아직도 뒷걸음치고 있으니 한심할 따름입니다.

댓글 3) 항존직을 받을 때에는 그 직분이 말해주듯이 봉사하고 헌신하겠다는 표시로(벼슬이나 권세가 아님.) 감사 헌금을 하는 것은 지당한 일입니다. 그런데 그 예식(임직식)을 화려하게 하다 보니 초빙 자들도 많아지고 접대 비용이 많이 들게 되는 것입니다. 일이 그렇다 보니 교회 측에서는 기왕 낼 거, 협정 요금처럼 정해 놓고 거기서 건축비도 건지게 되는 지경에 이른 것입니다. '매관매직'이란 말이 합당하게 느껴질 정도이니 직분을 무슨 벼슬쯤으로 여기는 것이 이상한 일이 아니지요. 임직 헌금, 그건 자발적인 액수이어야 하고 임직식을 크게 하는 것도 합당하지 않다 생각합니다.

다음은 이진오 목사님의 총체적으로 언급하신 내용입니다.

〈직분 선출은 공정하고 자율적으로〉

"교회 직분과 관련해 직분의 종류와 역할이 어떠해야 하는가 못지않게 중요한 것이 직분 자를 선출하는 절차이다. 직분이 하나님의 교회를 섬기기 위해 주신 고귀한 것이기에 그 선출 절차 또한 고귀하고 거룩해야 하는 것이다. 그런데 우리가 알 다시피 많은 교회에서 직분을 돈으로 사고, 파는 부끄러운 일이 성행하고 있다. 장로직에 3천만 원, 안수집사직은 1천만 원, 권사직은 5백만 원 이런 식이다. 심지어 장로 임직에 억 단위의 헌금이 요구되기도 했다는 보도도 있었다. 기사 댓글에 달린 글들을 보면 직분의 대가로 특별 헌금을 해야 하는 교회가 보편화되어 있다는 것을 알 수 있다.

직분을 대가로 한 헌금은 대형 교회 문제와도 연결되어 있다. 물론 작은 교회도 잘못된 관행과 부정부패로 직분의 대가로 헌금을 요구하는 경우가 있다. 그러나 이는 부패를 바로잡고, 관행을 끊으면 사라질 수 있다. 그런데 대형 교회는 단순히 부패와 관행의 문제가 아니라 현실적으로 직분에 대한 헌금을 받지 않으면 안 되는 운영과 존립의 문제라는 데 심각성이 있다.

대형교회가 되기 위해 무리하게 은행 대출을 받아 큰 예배당을 건축한 교회들은 매달 은행에 갚아야 하는 원금과 이자에 심한 압박을 받는다. 은행 대출이 없는 교회라 하더라도 대형 교회 예배당을 유지하고, 수많은 인건비와 내부 운영 비용을 감당하려면 매달 고정 지출 비용이 상당하다. 바로 이 부분 인건비와 교회 운영비를 감당하기 위해 직분 자를 세우고, 직분 자에게 헌금을 대가로 받는 것이다.

뉴스앤조이가 5월 3일 보도한 "임직 감사 헌금, 장로 3,000만 원, 안수집사 300만 원, 권사 200만 원?" 기사에 등장하는 인천 00교회 담임목사는 기자에게 "교회 중직으로 교회를 세워 나가야 한다. 그에 걸맞은 헌신이 있어야 한다."고 답변했다. 다시 말해 교회 임직자들은 교회 운영에 대한 책임을 감당해야 하고 그 책임으로 헌금을 내야 하는 것이 당연하다는 것이다. 틀린 말이 아니다. 교회 임직 자로서 교회에 대해 공동의 책임을 갖는 것은 당연하다. 이는 교회뿐 아니라 세상 어느 기업이나 단체도 당연한 것이다. 문제는 교회도 돈이 없고, 책임을 지지 못하는 사람은 임직 자가 될 수 없다는 것이다. 교회 인건비와 건축 등 감당할 수 없는 구조를 만들어 돈으로 공동의 책임을 지는 구조를 만들고 이를 당연시하는 것은 얼핏 들으면 맞는 말 같지만 교회가 주님의 몸으로서의 '교회'가 아니라 세속적인 '기업'과 다를 바가 없이 되었다는 것을 스스로 인정하는 꼴이 되었다는 것이다.

교회 직분 자를 선출할 때 가장 중요한 것은 '돈'이 아니라 '믿음'이고 '은사'다. 교회가 믿음과 은사가 아니라 돈으로 사람을 선출할 때 교회는 교회이기를 포기하는 것이다. 교회가 임직 자들의 임직 대가로 돈을 내야 할 정도로 운영에 어려움이 있는 것 자체가 문제다. 교회는 스스로 감당할 수 있는 정도 운영되어야 한다. 교회가 은행에 대출을 받아 무리한 건축을 하고, 교회가 성도들에게 무리한 헌금을 요구하는 것은 성장에 대한 목사 개인의 욕망과 욕심을 드러내고, 성장만이 복이라는 기복주의를 정당화하는 것으로 하나님이 아니라 맘몬을 섬기는 우상숭배를 행하는 것이다.

2) 간증

+ 간증 1) 김영두 목사

질문) "장로, 권사, 안수집사를 세울 때 임직 자들에게 돈을 할당하여 갹
출하여 물질을 거둬들이고 있습니다. 주님 보시기에 어떠신지요?"

(예수님) "그들을 바라볼 때면 너무 마음이 아프단다. 그들은 신본주의를
한다고 하면서 인간의 방법을 따라가고 있구나! 그것은 진정 나의 뜻이 아니
다. 그들은 성직을 물질로 사고, 파는 장사치들이니라. 그것은 내가 만든 법
도 아니고 너희의 편리에 따라 만든 법이 아니더냐? 아버지께서도 나도 성령
도 기뻐하지 않는데 왜 너희들은 그것을 가지고 사람들을 압제하느냐. 그러
면 물질 없는 가난한 영혼들을 어쩌란 말이냐?"(『불세례』 5권, 181-182쪽)

+ 간증 2) 신성종 목사

"가장 눈에 띄는 사람은 루터 당시 면죄부를 팔았던 자였다. 그는 루터의
간곡한 비판에도 눈 하나 깜짝하지 않고 베드로 성당의 건축비를 마련하기
위해 면죄부라는 것을 만들어 팔았다. 그 옆에는 세상에서 성직을 매매한
목사들이 즐비하게 묶여 있었다. 그들과 함께 성직을 사서 덜렁거리던 자들
도 함께 있었다. 결국 성직을 판 자들이나 산 자들이 다 같이 갇혀 있었던
것이다.(『내가 본 천국과 지옥』 39쪽)

성경을 읽는
주의 종과 성도 너무 적다

정확한 연도는 기억할 수 없지만 대충 5, 6년 전이라고 생각됩니다. 그날 오전 저는 자녀 문제로 기도를 드리고 있었습니다. 그런데 갑자기 제 왼쪽 가슴에 통증이 오기 시작하더니 심하게 가슴을 조이며 답답함을 동반한 통증은 점점 심해지면서 금방이라도 숨이 끊어질 것 같았습니다. 저는 너무 놀라 가슴을 손으로 누르면서 다급한 기도를 드렸습니다.

"주님! 살려 주세요. 아이들 때문에도 제가 지금 죽으면 안 됩니다. 제발 살려 주세요."

그러면서 한편으로는 '죄를 지은 것도 아니고 기도하는 나를 하나님이 갑자기 데려가시지는 않겠지.' 자문자답하면서 더욱 간절히 기도했습니다. 그때 성령님의 음성이 감지됐습니다.

"그래, 네 가슴이 그리 아프냐? 내 가슴은 더 아프다."

"하나님 제가 무슨 큰 죄를 지어서 하나님 가슴을 이렇게 아프게 하는 겁니까? 깨닫게 해 주셔서 회개케 해 주옵소서."

"나의 성도들이 나의 말을 읽지 않구나. 그래서 내 가슴이 심히 아프구나. 그러나 너는 성경을 열심히 읽으니 참 보기 좋구나."

그러더니 언제 가슴이 아팠던가 할 정도로 통증이 사라지면서 평정을 찾아 계속 기도하게 되었습니다. 저는 그때야 제 가슴의 통증의 의미를 깨달았습니다. 주님의 아픈 마음을 느껴 보도록 하기 위해 제 가슴에 통증을 주신 것이라는 것을.

제가 섬기는 교회 목사님께서 어느 날 설교 도중 하신 말씀이 10

여 년이 지났어도 잊히지 않고 가끔 회상이 됩니다. 우리나라 목사님 가운데 50%는 성경을 제대로 믿지 않는다는 것입니다. 그리고 평생 성경 1독도 못하고 타계하신 장로님이 많다는 것입니다. 저는 그때 너무 충격을 받았습니다. 그런데 그 후 이사를 간 직장 동료 집을 방문했다가 그 동료로부터 다시 한 번 충격적인 말을 전해 들었습니다. 이사를 했기 때문에 가까운 곳에 교회를 정하려고 여러 곳을 순회하던 중 한 교회를 발견하고 그 교회에 다닌다는 것입니다. 그 교회는 그 지역에서 가장 큰 교회였습니다. 부목사님과 전도사님을 포함한 교역자가 10여 분이 되는 교회였습니다.

그런데 그 교회에 부흥 성회가 있던 첫날, 강사로 오신 목사님께서 단에 서시자 제일 먼저 그 교회의 부목사님들과 전도사님들을 자리에서 다 일어서게 해서 이제까지 성경 10독 이상 하신 분 앞으로 나오게 했다는 것입니다. 10독 이상이 한 명도 없었습니다. 9독, 8독 7독… 2독, 그때 목사님 한 분이 나가시더라는 것입니다. 그리고 1독에 또 한 분이 나갔는데 결국 10여 명이 넘는 교역자 가운데 이제껏 성경 1, 2독을 하신 분이 고작 두 분이었다는 것입니다.

이것만이 아니었습니다. 제가 직장인 학교에서 신우회를 조직해 일주일에 한 번씩 모임을 가졌습니다. 그때 신앙생활 30년 동안 했다는 교사 한 분이 뒤늦게 신우회에 참석했는데 자신은 한 번도 성경을 읽은 적이 없다고 고백했습니다. 그러더니 성경 읽기를 강조한 신우회에 참석한 이후로 수업이 끝난 후 교실에서 성경을 열심히 읽고 있는 모습을 발견하게 되었습니다. 그때 신우회에서 성경을 읽기 시작한 교사 몇 사람이 똑같은 간증을 했습니다.

"신앙생활 몇십 년 했어도 성경을 읽을 줄 몰랐는데 이렇게 읽고 보니 성경이 너무 재미있고 성경을 꼭 읽어야 된다는 것을 뒤늦게 알고 그동안 성경을 읽지 않았던 자신을 후회했습니다."

"주의 말씀의 맛이 내게 어찌 그리 단지요. 내 입에 꿀보다 더하나이다."(시119:103)

1

신천지에 빠진 여교사

제가 근무한 직장에 10년 후배 여교사가 있었습니다. 그녀는 학구열이 강해 배움을 좋아했고, 학교에 근무하면서 야간 대학원 과정을 수료한 열심파였습니다. 그리고 열심히 교회에 다니고 있었습니다. 학교에서 신우회에 모임에도 열심히 참석했습니다. 어느 날 제게 자기가 지금 어떤 분에게 성경 공부를 배우고 있는데 너무 좋으니까 절더러 같이 가자는 것이었습니다. 저는 우리 교회 목사님께서 너무 말씀을 잘 가르치시니 굳이 다른 곳에 가서 성경 공부를 할 필요가 없다고 거절했습니다. 그렇게 몇 개월이 지났습니다.

그녀는 다시 제게 다가와서 현재 제가 다니는 교회 목사님보다 한 단계 위인 분이 계시니 꼭 한 번 같이 가자는 것입니다. 저는 그래서 그분이 누구냐고 성함을 물었습니다. 그러자 그녀는 가 보면 안다고 해서 저는 끝까지 그분의 성함을 말하면 가겠노라고 했지만 그녀는 끝내 이름에 대해서 함구했습니다. 저는 떳떳하지 못하니 이름을 밝히지 않는 게 아니냐고 하면서 외면했던 것입니다. 1년이 되었습니다. 그녀와 몇 명의 교사들과 함께 식사를 하고 있었는데 식사가 끝나자마자 그녀가 살짝 저를 불러내었습니다. 그러면서

"다른 사람한테는 얘기하지 마세요."

하면서 가만히 제 귀에 대고 속삭였습니다.

"내가 다니는 곳이 신천지예요."

저는 그녀의 행동으로 보아 이단이 아닐까 지레 짐작했으면서도 막상 신천지라는 말을 듣자 내심 놀랐지만, 겉으로는 태연한 척했습니다. 그때부터 그녀는 제게 노골적으로 포교를 시작했습니다. 하나님께서 그동안 저를 얼마나 말씀으로 무장을 시키셨는데 제가 넘어갈리 없습니다. 오히려 그녀의 배움의 자세를 항상 높이 샀던 저는 아까운 후배를 이단에 잃고 싶지 않아서 그녀를 그곳에서 끄집어내기 위하여 노력했습니다. 그러나 말씀에 밀리면 자기들 식대로 한 단계 높은 신천지 지식을 쌓은 사람을 대동하고 저를 만나는 것입니다.

그러기를 몇 차례, 마지막에는 일본에서 오신 목사님이라는 여자분을 대동하고 나타났습니다. 그분과 저는 성경 토론에 들어갔습니다. 그녀는 말도 안 되는 소리를 하는 것입니다. 말하자면 교주를 성령의 자리에 놓고 말하는 것입니다. 끝까지 성경 말씀을 들이대며 먹혀들지 않던 저에게 그녀는 갑자기 화를 내면서 큰 소리로 떠들어대는 것입니다. 그러더니 제 풀에 자리를 박차고 일어나 밖으로 뛰쳐나가더니 한참 후 밖에서

"화내서 미안해요. 다음에 만나요."

하는 말을 남기고 사라졌습니다. 저는 그 때 이 후배는 이미 신천지라는 늪에 빠져들어 끄집어내기는 어렵다는 결론에 달해 이제 그만 토론을 끝내야 되겠다는 결단을 하게 된 것입니다. 그 후 모임에도 일절 나가지 않았지만, 후배 교사는 가끔 집으로 전화를 하면서 끈질기게 구애를 했습니다. 그때 저는 그녀에게 말했습니다.

"이제는 다시 전화하지 말거라. 네가 그곳에서 완전히 나오면 그때 만나줄게."

하면서 사실상 인연을 끊었습니다. 그러면서도 안타까움에 그 후배를 위해 계속 간절히 기도했습니다.

그렇게 기도하던 어느 날 새벽 환상 가운데 그녀가 머리를 거꾸로 하고 지옥으로 떨어지는 모습이 보이면서 성령님의 음성을 감지했습니다. '이제 더 이상 그를 위해 기도하지 말라'는 것입니다. 그러면서 다음 말씀을 생각나게 하셨습니다.

"악한 자의 임함은 사단의 역사를 따라 모든 능력과 표적과 거짓 기적과 10) 불의의 모든 속임으로 멸망하는 자들에게 임하리니 이는 저희가 진리의 사랑을 받지 아니하여 구원함을 얻지 못함이라. 11) 이러므로 하나님이 유혹을 저의 가운데 역사하게 하사 거짓 것을 믿게 하심은 12) 진리를 믿지 않고 불의를 좋아하는 모든 자로 심판을 받게 하려 하심이니라."(살후 2:9-12)

그 후 그녀가 또 다른 여교사를 꾀어 신천지에서 공부하고 있다는 사실을 알고 저는 꼬임을 받은 여교사에게 전화를 해서 신천지

의 실상을 알리고 거기서 나오라고 했지만 그녀는

"나는 전혀 성경을 몰랐는데 이곳에서 공부를 시켜주니 너무나 재미있고 성경에 대해서 알게 대해 기쁩니다."

라고 답변하는 것입니다. 저는 너무 기가 막혔습니다. 왜 그녀들이 그렇게 쉽게 신천지에 빠지게 되었는가? 이유는 하나였습니다. 그들은 신앙생활을 수십 년 했어도 성경을 단 한 번도 읽지 않았다는 사실입니다. 저는 그들이 신천지에 빠졌을 때 그녀들에게 물었습니다.

"성경을 몇 번이나 읽었나요?"

그녀들은 이구동성으로,

"한 번도 읽지 않았습니다."

라고 답했던 것입니다. 기가 막힌 일입니다.

2

하나님의 교회에
빠진 여교사

그런 일이 있은 지 얼마 후 아파트 같은 라인에 살던 고등학교 여교사라는 분이 제 집을 찾아 왔습니다. 그녀는 잠시 나와 대화를 나눌 수 없느냐고 하면서 손에 들고 있던 은박지를 펼쳐 보였습니다. 그 안에는 갓 구운 듯한 군고구마가 들어 있었습니다. 저는 그녀를 거실로 안내했습니다.

같은 라인에 살면서도 직장 생활로 서로 바빴기에 모르고 지내던 터였습니다. 그녀는 그날 두 시간 정도 길게 이야기를 했었는데 대화 가운데 그녀가 '하나님의교회' 신자라는 것을 알게 되었습니다. 결국 그녀는 '하나님의교회'가 참 교회이니 그곳에 함께 다니자는 것이었습니다. 저는 아무 말 않고 손님 대접으로 듣고만 있었습니다. 그녀가 말을 끝내고 현관 밖으로 나가자 문을 잠그고 방으로 들어오는 순간 성령님께서 히13:9 말씀을 읽어보라는 감동을 강하게 주셨습니다. 그래서 저는 얼른 성경을 펼쳐서 그 말씀을 읽었습니다.

> "여러 가지 다른 교훈에 끌리지 말라. 마음은 은혜로써 굳게 함이 아름답고 식물로써 할 것이 아니니 식물로 말미암아 행한 자는 유익을 얻지 못하였느니라"(히13:9)

저는 곧 더 이상 그녀를 상대하지 말라는 말씀으로 받아들여 그녀에게 하나님의 교회는 이단이니 나오라는 말도 하지 않았습니다. 신천지에 빠진 후배나 다른 여교사에게 어떤 진리도 받아들여지지 않고 시간만 낭비한다는 교훈을 얻었고 그녀들이 거짓 것을 믿게 하신 것은,

> "진리를 믿지 않고 불의를 좋아하는 모든 자로 심판을 받게 하려 하심이니라."(살후2:11-12)

고 말씀하셨기에 하나님이 하신 일을 제 노력으로 어찌할 수 없다는 결론에서였습니다. 그녀는 제게 접근하려 했지만 저는 일절 응하지 않았습니다. 그녀는 얼마 후 문정동으로 이사를 간다면서 마지막으로 저를 찾아와서

"선생님, 꼭 우리 교회로 오세요. 함께 일하면 얼마나 좋겠어요?"

하는 것입니다.

저는 그때 신천지와 하나님의 교회 등 이단들이 얼마나 끈질기다는 것을 알았고 왜 많은 사람들이 그러한 이단에 쉽게 넘어가는지 알게 된 것인데 결국 성경을 읽지 않아 말씀을 제대로 모르기 때문이라는 것입니다.

저는 그때 그녀들의 성경을 이상하게 풀이하는 말들을 들으면서 성경 지식이 없다면 분명 그들의 말에 속아 넘어갈 수 있다는 것을 깨달았던 것입니다. 그러니 성경을 읽지 않은 성도들을 향한 하나님의 아픈 가슴을 미루어 짐작할 수 있었습니다. 그러면서 제가 읽었던 천국 지옥 간증 가운데 박용규 목사님의 간증이 생각났습니다.

그 목사님이 천국에서 예수님을 뵈었을 때 예수님께서 그 목사님에게 다섯 가지를 물어보셨는데 첫 번째 질문이 "너는 땅에서 '성경'을 얼마나 읽었느냐?"라는 것입니다.

3

하나님 말씀의 능력

1) 하나님 말씀은 죽은 자를 살린다.

"나사로야 나오너라."

예수님이 말씀하실 때 죽은 지 나흘째 된 나사로가 살아나 무덤에서 나왔다.(요11:43-44)

골짜기에 있는 마른 뼈들이 하나님의 말씀을 대언할 때 생기가 그 속에 들어가서 그들이 살아나고 큰 군대를 이루었다.(겔37:1-10)

2) 하나님의 말씀은 영혼을 살린다.

"여호와의 율법은 완전하여 영혼을 소성케 하시고"(시19:7)

"주의 말씀대로 나를 소성케 하소서"(시119:25)

3) 하나님 말씀은 병든 자를 고친다.

"예수께서 말씀으로 병든 자를 다 고치시니"(마8:16)

"말씀으로만 하옵소서. 그러면 내 하인이 낫겠삽나이다."(마
8:8)

4) 하나님 말씀은 귀신을 쫓아낸다.

"사람들이 귀신 들린 자를 많이 데리고 예수께 오거늘
예수께서 말씀으로 귀신들을 쫓아내시고 병든 자를 다 고
치시니"(마8:16)

5) 하나님 말씀은 바람과 바다도 잔잔케 한다.

"예수께서 이르시되 어찌하여 무서워하느냐 믿음이 적은
자들아 하시고 곧 일어나사 바람과 바다를 꾸짖으시니 아
주 잔잔하게 되거늘"(마8:26)

6) 하나님 말씀은 사람을 깨끗하게 한다.

"청년이 무엇으로 그 행실을 깨끗케 하리이까. 주의 말씀
을 따라 삼갈 것이니이다."(시119:9)
"말씀으로 깨끗하게 하사 거룩하게 하시고"(엡5:26)

7) 하나님의 말씀은 사람을 거룩하게 한다.
"말씀과 기도로 거룩하여짐이니라."(딤전4:5)
"저희를 진리로 거룩하게 하옵소서. 아버지의 말씀은 진

리니이다.”(요17:17)

8) 하나님의 말씀은 사람을 온전케 한다.

“모든 성경은…하나님의 사람으로 온전케 하며 모든 선한 일을 행하기에 온전케 하려 함이니라.”(딤후3:16-17)

9) 하나님의 말씀은 진리이다.

“아버지의 말씀은 진리니이다.”(요17:17)
“주의 법은 진리로소이다.”(시119:142)
“주의 모든 계명은 진리니이다.”(시119:151)
“주의 말씀의 강령은 진리오니”(시119:160

10) 하나님 말씀은 사람을 지혜롭게 하고 명철하게 한다.

“주의 계명이 항상 나와 함께 하므로 그것이 나로 원수보다 지혜롭게 하나이다.(시119:98)
“내가 주의 증거를 묵상하므로 나의 명철함이 나의 모든 스승보다 승하며 주의 법도를 지키므로 나의 명철함이 노인보다 승하니이다.”(시119:99-100)

11) 하나님 말씀은 구원에 이르는 지혜가 있다.

"성경은 능히 너로 하여금 그리스도 예수 안에 있는 믿음으로 말미암아 구원에 이르는 지혜가 있게 하느니라."(딤후 3:15)

"…이 구원의 말씀을 우리에게 보내셨도다."(행13:26)

"진리의 말씀 곧 너희의 구원의 복음"(엡1:13)

12) 하나님 말씀은 몸에 양약이 되어 골수로 윤택케 한다

"이것이 네 몸에 양약이 되어 네 골수로 윤택하게 하리라."(잠3:8)

13) 하나님 말씀은 생명(=영생=천국)에 이르게 한다.

"시몬 베드로가 대답하되 주여 영생의 말씀이 계시매 우리가 뉘게로 가오리이까."(요6:68)

"내가 너희에게 이른 말이 영이요 생명이라."(요6:63)

"영생의 말씀"(요6:68)

"생명의 말씀"(빌2:16)

14) 하나님 말씀은 범죄를 예방 한다.

"내가 범죄치 아니하려 하여 주의 말씀을 내 마음에 두었나이다."(시119:11)

15) 하나님 말씀은 마음을 기쁘게 한다.

"여호와의 교훈은 정직하여 마음을 기쁘게 하고"(시19:8)

16) 하나님 말씀은 눈을 밝게 한다.

"여호와의 계명은 순결하여 눈을 밝게 한다."(시19:8)

17) 하나님 말씀은 위경에서 건지신다.

"저가 그 말씀을 보내어 저희를 고치사 위경에서 건지시는도다."(시107:21)

18) 하나님 말씀은 반드시 이루어진다.

"비와 눈이 하늘에서 내려서는 다시 그리로 가지 않고 토지를 적시어서 싹이 나게 하며 열매가 맺게 하여 파종하는 자에게 종자를 주며 먹는 자에게 양식을 줌과 같이 내 입에서 나가는 말도 헛되이 내게로 돌아오지 아니하고 나의 뜻을 이루며 나의 명하여 보낸 일에 형통하리라."(사55:9-10)

"진실로 너희에게 이르노니 천지가 없어지기 전에는 율법의 일점일획이라도 반드시 없어지지 아니하고 다 이루리라."(마5:18)

19) 하나님 말씀은 영원하다.

"풀은 마르고 꽃은 떨어지되 오직 주의 말씀은 세세토록 있도다 하였으니"(벧1:24-25)

20) 하나님 말씀은 순전하다.

"여호와의 말씀은 순결함이여 흙 도가니에 일곱 번 단련한 은 같도다.(시12:6)

21) 하나님 말씀은 완전하고 정미하다.

"하나님의 도는 완전하고 여호와의 말씀은 정미하다."(시18:30)

"주의 말씀이 심히 정미하므로 주의 종이 이를 사랑하나이다."(시119:140)

22) 하나님 말씀에 순종하는 자가 의인이다.

"명하신 대로 이 모든 명령을 삼가 지키면 그것이 곧 우리의 의로움이니라."(신6:25)

WCC에 관해
(World Council of Churches: 세계교회 협의회)

1. 하나님의 눈물

2. WCC와 연합하는 주의 종들 회개하라

3. 종교 다원주의를 표방하는 교황들

2012년 제가 섬기는 교회에서는 한 달에 두 번, 격주로 토요일에 전 교인이 참석한 가운데 2시간 동안 공동 기도 제목을 놓고 기도하는 시간이 있었습니다. 그날도 토요일 오후 4시부터 기도가 시작되었습니다. 목사님께서는 나라와 민족을 위해, 한국 교회와 목사님들을 위해… 등등 기도 제목을 주시고 전 교인이 한마음이 되어 기도에 들어갔습니다. 그런데 기도를 시작하자 바로 제 눈에서 눈물이 흘러내리기 시작했습니다. 목사님께서는 중간 중간에 기도 제목을 바꾸시며 기도 인도를 하셨는데 저는 계속 목사님들 기도에 머무르면서 기도하는데 눈에서 쉴 새 없이 뜨거운 눈물이 흐르고 있었습니다. 그 눈물은 두 시간 내내 이어졌습니다.

나중에는 흐느낌으로 변해 아무리 자제하려 해도 억제가 안 되었습니다. 기도가 끝났을 때도 눈물은 계속 흘러내려 눈물을 훔치고 있던 저를 곁에 계신 전도사님이 고개를 돌려 저를 쳐다보는 시선을 느낄 수 있었습니다. 저도 모릅니다. 왜 그리 슬프고 안타까운 마음이 되어 그렇게 많은 눈물을 흘렸는지를. 방언으로 기도하고 있었기 때문에 더더욱 그러했습니다. 그래서 저는 몇 년째 전 성도들과 매일 철야 기도를 하시면서 한국 교회를 깨우고 계시는 K 목사님께 전화를 드려 이 상황을 여쭤보았습니다. K 목사님께서는 "그건 예수님의 눈물입니다."

한 마디로 답변하셨습니다.

사랑하는 종들을 위해 기도하는 성도를 통해 뜨거운 눈물을 흘리시는 주님은 과연 이 시대 주님의 종들에게 무슨 바람을 갖고 계실까요.

2015년 12월 15일 새벽 기도 중에 주신 음성을 받아 적은 내용 가운데 지면상 다 적을 수 없어 몇 가지만 간추려 봅니다.

1

하나님의 눈물

"너희가 이를 듣지 아니하면 나의 심령이 너희 교만을 인하여 은근히 곡할 것이며 여호와의 양 무리가 사로잡힘을 인하여 '눈물'을 흘려 통곡하리라."(렘13:17)

"너는 이 말로 그들에게 이르라. 내 눈이 밤낮으로 끊치지 아니하고 '눈물'을 흘리리니 이는 처녀 딸 내 백성이 큰 파멸, 중한 창상을 인하여 망함이라.(렘14:17)

2

WCC와 연합하는
주의 종들은 회개하라

지금 한국 교회는 WCC라는 큰 배도의 물결로 인해 위기의 때를 맞이하고 있습니다.

130년 전, 5천 년 유구한 역사만 자랑했지 실상은 사단 문화가 지배하는 흑암의 세력 하에 있던 우리나라에 생명의 복음이 한 줄기 빛으로 찾아든 것입니다. 이로 인해 '한국의 예루살렘'이라 일컫는 평양에서 지핀 성령의 불꽃이 전국에 타오르면서 비록 짧은 역사지만 전 세계가 깜짝 놀랄 만큼 신앙의 대 부흥을 일으켰던 것입니다.

그동안 우리나라의 기적적인 기독교 역사는 하나님의 살아 계심을 만방에 드러내며 주변 강대국의 침입으로 수많은 고난을 겪으면서 가난과 무지에서 약소국가의 설움을 겪던 긴긴 터널을 지나 새마을 운동과 함께 한강의 기적이라 일컫는 경제 성장까지 이루며 약소국의 대열에서 벗어나 세계 속의 한국으로 발돋음 하면서 하나님의 축복을 만끽하게 되었습니다.

현재는 '아메리칸드림'이 아니라 '코리안 드림'이라 할 만큼 위상을 떨치는 대한민국이 되었습니다. 세계에서 단일 교회로 가장 큰 세 개의 교회가 있고, 전국에 5만여 개의 교회에 10만여 명의 목회자가 교회를 지키고 있으며, 세계에서 미국 다음으로 가장 많은 선교사를 파송하는 복음의 국가로서 신도 1,200만 명을 자랑하는 괄목할 만한 신앙 대 부흥을 맞았지만, 불과 130년 만에 영적 혼돈 속에 대형 교회들이 WCC와 연합하여 하나님의 진노를 사고 있으며, 성도 수는 절반으로 줄었고 교회는 점점 복음의 순수성을 잃어가고 있습니다.

왜 WCC와 연합하면 안 되는가? 왜 주님께서 그로 인해 탄식하시며 눈물을 흘리시는가 WCC에 대해서 살펴봅니다. 한 마디로 말해 WCC는 '다원주의'입니다. 곧 예수님만이 구원의 길이 아니요 타종교에도 구원이 있다는 것입니다. 그러나 우리 주님께서는

"내가 곧 길이요 진리요 생명이니 나로 말미암지 않고는 아버지께로 올 자가 없느니라."(요14:6)

고 단호하게 말씀하십니다.
사도 바울 역시 이에 대해 분명히 말합니다.

"다른 이로서는 구원을 얻을 수 없나니 천하 인간에 구원을 얻을 만한 다른 이름을 우리에게 주신 일이 없음이니라 하였더라."(행4:12)

인류의 죄를 짊어지시고 십자가 위에서 대속의 피를 흘려 인류를 죄에서 구속해 주신 예수님은 그 피를 흘리시기 위해 이 땅에 오신 것입니다. 이러한 진리의 말씀을 선포해야 될 주의 종들이 이렇게

다원주의로 흘러가고 있으니 얼마나 예수님에게 큰 아픔을 드리고 눈물을 흘리게 하는 일인지 모릅니다.

> "너희는 '믿지 않는 자'와 멍에를 같이하지 말라. 의와 불법이 어찌 함께하며, 빛과 어두움이 어찌 사귀며, 15) 그리스도와 벨리알이 어찌 조화되며, 믿는 자와 믿지 않는 자가 어찌 상관하며, 16) 하나님의 성전과 우상이 어찌 일치가 되리요. 우리는 살아 계신 하나님의 성전이라 이와 같이 하나님께서 가라사대 내가 저희 가운데 거하며 두루 행하여 나는 저희 하나님이 되고 저희는 나의 백성이 되리라 하셨느니라. 17) 그러므로 주께서 말씀하시기를 너희는 저희 중에서 나와서 따로 있고 부정한 것은 만지지 말라. 18) 내가 너희를 영접하여 너희에게 아버지가 되고 너희는 내게 자녀가 되리라. 전능하신 주의 말씀이니라 하셨느니라."(고후 6:14-18)

이 말씀은 기독교는 타 종교와 연합할 수 없음을 명백히 말하고 있습니다. '믿지 않는 자'란 좁게는 불신자를 말하지만 넓게는 기독교 외의 타 종교를 말합니다.

1) WCC의 배경

지금 세계는 전 세계의 국가를 통합하여 단일 세계정부(신세계질서: New World Oder)를 수립하려는 조직이 있습니다. 그들은 99%

의 부를 소유한 1%의 엘리트들입니다. 이들은 지상에서 저들 나름의 파라다이스를 건설하기 위해 이미 수천 년 전부터 이를 계획하고 준비해 왔습니다. 그들이 계획한 단일 세계정부 수립을 위한 일환으로 종교통합(에큐메니칼) 운동을 시도하고 있는 것입니다. 그 조직들은 서로 연계된 많은 조직이 있지만 피라미드 형태로 그들의 질서를 세우고 있는 그 정점에 '프리메이슨'과 '일루미나티' '예수회'가 있습니다. 이들의 공통점은 사단(루시퍼)을 섬기는 사단교들이며 적그리스도의 도래를 준비하는 조직들입니다.

이들은 세계경제를 통합하여 단일 세계 정부를 수립하고, 단일 화폐를 사용하며, 모든 군대를 유엔에 귀속시켜서 단일 군사 체제를 세우고, 세상 모든 종교를 통합한 단일 종교를 기획하여 오랜 세월 동안 물밑 작업을 해온 것입니다. 이러한 일들은 저들이 지하 세계에서 극비에 준비해 왔기 때문에 이제까지 세상에 드러나지 않았지만 이제는 모든 것이 준비가 완료되어 실행에 옮기는 단계가 되었으므로 공공연하게 드러내고 있으며 선전까지 하고 있습니다. 이에 대해 '삼각통치(TC)' 대변인 '즈비그뉴 브레진스키'는 다음과 같이 말했습니다.

"신세계질서(NWO)는 세계를 하나의 국가로 통합시키는 실행 방법이다. 유엔(UN)은 세계 정부의 집권부가 되고 정치와 종교와 경제를 단일화시키기 위한 방법으로 모든 나라의 핵무기를 축소, 또는 감축시키고 대신에 각 나라의 군대를 유엔군으로 편입시켜서 결국은 유엔군이 보안을 담당하는 것이 목표이다."

결국 이러한 일들을 유엔을 통해 이루어 나간다는 것입니다. 2008년 8월 28일부터 31일 사이에 유엔은 전 세계의 종교 지도자 2,000명을 유엔에 집결시켜 세계 평화를 위한다는 명분으로 종교 통합을 이루기 위한 지도자들의 자리를 마련한 것입니다. 종교 통합이란 이슬람교, 힌두교, 기독교, 유대교, 불교, 가톨릭 등등의 종교를 하나로 통합시킨다는 것이 그들의 목표이며 궁극적인 목적은 기독교 박멸입니다.

2) WCC의 연혁

제1차 세계대전 후 그리스도교에서는 세계적으로 에큐메니칼 운동(교회일치운동)이 일어났습니다. 그 가운데 하나가 세계 모든 교회가 협동하여 사회문제를 공동 해결하는 생활과 사업을 일으키자는 운동이었고, 또 하나는 세계 모든 교회가 다시 연합할 수 있는 가능성을 연구하며 연합을 저해하는 조건을 해결하려는 신앙과 질서 운동이었습니다. 그런데 얼마 지나지 않아 두 조직은 통합을 시도하게 되었습니다. 그러나 제2차 세계대전(1914-1918)이 일어나는 바람에 1948년에 이르러서야 제1차 총회를 열 수 있었습니다. 암스테르담에서 전 세계 150여 개 교회가 정식으로 대표를 파견하여 결성한 협의회가 1차 총회가 된 것입니다. 그러나 총회가 거듭될수록 규모가 커지고 이방 종교가 합류함으로 WCC는 노골적인 혼합 종교가 된 것입니다.

- 제3차 인도 뉴델리 총회(1961년)

기독교와 이방 종교 사이의 구별을 없애는 '보편구원설'을 WCC 에큐메
니칼 선교 신학으로 채택하였습니다.

- 제4차 움살라 총회(1968년)

사회, 경제의 정의와 해방을 강조하며 공산주의 게릴라 단체들에 대한 지
원을 합법화하여 인종차별 투쟁 사업에 물질적 지원까지 하는 등 복음적 선
교의 의미를 완전히 상실하고 말았습니다.

- 제5차 나이로비 총회(1975년)

구원의 복음과 선교에 대한 성경적 교리를 해방이라는 말로 재 정의했고
예수그리스도를 해방자로 묘사하였고, 이 총회에는 로마 가톨릭, 불교, 힌
두교, 이슬람교, 유대교 등이 참석하여 혼합주의의 색채를 드러내기 시작했
습니다.

- 제6차 캐나다 밴쿠버 총회(1983년)

소련 및 동구 공산권 대표들까지 참석하여 마르크스주의적 사회주의 비
전을 높이고 타 종교와의 대화를 모색하고 타 종교도 하나님께로 가는 또
다른 길임을 인정한 총회가 되었습니다. 즉 다른 종교에도 구원이 있다는 것
을 인정한 것입니다.

- 제7차 호주 캔버라 총회(1991년)

이방 종교 외에도 점술가, 심령술, 마술사, 무당 등을 포함한 세계의 15개
종교 지도자들을 초청하는 대규모 종교 혼합 집회를 갖고 세계 종교의 통합
과 단일성을 외친 것입니다.

- 제8차 아프리카 짐바브웨 총회(1998)

일부다처제(一夫多妻)제 하는 것도 하나님 뜻이라고 선포하게 됩니다.

- 제9차 브라질 총회(2006)

동성연애자에게도 성직자의 길을 허락하는 제도적 구조의 변화가 있게 되었습니다.

- 제10차 대한민국 부산 총회(2013년)

10월에 우리나라 부산에서 예수교장로회 통합 측 김삼환 목사를 대회장으로 하여 열리게 되었습니다. 하나님의 진노를 자초할 명백한 사실 앞에 보수 교단의 많은 반대가 있었고 계속 반대 시위를 벌였지만 회의는 열렸습니다. 여기 합동 신학대학원 문병호 교수의 2010 WCC부산 총회에 대한 평을 몇 가지 발췌해 봅니다.

첫째, WCC 부산총회는 그동안 WCC가 견지해 온 입장을 더욱 노골적으로 심화시켰다는 사실을 확인할 수 있다. WCC는 신앙이 구원에 이르는 길이라는 점을 말하지 않고 단지 그것은 합의적 신뢰에 불과하다고 말하였다. 사실상 오직 그리스도를 믿음으로 구원에 이른다는 진리를 외면한 것이다.

둘째, 이번 총회를 통하여서 WCC는 로마 가톨릭과의 협력과 일치를 더욱 진일보시켰다. 특히 주목할 것은 종교다원주의에 우호적인 WCC의 최근 경향이 로마 가톨릭의 노선과 같이하고 있다는 점이다.

셋째, 우리가 이번 총회에서 채택된 세계 선교와 전도위원회의 '함

께 생명을 향하여'라는 문건에서 보듯이 WCC는 보혜사 성령을 성
도들의 생명이 되는 구원의 영으로 보지 않고 단지 '세상을 하나로
묶는 창조의 영'에 불과한 것으로 여긴다.

WCC는 교회의 연합과 일치를 외치지만 사실 그들이 말하는 교
회는 이미 교회가 아닌 것이다. WCC가 교회의 본질로 여기는 '공
동체적 친교'에는 사람들의 일상적인 만남과 교통만이 있을 뿐 그리
스도의 의로 말미암은 구원의 생명의 역사가 없다.

3) WCC는 프리메이슨의 하부 조직이다

'존 콜린'은 말했습니다. "WCC는 프리메이슨의 하부 조직이다"라고.
프리메이슨은 예수님을 부인하고 사단 루시퍼를 섬기는 조직입니
다. 정히 모르시면 인터넷 사이트에 널려 있는 프리메이슨에 대해
확실하게 아시기 바랍니다. 프리메이슨 하부 조직인 WCC와 연합
한 교회는 이미 교회가 아닙니다. 그곳에는 하나님이 계시지 않습
니다. 사단교와 연합한 간음한 교회들이 되어 버렸기 때문입니다.
복음의 순수성과 교회의 본질을 잃고 세계 각종 종교와 연합한
WCC에 가입하거나 돕는 것은 사단의 일을 하는 것이나 다름없습
니다. WCC는 적그리스도의 길을 닦고 있는 프리메이슨의 종교 통
합 운동의 하부 조직이기 때문입니다. 아니라고 변명해도 아무리
나름의 좋은 일을 많이 해도 동기를 보시는 하나님 눈에는 그들은
이미 하나님을 배반한 배도의 길에 들어서고 있는 것입니다. 예수님
의 눈에서 눈물을 흘리게 하는, 이미 영적인 눈이 가리어진 소경들

이 되어 버린 것입니다.

프리메이슨(Free Mason)의 교리를 보면,

① 예수님이 구세주임을 믿지 않으며 그의 대속의 죽음 부활을 믿지 않는다.

② 성경을 다른 종교의 경전과 같이 여긴다.

③ 사람은 예수 없이도 자기 노력으로 구원받을 수 있다.

④ 기독교 하나님을 바알과 같은 다른 종교의 신과 같이 여긴다.

⑤ 지옥을 부인한다.

⑥ 기독교에 대한 전도를 금한다.

⑦ 회원 서약 시 성경과 칼을 놓고 서약하며 메이슨을 배반하면 죽는다고 선서한다.

⑧ 어떤 종교에 속한 사람도 회원으로 영입한다.

⑨ 프리메이슨 지도자를 숭배하며 경배하라고 한다.

〈여호와 증인교〉와 〈몰몬교〉는 프리메이슨이 세운 종교입니다. 여호와 증인은 프리메이슨인 '찰스 테이즈 러셀'이 창시자이고, 몰몬교는 프리메이슨이면서 가장 상위의 33도인 '죠셉 스미스'가 설립한 것입니다. 여호와 증인은 예수님의 신성을 부인하고, 지옥을 부인하고, 영혼멸절설을 주장합니다. 몰몬교는 공식명이 '말일성도 예수그리스도의 교회'로 시작했다가 후에 '예수그리스도 후기성도 교회'로 개칭했습니다. 역시 예수님의 신성을 부인하고 예수는 갈릴리 가나에서 결혼했으며, 십자가 죽음은 죄 사함과 관계가 없고, 몰몬의 계명을 지켜야 구원받는다고 주장하는 종교입니다.

WCC는 이 땅에 적그리스도의 나라를 세우려는 신세계질서 즉 뉴월드 워더(NewWorld Worder)정부 계획 하에 만든 프리메이슨 하부 조직이며 바티칸이 주도하여 기독교를 포함한 세상 모든 종교를 흡수, 통합하여 하나 되게 만드는 종교 통합 즉 에큐메니칼 운동입니다. 이러한 각 나라 WCC 산하에 NCC가 있고 우리나라에도 KNCC(한국기독교교회협의회)라는 이름으로 WCC에 가입되어 있습니다.

KNCC 가입 교단은 총 8개 교단으로 ① 대한예수교장로회(통합), ② 기장(기독교장로회), ③ 기감(기독교감리회), ④ 성공회, ⑤ 구세군, ⑥ 하나님의 성회(여의도순복음 측), ⑦ 정교회 대교구, ⑧ 기독교한국루터회입니다.

이와 같이 한국 교회는 배도의 길을 가고 있습니다.

4) WCC 세계 평화의 기도회라는 이름으로 벌어지고 있는 일들

- 4대 종단이 구성한 민족의 화해와 평화를 위한 종교인 모임

- 국내 주요 종단 지도자들 "종교 간 벽 뛰어 넘어 화합하자."

- 교회 일치 새로운 단계 발전 모색, 한국교회 대표 바티칸 방문

- 교리적 합의를 이룬 로마 가톨릭과 이슬람

- 불상 앞에서 기도하는 테레사 수녀

- 힌두교 의식을 혼합한 가톨릭 미사

- 가톨릭 신부가 뉴욕에 있는 부처 상 앞에 기도

- 가톨릭 수녀들이 절에서 종교의식을 하다

- 7개 종단 대표 광주수녀원서 합숙

- WCC와 이슬람의 교류

- 이슬람교 정령 숭배자의 기도

- 조계사에 세운 크리스마스 트리

- 한신대 신학생 새내기 오리엔테이션 불교 체험

- 참선하는 신학대생

5) 다원주의 지도자들의 발언

- 마더 테레사

"만물이 하느님입니다. 불교, 힌두교, 크리스천 등 모두는 같은 하느님에게로 이릅니다. 우리는 모두 하느님의 자녀들입니다. 우리가 어떤 종교를 가지고 있든 그 어떤 종교에 속해 있든 간에 우리는 함께 기도해야 합니다. 마더 테레사가 믿고 있는 하느님이 과연 성경이 말하는 하나님입니까?

- 조용기 목사

"내 종교만이 진리란 생각 버려야 한다. 불교는 불교식대로 구원이 있다.(불교학교 동국대학에서 "불교에도 구원이 있다."고 발언해서 박수갈채를 받음)

- 류상태 목사(전 대광고 교목 실장)

법당에서 108배 올리고 화계사에서 주일 예배 드림.

사찰에 가서 종교 편향 강의도 하고 조계종 토론회에서 강연도 함.

"기독교를 통해서만 구원에 이를 수 있다는 배타적 교리에 동의할 수 없다. 나는 종교다원주의를 버릴 수 없다."고 말하다.

- 한국기독교 목사학회

"무속에 대한 긍정적 평가를 할 때가 왔다."

교황은 1986년 이태리 아시시에서 개최된 세계 종교 평화기도회에서 100여 개의 세계 모든 종교 지도자들과 평화를 위한 기도를 하면서

"우리는 모두 같은 신께 기도를 올리는 것입니다."

라고 선언했습니다. 이 기도회에는 부두교, 조로아스터교, 자이나교, 배화교, 불 숭배교, 뱀 숭배교, 북미 인디언 무속신앙, 정령 숭배, 만물유령 숭배, 일본 만신 등 전 세계 100여 개가 넘는 각종 사단 숭배교의 종교 지도자들이 초대 되었습니다. 이 자리에서 저들은,

"모든 종교의 신은 이름만 다를 뿐 같은 것이다."

라는 말을 한 것입니다.

불교 달라이라마의 기도, 이슬람의 기도, 아프리카 정령 숭배의 기도, 알메리카 인디언의 기도, 조로아스터교의 기도, 유대교의 기도, 크리스천의 기도, 교황바오로 2세의 기도 등에 대해

"우리는 모두 '같은 신'에게 기도를 올리는 것이다."

라고 말하는 '같은 신'은 사단 루시퍼를 말합니다.

이 자리에 기독교 지도자들도 함께 있었으며, 이와 같은 종교적 신념의 깃발 아래서 세계 종교를 하나로 통일하려는 통합이 바로 종교 통합 운동이며 이를 WCC 세계 교회협의회가 하고 있는 것입니다.

6) 간음하는 교회들

WCC 종교다원주의 회합에 우리나라 부산의 문을 활짝 여는 것도 부족하여 또 하나의 충격적이고 비극적인 날이 도래했으니 제2의 신사참배라고까지 하는 'NCCK와 가톨릭과의 신앙과 직제 일치를 위한 협의회'가 2014년 5월 22일에 창립됨으로 한국 교회 130년의 역사에 종지부를 찍은 비극적인 날이 된 것입니다. WCC는 1966년부터, NCCK는 1986년부터 가톨릭과 하나가 되고자 하는 소원을 가지고 일치를 위한 기도회를 연중행사로 지내오면서 '한 지붕 아래 한 형제'라는 가톨릭의 위장 평화의 미끼에 걸려 일치 운동의 당위성을 국내에 퍼뜨린 그들 나름의 결실을 보게 된 것입니다.

- 직제란 무엇인가요?

교회 안의 직무나 직위에 관한 제도로서 교직의 명칭과 편제, 구성에 관한 것으로 가톨릭에서는 교황, 추기경, 주교, 신부 등의 직제가 있고 개신교에서는 교단 총회장, 감독, 노회장, 지방회장, 담임목사, 부목사, 강도사, 전도사의 직제가 있습니다. 이러한 직제를 일치시킨다는 것은 모든 직제를 가톨릭화 하여 목사가 신부로 불리게 되고, 교단 총회장을 주교로 부르게 되고, 세계 종교 총회장 위에 교황이 자리 잡게 하는 사전 작업이 아닌지 상당히 우려하는 분들이 많습니다.

창립 선언문에서는 한국 '그리스도교 신앙과 직제 협의회'는 종교 간 가깝게 사귀기, 함께 공부하기, 함께 행동하기, 함께 기도하기가 있습니다. 이를 통해 적과의 동침이 시작된 것입니다.(출처: 크리스천 다이제스트)

7) 간증

+ 간증) 지옥의 소리

WCC 다원주의에 들어갔다 죽어 지옥에 떨어진 목사님의 외침

하나님은 회개할 기회를 주셨는데 나 몰랐어요. 정말 몰랐어요. 내가 왜 목사님들 눈치를 봤을까 처음에는 하나님만 봤어요. 그런데 성도 수가 많아지고 교회가 커지고 TV에 나오고 그러다가 명예욕에 걸렸어요. 유명해진다는 것은 부담스러운 것. 죄 짓기 쉬운 것. 그게 아닌 것 같으면서도 따라갔어요. 한 순간에 무너뜨린 사단의 방법은 높은 자리에 올려놓고 서로 눈치 보면서 힘 있는 목사들 이야기에 따라가는 거였어요. 내가 목사님들을 안 만났어야 했는데 모임에 안 나갔어야 했는데 나도 모르게 '다원주의'가 돼 버렸어요.

내가 여기(지옥)서 영원히 살아야 한다는 거 생각하면 너무 기가 막혀! 지옥 한 번 가면 다시는 못 나온다고 성도들에게 가르쳤는데 그곳에 내가 떨어졌어! 너무 기가 막혀. 하나님, 잘못했어요. 잘못했어요.

목사님들 정신 차려요. 목사님들 모임에 사단이 함께 들어가 옆에 앉아서 가루 뿌려 사단의 생각으로 채워요. 교회 커지면서 '다원주의'가 된다는 걸 아세요. 자기는 다원주의에 빠지면서 다원주의라고 생각하지 못한 목사들 때문에 수많은 영혼들이 지옥에 떨어지고 있으니 큰일 났다. 목사님들 정신 차려요!. 이곳에 절대 오지 마세요!. (덕정사랑교회 '지옥의 소리' 간증)

그렇다면 여기에서 가톨릭만이 유일한 종교라고 주장하는 천주교에 대해서 살펴볼 필요가 있습니다. 가톨릭은 오랜 세월 동안 종교

다원주의를 표방했습니다. 가톨릭은 엄밀히 기독교회가 아닌 로마교 즉 로마의 신생 종교로 보는 것이 타당합니다.

3

종교 다원주의를 표방한 교황들
(2차 바티칸 공의회 문헌 헌장 16조)

첫째, 교황 요한 23세는 '예수회' 출신으로서 종교다원주의 창시자입니다. 즉 다른 종교에도 구원이 있다고 한 것입니다.

둘째, 교황 요한 바오로 2세는 종교다원주의를 전 세계에 보급했습니다.

셋째, 교황 베네딕토 16세는 종교다원주의의 신학적, 이론적 체계를 수립했습니다.

넷째, 교황 프란치스코는 종교다원주의를 완성했습니다.

로마 가톨릭은 전 세계 에큐메니칼 운동(종교통일)의 선구자로 1692년부터 시작된 다원주의가 오늘날 로마 교황 프란치스코에 의해 완성 단계에 이르게 된 것입니다.

1) 프란치스코 교황에 관해

프란치스코 교황에 대해 미국의 대표적 보수주의 신학교인 웨스트민스터대학교 총장 '피터 릴백'은 기독교의 진리를 수호하고 성경과 보수 개혁주의적 시각에서 프란치스코 교황을 경계해야 된다고 말했습니다. 그 이유는,

첫째, 교황은 종교다원주의인 만인구원론을 주장하고 있다. 하나님을 믿지 않아도 천국에 갈 수 있다고 말하고 있다.

둘째, 교황은 동성애 사제를 인정하고 동성애를 적극 지지하는 발언을 해 왔다.

셋째, 교황은 사회주의 편에서 시장경제를 공개적으로 비판하며 자본주의에 강하게 도전하고 있다. 부의 재분배를 주장하고 있다.

라고 발언했습니다.

또한 교황 프리치스코는 2014년 11월 9일 '가톨릭 신문'을 통해 진화론은 창조론과 모순되지 않다고 말했으며, 무신론자도 구원받을 수 있다고 2014년 방한 첫 미사 설교에서 다음과 같이 언급했습니다.

"주님은 선을 행하고, 악을 행치 말라 하셨습니다. 우리는 선행을 통해 만나야 합니다. 무신론자라 할지라도 선행을 한다면 우리가 천국에서 함께 만나게 될 것입니다."

2) 프란치스코 교황과 예수회와의 관계

더욱이 프란치스코 교황은 예수회 출신입니다. 가톨릭의 예수회는 '이그나티우스 로욜라'라는 신부가 루시퍼를 숭배하는 일루미나티 지부를 설립하면서 '예수회(Jesuite)'를 창설했습니다. 로욜라는 천주교에선 '성 이냐시오'로 불리는데 그가 창립한 예수회는 전 세계

에 지부(랏지)를 설립하고 거짓 그리스도교 신앙을 알리며 듣지 않는 사람들을 얼마든지 학살했습니다.

그들과 합류하는 세력들에 의해 세워질 세계 단일 정부 어젠더(목적) 가운데 하나인 종교통일(에큐메니칼)은 바로 기독교인들 박멸입니다. 가톨릭 교황 베네딕토 16세는 2007년 7월 10일 내린 교서에서 "로마 가톨릭만이 유일하고 진정한 기독교 교회"라고 공표, 승인함으로 개신교회나 성공회, 정교회 등을 교회로 볼 수 없다고 발표했습니다.

프란치스코 교황은 "2016년은 혼돈의 세계가 될 것"이라고 말했습니다. 신세계 수립 핵심 조직 300인 위원회의 수장 엘리자베스 여왕도 같은 말을 했습니다.

세계는 걷잡을 수 없는 혼돈 상태(테러, 전쟁, 기근, 역병 등)에 빠져 강력한 경찰국가를 원하게 될 것이고, 이를 위해 수십 세기 동안 준비해 온 이들은 이제 모든 준비가 완료되고 실행 단계가 되어 일을 진행해 가고 있습니다. 2014년 전 세계에로의 교황의 행보가 무엇을 의미하는지 마지막 시대를 아는 깨어 있는 성도들은 이미 알고 있으리라 믿습니다. ISIS(이슬람 과격 원리집단)의 세계로 확산되는 기독교인 살상이 바로 이의 전조 현상이 아니겠습니까?

2015년 8월, 한국을 찾아온 교황은 16일에 광화문 한복판에 마리아상을 세우고 그 앞에서 시복식을 했습니다. 시복식이란 게 무엇입니까? 생전에 거룩한 삶을 살거나 순교를 한 사람들에게 복자(남), 복녀(여)로 추대해 미사를 통해 교황이 공식적으로 복자, 복녀로 선포하는 것을 말합니다. 다음 단계는 죽은 뒤 5년의 유예 기간을 두고 그의 행적 즉 설교나 저술들을 검토해 시성식을 거친 후 성인으로 추대된다고 합니다.

그러나 죽은 자에게 이게 다 무슨 필요가 있습니까. 사람은 누구나 불문하고 죽으면 심판이 있고 그 심판에 의해 이미 그 영혼은 낙원이나 음부에 있습니다. 음부에서 고통당하고 있는 영혼에게 무슨 복자, 성인의 칭호가 필요합니까? 더욱이 낙원에 있는 영혼에게는 그 어떤 칭호도 낙원의 영광에 비할 수 있겠습니까? 죽은 자에게 하는 것은 다 무익하며 우상숭배 죄가 되는 것입니다. 하나님이 제일 싫어하시는 우상숭배일 뿐입니다. 그런데 그 시복식에 100만 명이 넘는 인파가 몰렸다는데 이는 2002년 월드컵에 모인 50만 명의 응원단의 배가 되는 숫자입니다.

이 시복식이 끝나고 열흘 째 된 8월 26일부터 전남 해남에 수십억 마리 메뚜기 떼가 출현해서 농작물을 갉아 먹어 농경지 10만ha에 피해를 주고 간척지에 심어 놓은 농작물 역시 많은 피해를 입었습니다. 추수기를 앞둔 농민들을 쑥대밭이 된 농작물을 바라보고 망연자실했습니다. 저는 그 장면을 TV를 통해 보면서 '펄벅'의 소설『대지』속에 나타난 메뚜기 떼를 연상했습니다.

1만 종이 넘는 메뚜기 중에 농작물에 피해를 주는 대표적인 종류가 '풀무치'와 '사막 메뚜기'라고 한답니다. 그런데 해남에 침입한 메뚜기 떼가 '풀무치'였답니다. 또 이스라엘 백성이 출애굽 직전 애굽에 여덟 번째 내린 재앙 역시 '메뚜기 재앙'이었습니다.

출10:15에 보면 이때의 상황을 표현하고 있습니다.

"메뚜기가 온 지면에 덮여 날으매 땅이 어둡게 되었고 메뚜기가 우박에 상하지 아니한 밭의 채소와 나무 열매를 다 먹었으므로 애굽 전경에 나무나 밭의 채소나 푸른 것은 남지 아니하였더라."

이 애굽 재앙에 날아든 메뚜기가 해남에도 찾아온 '풀무치'였답니다.

프란치스코 교황이 시복식을 한 사람들은, 윤지충 바오로와 동료 123위입니다. 이들은 주로 조선 말기 천주교 박해 때 죽은 사람들입니다. 특히 대표로 이름을 올린 '윤지충 바오로'는 로마 가톨릭에서, 한국 최초의 순교자로 알려져 있습니다. 그는 1787년 세례를 받고, '진산사건'으로 외사촌과 함께 1791년 참수 당했다고 합니다. 윤지충의 본관이 바로 '해남'입니다.

해남 메뚜기 사건에 이어 2014년 WCC 회의가 개최된 부산에 물난리의 재앙이 임한 것은 우연일까요? 시간당 130mm 물 폭탄이 쏟아졌습니다. 불과 2시간 동안 내린 폭우로 인해서 부산은 물바다가 되고 피해가 속출했습니다. 도로 곳곳이 침수되고 하천이 범람했으며, 도시의 기능은 완전 마비되었습니다. 대한민국 그리스도인 깨어나야 합니다. 오늘날 우리 목전에서 보여 주신 징계는 정신 차리고 깨어나라는 하나님의 싸인 입니다. 시대를 분별하고 각성하라는 주님의 사랑의 메시지입니다. 천국 갈 기회를 잃으면 지옥에서 영원한 형벌을 받을 것을 두려워하며 우리의 구원을 두려움과 떨림(빌2:12)으로 이루어 나가야 할 것입니다.

8장에서는 가톨릭에 관해 알아보고자 합니다.
(필자 주: 카톨릭이 아니라 '가톨릭'이 바른 표기법입니다.)

가톨릭에 관해

1

중세 가톨릭의 마녀사냥

중세시대 때 '예수회'를 중심한 가톨릭은 그들 교리에 반대하는 사람들을 '마녀'로 취급하여 무참히 죽였습니다. 종교개혁 이후에는 1661년부터 1662년까지 '스코틀랜드'에서 대규모의 마녀사냥이 이루어졌고, '스위스'에서는 8천8백 명 이상의 사람들이 마녀재판을 받고 이 중 5천 명이 처형되었습니다. 히틀러가 600만 명의 유대인을 학살한 역사는 널리 알려졌지만, 가톨릭이 이단자로 몰아 처형한 6,800여만 명(리베라의 증언)의 사건은 감춰진 진실입니다.

그들은 집게로 손톱을 뽑아냈고, 큰 롤러에 송곳을 달고 개신교도 위에서 굴렸으며, 고문 기구로 손마디와, 다리와 발가락을 뭉갰습니다. 또한 희생자의 옷을 벗긴 뒤 줄로 팔을 등 뒤로 묶었고, 도르래를 사용하여 몸을 공중에 매달았다가 갑자기 떨어뜨려 신체 부위의 관절이 떨어져 나가게 했습니다. 로마 가톨릭의 가르침을 거절하는 사람에게는 귀와 입에 끓는 납을 부어 넣었고, 눈을 빼거나, 살점이 튀도록 채찍질을 하거나, 긴 못이 박힌 낭떠러지에 던져 넣었습니다.

종교 재판소에서 고문당한 사람은 감옥의 벽에 쇠사슬에 묶였고, 피로 가득 찬 고문실에서 살고 있는 쥐와 해충의 먹이가 되어 죽어갔습니다. 종교 재판은 점점 대량 학살로 이어졌는데 A.D. 1209년

'베지에르'라는 도시에서는 6,000명이 칼로 살육을 당했고, A.D. 1211년 '라바·우어'에서는 성경대로 믿는 그리스도인 10만 명이 학살 당했습니다.

'메린돌 대학살'에는 500명의 여인들이 창고에 갇힌 채 불에 타 죽었고, A.D. 1562년 '오렌지 대학살'에서는 교황 비오 4세가 이탈리아 군대를 보내 남녀노소를 가리지 않고 잔혹하게 살해했습니다. 6,000명이 칼로 살육을 당했습니다. (출처: 예수님을 따르는 아가페목장)

이와 같은 가톨릭이 '우리는 한 지붕 아래 한 형제'라고 말하며, 사랑, 평화, 일치라는 허울 좋은 슬로건을 내걸고 종교 통합을 위한 WCC와 연합할 수 있겠는지 신앙 양심에 물어야 할 것입니다. 종교 통합의 궁극적 목적은 단일 정부 수립을 위한 것이며, 그 정부는 기독교 탄압과 박멸입니다. 이미 그 일은 벌어지고 있습니다. IS의 기독교인에 대한 잔인한 학살은 중동에서부터 전 세계로 확산되고 있습니다. 언제 우리에게 닥칠지 모르는 일입니다. 우리나라에서 확산되고 있는 이슬람 세력들을 간과해서는 아니 됩니다. 세상에서 일어나는 수많은 테러는 겉으로는 종교전쟁 같지만 그들의 마음은 한 마음, 이 땅에서 기독교인을 사라지게 하는 것입니다. '차별금지법'이나 '노아법'이나 모두 성경 말씀을 배격하고 기독교를 배척하여 사단의 정부를 세우는 것입니다. 성경에서 말하는 마지막 대 환난은 이렇게 시작되는 것입니다.

왜 성령 하나님께서 WCC에 합류하는 주의 종들을 향해 회개를 촉구하시는지 알 수 있을 것입니다. 알면서도 목숨이 위태로워 강압 때문에 가입한다는 것은 이미 하나님의 종이 아닙니다. 하나님의 말씀보다 사단의 말을 따르기 때문입니다. 지금은 마지막 시대, 예수님의 재림을 목전에 두고 있습니다. 더욱이 '차별 금지법'이 통과 되면 목사님들은 예수님만이 구원자라는 설교를 할 수 없습니다. 동성애를 죄라고 말할 수도 없습니다. 바른 말씀을 전하고 믿음을 지키기 위해서는 순교를 각오해야 합니다. 주의 종들이 먼저 순교를 각오해야 하고 성도들을 순교를 각오하는 믿음의 사람들로 무장시켜야 합니다.

"손에 키를 들고 자기의 타작마당을 정하게 하사 알곡은 모아 곡간에 들이고 쭉정이는 꺼지지 않는 불에 태우시리라."(마3:12)

2
가톨릭의 오류
가톨릭은 왜 구원이 없는가?

1) 가톨릭은 하나님 말씀을 가감했다

"내가 너희에게 명하는 말을 너희는 '가감'하지 말고"(신4:2)
"내가 너희에게 명하는 이 모든 말을 너희는 지켜 행하고 그것에 '가감'하지 말지니라."(신12:32)

"너는 그 말씀에 '더하지' 말라. 그가 너를 책망하시겠고 너는 거짓말 하는 자가 될까 두려우니라."(잠30:6)

그런데 가톨릭은 하나님께서 지키라고 주신 10계명 가운데 제 2계명을 삭제하고 열 번째 계명을 둘로 쪼개서 9계명과 10계명을 임의로 만들었습니다.

- 2계명의 내용

"너를 위하여 '새긴 우상'을 만들지 말고 또 위로 하늘에 있는 것이나 아래로 땅에 있는 것이나 땅 아래 물속에 있는 것의 아무 '형상'이든지 만들지 말며 그것들에게 절하지 말며 그것들을 섬기지 말라. 나 여호와는 질투하는 하나님인즉 나를 미워하는 자의 죄를 갚되 아비로부터 아들에게로 삼, 사대까지 이르게 하거니와."(출20:4)

"너희는 자기를 위하여 우상을 만들지 말지니 목상이나 주상을 세우지 말며 너희 땅에 조각한 상을 세우고 그에게 경배하지 말라. 나는 너희 하나님 여호와임이니라."(레26:1)

"장색의 손으로 조각하였거나 부어 만든 우상은 여호와께 가증하니 그것을 만들어 은밀히 세우는 자는 저주를 받을 것이라."(신27:15)

① 가톨릭이 변개시킨 계명

하나님의 십계명 (출20: 3-17)	가톨릭의 10계명 (천주교 요리문답 제1권 28)
1. 나 외에는 다른 신들을 네게 있게 말지니라.	1. 하나이신 천주를 만유 위에 공경하여 모시고
2. 우상을 만들지 말고 그것들을 섬기지 말라.(천주교는 삭제)	2. 천주의 거룩하신 이름을 불러 헛맹세를 하지 말고
3. 여호와의 이름을 망령되이 일컫지 말라.	3. 주일을 지키고
4. 안식일을 기억하여 거룩히 지키라.	4. 부모에게 효도하며 공경하고
5. 네 부모를 공경하라.	5. 사람을 죽이지 말고
6. 살인하지 말라.	6. 사음을 행치 말고
7. 간음하지 말라.	7. 도적질을 말고
8. 도적질하지 말지니라.	8. 망령된 증참을 말고
9. 거짓 증거하지 말라.	9. 남의 아내를 원치 말고
10. 네 이웃의 아내나 소유를 탐내지 말지니라.	10. 남의 재물을 탐치 말라.

바뀐 내용: 우상을 만들지 말라는 제 2계명을 폐했습니다.

2계명을 폐하였으므로 10계명이 9계명이 되자 열 번째 계명을 둘로 쪼개 9계명과 10계명으로 나누었습니다. 그럼으로 마리아상과 각종 사도의 우상을 만드는 가톨릭이 된 것입니다. 영생을 얻게 하는 하나님의 계명의 중요성을 마19:16-17에서는 다음과 같이 기록했습니다.

"어떤 사람이 주께 와서 가로되 선생님이여 내가 무슨 선한 일을 하여야 영생을 얻으리이까 17) 예수께서 가라사대 어찌하여 선한 일을 내게 묻느냐. 선한 이는 오직 한 분이시니라 네가 생명에 들어가려면 계명들을 지키라."(마19:16-17)

② 말씀을 가감하는 자들에게 내리시는 징벌

　"내가 이 책의 예언의 말씀을 듣는 각인에게 증거 하노니 만일 누구든지 이것들 외에 더하면 하나님이 이 책에 기록된 재앙들을 그에게 더하실 터이요 19) 만일 누구든지 이 책에 기록된 예언의 말씀에서 제하여 버리면 하나님이 이 책에 기록된 생명나무와 및 거룩한 성에 참예함을 제하여 버리시리라."(계22:18-19)

2) 가톨릭은 마리아를 숭배 한다

우선 제 간증을 적어보겠습니다.

저는 2014년 8월부터 다음 해 2월까지 약 6개월 동안 '엘림교회'에서 말씀을 전한 적이 있습니다. 주일날 오전 예배는 담임 목사님께서 말씀을 전하셨고, 오후에는 제게 말씀 전할 기회를 주셔서 순종함으로 그 일을 감당했습니다. 그런데 그 교회에, 오랫동안 천주교에서 신앙생활을 하셨던 분이 기독교로 개종해서 신학을 하시고 목사님이 되셨는데 그분이 가끔 오셔서 함께 예배를 드렸습니다. 그런데 어느 주일 예배가 끝난 후 식사를 마치고 잠깐 휴식을 취할 때였습니다. 갑자기 그 목사님께서 제게 질문을 하시는 것입니다.

"선교사님, 예수님 형제가 몇인지 아세요?"

저는 아무렇지 않게

"네 명 인데요."

그러자 그 목사님은 곧 바로

"아닙니다. 예수님은 형제가 한 명도 없습니다."

그래서 제가

"마13:55에 보면 분명 네 명이 기록되어 있는데요. 야고보, 요셉, 시몬, 유다 그리고 누이들도요."

"그 사람들은 예수님을 낳은 마리아의 소생이 아니고 다른 마리아가 낳은 사람들입니다."

저는 그때 '아, 이분이 비록 목사님이 되셨지만 아직도 가톨릭 사상을 버리지 못했구나. 정통 신학을 공부한 분도 아니구나.' 하는 생각이 들자 제가 조금 언성이 높아졌습니다.

"그건 천주교에서 마리아를 신성시하는 마리아 숭배에서 나온 주장입니다. 성경에 분명히 기록된 말씀을 사람 임의대로 곡해해서는 안 되지요."

단호한 제게 그분은 화가 났던지 그 자리를 떴습니다. 그런데 문제는 그 후의 일입니다. 그날 저녁 담임 목사님으로부터 제게 전화가 왔습니다. 그 목사님이 담임 목사님에게 장문의 편지를 보냈는데 어이없는 내용들이라는 것입니다. 저는 담임 목사님께 요청하여 그 메일을 받아 읽어 보았습니다. 저는 너무 놀랐습니다.

"성스러운 하나님의 어머니 마리아가 어떻게 세상 여자들처럼 남편을 통해 아이들을 낳겠느냐."는 것입니다. 그러면서 선교사라는 사람은 말씀을 전할 자격이 없다느니 별의별 말로 저를 공격하는 말들을 나열했고 그 나름대로 피력한 말들은 성경에서 너무나 벗어난 것들이었습니다.

저는 천주교가 비진리라는 것을 깨닫고 그곳에서 탈출했을 뿐 아니라 목사님까지 되셨고 또 아직 출판은 안 됐지만, '천주교는 저주의 영이 흐른다'라는 제목의 책까지 쓰셨다고 해서 너무나 귀한 분으로 존경스럽기까지 했었는데 천주교의 마리아 숭배 사상의 뿌리가 얼마나 깊은지 그 목사님을 통해 절감했습니다. 그래서 그 일이 있던 다음 주일 그 목사님도 참석했던 자리에서 천주교에서 어떻게 마리아를 숭배하는지 '가톨릭의 오류'라는 제목으로 말씀을 전했던 내용을 옮겨 봅니다.

① 가톨릭의 마리아에 대한 주장
가톨릭은 마리아에 대해 다음과 같이 주장하고 있습니다.

첫째, 마리아 원죄 무죄 설(무염시태)
둘째, 마리아 행동 무죄 설
셋째, 마리아 평생 동정녀 설
넷째, 마리아 하나님의 어머니 설
다섯째, 마리아 기도 중보자 설
여섯째, 마리아 은총 중재 설
일곱째, 마리아 부활 승천 설(몽소승천)

그러면 가톨릭에서 마리아에 대해 주장한 이 일곱 가지 설을 하나님 말씀에 비추어 하나씩 밝혀 보겠습니다.

첫째, 마리아 원죄 무죄 설에 대해
인류의 조상 아담의 범죄로 말미암아 그의 죄가 후손들에게 전가되어 아담의 후손들은 누구나 막론하고 원죄를 가지고 태어납니다.

"이러므로 한 사람으로 말미암아 죄가 세상에 들어오고 죄로 말미암아 사망이 왔나니 이와 같이 모든 사람이 죄를 지었으므로 사망이 모든 사람에게 이르렀느니라."(롬5:12)

"모든 사람이 죄를 범하였으매 하나님의 영광에 이르지 못하더니."(롬2:23)

또한 하나님은 창조주시요 마리아는 하나님이 창조하신 피조물입니다.

"하나님이 천지를 창조하시니라."(창1:1)
"여호와 하나님이 흙으로 사람을 창조하시니라."(창2:7)

그러므로 마리아는 창조주에 의해 피조된 인간이요. 모든 인간은 원죄를 가지고 태어나기 때문에 마리아도 물론 원죄가 있습니다. 그런데 마리아는 원죄가 없다는 '마리아 원죄 무죄설'은 성삼위 하나님의 신격의 자리에 마리아를 올려놓은 대죄(大罪)입니다.

둘째, 마리아 행동 무죄 설에 대해

가톨릭은 마리아를 신격화해서 그의 행동에 죄가 없다고 합니다. 그러나

롬3:10은 "의인은 없나니 하나도 없으며"

라고 말씀합니다. 원죄를 지니고 태어난 인간은 모두 죄를 범하면서 살아갑니다. 마리아도 마찬가지입니다. 신이 아니라 인간이기 때

문입니다.

셋째, 마리아 평생 동정녀 설에 대해

성경에는 마리아를 동정녀로 기록하지 않고 처녀로 기록했습니다.

> "보라, 처녀가 잉태하여 아들을 낳을 것이요 그 이름을
> 임마누엘이라 하리라."(사7:14)
> "보라, 처녀가 잉태하여 아들을 낳을 것이요 그 이름은
> 임마누엘이라 하리라 하셨으니 이를 번역한즉 하나님이 우
> 리와 함께 계시다 함이라."(마1:23)

- 그럼 처녀와 동정녀의 차이점은 무엇일까요?

• **처녀**(處女)

　성인 여자로서 아직 결혼하지 않은 여자(미혼녀). 남자를 경험하지 않은 여자. 현재는 결혼하지 않았더라도 결혼의 가능성을 두고 있는 여자를 말합니다.

• **동정녀**(童貞女)

　평생 결혼하지 않고 몸과 영혼이 순결한 여자를 말합니다.

- 마리아가 동정녀가 될 수 없는 이유

　예수님은 성령으로 잉태되어 처녀 마리아의 몸을 빌려 탄생하셨습니다. 예수님은 인류의 죄를 대속하시기 위해 피를 흘리셔야 했기 때문에 인간의 몸을 입으셔야 했고, 처녀 마리아의 몸을 빌려 세상에 오신 것입니다. 마리아는 요셉과 정혼한 사이였지만 처녀인 상태에서 예수님을 낳

았고 그 이후로 성경에 기록된 대로 적어도 4남 2녀의 자녀(야고보, 요셉, 시몬, 유다, 그 누이들)를 낳았다는 것을 마13:55-56절과 막6:3절에서 기록하고 있습니다. 그래서 마리아는 동정녀가 될 수 없습니다.

그런데 천주교에서는 위의 4남 2녀가 예수님을 낳은 마리아의 소생이 아니고 동명이인인 다른 마리아 소생이라고 주장하고 있습니다. 그들은 예수님의 사촌들이라는 것입니다. 적어도 6남매 이상의 자녀를 낳은 마리아를 가톨릭에서 동정녀라고 하는 것은 마리아를 신성시하여 숭배하기 위해서입니다. 하나님의 말씀인 성경의 기록을 무시하는 것은 말씀이신 하나님을 '멸시하는 죄'입니다. 또한 하나님 말씀에 가감하는 것은 예루살렘성(천국)에 참예할 수 없다고 계22:19에 기록하고 있습니다. 때문에 우리가 신앙고백으로 암송하고 있는 사도신경에 '동정녀 마리아에게서 나시고'를 말씀대로 하면 '처녀 마리아에게서 나시고'가 정확한 표현이 될 것입니다.

그러면 왜 하나님은 평생 동정녀를 택하셔서 예수님을 탄생시키시지 후세 사람들이 왈가왈부할 수 있는 소지가 있는 남자와 정혼한 마리아를 택하셨을까요? 이는 우상화를 방지하기 위해서이며 또 예수님은 인성을 지니셨지만 신성을 겸하신 창조주 하나님이시요(요1:1-3) 마리아는 원죄를 가지고 인성만 있는 피조물임을 나타내시기 위함임을 알 수 있습니다. 그럼에도 마리아를 우상화하고 있으니 사단의 계략이 얼마나 기묘한지 알게 됩니다.

넷째, 마리아 하나님의 어머니 설에 대해

이에 답하기 위해 먼저 하나님은 어떤 분이신가요?

① 하나님은 스스로 있는 자, 자존 자(존재의 근원)이십니다.

"모세가 하나님께 고하되 내가 이스라엘 자손에게 가서 이르기를 너희 조상의 하나님이 나를 너희에게 보내셨다 하면 그들이 내게 묻기를 그의 이름이 무엇이냐 하리니 내가 무엇이라고 그들에게 말하리이까 14) 하나님이 모세에게 이르시되 '나는 스스로 있는 자'니라. 또 이르시되 너는 이스라엘 자손에게 이같이 이르기를 '스스로 있는 자'가 나를 너희에게 보내셨다 하라."(출3:13)

② 하나님은 성삼위 하나님이십니다.

성부 하나님, 성자 하나님(예수님), 성령 하나님.

③ 성자 하나님이신 예수님 모친이 '마리아'라면 마리아는 성부 하나님의 부인이 되는 건가요?

이는 피조물이 창조주 하나님의 신성을 모독하는 망령된 말입니다. '하나님의 교회' 교주인 안상홍의 부인 '장길자'를 하나님의 부인이라고 하는 가증한 교도 있습니다. 안상홍을 하나님으로 믿기 때문이죠. 인간으로서 어찌이리 참람한 말을 할 수 있으며 또 그러한 교를 믿고 따르는 사람들은 어찌된 일인지요. 하나님의 심판이 두렵지도 않을까요?

④ 피조물인 인간 마리아를 창조주 하나님의 어머니로 격상시킨 것은 인간을 신격화시킨 것이니 이는 거룩하신 성삼위 하나님을 모독하는 신성 모독 죄입니다.

신성 모독 죄는 사하심을 받지 못합니다. 성경에는 마리아를 모친 마리아라고 기록된 곳이 있지만 예수님께서 마리아를 어머니라고 칭한 곳은 한 군데도 없습니다. 여자여! 라고 하셨습니다. 예수님께서 십자가에 달리셨을 때 요한에게 마리아를 부탁하실 때도 '여자여!'(요19:26)라는 호칭을 사용하셨고, 가나의 혼인잔치에서도 같은 호칭(요2:4)을 사용하셨습니다. '여자여'라는 호칭은 불손한 표현이 아니라 헬라어에서 존칭어입니다.

> "누가 내 모친이며 내 형제냐. 누구든지 하늘에 계신 내
> 아버지의 뜻대로 하는 자가 내 형제요 자매요 모친이니라."
> (마12:46-50)

이 말씀에서 우리는 모든 것을 이해할 수 있습니다. 예수님은 말씀이신 하나님이시요. 모친 마리아는 인간이요 아들들을 낳은 한 여자일 뿐이라는 것입니다. 위에서도 언급했지만 예수님은 인간으로 오시기 위해 마리아의 몸을 빌려서 세상에 오셨기 때문입니다.

다섯째, 마리아 기도 중보 설에 대해

가톨릭에서는 마리아를 인간의 구원을 위한 중재자로 세웁니다. 천주교 교회헌장 62항에 보면 마리아를 일컬어,

"그 때문에 교회에서는 복된 동정녀를 변호자, 보조자, 협조자, 중재자라는 명칭으로 부른다." 했습니다.

그러나 중보자는 오직 예수님 한 분뿐이십니다.

> "하나님은 한 분 뿐이시오 또 하나님과 사람 사이에 중보
> 도 한 분이시니 곧 사람이신 그리스도 예수라."(딤전2:5)

여섯째, 마리아 은총 중재 설에 대해

가톨릭은 마리아를 일컬어,

"천지의 모후는 우리의 중재자시이다."

라고 말합니다. 그러나 위에서 언급했듯이 우리의 중재자는 예수님뿐입니다.

일곱째, 마리아 부활 승천 설(몽소승천 또는 피 승천)**에 대해**

마리아가 부활해서 승천했다고 주장합니다. 그러나 예수님 이외의 부활한 사람은 없으며 그래서 예수님을 부활의 첫 열매(고전15:23)라 했습니다.

그러면 이와 같은 마리아 숭배 사상은 어떻게 만들어진 걸까요?

3) 마리아 숭배 교리 역사

AD 375: 천사와 죽은 성인들의 형상의 숭배에 교서가 내려지면서 '마리아 숭배'가 공공연하게 행해졌다.

AD 431: 에베소 공회에서 공식적으로 마리아에 대한 예배와 '하나님의 어머니'라는 교리를 제정했다.

AD 600: '마리아와 죽은 성도에게 기도'하게 가르치는 교서가 내려졌다.

AD 1854: 교황 피우스 9세가 마리아 '무 원죄 잉태 설(무염시태)'을 제정하였다.

AD 1917: 마리아가 '은총의 중재 자'라고 확정 발표하였다.

AD 1931: 교황 피우스 11세는 '마리아는 하나님의 어머니'라는 교리를 재확인 했다. 이것은 431년 에베소 회의에서 제정했던 것을 다시 1500년 만에 재확인한 것이다.

AD 1950: 피우스 12세는 '마리아가 부활 승천(몽소승천)'하였다고 선포하였다.

AD 1952: 피우스 12세는 마리아의 몸이 썩지 않고 하늘로 올려 졌다고 마리아의 부활 승천을 보강했다.

AD 1962: 교황 요한 23세는 '마리아가 종신처녀(동정녀)'로 지냈다 고 선포하였다.

AD 1865: 교황 바오로 6세에 의해 마리아가 '교회의 어머니'로 선 포되었다.

이와 같은 마리아 숭배 교리 역사를 통해 마리아 숭배 사상은 인 간이 만든 유전이며 전통임을 알 수 있습니다.

4) 가톨릭은 교황을 신격 화 한다

첫째, 교황은 그리스도의 대리자로서 교회의 최고 통치자이다.

둘째, 교황은 오류가 없다.(교황 무오 설)

셋째, 교황은 면제권을 가지고 있다.(죄에 대한 형벌까지 면제해 줄 수 있는 권리)

가톨릭은 교황에 대해서 이와 같은 주장을 하고 있습니다. 그러 나 교회의 머리는 예수님이십니다. 교황 무오 설은 모든 인간은 죄 인(롬3:23)이라는 성경 말씀에 위배된 것이요, 교황이 면제권을 가지 고 있다는 것은 죄 사함은 오직 예수님(마9:6) 뿐이신데 교황을 예 수님의 자리에 올려놓는 신성 모독입니다.

① 교황들을 신격화 한 참람(僭濫)된 말들

콘스탄틴 때로부터 지금까지 역대 교황들, 추기경, 주교들, 사제들은 그들의 어록에서 회의 장소에서 교황을 하나님 또는 예수 그리스도의 대리자로 격상시키거나 숭배케 하는 '큰 말, 또는 '참람된 말'을 해 왔습니다. 그들은 교황을 부를 때는 '우리 주 아버지(Our Lord The Pope)'라고 부릅니다. 그러나 아버지는 하나님 한 분 뿐이십니다. "아버지는 한 분 뿐이시니 곧 하나님이시로다."(요8:41b)

"이에 왕(적그리스도)이 자기 뜻대로 행하며, 스스로 높여 모든 신보다 크다 하며, 비상한 말로 신들의 신을 대적하며, 형통하기를 분노하심이 쉴 때까지 하리니."(단 11:36).

- 교황 대관식에서

"이 세상을 다스리는 통치자와 왕과 왕자들의 아버지임을 잊지 말고 이 삼중관(三重冠)을 받으소서."(삼중관은 하늘, 땅, 땅 아래의 주인)

- 교황 보니페우스(Boniface)

"로마 교황은 모두를 판단할 수 있으나 아무에게도 판단받지 아니하고, 그 로마 교황으로 말미암아 모든 생물들은 다 함께 구원받을 필요가 있다."

- 교황 쥴리어스 2세(Julius II) 3.528mm

"교황은 세상에 있는 다른 또 하나의 하나님이시다."

- 교황 비오 9세(Pius X)

"내가 길이요 진리요 생명이다!"

- 교황 비오 10세

"교황은 육신을 입은 그리스도 그 자체이다."

- 교황 요한 23세

"교황에게 연합된 자만이 구원을 받을 수 있다."

- 주교 보가우드

"교황과 하느님은 동일하기 때문에 그분은 하늘과 땅의 모든 권력을 쥐고 있는 것이다."

- 베이룬(Bayloone) 추기경

"하나님의 영이 볼 수 있도록 변한 인간이 교황이시다."

- 교황 니콜라스

"짐은 모든 것 안에 있고 모든 것보다 위이다. 고로 짐은 하느님의 대리자로서 하느님과 동등이다."

- 교황 바오로 2세

"죄를 용서받으려면 하느님께로 가지 마라. 내게로 오라."

- 교황 이노센트 3세

"나는 그리스도 보다 자비롭다. 왜냐하면 나는 영혼들을 연옥에서 건져내는 데 반해 그리스도는 영혼들을 연옥에 가둬버렸기 때문이다.

4) 그 외 수많은 우상숭배

하나님께서는 우상숭배를 가장 싫어하십니다. 하나님께서 3, 4대에 이르기까지 저주를 내리시는 죄입니다.(출20:5) 그런데 천주교에서는 수많은 우상을 섬기고 있습니다.

- 성상 숭배
마리아나 교황의 형상을 만들어 놓고 그 앞에 절하거나 기도한다.

- 유골 숭배
성인이라고 칭하는 유골(해골, 성해라고 지칭)과 유품 숭배를 한다.

- 성체 숭배(성체 조배와 성체 강복)
성체 숭배란 미사 지낼 때의 떡이 그리스도로 화 한다고 믿고 그 떡에게 절을 하고 복을 달라고 비는 것이다.

- 천사 숭배
성인 숭배의 일부로서 천사에게 기도하는 것이다.
그러나 기도는 하나님께 하는 것이요 그리스도의 이름으로 하는 것입니다.

- 성수 숭배
성수란 보통의 물에다 소금을 넣어서 신부가 특별히 축복한 물인데 천주교의 의식에서 사용하고 있다. 이 성수를 뿌리면 질병과 악령들을 추방하는 효과가 있다고 믿는다. 그러나 성경은 오직 예수 이름으로 귀신을 쫓아내며 기도 외에는 이런 류가 나가지 않는다고 말합니다.

- 묵주 기도

묵주는 불교의 염주와 같은 것으로 15개의 묶음으로 된 사슬로서 이것을 세면서 기도하는 것을 묵주 기도라고 한다. 이 묵주 기도에는 교회와 사회와 개인 영혼을 위협하는 악을 물리치는 힘이 있다고 주장한다.

5) 가톨릭(천주교)은 조상 제사를 지낸다

죽은 조상을 제사하는 것은 유교의 산물입니다. 죽은 조상이 귀신이 되어 자손들을 돕고 제삿날에 제삿밥을 먹으러 온다는 것입니다. 그러나 한 번 죽은 자는 예수님 재림하실 때까지는 이 지상에 올 수 없습니다. 그 영혼은 낙원이나 음부에 가 있습니다.(눅16:22-23) 그리고 제사는 하나님께만 드리는 것입니다. 그런데 사람들이 드리는 제사는 조상신들에게 드리는 제사 곧 우상숭배입니다.

6) 가톨릭은 신부에게 고해성사를 한다

신부가 사죄권을 가지고 있으므로 그에게 고해성사를 하면 죄 사함을 받는다는 것입니다. 그러나 죄인 된 사람이 사람의 죄를 어찌 사할 수 있겠습니까? 오직 우리 주 예수그리스도만이 인간의 죄를 사하십니다.

"그러나 인자가 세상에서 죄를 사하는 권세가 있는 줄을

너희로 알게 하려 하노라."(마9:6)

7) 가톨릭은 연옥 설을 주장 한다

성경은 천국과 지옥이 있다고 말씀하고 있습니다. 연옥이 있다는 말씀은 없습니다. 천주교의 연옥 주장은 '구전'이나 외경 '마카비하' 등을 근거로 제시하고 있습니다. 그러나 연옥은 정경(성경 66권)에 없으며 '동방과 희랍사상'에서 영향을 받은 것으로 처음 오리겐의 영향을 받은 '최초의 교황 그레고리 1세'가 '연옥 설'을 창시했습니다.

2

가톨릭의 마리아 숭배
사상 근원

가톨릭의 마리아 숭배 사상은 어디에서 근원하는 것일까요? 구약 성경에 나오는 니므롯으로 거슬러 올라갑니다. 노아는 세 아들을 낳았습니다. 곧 셈, 함, 야벳입니다. 이 세 아들 중 노아에게 저주를 받은 아들 함은 구스, 미스라임, 붓, 가나안(창10:6)을 낳게 됩니다. 구스는 여러 아들과 함께 니므롯을 낳았습니다.

"구스가 또 니므롯을 낳았으니 그는 세상에 처음 영걸이라."

(창10:8)

노아 → 함 → 구스 → 니므롯으로 이어집니다.

노아의 4대손 니므롯의 아내 세미라미스(성경에는 이름이 나와 있지 않지만 고대 문헌에 기록되었음.)는 니므롯이 죽은 뒤에 태양신(바알)이 되었으며, 아들 담무스는 니므롯의 환생이라고 속여 사람들의 숭배를 받게 됩니다. 그리고 자신도 하늘 황후라고 하여 숭배를 받았습니다. 여기서부터 사단 종교인 루시페리안(루시퍼: 빛-사14:12-) 종교가 시작됩니다. 이는 루시퍼(lucifer)를 추종하는 교단이 되어 각기 이름을 바꾸어 바벨론에서 이집트, 로마, 그리스로 유입됩니다. 각 나라에 유입되어 사단을 섬기는 모든 종교의 뿌리가 되었습니다.

가나안 사람들과 이스라엘 백성들이 섬겼던 '바알신'과 '아세라' 혹은 '아스다롯' 여신의 기원은 결국 바벨론의 니므롯과 세미라미스와 담무스에서 기원한 것입니다. 그리하여 세미라미스는 사단교(루시퍼)와 일루미나티(광명회 비밀결사)의 시조가 됩니다. 그러면 바벨론의 신이 각 나라에 유입되어 그 나라 이름으로 바뀐 실례를 도표로 알아보겠습니다.

1) 각 나라에서 변형된 신(神) 명(名)

나라 명	니므롯의 호칭	세미라미스의 호칭	담무스의 호칭
바벨론	니므롯	세미라미스	담무스
이집트	오시리스	이시스	호루스
그리스	제우스, 아폴론	비너스	디오니수스
로마	쥬피터, 솔	다이아나	아티스
이탈리아	야누스		

페르시아	미트라		
고린도	바알	아프로디테	
에베소	바알	아데미, 다이애나	
가나안	바알	아스다롯, 아세라	담무스
소아시아	데오니우스	카벨레	
인도	이스와라	이시(어머니 신)	
중국		싱무(거룩한 어머니)	
독일		페르타르	

- **바알**(풍요와 다산)**은 모든 신의 주**(주인)**가 됩니다.**

구약성서에서 〈두로의 바알〉, 〈시돈의 바알〉, 〈레바논의 바알〉, 〈헤르몬산의 바알〉 등이 모두 바벨론 종교의 신 바알(니므롯과 담무스)에 속합니다. 또한 이 바벨론 종교가 가나안에 땅에 유입됩니다. 시날 평지에서 비옥한 가나안 땅으로 이주한 니므롯의 후예들이 가나안 7족속을 이루어 또 다시 피의 '인신제사'와 바알과 아세라의 집단 즉 성(性)의 제전의 종교의식을 통해 아름다운 땅을 더럽히기 시작했습니다.

이스라엘이 가나안 정착 후 이 바알 숭배에 빠져 여호와 하나님과 함께 섬기게 됩니다. 구약의 모든 선지자들을 통해 하나님은 바알을 숭배하는 이스라엘 백성에게 멸망을 선포하시며, 엘리야 선지자를 통해 갈멜산에서 바알 선지자 사백오십 인과 아세라의 선지자 사백 인과 대결(18:19-40)하여 여호와 하나님이 참 신이심을 보여 주었지만 이스라엘 백성은 그때 뿐, 결국 바알과 아세라 숭배의 뿌리를 뽑지 못하고 하나님 심판에 의해 결국 멸망당했음을 알 수 있습니다.

바벨론의 여신 세미라미스는 자신을 통해 담무스(죽어 태양신이 된 니므롯의 환생이라 함)가 태어났기 때문에 태양신을 낳은 어머니가 된 그녀는 하늘의 황후가 됩니다. 겔8:14-18에 보면 이스라엘 여인들이 담무스를 위하여 애곡하며 이십오 인이 태양신(바알=니므롯과 담무스)에게 경배하는 모습이 나옵니다. 또 렘7:17-18에서는 이스라엘 부녀들이 하늘의 황후(세미라미스)에게 제사를 드리기 위해 과자를 만드는 데 온 가족이 동원되어 협력하는 모습이 나옵니다.

"너는 그들이 유다 성읍들과 예루살렘 거리에서 행하는 일을 보지 못하느냐 18) 자식들은 나무를 줍고 아비들은 불을 피우며 부녀들은 가루를 반죽하여 하늘 황후를 위하여 과자를 만들며 그들이 또 다른 신들에게 전제를 부음으로 나의 노를 격동하였느니라."(렘7:17-18)

이 세미라미스가 고린도에서는 '아프로디테 여신'으로, 에베소에서는 '아데미' 혹은 '다이애나 여신'으로, 가나안에서는 '아스다롯' 혹은 '아세라'로 이름이 바뀌어 이스라엘 백성들이 섬기게 됩니다. 형상으로는 아들(담무스)을 품에 안고 있는 어머니 형상으로 전래되어 각 나라에 유입되어 세미라미스가 어린 담무스를 안고 있는 동상과 우상들이 곳곳에 세워졌습니다. 오늘날 천주교에 세워진 아기 예수를 안고 있는 마리아상은 바로 거기에서 유래한 것입니다. 때문에 우리가 생각할 때는 예수님과 마리아를 연상하지만 예수님은 마리아 품에 안긴 나약한 아기 예수로 표현되는 근원이 바로 하늘의 여황이자 여신(女神) 세미라미스가 태양신이라 자칭하는 아들 담무스를 안고 있는 동상이 전 세계에 유입되면서 가톨릭에도 유입이 된 것인데 그 배경은 A.D. 313년 로마의 콘스탄틴 황제가 '밀라노 칙령'에 의해 기독교를 국교로 선포할 때 이방 종교들이 각자의 이방 신들을 가톨릭 안에 들여오면서 비롯되었고 콘스탄틴 황제는 정치적 목적 하에서 기독교를 공인했지만 그는 여전히 태양신을 섬기고 있었습니다.

♠ 일루미나티 신앙의 뿌리는 바벨론 종교, 남자 신(니므롯)과 여자 신(세미라미스)과 아들 신(호루스)에 대한 믿음으로 요약됩니다. 호루스 또는 '전시안(모든 것을 보는 눈)'은 태양신을 상징하는 트레이드마크입니다. 호루스는 일루미나티(프리메이슨)가 기다리고 있는 저들의 메시야(사단 루시퍼)입니다.

♠ 2012년 슈퍼볼 경기 하프타임 공연에서 일루미나티의 마녀로 불리는 '마돈나'가 이집트 여신 이시스(Isis)로 분장해서 일루미나티를 위한 제전을 벌렸습니다. 이 공연에 가수 '싸이'는 스스로가 이시스(Isis)의 아들 호루스(Horus)의 모습으로 등장해서 한바탕 제전을 벌렸습니다.

그러면 가톨릭은 어떻게 세워진 것일까요?

마리아 숭배, 우상숭배 등 성경 말씀을 왜곡하고 있는 가톨릭은 초대교회에서 출발한 사도들이 세운 교회가 아닙니다. 초대 교회는 예수의 사도들을 통해 교회가 형성되었습니다. 로마의 숱한 박해 속에서도 기독교회는 A.D. 313년 이전까지는 어떤 형태의 교파도 없이 성장해갔습니다. 로마는 이러한 그리스도인들을 핍박했습니다. 사자들의 밥이 되게도 했고 온갖 악랄한 방법으로 고문하고 죽였습니다. 그럼에도 기독교인들은 사멸하지 않고 핍박을 가할수록 더욱 확산되어 가는 그리스도인들을 보면서 정치적 목적 하에서 콘스탄틴 황제는 A.D. 313년 밀라노 칙령에 의해 기독교를 공인하게 됩니다. 그의 개종으로 인해 로마의 많은 사람들이 기독교로 개종하였으나 이전에 섬기던 이교도의 사상과 의식을 버리지 못한 그들에 의해 이방 종교의 풍습이 기독교로 유입되었습니다. 콘스탄틴 황제 역시 그가 섬기던 태양신을 숭배했습니다.

그러다가 378년 로마의 주교 다마수스가 이교도의 최고 제사장직을 겸직하게 됨으로 기독교는 이교도와 혼합하게 되었고, 590년 초대 교황인 그레고리 1세가 즉위함으로 천주교(Roman Catholic Church)라고 하는 종교가 탄생하게 된 것입니다.

결국 공인된 기독교 안에 세상 온갖 우상을 섬기는 이방 종교가 유입되면서 혼합된 종교가 가톨릭이며 이는 기독교라기보다 로마의 신생 종교라는 것이 정확한 표현입니다. 기독교 옷을 입은 혼합 종교입니다. 성경도 제대로 읽지 못하고 이러한 역사를 알지 못하는 순진한 가톨릭 신자들은 이 사실을 모르고 있습니다.

역으로 가톨릭 교황 베네딕토 16세는 2007년 7월 10일 내린 교서에서 로마 가톨릭만이 유일하고 진정한 기독교 교회라고 공표, 승인함으로써 개신교회나 성공회, 정교회 등을 교회로 볼 수 없다고 발표했습니다. 이런 가톨릭이 참된 그리스도인들을 근본주의로 내몰아 박멸하기 위해 종교 통합(에큐메니칼)운동을 벌이고 있는 것입니다. 참된 그리스도인들은 기도하는 가운데 성령의 도우심을 받아 세상과 타협하지 않는 믿음으로 자신과 가족을 지켜야 할 것입니다.

4

사도신경의
문제에 대해

교회가 바른 신앙을 위해 바른 신앙고백의 토대 위에 서야 함은 지극히 당연한 일입니다. 우리가 예배 시작할 때 고백한 사도신경은 성삼위 하나님에 대한 신앙고백이기도 하기 때문에 그러한 믿음으로 저 자신도 사도신경을 고백해 왔습니다.

사도신경은 성부, 성자, 성령에 대한 믿음과 성자 예수님의 고난과 죽음과 장사됨, 그리고 부활과 승천, 재림에 대해서 또한 우리의 죄를 용서받는 것과 부활과 영생의 믿음이 들어 있으며, 이들을 온전히 믿는 믿음으로 예배 때 고백하게 된 것입니다.

그러나 우리가 예배 때마다 암송하고 있는 사도신경이 많은 문제를 안고 있다는 것을 대부분의 성도들이나 심지어는 목사님들로 모르고 있다는 사실입니다. 저 역시 그중의 한 사람이었습니다. 그런데 사도신경의 문제를 알고 있는 교회에서는 사도신경을 아예 암송하지 않는다는 사실을 알게 되었습니다. 그런 교회를 향해 기성 교회에서는 이단으로 취급을 해 왔습니다. 물론 이단성이 있어 암송하지 않는 교회도 있을지 모릅니다. 그래서 사도신경에 대한 문제점을 모 교회를 통해 알게 된 다음 검토하는 과정에서 가장 중요한 예수님의 대속의 죽음 즉 구원 문제가 명백하게 드러나지 못하고 약화되었다는 사실을 발견하게 되었고 인간 마리아를 성삼위 하나님을 고백하는 신앙고백에 굳이 삽입할 필요가 있겠는가 하는 점에 이르게 되었습니다. 물론 예수님의 신성과 더불어 인성을 강조하기 위해 성령으로 잉태되어 마리아 몸에서 나신 것이라는 사실을 드러낸 것이지만, 마리아를 등장시키지 않고도 참 하나님이시면서도 인간이신 예수님의 인성을 적절하게 표현할 수 있기 때문입니다. 그럼 사도신경에 대한 바른 인식을 위해 문제점과 건전한 사도신경의 모본을 제시해 보고자 합니다.

사도신경은 성경 전체의 진리를 축소한 가장 성경적인 신앙고백이 되어야 하는데 우리가 고백하는 신경에는 가장 핵심적인 예수 그리스도의 대속의 죽음이 실상보다도 약화되었다는 아쉬움을 가지게 된 것입니다. 예를 들어 "본디오 빌라도에게 고난을 받으사 십자가에 못 박혀 죽으시고"에서 이 의미를 믿음이 있는 사람들은 다 알지만 사도신경은 초 신자나 불신자가 보더라도 예수님의 죽으심이 무엇 때문인지 문자로 확실하게 드러나야 한다는 입장에서 말한다면 "나의 죄를 대속하시기 위해 고난을 받으사 십자가에 못 박혀 죽으시고"로 해야 된다는 것입니다. 문장이 좀 길지만 말입니다.

내 죄 때문에 고난 받으시고 십자가 죽음을 죽으셨다는 것이 사도신경의 핵심이 되어야 한다는 것입니다.

그리고 '동정녀 마리아에게서 나시고'에서 성경에도 없는 동정녀라는 표현을 하는 것은 옳지 않다는 것입니다. 성경에서는 마리아를 처녀라고 했지 동정녀라고 하지 않았기 때문입니다. 처녀와 동정녀는 확연하게 다릅니다. 마리아는 동정녀가 될 수 없습니다. 그 이유는 앞에서 밝혔기에 생략합니다. 그리고 두 번째는, 성삼위 하나님에 대한 고백인 사도신경에 굳이 피조물인 마리아를 삽입시킬 필요가 있겠느냐는 것입니다. 물론 예수님께서 육체를 입으심은 우리 인간과 본질적으로 다른 성령으로 잉태된 하나님이심과 인성을 강조하기 위해서 마리아를 넣었다고 할 수 있겠지만 이 때문에 마리아 숭배 사상의 원인 제공을 하고 있다는 것입니다.

다시 말해 "성령으로 잉태하사 동정녀 마리아에게서 나시고"를 "성령으로 잉태하사 인자가 되셨으며"로 고백해도 예수님의 신성과 인성을 충분히 드러낼 수 있다는 것이며 또한 성삼위일체 하나님을 고백하는 그 신경에 피조물인 인간 마리아 이름을 올린다는 것은 지나치다는 것입니다. 아무리 예수님이 그 몸을 빌려 태어나셨어도 말입니다. 하나님과 인간은 창조주와 피조물이라는 근복적으로 격이 다르기 때문입니다.

사도신경이 어떤 내력을 가지고 있는데 감히 건방진 생각이라고요? 그러나 사도신경은 이미 많은 문제를 안고 있다는 것을 아시는 목사님들은 이미 다 알고 있습니다. 이하 이광복 목사님(계시록의 세계적 권위자이며, 900권에 가까운 책을 저술해서 기네스북에 등재를 준비하고 있는 목사님)의 저서 …사도신경으로 본 가톨릭의 정체』라는 책을 참고해 봅니다.

미국 내 가장 큰 보수 교단이면서 최대 교파를 이루는 침례교가 3,000만이 넘습니다. 그중 남침례교가 1,500만이며 대다수의 미국인 남침례교회들은 예배 중에서도 사도신경을 암송하지 않습니다. 교단을 거부하는 독립침례교회 역시 마찬가지입니다. 희랍정교회도 사도신경을 암송하지 않습니다. 남침례교단이 예배 시간에 사도신경을 고백하지 않는 이유는 "사도신경은 성경과 대치되고 성경과 무관한 내용들이 포함되어 있다."는 것입니다. 심지어 이단적인 가르침 즉 종교다원주의라는 배도적 가르침을 펼치는 가톨릭 교회를 거룩한 교회(공교회)라고 인정하는 내용까지도 포함되어 있습니다. 하지만 이를 모르고 심지어 예배를 집전하는 목사도 이를 모르고 암송하는 경우가 허다합니다. 이를 사도들이 고백한 신앙고백이라 하며, 거룩한 예배의식에 포함시켜 암송하는 것에 대해 많은 생각을 해 봐야 합니다.(146쪽)

첫째, 사도신경은 순수한 신앙을 지닌 <초대교회시대>가 아닌 <국교시대>에 형성되었습니다.

둘째, 사도신경은 성경적으로 많은 문제를 가지고 있습니다.

셋째, 사도신경은 12제자가 만든 것이 아닙니다.

넷째, 사도신경은 이면에 개혁 신앙보다는 가톨릭적 신앙, 즉 가톨릭적 이교의 냄새가 물씬 풍긴다는 것입니다.

다섯째, 창조주 성삼위 하나님에 대한 신앙고백에 피조물 마리아를 삽입하는 것은 가톨릭의 마리아 숭배 사상을 고취시키는 함정이 된다는 것입니다.

여섯째, '공교회'는 연옥설을 교리로 삼는 가톨릭 교회를 의미한다는 것입니다.

라틴어 원문으로 된 사도신경에는 연옥설을 지지하는 내용이 수록되어 있고, 마리아를 평생 동정녀라고 하며, 마리아 숭배 교리까지 주장하고 있다는 것입니다. 가톨릭은 성경을 하나님의 순수한 말씀으로 받아들이지 않고 있으며, 성경보다 교회의 전통을 우위에 두고 있습니다. 그럼으로 가톨릭은 구약성경을 인간의 작품으로 보며 성경에 결함이 있어 여러 세기에 걸쳐 가필되고 편집 절차가 이루어졌다고 말합니다.

또한 '가톨릭 교리문답 제85항'에는 "기록된 형태(성경)이든 전통(가톨릭의 유전)의 형태이든 하나님의 말씀에 대한 진정한 해석은 교회에만 맡겨져 왔다."고 말합니다. 여기서 교회란 로마 가톨릭 교회만을 지칭합니다. 그러면 사도신경의 문제를 조목별로 밝혀 보기로 합니다. 바뀌지 않은 사도신경으로 봅니다. 결과는 마찬가지이기 때문입니다.

사도신경은 12개 항목으로 분류할 수 있습니다.

① 성부
: 전능하사 천지를 창조하신 하나님 아버지를 내가 믿사오며,
이 창조는 아시는 대로 무에서 유를 창조(빠라)함입니다. 단순히 천지를 창조하시는 것이 아니라 '천지 만물과 인간을 창조하신' 하나님이라 표현해야 된다는 것입니다. 사도신경은 불신자에게도 확실한 진리를 드러낼 수 있어야 하기 때문입니다.

② 성자의 신분
: '그의 외아들(유일하신 아들)' 우리 주 예수그리스도를 믿사오니,
외아들이란 표현은 가톨릭 계열의 신학자들과 예수 그리스도의 신성을

부인한 〈웨스트 코트〉가 의도적으로 성경을 변개시키기 위해 편집한 소수 헬라 사본에 나오는 흠정역(KJV)을 제외한 다른 번역 성경의 어휘입니다.(82쪽)

외아들은 한 명뿐인 아들이라는 의미입니다. 이 표현은 하나님의 유일한 아들이란 의미만을 강조한 것입니다. 요1:18에 보면, "보라, 하나님을 본 사람이 없으되 아버지 품속에 있는 독생하신 하나님이 나타내셨느니라."

아버지 품속에 있는 독생하신 예수님은 유일하신 하나님의 유일한 아들이란 의미와 더불어 '스스로 나신 분'이란 의미입니다.(83쪽)

그러므로 '그의 외아들'은 '독생자'로 표현해야 한다는 것입니다.

③ 성자의 출생
: '그는 성령으로 잉태하사 동정녀 마리아에게서 나시고'

에서 동정녀 마리아를 사도신경에 삽입하는 것은 마리아 숭배 사상을 고취시키는 가톨릭 냄새가 짙을 뿐만 아니라 성삼위 하나님에 대한 고백에 인간 마리아를 삽입시키는 것은 어불성설이라는 것입니다. 그럼으로 "동정녀 마리아에게 나시고"를 삭제하고 "그는 성령으로 잉태하사 인자가 되셨으며"로 바꾸어 표현해야 된다는 것입니다.

④ 성자의 고난, 죽음, 장사됨
: '본디오 빌라도에게 고난을 받으사 십자가에 못 박혀 죽으시고'

예수님이 본디오 빌라도에게 고난을 받으신 것은 사실이지만 성경의 핵심인 구원사, 즉 예수님이 죽으신 이유에 대해서 확실하게 드러나지 않음으로 예수님의 구원의 표현이 약화된 것입니다. 그러므로 "우리(혹은 나의) 죄를 대속하시기 위해 고난 받으사 십자가에 못 박혀 죽으시고"로 표기해야 함이 옳다는 것입니다.

⑤ 성자의 부활

: '장사 된 지 사흘 만에 죽은 자 가운데 다시 살아나시며'

이 구절은 문제없음.

⑥ 성자의 승천

: '하늘에 오르사 전능하신 하나님 우편에 앉아 계시다가'

문제없음.

⑦ 성자의 재림

: '저리로서 산 자와 죽은 자를 심판하러 오시며'

'거기로부터 산 자와 죽은 자를 심판하러 오시며'

⑧ 성령

: '성령을 믿사오며'

문제없음.

⑨ 거룩한 교회

: '거룩한 공회와 성도가 서로 교통하는 것과'

'거룩한 공회'는 영어의 the Holy Catholic Church(거룩한 공교회)를 번역한 것입니다. Catholic이란 뜻은 보편적 혹은 세계적인, 우주적인 이라는 뜻으로서 한영 사도신경을 보면 어떤 것은 Catholic이라는 단어를 감추기 위하여 이것을 풀어 Universal로 번역해 놓은 것도 있습니다. '우주적 교회'

란 가톨릭을 의미하며 가톨릭만이 유일한 교회라는 의미를 담고 있습니다.

한국 교회에서는 이것을 '거룩한 공회'로 번역하였지만 성경에서의 '공회'는 언제나 그리스도의 뜻을 반대하는 자들로 표현되고 있음을 보게 됩니다.(마10:17, 눅22:66, 요11:47) 그리고 그 공회는 결국 예수님을 죽이려고 예수님을 칠 거짓 증거를 찾는 무리들(마26:59)이었습니다. 그리고 결국 예수님을 죽였습니다.

특히 '성도가 서로 교통하는 것'에 대해서는 많은 사람들이 모든 세상의 성도들이 서로 영적으로 함께 교제하는 것으로 잘못 알고 있습니다. 그러나 여기서의 성도는 믿는 성도들을 일컫는 말이 아니라, '죽은 가톨릭의 성인들'을 말합니다. 그래서 이 말은 본래 "성인의 통공을 믿으며"입니다. 로마 가톨릭 교회는 이것을 성자숭배의 근거로 삼고 있으며, 산 자와 죽은 자가 교통하는 교리적 근거로 삼고 있는 것입니다.

이러한 신앙고백으로 인하여 가톨릭 교인들은 지금까지도 죽은 자들의 이름으로 봉사하고 헌금하기도 합니다. 물론 성경적인 의미의 '성도'란 예수 그리스도를 구주로 믿는 모든 신자들(고전1:2)을 가리키지만, 로마 가톨릭의 '성도'는 죽은 지 오랜 세월이 경과한 뒤에 특별 심의를 거쳐 서품되는 복자, 성자 등 죽은 자를 지칭하는 개념입니다. 이것은 성경에서 책망하고 있는 바, 강신술을 권장하는 것과 같은 미신에 속한 것입니다.(신18:11; 사8:19-20)

그러므로, '거룩한 공회와 성도가 서로 교통하는 것과'는 삭제해야 하는 부분입니다.

⑩ 성도의 사죄

: '죄를 사하여 주시는 것과'

문제없음.

⑪ 성도의 부활

: '몸이 다시 사는 것과'

문제없음.

⑫ 성도의 영생

: '영원히 사는 것을 믿사옵나이다.' 아멘

문제없음

이러한 가톨릭적인 냄새를 없애고 예수 그리스도의 십자가상의 죽음 즉 핵심적인 구원을 제대로 표현한 올바른 신경이 되려면 아래와 같은 사도신경이 되어야 할 것입니다.

"전능하사 천지 만물과 인간을 창조하신 하나님 아버지를 내가 믿사오며, 독생자 우리 주 예수 그리스도를 믿사오니,

이는 성령으로 잉태하사 인자가 되셨으며,

나의 죄를 대속하시기 위하여 고난을 받으사 십자가에 못 박혀 죽으시고 장사한 지 사흘 만에 다시 살아나시어 하늘에 오르사

전능하신 하나님 우편에 앉아 계시다가

거기로부터 산 자와 죽은 자를 심판하러 오시리라.

성령을 믿사오며,

나의 죄를 사하여 주시는 것과 몸이 다시 사는 것과

영원히 사는 것을 믿사옵나이다. 아멘

마지막으로 문제가 많은 사도신경을 굳이 고백해야 하는가 하는 문제입니다.

사도신경을 고백하려면, 의미를 생각하면서 진실한 마음으로 천천히 또박또박 고백해야 하는데도 어느 교회나 보면 입으로 달달 판에 박은 듯 형식적으로 외우고 있음을 볼 때 그러한 자세는 오히려 주님을 기쁘게 하기는커녕 형식이라는 것을 너무나 잘 알게 됩니다.

또한 앞에서 언급한 대로 사도신경은 가톨릭적 냄새가 짙은 신경이므로 위와 같이 고쳐서 고백하든지 아니면 목사님의 재량대로 하시겠지만, 반드시 고백하지 않아도 크게 문제 될 것은 없다는 것입니다. 사도신경 또한 주님의 명령이 아니요, 사람이 만든 전통과 유전이기 때문입니다. 그리고 복음 안에 우리의 사도적 믿음의 고백이 다 들어 있기 때문입니다. 오히려 사람이 만든 문제 많은 사도신경을 외워 고백하기보다는 예수님이 친히 가르쳐주신 주기도문을 고백하는 것이 훨씬 성경적이라는 것입니다.

이는 각 교회에서 목사님들의 이러한 문제 인식을 통한 현명한 판단 아래 행해질 문제입니다. 단지 이러한 문제 인식을 못하는 성도들이 그저 형식적으로 외우는 것보다는 이와 같은 사도신경의 문제점을 먼저 목사님들께서 인식하시고 성도들에게 충분히 가르치신 다음에 행해져야 한다고 생각합니다. 복음적 판단 없이 관습과 전통으로 굳어진 비성경적인 것들은 과감하게 개혁해 가는 용기와 결단이 필요합니다. 이를 하나님께서도 기뻐하실 것입니다. 기존의 사도신경을 고백하지 않는다고 무조건 이단시하는 것도 잘못된 판단이며, 이는 이단들이 사도신경을 고백하지 않는 것과는 성격이 다르기 때문입니다.

9장

마지막 시대 경고

1. 차별금지법에 관해

2. 동성애에 관해

3. 노아법에 관해(Noahide Laws)

4. 증오범죄 법에 관해(헤이트크라임 법)

5. 사단의 전략

차별금지법에 관해

차별금지법은 교회를 무너뜨리는 사단의 강력한 역사입니다.

차별금지법이란 정치적·경제적·사회적·문화적 생활의 모든 영역에 있어서 합리적인 이유 없는 차별을 금지하고자 제정된 법안입니다. 우리나라에서는 법무부가 2007년 10월2일 입법 예고했습니다.

그러나 차별금지법은 많은 문제를 안고 있고 오히려 역차별을 받을 수 있는 소지가 많습니다. 또한 차별금지법은 전 세계를 하나의 정부로 묶는 단일 세계정부 수립을 위한 발판을 마련하기 위한 세계적 동향이기도 합니다.

차별금지법은 자유민주주의 국가에서 허용되는 건전한 비판을 범죄로 취급하며, 국민의 바른 말할 권리를 심각하게 탄압합니다. 결국은 우리 자녀들을 망치고 국가가 무너지는 상황 속에서도 처벌이 무서워 아무 말도 못하는 벙어리 국민을 만들 것입니다. 이는 명백히 헌법에 보장된 양심의 자유, 표현의 자유를 억압하는 것입니다. 우선 여기서는 종교에 대한 차별금지법에 대해서 다뤄보고자 합니다.

- **종교에 대한 차별금지법**

만일 차별금지법 법안이 통과되면 이슬람교의 테러와 폭력, 여성인권 유린(명예살인, 검은 베일을 온몸에 감고 다니는 것, 한 남자가 4명의 아내를 소유한 것)에 대해 부정적인 말을 할 경우, 1천만 원 이하의 벌금 처벌을 받습니다. 이란에서는 아버지가 일곱 살 난 어린 딸이 삼촌에게 강간당했다는 의심이 들자 명예살인의 명목으로 친딸의 목을 베어 죽였습니다. 무슬림의 한 성지에서는 불타는 건물에서 탈출하려던 15명의 소녀들이 히잡(몸을 가리는 베일)을 쓰지 않았다는 이유로 종교 경찰들이 입구를 막아 불에 타 죽었습니다. 이런 경우를 당해도 판단할 수 없습니다.

차별 금지법 제4장 47조 가운데 제4장 제45조에 의하면, "사용자 또는 교육관의 장은 모든 생활 영역에서 성별, 학력, 지역, 인종, 종교 등의 차이로 인하여 합리적 이유 없이 차별하거나 피해를 입혀서는 안 된다."로 되어 있습니다. 만약 이를 범했을 때 제 46조 벌칙에는 "사용자 등 개인이나 단체가 제45조를 위반하여 불이익 조치를 한 경우에는 2년 이하의 징역 또는 1천만 원 이하의 벌금에 처한다."로 되어 있습니다.

미국은 이미 차별금지법이 통과되었기 때문에 이 법안이 적용되어 많은 불상사의 사례가 발생하고 있습니다. 한 예로 케이크를 파는 상점에 동성애 부부가 결혼 축하 케이크를 의뢰했는데 주인이 이를 거부했습니다. 상점 부부에게 1천만 원의 벌과금이 부과되었습니다. 뿐만 아니라 동성애자 결혼 주례 거부 목사님도 이와 같은 처벌을 받게 됩니다.

우리나라에서의 차별금지법은 시민 단체 및 종교 단체의 거센 반대로 통과시키지 못하고 현재 국회에 계류 중에 있습니다. 반기문 유엔 총장은 우리나라를 향해 차별금지법을 빨리 통과시키라고 독촉하고 있습니다. 세계적 추세에 의해 결국은 우리나라에서도 통과될 것입니다. 그렇다면 어떤 현상이 벌어질까요?

'동성애는 죄'라는 것을 목사님들은 설교할 수 없으며, 결혼 주례 부탁이 들어올 때는 주례를 해야 합니다. 하지 않으면 45조에 명시된 대로 2년 이하의 징역 또는 1천만 원 이하의 벌과금을 물어야 합니다. 예수 그리스도만이 구원의 길이라는 설교도 할 수 없습니다. 성소수자 보호라는 명분의 차별금지법이 통과되면 오히려 역차별을 받아 기독교인이 많은 통제를 받게 됩니다. 이 법안은 기독교인이 타깃이 되는 환난을 자초하게 됩니다. 당장 대두되는 문제가 동성애입니다.

2

동성애에 관해

- 성경에서는 동성애에 대해 무엇이라 말씀하고 있을까요?

성서에서는 동성애를 사형에 해당하는 죄악으로 철저히 금하고 있습니다.

"너는 여자와 교합함같이 남자와 교합하지 말라. 내가 너희의 앞에서 쫓아내는 족속들이 이 모든 일로 인하여 더러워졌고"(레18:22)
"누구든지 여인과 교합하듯 남자와 교합하면 둘 다 가증

한 일을 행함인즉 반드시 죽일지니 그 피가 자기에게로 돌아가리라."(레10:23)

이처럼 동성애를 죄악시하는 하나님 말씀은 선천적 동성애자나 후천적 동성애자의 구별이 없습니다. 즉 선천적 성 지향성이라 해서 면죄부를 주지는 않는다는 뜻입니다. 신약에서도 동성애를 하는 사람은 하나님 나라에 들어갈 수 없다고 명시하고 있습니다.

> "불의한 자가 하나님의 나라를 유업으로 받지 못할 줄을 알지 못하느냐. 미혹을 받지 말라. 음란하는 자나 우상 숭배하는 자나 간음하는 자나 탐색하는 자나 '남색하는 자'나 10) 도적이나 탐람하는 자나 술 취하는 자나 후욕하는 자나 토색하는 자들은 하나님의 나라를 유업으로 받지 못하리라."(고전6:9-10)

소돔과 고모라성의 멸망도 성적 타락 즉 동성애가 만연했으므로 결국 그들은 하나님께로부터 불심판을 받았습니다.

만약 동성애가 입법화되면 어떤 결과를 초래하게 될까요?

첫째, 성스러운 결혼이 파괴됩니다.
남자와 여자로 짝지워 세우신 가정이 하나님이 허락하신 가정입니다. 경건한 자녀를 낳아 생육하고 번성하여 하나님 나라를 확장시켜야 하는 하나님의 섭리는 건전한 이성 간의 결혼을 통해 이루어집니다. 그러나 동성 간의 결혼은 이러한 하나님의 거룩한 섭리를 반역하고 하나님이 허락하신 신성한 결혼을 파괴시키는 적대적 행위입니다.

둘째, 건전한 성 문화가 파괴됩니다.

건전한 성이 이루어질 수 없습니다. 이성 없는 짐승도 하나님이 허락하신 성의 울타리 밖으로 나가지 않습니다. 하물며 하나님의 형상을 닮아 창조된 인간의 동성 간 결합은 하나님의 창조 질서를 무너뜨리고 하나님 말씀에 반역하는 사단적 행위입니다.

셋째, 건전한 가정이 파괴됩니다.

겉보기에는 정상적인 가정이며 정상적 부부인데 안을 들여다보면 남편이 동성애자로 동성 애인을 두고 있는 가정이 있습니다. 혹은 그 반대일 수도 있습니다. 현재까지는 드문 예이지만 간통죄도 사라지고 동성애가 합법화되면 이런 일은 가중될 것입니다.

넷째, 성 정체성의 혼란이 야기됩니다.

남자 동성애자의 가정에 아이가 입양되면 그 아이에게 누가 아빠가 되고 누가 엄마가 되겠습니까? 여자 동성애자 가정도 마찬가지입니다. 그러한 가정에서 자란 아이가 어떻게 될지 상상을 초월합니다.

다섯째, 도덕과 인간의 존엄성이 파괴됩니다.

남자와 여자로 짝지워 주신 결혼 상태에서 정상적인 도덕관이 서고 인간이 인간 되는 인간의 존엄성이 바로 섭니다. 그러나 하나님의 거룩한 섭리와 정상적인 인간의 룰을 벗어난 동성 간의 결혼 관계는 그 자체로서 인간의 도덕과 존엄성이 무너집니다.

여섯째, 에이즈가 확산됩니다.

동성애자 90%가 바이러스 질환에 감염된다고 합니다. 각종 질병과 성병, 에이즈 바이러스 감염 고위험군에 노출되며 남성 동성애자의 50%가 매독에 감염된다고 합니다. 뿐만 아니라 '헤르페스'라고 하는 치료 불가능한 생식기 질병이 직장, 음경, 입에 동시적으로 발병한다고 합니다. 그 외에도 B형 간염에 50-70%가 감염되며, 항문 암이 발생하고 그들이 흘린 분비물들이 빨랫감에 묻어 빨래방에 들어갈 때 정상적인 사람들의 빨랫감과 함께 세탁이 되는 경우가 생기면 빨랫감을 통해 감염이 되고, 에이즈에 감염된 사람이 자신의 병을 숨기고 다른 이성과 접촉할 때 병을 옮기게 되며, 그들의 혈액을 수혈 받은 환자에게 애매하게 에이즈가 전염된 사례도 있게 됩니다. 말하자면 동성 간 성은 세상에 에이즈를 퍼뜨리는 21세기 흑사병의 통로가 됩니다. 사람으로서는 할 일이 아닙니다.

일곱째, 국가 안보가 흔들리고 위태로워집니다.

가장 우려되고 위험스러운 일은 동성애가 합법화되면 군부대가 동성애 확산 통로가 되며, 에이즈 전염이 가속화되고 건전한 정신으로 완전 무장해야 할 군인들의 정신이 해이해지고 신체적으로는 전투 능력이 상실되어 심하면 군 생활 불가, 훈련 불가, 작전 수행 불가, 유사시 전쟁 투입 불가로 결국 군 기강의 붕괴로 이어지므로 국가 안보가 흔들리고 위태로워진다는 것입니다.

2015년 뉴스에 자주 등장하는 군부대 성범죄는 빙산의 일각에 불과하며 집단 성추행 사건은 3월 한 달 내내 뉴스를 장식했습니다. 그런데 동성애가 합법화 되면 군내 동성애 확산은 불을 보듯 뻔합니다. 더욱이 군대는 상하 위계질서가 분명하고 상명하달이라는 군내 기강이 철저하게 확립되므로 상급자에게 하급자는 일방적으로 당할 수밖에 없습니다.

여덟째, 청소년 문제가 심각해집니다.

MBN 뉴스에 의하면 '게이 카페'와 '인터넷 채팅 사이트'로 청소년 동성애가 확산되고 있으며, 손쉬운 어린이와 청소년들에게 접근하여 성매매가 이루어지고 있다고 합니다. 성매매는 납치, 강간, 장기매매 등 강력 범죄로 연결 가능성이 많아지고 호기심에 의해 때로는 강제성에 의해 동성애를 경험한 청소년들이 자책으로 자살 위험이 커진다는 것입니다. 실제로 청소년 자살자 중 동성애자 비율이 30%에 해당한다고 합니다. 77%가 자살 충동을 일으키고, 그중 47%가 자살을 시도하고, 30%가 실제 자살한다는 것입니다. 한편 SBS 뉴스에 의하면 한 청소년 간부가 무려 150여 명의 10대 남학생을 성추행한 혐의로 구속된 사례도 있습니다.

아홉째, 건강보험료와 세금 인상을 초래합니다.

에이즈 환자에게는 국가가 국민들 세금으로 100%(건강보험료 90%, 세금 10%) 지원하기 때문입니다.

열 번째, 초등학교에서도 동성애 성교육을 해야 합니다.

열한 번째, 목사님들이 성경대로 말씀을 전하지 못하게 됩니다.
결국 하나님의 심판을 받게 됩니다.

동성애를 미화시키는 방송, TV 드라마, 영화, 연극, 콘서트, CF, 뮤직 비디오, 뮤지컬, 소설, 만화 등에서 자녀들을 보호하기 위해서 반드시 없어져야 한다고 규탄하며 이러한 위험으로부터 보호해 주실 것을 매일 힘써 기도해야 할 것입니다.

특히 레이디 가가라고 하는 프리메이슨 가수가 '월드 투어' 공연을 하며 전 세계에 '동성애 차별금지법'이 통과되도록 유도하고 있으며, 뿐만 아니라 자살, 사단 숭배를 확산시키고 있습니다. 예를 들어 공연 중 사단에게 제사한 후 인육을 씹어 먹는 현장 쇼를 하며, 2012년 한국 공연 도중 믹서기에 사람을 넣고 갈아 버리는 쇼를 보이기도 했습니다.

'캐나다'는 동성애 반대하는 방송을 하면 5년간 징역을 가는 법을 시행하고 있다고 합니다.

- 현재 동성애에 대한 세계 동향

동성 결혼 합법화는 지난 2001년 네덜란드를 시작으로 스페인, 노르웨이, 스웨덴, 프랑스, 캐나다, 미국 등 19개국이 의회 입법이나 법원 판결 등을 통해 동성 결혼을 합법화했습니다. 이 책이 나올 때쯤이면 더 많은 국가가 동성애를 합법화하게 될 것입니다. 우리나라도 차기 총선에 국회의원으로 출마한 사람들 중 노골적으로 동성애를 옹호한 사람들이 있었습니다. 전남 순천 곡성 출마자 김광진 의원, 서울 강동구 출마 진선미 의원 등입니다.

프란치스코 교황은 "동성애자인 사람이 선한 의지를 갖고 신을 찾는다. 내가 어떻게 그를 심판할 수 있겠습니까?"라고 말했습니다. 그러나 하나님 말씀을 거역한 사람이 어떻게 선한 의지를 가질 수 있겠습니까?

3

노아법에 관해
(Noahide Laws)

노아법은 기독교 말살 정책의 일환이다.

'신세계 질서(New World Order)'혹은 '신세계 단일 정부'는 노아의 홍수 때 노아의 가족들만 남겨두고 나머지 사람들을 모두 쓸어버린 것처럼 유대교를 믿는 유대인만 남겨두고 유대교를 믿지 않는 이교도들과 기독교도들을 지구상에서 쓸어버리겠다는 계획으로 '노아법'과 '증오범죄법'을 만들었습니다. 노아법은 부시 대통령이 랍비들에게 둘러싸여 노아의 법에 사인을 함으로써 1991년 1월 31일 미국 의회에서 '교육의 날' 관련 법안으로 통과된 법입니다.

내용은 예수를 믿는 크리스천은 우상숭배 자이므로 목을 베어 죽이겠다는 법인데 유대인들이 가장 증오하는 최대 최악의 우상은

'예수'입니다. 나치가 유대인들을 학살한 것처럼 이제는 자기들이 기독교인들을 대량 학살하겠다는 것입니다. 그들은 그것이 그들에게 주신 여호와의 약속과 예언의 성취라는 것입니다. 유대인들은 오직 유대인들을 위한 혈통적, 민족적, 정치적, 국가적으로 예루살렘을 중심한 유대인들에 의한 세계 통치(다윗의 장막의 회복)를 이스라엘의 회복으로 본다는 것입니다. 따라서 기독교도들뿐 아니라 유대인들 외의 모든 종교, 모든 민족은 다 이교도들이고 우상숭배자들입니다. 그래서 그들의 세계 통치를 위해서는 유대교를 믿는 유대인들 외의 모든 이교도들은 우상숭배자로 간주하여 다 죽여야 한다는 것이 '노아법'입니다.

유대의 엘리트, 그들이 조정하는 '빌더버그'와 '일루미나티' 들의 계획에는 세계 인구 5억 이상을 남겨서는 안 된다고 되어 있습니다. 그 외에는 다 죽여야 한다는 것입니다. 그래야 자연과 환경이 숨을 쥐고 살아나서 저들이 살기 좋은 평화로운 세상이 온다는 것입니다. 이것이 빌더버그의 '엘 고어'가 주도하는 환경 운동이라는 것입니다. 그린피스 등 환경 단체들과 정치 외교가에서 외치는 녹색 성장 등 온갖 말로 평화를 외치는 환경 운동은 결국 인간 청소를 함으로서 자연을 회복한다는 인류 종말을 향한 사단의 계략과 음모입니다.

그러면 인간 청소를 어떻게 하게 되나요?

다큐멘터리 빌더버그에서 그 일에 종사하던 '몬티스 박사'와 연구원 '리마 박사'의 말을 빌리면 인구 감소책으로 어린애들의 분유나 유아식품, 성인들의 모든 음식의 68%에 이미 설탕 대신 사용하는 아스파탐을 비롯하여 발암 물질이나 면역 기능을 파괴하는 각종 독성 화학 물질이 들어가고 있다고 말합니다. 독성 화학약품을 넣어서 사람들을 서서히 죽게 하고 그것으로도 부족할 때는 각종 테러와 전쟁 나아가서 3차 세계대전과 핵전쟁의 시나리오까지 그들은 이미 다 준비하고 있다고 합니다.

한편 2010년 TED 강연에서 빌 게이츠는 "인간이 지구의 생태 환경에 영향을 미치지 않고 자연과 함께 공존하기 위해선 68억(강연 당시)인 세계의 인구를 이것의 10% 내지는 15%(약 10억 명)까지 줄여야 하는데, 현재 이런 목표를 달성하기 위해 백신을 통한 인구 조절(depopulation, 인구 학살) 계획이 진행되고 있다."는 언급을 해서 충격을 준 바 있습니다. 지구의 온난화를 막는다는 명분으로 백신을 통한 인구 학살 계획이 진행되고 있음을 인정한 것입니다.

『인구 쇼크』, 『인간 없는 세상』 등의 저서로 국내에 잘 알려진 앨런 와이즈먼(Alan Weisman)은 8일 '제주국제컨벤션센터'에서 열린 '2015 세계 리더스보전포럼' 개회식에서 기조연설을 통해 한국의 'DMZ(비무장지대)에 '세계 생태 평화공원' 조성의 필요성과 인구 감소 정책의 중요성에 대해 밝혔습니다.

와이즈먼은 "2007년에 발간한 『인간 없는 세상』이라는 책은 인간이 사라지면 자연은 어떻게 될 것인가."라는 것을 주제로 썼다며 "인간이 사라지면 자연은 신속하게 제 모습을 회복할 것으로 전망되는데 이를 가장 잘 보여 주는 곳이 한국의 DMZ"라고 강조했습니다. 와이즈먼은 『인간 없는 세상』, 『인구 쇼크』라는 책을 통해 인간이 자연과 함께 조화롭게 살 수 있기 위해선 인구 감축이 반드시 필요하다는 주장을 했는데, 이번 기조연설에서도 인류의 숫자가 15

억 명(2015년 현 73억 명, 유엔 통계)으로 줄어든다면 우리 모두가 숨 쉴 공간이 좀 더 넓어지고 많은 생물 종들이 자신의 공간을 확보할 수 있다."고 말한 것입니다.

조지아 가이드스톤에 명시된 것처럼 이 땅에 적그리스도가 통치하는 세상, NWO를 세우려고 애쓰고 있는 일루미나티들은 현재의 73억 인구를 획기적으로 줄여(5억) 저들이 여유 있게 살아갈 낙원을 만들고 싶어 합니다. 이런 인구 감축(인류 말살)의 정당성을 선전하기 위해 저들이 내세우는 명분이 바로 '자연 보전'입니다.

어떻게 이런 일들이 일어날 수 있으며 언론들 앞에 어떻게 숨길 수 있단 말인가요? 그들이 개입된 어떤 사건도 경찰이나 어떤 기관에서도 수사를 하거나 추적을 못 한답니다. 이미 언론과 세계 모든 권력을 그들이 다 장악하고 있기 때문입니다. 지금 세계 어느 국가 어느 권력도 그들의 이런 계책을 피할 수 없다는 것입니다. 이런 시대에 우리가 살고 있습니다.

(신세계질서의 비밀(http://cafe.daum.net/aspire7/DZ2w/1) 관련 자료)

4

증오범죄 법에 관해
(헤이트크라임 법)

증오범죄 법은 기독교인의 입에 재갈을 물리는 것이다.

증오범죄법은 '헤이트 크라임법'이라고도 하는데 버락 오바마가 사인을 함으로써 미국에서 통과된 법입니다. '타인에게 불쾌감을 주거나 정신적 심리적 피해를 주는 언행에 대해 처벌하는 법'입니다. 이것 역시 겉으로 보면 당연한 인권 보호로 보이지만 그 안에는 무서운 것이 숨겨져 있습니다.

한 예를 들어 "예수 믿지 않으면 죄며 심판을 받는다."라고 말하거나, 또 죄에 대해서 말하거나 "예수 그리스도를 믿지 않으면 지옥 간다."라고 말하면 유대인이나 이교도들에게는 불쾌감과 정신적 피해를 준다는 이유로 증오범죄법에 따라 체포될 수 있습니다.

또 "너는 동성연애자이기 때문에 안 된다."라고 말하면 그 말은 동성애자에게 정신적으로 해를 끼치는 것이 된다고 해서 증오범죄법에 걸리게 되는 것입니다.

미국에서 동성애가 잘못되었다고 하면 그 사람은 잡혀 들어가게 됩니다. 우리나라에서도 차별금지 법이 통과되면 미국과 같이 되는 것입니다. 그래서 전통적으로 믿고 오던 크리스챤의 가치관과 죄에 대해서 또는 성경에 대한 이야기를 더 이상 말할 수 없게 됩니다. 크리스챤들이 자기들의 신앙을 말하지 못하도록 막아 버리는 것입니다. 결국은 이 법이 모든 교회를 잠잠하게 할 것입니다. 예수 그리스도를 전할 수 없게 되고 전도와 포교를 할 수 없게 될 것입니다. 아무것도 말하지 못하게 할 것입니다. 예수를 믿으라고 하거나 예수를 믿지 않으면 지옥 간다는 말을 하면 증오범죄 법에 의해 체포된다는 것입니다. 왜냐하면 예수라는 말을 하면 죄, 십자가, 심판, 피 흘림, 죽음, 형벌 등의 말이 혐오감을 주기 때문이라는 것입니다. 공공장소에서 기도할 때도 마지막에 예수의 이름을 말하면 증오범죄 법에 걸립니다. 이 때문에 프리메이슨이며 동성애 지지자인 '릭 워렌'이 오바마 대통령 취임식에서 기도할 때 '예수 이름으로'라는 말을 하지 않았습니다.

또한 목사가 강단에서 이슬람을 포함한 다른 종교를 성경적 관점에서 부정적으로 논평할 경우에도 기소될 수 있습니다. 나아가 기독교 언론들 또한 동성애를 죄라고 명시하는 내용이 포함된 설교나 좌담 등을 화면이나 지면에 일절 담을 수 없게 됩니다.

이 법안은 1998년 와이오밍에서 매튜 쉐퍼드라는 이름의 대학생이 동성애자라는 이유로 구타당해 살해된 사건이 계기가 되어 추진되어 오다가 현재는 미국 45개 주에서 증오 범죄 법안을 채택하고 있습니다.

(신세계질서의 비밀 http://cafe.daum.net/aspire7/DZ2w1 관련자료)

♠ 증오범죄법으로 인한 종교 탄압 사례

- 2003년 4월, 기독교인 두 명이 상파울로 해변 가에서 간증한 것으로 브라질 증오범죄 법을 위반했다는 유죄판결을 받았습니다.(Compass News service, 2003년 5월 23일)

- 2004년 6월, 스웨덴에 있는 오순절 주의 목사 Ake Green은 유럽연합에서 처음으로 증오범죄 법 하에 구속된 최초의 목사가 되었습니다. 그는 동성애가 비정상이고 어떤 병적인 것이고 사회 전체에 심각한 악성 종양이라고 공공연히 비난한 것에 대해 유죄판결을 받았고, 1개월의 형을 선고 받았습니다.

- 2008년 5월, 영국 버밍엄에 있는 경찰은 기독교 전도자 두 명에게 다수의 무슬림이 사는 버밍엄 지역에서 전도지를 전하는

것을 그만두라고 제지했습니다.

- 오래전 일이지만 필라델피아 한 공원에서 알린 엘시노이 할머니(75)와 린더 베크먼(70) 두 할머니가 전도를 하다 '혐오범죄'로 체포됐습니다. 이 법은 최고 47년 징역형에 처해질 수도 있는 중범죄로 정해졌습니다. 미국의 각 주마다 법이 다르지만 참으로 놀랍고 무서운 세상이 아닐 수 없습니다.

차별금지법이 통과된 미국의 실제적 사건들입니다.

1) 신앙을 포기하지 않아 학교에서 쫓겨난 교사들

① 한 크리스챤 상담 교사가 동성애자들을 상담하던 중, "동성애는 성경에 어긋나니 잘못된 것이다."라는 말을 해야 하는데 이런 이야기를 할 수 없어서 "나는 도저히 상담을 못하겠다."라고 했습니다. 그는 그리스도인을 포기하든지 학교에서 나가든지 택일하라는 명령에 의해 결국 신앙을 포기하지 않자 학교에서 쫓겨났습니다.

② 한 크리스천 교사는 동성애자는 학교에서 도덕적으로 안 된다고 주장하다 학교에서 쫓겨났습니다. 쫓겨난 것이 부당해서 법에 고소했으나 대법원까지 가서 패소했습니다. 동성애자를 잘못됐다고 하는 자는 반드시 법원에서 지게 되어 있습니다. 우리나라도 차별금지법이 통과되면 이런 현상이 일어납니다. 직장에 남기 위해 그리스도인이기를 포기하든지 직장을 그만 두든지 해야 합니다.

2) 예수님의 이름 삭제하지 않아 목사직을 잃게 된 경우

주정부에 고용된 목사의 경우 주정부 예배에서 기도문을 만들어 갔는데 "예수님의 이름으로 기도합니다."라고 적힌 대목에서 예수님의 이름을 삭제하라고 강요당했습니다. 예수님의 이름으로 기도하면 십자가를 생각하게 되고, 예수님의 십자가는 사람들을 공포 속으로 몰아넣는 것이기 때문에 예수님의 이름을 삭제해야 된다고 했습니다. 그러나 목사님이 그렇게는 못 하겠다고 말하자 그 자리에서 목사직을 잃게 되었습니다. 하나님이 기름 부으신 종을 말입니다. 우리가 상상할 수 없는 일이 일어나고 있습니다. 그러나 이것은 시작에 불과합니다.

> "또 너희가 내 이름을 인하여 모든 사람에게 미움을 받을 것이나 나중까지 견디는 자는 구원을 얻으리라."(막13:13)

3) 동성애 반대로 사역 지를 잃게 된 목사

켄터키 주 청소년 담당국은 13년 동안 '청소년 보호시설'에서 일해 온 '데이빗드 웰즈(David Wells)' 목사에게 "수감자들에게 '동성애는 죄다'라는 말을 하지 않겠다는 주정부의 서류에 사인을 하시오."라고 말했습니다. 그러나 웨일즈 목사는 "우리는 그 서류에 서명할 수 없습니다."라고 답했습니다. 그 이후 청소년 담당국에서는 웰즈 목사에게 다음과 같은 '자격 박탈문'을 보내왔습니다.

"우리는 이 시설에 수감된 청소년들을 위해 그동안 당신이 해온 봉사와 헌신에 대해서 심심한 감사를 드립니다. 하지만 당신의 종교적 신념에 의한 선택으로 인해, 당신이 LGBT 청소년을 담당하는

데 부적격하다는 판단 아래 당신의 자격을 박탈합니다.”

4) 동성애를 죄라고 기록한 성경 출판을 멈춰라!

동성결혼 합법화 결정 이후 상상치도 못했던 핍박이 현실이 되고 있습니다.

미국 연방 대법원의 ‘동성결혼 합헌’ 판결 이후 미국에서는 동성 결혼식 집례를 반대한다는 이유 때문에 많은 교회들이 소송을 당하고 있습니다. 한 동성애자가 성경이 동성애를 혐오하는 구절을 담고 있다는 이유로 성경 출판사에 7천만 달러의 소송을 제기하였습니다. 이들 출판사가 발간한 성경에 동성애를 죄로 언급한 구절들이 있는데, 이것이 그의 헌법적 권리를 침해하였고 감정적인 좌절감을 가져왔다는 이유 때문이라고 밝히고 있습니다.

- 전 세계에서 자행되는 기독교인들에 대한 박해

예수를 믿는다는 이유 때문에 차별을 당하고 직장에서 쫓겨나는 본격적인 핍박의 시대가 열리고 있습니다.

> “그때에 사람들이 너희를 환난에 넘겨주겠으며 너희를
> 죽이리니 너희가 내 이름을 위하여 모든 민족에게 미움을
> 받으리라.”(마24:9)

중동의 여러 지역과 아프리카 아시아에서 그리스도인들이 극단주의자들에 의해 끊임없이 공격을 당하고 있고, 교회들이 파괴되고 있으며, 복음 전파를 금지하는 법들이 통과되고 있습니다. 일부 지

역에서는 극단적인 폭력으로 인해 그리스도인들이 매 주일 교회를 출석하기 위해 목숨을 거는 것으로 알려져 있습니다.

① 나이지리아

2015년 나이지리아에서 2,000명이 넘는 사람들(대부분이 그리스도인들)이 이슬람 테러리스트들에 의해 학살당했다.

② 중국

중국 정부는 수십 년 동안 성경을 믿는 그리스도인들을 잔혹하게 핍박해왔다. 하지만 올해는 완전히 새로운 형태로 핍박이 진행되고 있다. 중국 공산당은 기독교인 증가를 통치를 위협하는 요인으로 보고 교회 건물과 십자가를 허물고 목회자와 성도들을 감금하고 교회 재산을 압류하는 일들을 자행하고 있다.

③ 네팔

네팔에서는 교회가 재산을 소유할 수 없으며 기독교로 개종하는 것을 금한다는 새로운 법이 제정되었다.

④ 인도

이슬람 무장 단체들만 기독교인들을 잔혹하게 핍박하는 것이 아니다. 인도에서는 과격한 힌두교 신자들이 정기적으로 기독교인들과 교회들에 대한 공격을 벌이고 있다.

⑤ 이라크

이라크와 이집트, 리비아, 에티오피아 등에서 ISIS로 인한 잔혹한 핍박이 자행되고 있다.

⑥ 케냐

이라크와 같은 중동 지역뿐 아니라, 케냐와 같은 아프리카 지역에서도 이슬람 무장 단체로 인한 잔혹한 핍박이 자행되고 있다.

⑦ 파키스탄

최근 몇 년 동안 기독교인들에 대한 가장 잔혹한 공격들이 파키스탄에서 일어나고 있다. 그럼에도 정부에서는 이를 철저히 외면하고 있다.

⑧ 이탈리아

일반적으로 이탈리아에서는 기독교인들에 대한 핍박이 없을 것이라 생각할 수 있는데, 이슬람 이민자들로 인해 상황이 급변하고 있다.

⑨ 캐나다

캐나다에서는 성경을 믿는 그리스도인들에 대해 점차 적대적인 분위기가 형성되고 있고 교회에 대한 공격도 일상화되고 있다.

⑩ 미국

최근 몇 년 사이에 길거리 전도자들과 타락한 문화(동성애, 낙태 등)를 바꾸려고 활동하는 기독교 활동가들에 대한 잔혹한 박해가 자행되고 있다.

"그때에 사람들이 너희를 환난에 넘겨주겠으며 너희를
죽이리니 너희가 내 이름을 위하여 모든 민족에게 미움을

받으리라."(마24:9)

북미와 유럽에서는 새로 제정된 법들과, 정기적으로 기독교의 신앙을 조롱하는 코미디언과 TV 쇼들로 인해 기독교 신앙이 위기를 겪고 있습니다. 직장에서는 피고용자가 성경을 믿는 그리스도인으로 밝혀질 경우 즉각 직장 내에서 정서적 부적격자 분류되는 일을 경험하기도 합니다.

그러나 이는 시작에 불과합니다. 앞으로 몇 년 안에 그리스도를 선택한 사람들은 지금까지 경험하지 못한 훨씬 큰 핍박을 경험하게 될 것입니다.

(출처: 이 세대가 가기 전에 / 예레미야)

5

사단의 전략

가정, 교회, 국가를 무너뜨리는 사단의 전략

19세기 중엽 영국에 '엘리스 베일리'라고 하는 영매자가 있었습니다. 그녀는 기독교를 강력하게 적대시했던 사단적 성향이 강한 자였습니다. 그녀는 『열 가지 플랜』이라는 책을 썼는데 그 책에 대해서 말하기를 이 책은 사단으로부터 직접 받은 것이라고 고백했습니다. 그런데 그 열 가지 플랜은 오늘날 신세계 정부를 수립하려는 조직의 정책과 일치한다는 것입니다. 사회 각 분야에서 기독교를 훼멸하고 성경적 가치를 말살하여 가정을 파괴하며, 음란과 퇴폐적 사회를 만들어 사람들을 타락시키는 것입니다. 구체적으로 열거하면.

첫째, 교육시스템으로부터 하나님과 기도를 제거하고, 기독교 문화와 성경의 속박으로부터 아동들을 해방시켜라.

　- 그런데 실제적으로 1962년 6월 25일에 미국 연방 대법원은 정교분리원칙을 내세워 공립학교에서 하나님과 성경을 가르치는 것에 금지 판결을 내렸습니다. 이에 따라 미국 케네디 대통령 재임 시절 커리큘럼에서 성경 과목을 없애버렸습니다. 그리고 주기도문과 수업 전 기도는 금지되었습니다.

둘째, 아동들에 대한 부모의 권위를 축소시켜라.

　아동 권리를 과잉되게 신장시키고 아동 체벌을 폐지하며, 교사들을 열 가지 전략의 실행 요원으로 사용하라는 것입니다.

　- 아동 체벌이 법제화되어 현실이 되었습니다.

셋째, 기독교적 가정 구조를 파괴시켜라.

　성 문란을 조장시키고, 광고, TV, 신문, 잡지, 영화 산업을 이용하여 성적 쾌락이 인생 최고의 즐거움이라고 선전하고 부추기라는 것입니다.

　- 각종 매스미디어, 광고, 드라마, 영화 등이 선정적이고 불륜을 조장하고 성적 표현이 노골화되어 가고 있는 현실입니다.

넷째, 프리섹스 사회를 만들라.

　낙태를 합법화하고 용이하게 하라.

- 오바마 대통령은 낙태법만 아니라 동성애 법까지 합법화시켰습니다.
- 우리나라에서도 성매매까지 합법화하려는 조짐이 보이고 있습니다. 그나마 실낱같은 도덕적 양심, 간통죄까지 사라졌습니다.

다섯째, 이혼을 쉽게 만들고 합법화하라.

평생 결혼의 개념으로부터 사람들을 해방시키라는 것입니다. 지금은 이혼을 밥 먹듯이 하는 시대입니다. 우리나라 이혼율은 OECD 국가 중 9위, 아시아에서는 1위입니다. 황혼 이혼율이 늘어나고 있습니다. 그러나 성경은 이혼을 금하고 있습니다.

"이러므로 사람이 그 부모를 떠나서 8) 그 둘이 한 몸이 될지니라. 이러한즉 이제 둘이 아니요 한 몸이니 9) 그러므로 하나님이 짝지어 주신 것을 사람이 나누지 못할지니라 하시더라."(막10:7-9)

여섯째, 동성애를 대체 생활 방식으로 만들라.

미국은 이미 동성애가 합법화되었고, 심지어는 목사들이 동성애를 지지하는 사례가 늘고 있습니다. 우리나라에서도 동성애를 지지하는 정치인들이 있으며, 2016 총선에 당면해 20대 동성애 지지 출마자가 생겨났습니다.

일곱째, 예술의 품격을 떨어뜨려 미친 예술이 되게 하라.

오늘날 대중적 문화 가운데 예술이라고 자처하는 예술이 아닌 예술이 판을 치고 있습니다. 일일이 다 열거할 수 없습니다.

여덟째, 미디어를 활용하여 반 기독교적 가치를 선전하고 인간의 사고방식을 바꾸라.

- 이미 기독교 탄압은 시작되었습니다. 가톨릭에서는 기독교 근본주의자들에 대한 부정적 발언이 최고조에 달하고 있습니다.

아홉째, 종교 통합 운동을 일으켜라

- 이미 에큐메니칼 운동은 포문을 열고 전 세계적으로 확산되고 있으며, "예수님 외에는 구원이 없다."라는 성경 말씀을 대적해 예수 이외에 "모든 종교는 나름의 구원이 있다."는 WCC에 8개 교단이 가입하고 있습니다. 세계 최대의 대형 교회 목사님이 불교 대학교 동국대 강좌에서 "불교에도 구원이 있다."고 말해 그들로부터 박수갈채를 받았습니다. 우리 주님의 마음이 어떠하셨을까요?

열 번째, 각국 정부가 이러한 내용을 법제화하게 하고 교회가 이런 변화들을 추인하게 만들라.

낙태법, 동성애법, 차별금지법이 전 세계적으로 합법화되어 가고 있습니다. 우리나라도 발등에 떨어진 불이 되었습니다.

(출처: 주님을 기다리는 신부들)

성도들을 향한 주님의 음성

1. 사랑하라

2. 용서하라

3. 교회 안에서 분쟁하지 말고 기도하라

4. 찬송을 많이 불러라

5. 하나님은 우리의 삶을 감찰하신다

6. 우리의 삶은 매일 천사에 의해 기록된다

7. 심판에 관해(행위에 대한 보응)

8. 그 외 성도들에게 주신 말씀(강조하신 말씀)

1

사랑하라

첫째, 성도는 하나님을 사랑해야 합니다.

하나님을 어떻게 사랑합니까?

> "너는 마음을 다하고 성품을 다하고 힘을 다하여 네 하
> 나님 여호와를 사랑하라."(신6:5)

그러면 위의 말씀대로 하나님을 사랑하려면 어떻게 해야 하나요?
계명을 지키라고 말씀하십니다.

> "너희가 나를 사랑하면 나의 계명을 지키라."(요14:15)

이어서 말씀하십니다.

> "나의 계명을 가지고 지키는 자라야 나를 사랑하는 자니
> 나를 사랑하는 자는 내 아버지께 사랑을 받을 것이요, 나
> 도 그를 사랑하여 그에게 나를 나타내리라."(요14:21)
>
> 그러면 하나님의 계명은 무엇입니까? 이는 이웃 사랑으
> 로 이어집니다.

둘째, 이웃을 사랑해야 합니다.

"내 계명은 곧 내가 너희를 사랑한 것같이 너희도 서로 사랑하는 이것이니라."(요15:12)
"나를 사랑하지 아니하는 자는 내 말을 지키지 아니하나니 너희의 듣는 말은 내 말이 아니요 나를 보내신 아버지의 말씀이니라."(요14:24)

결국 하나님을 사랑하는 자는 하나님의 계명을 지키는 자요, 이 계명은 곧 서로 사랑하라는 말씀입니다. 이것이 예수님께서 우리에게 주시는 새 계명이라고 말씀하고 있습니다.

"새 계명을 너희에게 주노니 서로 사랑하라. 내가 너희를 사랑한 것같이 너희도 서로 사랑하라. 35) 너희가 서로 사랑하면 이로써 모든 사람이 너희가 내 제자인 줄 알리라."
(요13:14-15)

그러면서 사랑은 모든 율법의 완성이라 하셨습니다.

"간음하지 말라, 살인하지 말라, 도적질하지 말라, 탐내지 말라 한 것과 그 외에 다른 계명이 있을지라도 네 이웃을 네 자신과 같이 사랑하라 하신 그 말씀 가운데 다 들었느니라. 10) 사랑은 이웃에게 악을 행치 아니하나니 그러므로 사랑은 율법의 완성이니라."(롬13:9-10)

하나님을 사랑하는 사람이 하나님 외에 다른 우상을 섬길 수 없고, 하나님 이름을 망령되이 할 수 없으며, 안식일을 거룩하게 지키지 아니할 수 없고, 사랑은 이웃에게 악을 행치 않는다고 하셨으니 이웃을 사랑하는 사람이 이웃과 간음할 수 없으며, 이웃의 것을 도적질할 수 없고, 이웃을 살인할 수 없으며, 거짓 증거를 할 수 없고, 이웃의 것을 탐낼 수 없음은 당연한 것입니다. 그래서 하나님께서 그의 백성에게 지키라고 주신 10계명은 하나님 사랑, 이웃 사랑을 함으로 다 지켜지기 때문에 율법의 완성이라고 하신 것입니다.

하나님은 사랑 없이 하는 모든 행위는 주님께 상달이 안 된다고 하셨습니다. 즉 사랑 없이 하는 전도, 봉사, 구제, 기도, 찬양 등은 하나님이 받지 않으신다는 것입니다. 그래서 고전 13장 말씀에 사람의 방언과 천사의 말을 할지라도, 자신에게 있는 모든 것으로 구제하고 몸을 불사르게 내어줄지라도, 모든 지식과 비밀을 알고 또 예언하는 능이 있어 산을 옮길 만한 능력이 있을지라도 사랑 없이 행하는 일들은 아무 유익이 없다고 했습니다. 여기에 관련된 지옥 간증을 적어 보겠습니다.

어떤 자매가 입신을 해서 천국 지옥을 보고 와서 한 간증입니다.

지옥을 보여 주시는데 함께 신앙생활을 했던 자매가 그 지옥에 있는 것입니다. 그 자매는 교회 안에서 봉사 잘하고, 헌금 잘하고, 목사님 잘 섬기고, 찬양대원으로, 반사로 정말 열심히 충성했던 소문난 자매여서 지옥에 있는 것이 너무 뜻밖이었기에 안내하는 천사에게 물었습니다.

"왜 저 자매가 지옥에 있습니까?"

"저자는 하나님을 사랑함으로 일하는 것이 아니고 자신을 드러내고 목사에게 잘 보이고 사람들에게 인정받으려고 한 것이다."

가식적이고 외식적인 믿음이었다는 것입니다. 사랑 없이 하는 행위는 이와 같이 외식적이라는 것입니다. 그 이후 성령님은 제게 시편을 읽는 가운데 충성에 대해서 깨닫게 하셨습니다. 충성에는 두 가지가 있는데 '심령으로 하는 충성'과 '몸으로 하는 충성'이라는 것입니다.

"그 열조 곧 완고하고 패역하여 그 마음이 정직하지 못하며 그 심령은 하나님께 충성치 아니한 세대와 같지 않게 하려 하심이로다."(시78:8)

심령으로 충성한다 함은 내 영이 하나님을 기뻐하며 하나님께 감사하고 하나님만을 의지하며 기도함으로 하나님을 항상 가까이하고 말씀 읽고 찬송하는 것 등 영으로 충성하는 것을 말하며, 육으로 충성하는 것은 시간 들여, 물질 들여, 또 교회의 일로 전도의 일로 몸으로 하는 일들을 말합입니다. 그러나 대부분의 사람들이 몸으로 충성하지만 심령은 하나님과 먼 사람이 많다는 것입니다. 결국 충성도 겉으로 드러난 충성과 함께 마음의 충성이 같이 따라야 한다는 것입니다.

"죽도록 충성하라. 생명의 면류관을 네게 주리라."(계 3:10b)

이 말씀도 몸으로 죽도록 충성할 뿐 아니라 먼저 마음으로 오직 예수께만 집중하는 충성을 하라는 것입니다. 마음은 세상에 두고 물욕, 탐욕, 명예욕, 시기, 질투, 미움을 품고 몸으로 죽도록 충성해도 그 충성은 하나님께 상달되지 못한다는 것입니다. 사람에게 인정받는 충성이라 해도 동기, 심령을 감찰하시는 하나님은 인정하시지 않으므로 죽도록 충성해도 심령의 충성이 따르지 않는 충성은 가식적인 것이 된다는 것입니다. 이건 참으로 중요합니다.

2

용서하라

〈미움은 살인이다. 죄를 미워하되 사람은 미워하지 말라.〉

"그 형제를 미워하는 자마다 살인하는 자니 살인하는 자마다 영생이 그 속에 거하지 아니하는 것을 너희가 아는 바라."(요일3:15)

저는 신앙생활을 하면서도 용서하지 못하고 미워하는 사람들이 있었습니다. 그러나 하나님께서는 제 마음 가운데 이 사람들을 용서하라고 하셨습니다. 그러나 머리로는 용서를 해야겠다고 생각했지만 가슴으로는 용서가 안 되는 것입니다. 오랜 세월 동안 너무나도 깊은 상처를 받았기 때문입니다. 그 사람들 때문에 자살까지 하려 했었기 때문에 더욱 용서할 수 없었습니다. 그런데 성령님은 자꾸 용서하라고 하셨습니다.

제가 61세 된 생일날 새벽이었습니다. 저는 그날 새벽 평소보다는 빠른 2시 30분경에 눈을 뜨게 되어 기도에 들어갔습니다. 그날은 제 인생에서 특별한 날이었기에 제 60 평생의 인생을 평가해 주시고, 앞으로 어떻게 나아가야 할지 방향 제시를 해 주시라는 의미에서 묻는 기도를 드렸습니다. 그런데 갑자기 차가운 물체가 닿은 것처럼 섬뜩한 느낌이 들면서 두려움이 왔습니다. 저는 바로 기도를 방해하려는 사단의 역사임을 알고 축귀를 한 다음에 평안한 상태에서 기도에 들어갔습니다.

저는 그때 하나님께서 '참으로 고생 많았다. 네가 나를 위해 많은 수고를 했고 고난을 잘 참고 이기었으니 잘했다.'라는 위로의 말씀을 기대했습니다. 그런데 제 입술을 통해 나오는 말은 "너는 이제까지 네 멋대로 신앙생활을 하지 않았느냐?"라는 질책이었습니다. 마치 망치로 머리를 얻어맞는 기분이었습니다. 그러면서 제 입에서는 회개가 터져 나왔습니다.

"제가 멋대로 신앙생활을 했다니요."

통한의 마음으로 부르짖으면서 한 번 터진 회개는 쉴 줄 모르고 온 방을 뒹굴면서 처절하게 이어졌습니다. 나중에는 눈물 콧물이 범벅이 되었습니다. 회개는 멈출 줄 모르고 이어지다가 겨우 진정을 하고 나서 시계를 보니 6시가 다되어 갔습니다. 무려 세 시간 이상을 회개를 한 것입니다. 아주 통절하게, 그도 방언으로 회개를 하고 보니 무슨 회개를 했는지조차 생각나지 않을 정도였습니다. 그때 남편이 출장 간 터라 혼자 있었기에 망정이지 만약 남편이 그때의 제 모습을 보았다면 완전히 미친 사람으로 취급하여 병원에 입원시켰을지도 모릅니다.

그때의 회개는 긴 시간 동안 너무 강력했고 애절했습니다. 그건 성령님의 강권적인 역사였습니다. 저는 그날부터 하루에 세 번씩 기도를 하게 되고, 그 기도는 온통 회개였습니다. 그 회개는 무려 3개월 동안 지속되었습니다. 그 이전에는 제 의(義)만 주장했지 진정한 회개를 할 줄 몰랐습니다. 그러나 그 이후에는 말씀을 읽다가도 그 말씀대로 살지 못했다는 부분이 나오면 그 자리에 꿇어앉아 회개하게 된 것입니다. 티끌 같은 죄라도 기억하지 못했던 죄라도 성령님은 낱낱이 생각나게 하시며 회개를 시키셨습니다.

저는 그때 진정한 신앙생활에 대해 깨닫게 되었고 영적인 세계에 대해서 그리고 하나님의 뜻에 대해서 깨달아 가기 시작했습니다. '모든 것이 너 때문이다.'가 아니고 '모든 것이 나 때문이다.'라는 자세를 갖게 된 것입니다. 그리고 신기하게도 도저히 용서할 수 없는 사람들이 용서되었고, 그 이후로는 그 사람들이 아무리 저를 거슬리게 해도 조금도 미움이 생기지 않는다는 사실이 정말 신기했습니다. 그러면서 자신의 허물을 깨닫게 된 것입니다.

저는 그 사건을 통해 아무리 주님을 위해서 충성하고 많은 일을 했다고 하여도 마음에 미움을 품고 용서하지 못한 상태에서 한 일은 주님께 상달되지 않는다는 것을 알았습니다. 예수님을 믿기만 하면 천국 간다는 인식을 하고 있었던 터라 그렇게 성경을 나름대로 많이 읽으면서도 미움이 살인이며 미워하는 자는 절대 천국에 갈 수 없다는 생각을 하지 못한 것입니다.

그 후 말씀을 바로 깨닫는 지혜를 주셨습니다.

"그 형제를 미워하는 자마다 살인하는 자니 살인하는 자
마다 영생이 그 속에 거하지 아니하는 것은 너희가 아는
바라."(요일서3:15)

마18:21-35 말씀에는 1만 달란트 빚진 자와 1백 데나리온 빚진 자
와의 비유가 나옵니다. 우리는 하나님 앞에 1만 달란트 빚진 자임에
도 하나님은 우리 죄를 다 용서해 주셨는데 1백 데나리온 빚진 자
를 우리가 용서하지 못하면 결국 구원받을 수 없다는 말씀입니다.

"너희가 각각 중심으로 형제를 용서하지 아니하면 너희
천부께서도 너희에게 이와 같이(옥에 가둠=지옥 형벌) 하시
리라."(마18:35)

라고 말씀하십니다. 신앙생활을 하면서도 우리가 얼마나 사람을
미워하고 용서하지 못하는 일이 많은지 자신을 돌아보면 알 일입니
다. 그러한 마음의 상태로 드린 기도나 예배를 하나님은 가증한 기
도(잠28:9), 가증한 예배라고 하시면서 받지 않으신다는 것입니다.
예배가 상달되지 않으면 우리는 결국 하나님께 버림받게 됩니다.

3

교회 안에서
분쟁하지 말고 기도하라

오늘날 교회 안에서 크고 작은 분쟁은 너무나 많습니다. 성도 간의 반목은 물론, 목회자와 장로님들 사이에, 그리고 목회자와 성도들 사이에 심지어는 목사님을 비방하고 고소하고 목사님을 쫓아내는 일도 거침없이 합니다. 그리고 패가 갈립니다. 목사파, 장로파 때문에 이어지는 말, 말, 말들... 교회는 시끄럽고 완전히 사단의 소굴이 되고 맙니다. 그런 교회에 이미 하나님은 계시지 않습니다. 주님은 바울 사도를 통해 우리에게 말씀하십니다.

"형제들아, 내가 우리 주 예수 그리스도의 이름으로 너희를 권하노니 다 같은 말을 하고 너희 가운데 분쟁이 없이 같은 마음과 같은 뜻으로 온전히 합하라. 12) 이는 다름 아니라 너희가 각각 이르되 나는 바울에게, 나는 아볼로에게, 나는 게바에게, 나는 그리스도에게 속한 자라 하는 것이니 13) 그리스도께서 어찌 나뉘었느뇨. 바울이 너희를 위하여 십자가에 못 박혔으며 바울의 이름으로 너희가 세례를 받았느뇨."(고전1:10, 12-13)

분쟁한 교회는 철저히 회개하고 기도함으로 하나님의 도우심을 구해야 할 것입니다.

4

찬송을 많이 불러라

저는 원래 찬송을 잘 안 불렀습니다. 기도와 말씀은 중요성을 강조하고 실천하려고 노력했지만 찬송은 그리 중요하게 생각지 않았습니다. 그런데 하루는 제가 섬기는 교회 전도사님께서 저희 집에 심방을 오셨습니다. 찬송을 부르는데 소리가 나오지 않는 것입니다. 몇 곡을 부르는 동안 저는 부르려고 하는데 이상하게 목소리가 나오지 않는 것입니다. 아무리 부르려고 해도 캑캑거리기만 하는 것입니다. 그런 저를 보시던 전도사님께서 절더러 사단에게 눌리고 있다고 하셨습니다. 그 말씀을 들은 후로 저는 찬송을 열심히 부르게 되었습니다. 의식적으로 노력을 했습니다. 사단에게 눌리지 않기 위해서 노력한 것입니다. 그때로부터 찬송에 은혜를 받게 되고 찬송을 통해 많은 일들을 체험하게 되었습니다.

2010년 3월부터 찬송의 위력을 체험하게 되었습니다. 보통 20분 내지 30분 동안 찬송을 하면서 두통이 사라지고 감기가 낫고 하는 체험을 하게 되었습니다. 그런데 하루는 남편이 감기로 기침을 심하게 하면서 콧물까지 흘리며 누워 있는 것입니다. 건강 체질인 남편은 몸이 아파서 자리에 눕는 일이 거의 없었습니다. 그런데 그날은 자리에 누워서 일어나지 않는 것을 보니 감기가 심한 것 같았습니다. 그래서 제가 그 옆으로 가서 찬송의 위력을 간증하면서 함께 찬송하자고 했더니 남편은 순순히 자리에서 일어나 앉았습니다. 그러나 남편은 곡을 모르니까 그냥 앉아만 있겠다고 해서 그런 남편에게 일어나 앉아 있는 것만도 고맙게 생각되어 찬송가책을 건네며,

"그러면 속으로 따라 부르며 가사를 음미하세요."

라고 말하고 저 혼자 힘껏 찬송을 불렀습니다. 20분 정도 불렀는데 남편의 콧물이 뜸해지면서 기침이 멈췄습니다. 그날 그렇게 해서 감기가 나았습니다. 그런 일을 겪고도 남편은 아직도 교회에 나가지 않으니 제가 생각해도 별난 사람입니다.

- 한 번은 친정어머님 허리를 만지는데 척추 부위에 나온 뼈 때문에 통증을 느끼셨는데 함께 30분 정도 찬송하고 만지면서 기도했더니 손에 느껴질 정도로 돌출된 뼈가 들어가면서 통증이 나았습니다.

- 오랜만에 친정어머님을 뵈려고 시골에 내려가게 되었습니다. 그날 저녁, 막내 동서가 어머니 집으로 찾아왔습니다. 함께 기도회 시간을 갖게 되었습니다. 찬송을 계속 부르는 가운데 성령님이 임하셔서 동서가 뜨겁게 성령 체험을 하게 되었고, 많은 눈물을 흘리며 회개의 역사가 일어났습니다. 기도회를 인도하던 저도 온몸이 불덩이처럼 뜨거워지면서 땀에 옷이 젖을 정도가 되었습니다.

아무튼 일주일 내내 찬송을 통해 병이 낫고, 통증이 사라지고, 회개의 역

사가 일어나는 체험을 하게 하셨습니다. 그 후로 저는 일을 할 때도 계속 찬송을 틀어 놓고 잠을 잘 때도 찬송을 틀어 놓는 습관이 생겼습니다. 밤 중에 가끔 눈을 뜨게 될 때면 은은하게 들려오는 찬양이 얼마나 은혜로운 지 마냥 행복감을 느끼며 다시 잠이 듭니다. 그러던 어느 날은 왼쪽 다리가 위에서부터 갑자기 심한 통증이 와서 밤새 힘들었는데 그 뒷날 종일 찬송 을 틀어 놓고 일을 했을 때 일을 끝내고 나니까 거짓말처럼 통증이 완전히 사라졌습니다.

- 또 찬송을 매일 지속적으로 부를 때 자신도 모르게 두려움이 사라졌습 니다. 저는 저녁 무렵 어두운 골목을 지날 때 멀리서 오는 사람을 보게 되면 두려움이 생기는 버릇이 있었습니다. 더욱이 시커먼 옷을 입은 남자일 때는 더욱 그랬습니다. 그런데 찬송을 열심히 부르고 듣고 한 이후 어느 순간부 터 그런 두려움이 씻은 듯이 사라졌습니다.

- 또 베란다에서 자라던 식물 가운데 키가 훤칠하고 옆으로 가지가 약간 휘어진 듯하여 낭만적인 분위기를 돋우던 나무가 시난고난 한 잎, 두 잎 이 파리를 떨구어서 마음을 안타깝게 하더니만, 어느 날 가지 사이로 파란 새 잎이 돋더니 금방 무성해져서 지금은 저희 집 명물로 자라고 있습니다. 나 무도 화초도 사랑한다고 고백하면 잘 자라듯이 또 물도 사랑을 고백하면 육각수가 된다는 말이 있듯이 저는 종일 틀어 놓은 찬송을 듣고 나무도 새 롭게 생명이 살아나는 것 같은 믿음을 갖게 됩니다. 실제 경험하지 않는 분 들은 곧이듣지 않을지도 모릅니다만 여기 장경동 목사님의 간증을 실어 봅 니다. 장경동 목사님 집회 실황을 CBS 방송에서 방영한 내용인데 그중 찬 송에 대한 간증입니다.

"내가 성경 말씀에 몰두하기 위해 한 달을 예정하고 산속에 들어가 텐트를 쳐 놓고 매일 밥만 먹으면 성경을 읽었습니다. 그런데 보름 지나서 중도에 하산하게 되었습니다. 산을 내려오면서 나무들의 나뭇가지가 흔들리는 모습을 보게 되었습니다. 그런데 놀랍게도 그 가지가 단순히 바람에 흔들리는 것이 아니라 그 몸놀림을 통해 하나님께 찬양을 하고 있는 것입니다. 새소리가 들렸는데 그 새도 하나님을 찬양하는 것입니다. 그때 나는 만물이 하나님을 찬양하는 소리를 들었습니다. 물론 영음으로요."

저는 찬양에 대한 체험을 많이 했기 때문에 목사님의 간증을 이해할 수 있었습니다. 비록 한 달을 채우지 못했지만 세상을 끊고 오직 하나님만 대면했던 목사님에게 영음을 듣게 하신 것이라고 생각했습니다. 그래서 지금은 하늘나라에 계시지만 저희 친정어머니께서 마지막 6개월 동안 병상에 누워 계실 때 24시간 찬양을 들으실 수 있도록 조그만 MP3를 구입해서 이어폰으로 연결해 귀에 꽂아 드렸습니다. 참으로 잘한 일인 것 같았습니다. 성령님께서 인도하신 것입니다.

1) 찬양의 위력(하룻밤 찬양의 힘)

기도로 많은 기적을 체험한 '존 하이드' 선교사 일행이 하룻밤 전심으로 드리는 찬양을 통해 한 마을이 복음을 받아들이는 현장을 경험하게 됐습니다.

존 하이드 선교사 일행이 전도하러 간 농촌 마을 사람들이 하이드에게 말하기를 "농촌 일로 바빠서 우리는 말씀을 들을 수가 없습니다." 하고 변명하며 그들의 복음 전파를 거절했습니다. 그래서 실망하며 그 마을을 떠나려고 할 때 일행 중 한 사람이 구원의 기쁜 소식을 찬양으로 들려주자고 제안함에 따라 은혜로운 복음성가를 선별해서 마지막으로 찬송을 힘차게 불렀다고 합니다. 자정 무렵까지 그렇게 찬송을 하고 뒷날 그 마을을 떠나려고 하는데 한 청년이 달려와서 마을 사람 모두가 그리스도를 섬기기로 했다는 소식을 전하는 것입니다. 가 보니 각 가정의 가장으로 보이는 열다섯 명의 남자들이 세례 받을 준비를 하고 기다리고 있었다는 것입니다. 그 청년이 하이드에게 말합니다.

"이 모든 일은 선교사님들이 지난밤에 찬양을 하셨기 때문에 일어난 거예요."

그 이후에도 하이드는 사람들 앞에서 감사로 기쁘게 찬양할 때 수많은 영혼들을 구원할 수 있었다고 종종 말했습니다.(『기도로 매일 기적을 체험한 사람』 191-192쪽 발췌)

2) 찬양을 통해 나타난 기적

무엇보다 성경을 통해 찬양할 때 나타난 기적에 대해서 살펴볼 필요가 있습니다.

첫째, 수금을 탄즉 사울에게서 악신이 떠났습니다.
"하나님의 부리신 악신이 사울에게 이를 때에 다윗이 수금을 취하여 손으로 탄즉 사울이 상쾌하여 낫고 악신은 그

에게서 떠났더라."(삼상16:23)

둘째, 여호사밧이 찬송함으로 전쟁에서 승리하였습니다.

"그 노래와 찬송이 시작될 때에 여호와께서 복병을 두어 유다를 치러 온 암몬 자손과 모압과 세일산 사람을 치게 하시므로 저희가 패하였으니… 저희가 피차에 살육하였더라."(대하20:21-23)

"밤중쯤 되어 바울과 실라가 기도하고 하나님을 찬미하매 죄수들이 듣더라. 이에 홀연히 큰 지진이 나서 옥 터가 움직이고 문이 곧 다 열리며 모든 사람의 매인 것이 다 벗어진지라."(행16:25-26)

- **찬양의 위력을 알고 있던 다윗 왕은 다음과 같이 고백합니다.**

"주의 의로운 규례를 인하여 내가 하루 일곱 번씩 주를 찬양하나이다."(시119:164)

- **찬양은 구원 받은 성도의 마땅히 할 바입니다.**

"이 백성은 내가 나를 위하여 지었나니 나의 찬송을 부르게 하려 함이니라."(사43:21)

우리 인간 뿐 아니라 만물이 다 하나님의 영광을 위해, 곧 찬양하기 위해 지으심을 받았습니다. 또 하나님은 우리가 찬양을 올려 드릴 때 기뻐하십니다.

> "내가 노래로 하나님의 이름을 찬송하며 감사함으로 하
> 나님을 광대하시다 하리니 31) 이것이 소뿔과 굽이 있는 황
> 소를 드림보다 여호와를 더욱 기쁘시게 함이 될 것이라."
> (시69:30-32)

성경은 구원 받은 백성들뿐 아니라 만군의 여호와이시며, 만왕의 왕
되신 능력의 창조주에게 찬양을 올려 드릴 것을 명하고 있습니다.

3) 찬양은 만물에게 명하신 명령

> "그의 모든 사자여 찬양하며, 모든 군대여 찬양할지어다.
> 해와 달아 찬양하며, 광명한 별들아 찬양할지어다. 하늘의
> 하늘도 찬양하며, 하늘 위에 있는 물들도 찬양할지어다.…
> 불과 우박과 눈과 안개와 그 말씀을 좇는 광풍이며, 산들
> 과 모든 작은 산과 과목과 모든 백향목이며, 짐승과 모든
> 가축과 기는 것과 나는 새며… 다 여호와의 이름을 찬양할
> 지어다. 그 이름이 홀로 높으시며 그 영광이 천지에 뛰어나
> 심이로다. 그것들이 여호와의 이름을 찬양할 것은 저가 명
> 하시매 지음을 받았음이로다."(시148:2-13, 5)

5

하나님은
우리의 삶을 감찰하신다

"지으신 것이 하나라도 그 앞에 나타나지 않음이 없고 오직 만물이 우리를 상관하시는 자의 눈앞에 벌거벗은 것같이 드러나느니라."(히4:13)

하나님은 우리의 삶(마음과 생각, 심장과 폐부, 악인과 선인)을 언제 어디서든지 감찰하시므로 우리의 삶이 그 앞에 벌거벗은 것같이 드러나며 숨길 수 없습니다.

- 우리의 걸음을 주목하시며(욥34:21)
- 우리의 걸음을 감찰하시고(욥34:21)
- 우리의 걸음을 다 세시며(욥31:4)
- 우리의 생각을 통촉하시고(시139:2)
- 우리의 생각과 뜻을 감찰하시며(히4:12)
- 우리의 심장을 감찰하시고(시6:9, 렘11:20)
- 우리의 행위를 감찰하시며(렘11:20, 16:17)
- 우리의 모든 행사를 감찰하시고(시139:2-4)
- 우리의 모든 행위를 익히 아시며(시139:3)

- 우리의 앉고 일어섬을 아시며(시139:2)

- 우리의 길과 눕는 것을 감찰하시고(시139:3)

- 우리의 생각을 통촉하시며(시139:2)

- 우리의 심장을 살피시고 폐부를 시험하시고(렘17:10)

- 우리의 마음을 아시며(잠15:11)

- 우리의 마음의 비밀을 아시며(시44:21)

- 우리의 마음에서 일어나는 것을 다 아시며(렘11:50

- 우리의 마음을 저울질 하시고(잠24:12)

- 우리의 말을 들으시며(출16:7, 8)(신1:34)

- 우리의 혀의 말을 다 아시고(시139:4)

- 우리의 말 한 대로 행하시며(민14:28)

- 우리의 행동을 달아보시는 하나님(삼상2:3)

- 우리의 마음을 주만 홀로 다 아시며(왕상8:39)(대하6:30)

- 하늘에서 감찰하사 모든 인생을 보시오니(시33:13)

- 내가 주의 신을 떠나 어디로 가며 주의 앞에서 어디로 피하리이까. 내가 하늘에 올라갈지라도 거기 계시며 음부에 내 자리를 펼지라도 거기 계시나이다. 내가 새벽 날개를 치며 바다 끝에 가서 거할지라도 곧 거기서 주의 손이 나를 인도하시며 주의 오른손이 나를 붙드시리이다.(시139:7-10)

- 그리고 각각 그 행위와 행실대로 보응하시나이다.(렘17:10)(잠24:12)

- 또한 여호와의 '눈'은 온 땅을 두루 감찰하사(대하16:9)

- 어디서든지 악인과 선인을 감찰하시므로(잠15:3)

- 우리 인생은 하나님 앞에서 숨김을 얻지 못하며 우리의 죄악이 하나님 목전에서 은폐되지 못하나이다.(렘16:17)

- 이러므로 우리 각인이 자기 일을 하나님께 직고하리라.(롬14:12)

6

우리의 삶은
매일 천사에 의해 기록된다

1) 우리의 언, 행, 심, 사를 기록하는 천사들

우리 각자에게 수호천사가 있다는 것을 예수님께서 직접 말씀 하셨습니다.

> "삼가 이 소자 중에 하나도 업신여기지 말라. 너희에게 말하노니 저희 천사들이 하늘에서 하늘에 계신 내 아버지의 얼굴을 항상 뵈옵느니라."(마18:10)

우리는 이 말씀 가운데 두 가지 사실을 알 수 있습니다.

첫째, 각자에게 천사가 있는데 천사들이라는 복수를 사용하신 것을 보니 최소한 두 명 이상의 천사가 있다는 것입니다.

둘째, 그 천사들이 평생 그 사람을 따라 다니며 그를 보호하고 살피면서 그의 모든 행적을 기록하여 매일 하나님 앞에 보고함을 유추할 수 있습니다.

이와 같은 일은 계시록을 보면 더 확실하게 알 수 있습니다.

"또 내가 보니 죽은 자들이 무론 대소하고 그 보좌 앞에

섰는데 책들이 펴 있고 또 다른 책들이 펴졌으니 곧 생명
책이라. 죽은 자들이 자기 행위를 따라 책들에 기록된 대
로 심판을 받으니… 15) 누구든지 생명책에 기록되지 못한
자는 불못에 던지우더라.”(계20:12, 15)

“사람이 한 번 죽는 것은 정하신 것이요 그 후에는 심판이 있으리
니”(히9:27) 하신 말씀처럼 사람 사후에는 위의 말씀 가운데 생명책
과 행위록에 기록된 것에 의해 심판을 받게 됨을 알 수 있습니다.
즉 우리의 행위를 천사들이 기록함은 심판의 자료가 된다는 것입니
다. 이러한 영적인 일들은 영은 영으로 분별하듯이 영적인 세계를
다녀 온 간증 자들의 간증에 의해 증명이 되고 있습니다.

† 간증 1) 임원순(『신부들이여 준비하라』저자)

우리의 모든 행사와 말과 심장과 폐부를 하나님께서 다 아시지만 우리의
수호천사들이 24시간 우리 마음의 움직임과 생각의 움직임, 그리고 언어
행동까지 지켜보며 체크하여 주님께 보고 드린다는 것을 알려 주셨습니다.

† 간증 2) 김용두 목사(『내가 네게 불세례를 주노라』저자)

천사들은 하나님의 자녀뿐 아니라 이 땅에 살고 있는 모든 사람을 한 사
람씩 맡아서 그의 언, 행, 심, 사를 전부 기록하고 있다.

† 간증 3) 박영문 목사(『천국과 지옥이 있음을 믿습니까』저자)

나는 심판대라는 곳에 와 있었습니다. 내가 지은 죄를 '회고록'이라는 책에
기록해 놓았는데 내가 태어나서 눈과 입으로 손과 발로 또한 마음속으로 지

었던 죄까지를 포함해서 조목조목 적혀 있었습니다. 또 세상에서는 죄가 되지 않지만 그곳에서는 죄가 되는 두 가지 죄목이 있었는데 첫 번째는 예수를 믿지 않는 것이요, 둘째는 예수 믿는 사람을 욕하고 멸시하고 핍박하는 것입니다. 나의 회고록에는 이 두 가지 죄가 씌어 있었고, 그 밑에는 수도 헤아릴 수 없을 만큼 많은 죄의 가지가 뻗어 있었습니다. 교회에 다니지 않은 것은 물론이고 성경, 찬송가를 찢고 불에 쳐 넣어 태워 버렸던 일, 전도하는 제 친구에게 갖은 욕설을 퍼부으며 멸시하고 심지어 발길질에 뺨까지 때렸던 나의 지난날의 죄가 시간과 날짜까지 정확하게 기록되어 있었습니다. 나에게는 까마득한 옛일로 기억도 하지 못하는 것까지 죄로 기록된 데에는 놀라지 않을 수 없었습니다.

† 간증 4) 김민선 전도사(덕정사랑교회)

천사들이 위에서 날아다니는데 손바닥만 한 책, 좀 더 큰 책을 들고 다녀요. 갑자기 순식간에 지상으로 내려가요. 천사가 어떤 집사님(대형 교회 다니는 집사님이에요)의 일 거수, 일 투족을 쫓아다니면서 다 기록해요. 이 사람이 어떤 선행을 했고, 어디서 무슨 봉사를 했고, 오늘은 무엇을 했고, 주님께 영광을 돌렸거나, 예배나 찬양을 드렸거나, 또 전도를 했거나 집까지 따라 다니면서 체크를 해요. 요리할 때도 다 체크를 해요. 마음이 우울했다면 그것도 기록해요. 마치 일기를 쓰는 것처럼 다 기록해요. 너무나 신기해요. 그 사람의 일 거수, 일 투족이 적혀 있어요. 그런데 사람이 죽어서 천국 가면 양쪽에서 천사들이 공손히 그 사람을 데려가요. 어떤 사람은 세 천사가 붙어요. 그것은 주의 종들이에요. 하나님의 일을 많이 하는 능력 있는 주의 종들이에요.

✝ 간증 5) 무명의 목사

천사들은 영혼들의 이름이 생명책에 기록되지 않았으면 데려가지 않으며 생명책에 기록된 자만 천국으로 인도합니다. 천국에는 지구의 모든 사람들의 생활을 기록한 기록실(室)이 있습니다. 거기서 마음먹은 것까지 하나도 빠짐없이 전부를 기록합니다. 하나님이 계신 곳이 백보좌입니다. 그 때는 책대로 심판하게 됩니다. 지금 모든 인간들의 행위가 책에 다 기록되어 있습니다. 하나님의 심판을 피할 자가 한 사람도 없습니다. 하나님은 모든 인간들의 행위를 기억하고 있습니다. 하나님의 나라에는 영원 전부터 영원까지 아는 세계이기 때문입니다. 모든 것이 다 '필름'같이 놓여 있으며, 모든 행위가 새겨져 있습니다. 인간들이 심판대 앞에서 거짓말을 할 수 없으니 이는 생각하는 것과 마음먹은 것까지 다 새겨져 있기 때문입니다.

✝ 간증 6) 백봉녀 성도

목사님께서 설교 하시면 두 명의 천사가 강단 십자가 밑에 앉아서 큰 책에 낱낱이 기록하였다. 예수님은 천사들에게 열심히 기록하라고 하셨다.(『불세례』 2권. 186쪽)

✝ 간증 7) 생명책과 행위록

생명책은 너무나 크고 빛나는 책으로 예수 그리스도의 피로 구속함을 받은 모든 성도들의 이름이 기록되어 있다. 행위록에는 이 세상에서 지은 모든 범죄 행위와 불의함들이 시간별로 조목조목 기록되어 있고, 행위록에 기록된 대로 심판을 받는다고 주님이 말씀하셨다.

✝ 간증 8) 어느 성도의 증언

전 세계인의 말과 행동, 생각이 전부 화면에 나타나다. 죄 짓고 훼방하고 도적질한 것, 은밀하게 숨어서 한 모든 일이 기록되어 심판 자료로 보관되어 있다.

† 간증 9) 어느 성도가 본 행위록

주님께서는 어느 성도님의 행위록을 보여 주셨는데 그 안에는 그 사람의 일생 동안 지었던 모든 행위가 낱낱이 기록되어 있었지만 그 성도가 회개하고 예수님을 영접하고 새 삶을 시작하자 행위록 안에 죄가 적혀져 있던 부분들이 주님의 보혈에 의해 다 지워져 버렸다. 또한 주를 위하여 받는 핍박과 고난 속에서 주의 영광을 나타내는 많은 선행과 구제와 전도와 봉사의 열매가 낱낱이 기록되어 있었다.

7

심판에 관해
(행위에 대한 보응)

① 사람은 사후에 심판을 받는다.(히9:27)

② 하나님은 만민을 심판하신다.(시7:8, 히12:23)

③ 공의로 세계를 심판하신다.(시9:8)

④ 백성들을 심판하신다.(사3:13)

⑤ 모든 육체를 심판하신다.(렘25:31)

⑥ 모든 혈육에게 심판하신다.(사66:16)

⑦ 모든 행위와 모든 은밀한 일을 선악 간에 심판하신다.(전12:14)

⑧ 사람들의 은밀한 것을 심판하신다.(롬2:16)

⑨ 선악 간에 그 몸으로 행한 것을 심판하신다.(고후5:10)

⑩ 의인과 악인을 심판하신다.(전3:17)

⑪ 경건치 않은 자들을 심판하신다.(벧후3:7)

⑫ 형제를 업신여기고 판단하는 자를 심판하신다.(롬14:15)

⑬ 행위를 따라 책들에 기록된 대로 심판하신다.(계20:12, 13)

⑭ 무익한 말을 심판하신다.(마12:36)

⑮ 주의 백성들을 심판하신다.(히10:30)

⑯ 하나님의 집에서 심판을 시작하신다.(벧전4:17)

⑰ 하나님의 성소에서 심판을 시작하신다.(겔9:1-6)

⑱ 이스라엘의 열 두 지파를 심판하신다.(마19:28)

⑲ 알곡과 가라지를 심판하신다.(마3:12)

⑳ 말씀으로 심판하신다.(요12:48)

㉑ 술수하는 자, 간음하는 자, 거짓 맹세하는 자, 품군의 삯에 대하여 억
  울케 하는 자, 과부와 고아를 압제하는 자, 여호와를 경외치 않는 자
  를 심판하신다.(말3:5)

㉒ 죄를 범치 않았다고 하는 자들을 심판하신다.(렘2:35)

㉓ 듣는 대로 심판하신다.(미14:28, 요5:30)

㉔ 심판을 위하여 보좌를 예비하셨다.(시9:7)

㉕ 행위에는 상급이 있다.(대하15:7)

- 그러므로 하나님 앞에서 행하여 완전하라.(창17:1)

- 인자가 아버지의 영광으로 그 천사들과 함께 오리니 그때에 각 사람의
  행한 대로 갚으리라.(마17:27)

8

그 외 성도들에게 주신 말씀
(강조하신 말씀)

① 말씀 부지런히 읽으라. 말씀은 사단을 이기는 무기이며 영생으로 인도한다.(딤후3:15)

② 기도하라. 기도하는 자만이 환난에서 보호받는다.(시50:15, 81:7)

　- 나라와 민족을 위해 기도하라. 나라가 없으면 개인도 없다.

　- 섬기는 교회와 목사님들 위해 기도하라. 주의 종이 잘못 가르치고 잘못 가면 성도들은 지옥 간다.

　- 가족 구원 위해 심혈을 기울여 기도하라. 대신 회개하며 기도하라.

③ 시대를 분별하라. 지금은 노아의 시대보다 소돔과 고모라의 시대보다 더 죄악이 관영하고 있다. 예수님의 재림을 목전에 두고 있다.(창6:5)

④ 목사를 자랑하지 말고 예수님을 자랑하라. 자칫 목사가 우상이 될 수 있다.(고전1:29)

⑤ 항상 기뻐하고 범사에 감사하고 쉬지 말고 기도하라.(살전5:16-18)

⑥ 섬김을 받기보다 섬기는 자가 되어라. 소자에게 주님의 이름으로 냉수한 그릇 대접하는 것도 천국에서 상으로 쌓인다.(마10:42)

⑦ 쉽게 화내거나 혈기 부리지 말라. 성을 내는 것은 하나님의 의를 이루지 못한다.(약1:20)

⑧ 세상을 사랑하지 말고 천국을 사모하라. 세상은 잠깐이요 천국은 영원

하다.(요1서2:15-17)

⑨ 고난을 즐기고 고난에 감사하라. 현재의 고난은 장차 올 천국의 영광에 족히 비교할 수 없다.(롬8:17-18)

⑩ 우리의 목표는 세상이 아니고 천국이다.(빌3:20)

⑪ 세상에서의 삶은 천국 가기 위한 훈련장이다. 100년을 투자하여 영원을 산다.(히9:27)

⑫ 출발점은 같아도 종착점은 천국과 지옥으로 갈린다.(요5:29)

⑬ 순교를 두려워 말라. 하나님이 지키신다.(단3:23-27, 6:27)

⑭ 순교의 정신으로 신앙생활을 하라.(막8:35)

⑮ 두려움은 형벌을 자초한다.(계21:8)

⑯ 염려, 걱정, 근심은 불신앙이다.(마6:30)

⑰ 결코 술 먹지 말라. 결코 담배 피우지 말라. 사단이 육체뿐 아니라 영혼까지 망가뜨린다.(엡5:18) (고전6:19)

⑱ 말을 함부로 하지 말라. 어떤 무익한 말도 이에 대해 심판 날에 심문을 받는다.(마12:36)

⑲ 믿음을 끝까지 지키라. 인내를 온전히 이루라. 인내로 영혼을 얻는다.(약1:4) (눅21:19)

⑳ 성령으로 시작했다가 육으로 마치는 일이 없도록 하라.(갈3:3)

㉑ 매일 삶으로 예배드리라.(롬12:1)

㉒ TV 앞에서 자신의 영혼을 팔지 말라.(약4:4)

㉓ 정결한 주님의 신부가 되어라. 내가 곧 신부들을 데리러 간다.(벧후3:13-14)

㉔ 죄를 회개하라(눅18:13) (행8:22)

㉕ 밭에 감추인 보화를 사는 자가 되어라.(마13:44-46)

기도 중 깨닫는 말씀

1

산 순교와 죽음의 순교

2015. 11. 19. 새벽 기도 중

우리는 일반적으로 순교하면 죽음만을 생각합니다. 주님을 위해 순교한 사람들, 그들은 죽음을 통해 순교했습니다. 그러나 순교에는 두 가지가 있습니다. 산 순교와 죽음의 순교입니다. 산 순교란 좁은 문으로 들어가는 삶입니다. 예수님은 마7:13-14에서 말씀하셨습니다.

"좁은 문으로 들어가라. 멸망으로 인도하는 문은 크고 그 길이 넓어 그리로 들어가는 자가 많고 14) 생명으로 인도하는 문은 좁고 길이 협착하여 찾는 이가 적음이니라."

산 순교란 삶을 통해 이루어지는 순교입니다. 화날 때 화를 내지 않고 참는 것도 산 순교요, 남들이 놀러가고 TV 보며 즐길 때, 놀러가지 않고 TV 보지 않고 기도하거나 성경 읽는 것도 산 순교요, 남들이 세상 낙을 따라 오락장이나 영화관에 갈 때 전도하며 전도지를 나눠 주며 복음을 전하는 것도 산 순교요, 고난을 당하며 고통스러울 때 고난을 통해 하나님 뜻을 깨닫고 오히려 기뻐하며 감사하는 것도 산 순교요, 핍박과 멸시를 당하면서도 감내하며 주님께 더 가까이 나아가는 믿음도 산 순교요, 감사할 수 없을 때 감사하는 것도 산 순교입니다. 이것이 곧 범사에 감사하라는 말씀에 순종하는 믿음이요, 산 믿음이요, 산 순교입니다. 다시 말해 산 순교를 통해 하나님께 영광 돌리고 영적 깊이가 더해가고 영적으로 성숙해 가는 것입니다.

"항상 기뻐하고 범사에 감사하고 쉬지 말고 기도하라."(살전5:16-18)

이와 같은 삶을 사는 것도 산 순교임을 이날 기도 가운데 주님께서 주신 것입니다. 즉 하나님 말씀에 순종하는 것이 믿음이요, 그 믿음이 산 믿음이요 산 믿음이 곧 산 순교라는 것입니다. 이러한 산 순교의 삶은 좁은 문으로 들어가는 삶이요, 천국으로 가는 삶이라는 것입니다.

"말세에 고통하는 때가 이르리니 사람들은 자기를 사랑하며, 돈을 사랑하며, 자긍하며, 교만하며, 훼방하며, 부모를 거역하며, 감사치 아니하며, 거룩하지 아니하며, 3) 무정하며, 원통함을 풀지 아니하며, 참소하며, 절제하지 못하며, 사나우며, 선한 것을 좋아 아니하며, 4) 배반하여 팔며, 조급하며 자고하며, 쾌락을 사랑하기를 하나님 사랑하는 것보다 더하며"(딤후3:2-4)

이러한 삶은 넓은 문으로 들어가는 삶이요, 좁은 문으로 들어가는 반대되는 삶이요, 곧 멸망으로 가는 길이라는 것입니다.

죽음의 순교는 자신의 생명을 주님께 드려 주님 위해 죽는 것을 의미합니다. 하나님의 교회는 순교자들의 피 값으로 교회의 터를 닦았고, 주님이 피 흘려 죽으심으로 교회가 세워졌습니다. 다시 말해 주님께서 우리를 위해 순교의 제물이 되신 것입니다. 그러므로 우리가 진실로 주님을 사랑한다면 자신의 생명을 드려 순교하는 죽음이 가장 영광스러운 죽음이라는 것을 알 수 있습니다. 예수님의 제자들은 현장에서 복음을 듣는 순간 망설임 없이 즉시 주님을 따랐고, 자신들의 삶을 버리고, 모든 소유를 버리고 주님의 제자가 되었습니다. 주님의 공생애 기간 동안 주님을 그림자처럼 따라다니며 주님의 동역자가 되었습니다. 그러한 그들이 주님 위해 순교까지 했습니다. 사도 요한만 제외하고 열한 제자가 모두 순교했습니다. 그것도 아주 비참하게. 순교는 최고의 영광스러운 죽음이요, 하나님을 영화롭게 하며 하나님께 영광을 드리는 죽음이기 때문입니다.

마지막 시대를 사는 주님의 성도들은 순교의 정신으로 살아야 합니다. 기독교 신자를 무자비한 방법으로 참수하는 IS의 잔학한 행태는 시작에 불과합니다. 앞으로 성경에 기록된 대로 창세 이후로 없는 전무후무한 대 환난(마24:21)은 기독교인을 죽이는 환난입니다. 서문에서도 언급했지만, 세계 단일 정부를 추진하는 조직들 즉 프리메이슨, 일루미나티, 그리고 종교 통합을 위해 발 빠르게 움직이는 로마 가톨릭 교황의 행보, 뉴에이지 등의 표적은 바로 기독교인의 박멸입니다. 형제가 형제를, 아비가 자식을, 자식이 아비를 환난에 내어주어 죽게 하는 것은 마지막 시대, 바로 그러한 상황들을 눈앞에 두고 현재도 가까이 보고 듣고 겪고 있는 이 시대입니다. 정신 차려 깨어 기도하고 산 순교로 인내의 구원의 믿음을 키워야 할 것입니다. 그리고 죽음의 순교까지 불사하며 끝까지 믿음을 지키는 성도들이 되어야 할 것입니다.

2

에녹과 엘리야의 들림

성경에 보면 죽음을 겪지 않고 산 채로 승천한 사람이 두 사람 있습니다. 바로 '에녹'과 '엘리야'입니다. 이 두 사람은 대 추수 때의 휴거처럼 죽음을 거치지 않고 들림 받는 축복을 누렸습니다.

이제 앞으로 하늘 문이 열리고 주 예수 그리스도께서 영광 가운데 이 땅에 오실 것입니다. 그날에 우리 성도들의 몸이 변화하여 공중에서 주 예수님을 만나게 될 것인데, 바로 이 위대한 사건을 오늘 에녹과 엘리야가 예표하고 있습니다. 과연 에녹과 엘리야는 어떤 사람들이었기에 그런 축복을 받게 되었을까요? 그럼 먼저 에녹에 대해 살펴보겠습니다.

에녹에게 있어서 가장 중요한 점은 그는 하나님과 동행하였다는 사실입니다. 성경 창5:21-24 말씀에 보면 에녹에 대해서 기록하고 있습니다.

"에녹은 육십오 세에 므두셀라를 낳았고 22) 므두셀라를 낳은 후 삼백 년을 하나님과 동행하며 자녀들을 낳았으며 23) 그가 삼백육십오 세를 향수하였더라. 24) 에녹이 하나님과 동행하더니 하나님이 그를 데려가시므로 세상에 있지 아니하였더라."(창5:21-24)

에녹이 죽음을 보지 않고 승천한 것은 하나님과 동행하는 삶을 살았기 때문이라는 것을 알 수 있습니다.

또 히11에서 에녹에 대해 말씀하시기를,

"믿음으로 에녹은 죽음을 보지 않고 옮기웠으니 하나님이 저를 옮기심으로 다시 보이지 아니하니라. 저는 옮기우기 전에 하나님을 기쁘시게 하는 자라 하는 증거를 받았느니라. 6) 믿음이 없이는 기쁘시게 못 하나니 하나님께 나아가는 자는 반드시 그가 계신 것과 또한 그가 자기를 찾는 자들에게 상주시는 이심을 믿어야 할지니라."(히11장 5-6)

하나님을 기쁘시게 하는 것은 믿음인데 에녹은 하나님을 기쁘시게 하는 자라는 증거, 즉 믿음의 사람이라는 증거를 받았다는 것입니다. 그 믿음으로 300년 동안 하나님과 동행했다는 것입니다.

저는 항상 산 채로 승천한 에녹의 하나님과 동행한 삶이 궁금했습니다. 성경에는 동행하는 삶에 대해서 구체적으로 언급하지 않고 한마디, 곧 동행했기 때문이라는 것만 기록했기 때문입니다. 어느 날 저는 기도 가운데 주님께 묻는 기도를 했습니다. 주님은 세 가지로 답하셨습니다.

첫째, 에녹은 항상 하나님께 집중하는 삶을 살았다는 것입니다.

그의 관심은 오로지 하나님을 향하여 열려 있었고, 하나님 외에 그 어떤 것에도 마음을 빼앗기지 않았다는 것입니다. 세상 쾌락도, 편안하고 안락한 삶도, 물질도, 세상 복도 구하지 않았고 오직 하나님만 구하였고, 오직 하나님 한 분만으로 만족하며 하나님이 기뻐하시는 믿음으로 살아갔다는 것입니다.

둘째, 에녹은 죄 짓지 않고 성결한 삶을 살았다는 것입니다.

사람이 전혀 죄를 짓지 않고 살 수는 없지만, 에녹은 죄를 짓지 않기 위해 하나님 뜻을 구하며, 하나님 뜻에 순종하기 위해 자신을 쳐 복종시키며, 성결한 삶을 살기 위해 하나님이 인도하시는 대로 살았다는 것입니다.

셋째, 에녹은 천국을 사모하며 항상 천국에 소망을 두었다는 것입니다.

에녹은 이 땅의 삶이 나그네의 삶이라는 것을 알고 이 땅을 목적한 삶이 아니라 본향 즉 영원한 기업의 약속을 바라보며 매일의 삶 속에서 천국을 소망하면서 그 천국을 향해 가는 좁은 길을 택해 그 길을 따라갔다는 것입니다.

다음은 엘리야에 관해서입니다.

엘리야는 모세와 함께 구약을 대표하는 인물입니다. 모세는 율법을 대표하고 엘리야는 선지자를 대표합니다. 마17장에 보면 예수님께서 변화산(다볼산)에 올라가셨을 때 예수님과 대화했던 두 사람은 모세와 엘리야였습니다. 엘리야 선지자는 그만큼 중요한 인물이라는 것입니다.

첫째, 엘리야는 기도의 선지자였습니다.
약5:17-18 말씀에 보면 엘리야에 대해서 기록하기를,

"엘리야는 우리와 성정이 같은 사람이로되 저가 비 오지
않기를 간절히 기도한즉 삼 년 육 개월 동안 땅에 비가 아
니 오고 18) 다시 기도한즉 하늘이 비를 주고 땅이 열매를
내었느니라."(약5:17-18)

이처럼 엘리야는 기도로 하늘 문을 열고 닫는 사람이었습니다.
둘째, 엘리야는 능력의 선지자였습니다.
왕상 18장에 보면 엘리야 선지자가 바알의 선지자 사백오십 인과
아세라의 선지자 사백 인과 갈멜산에서 850대 1로 대결합니다. 그
대결은 어느 신이 참 신인지 가려내는 것이었습니다. 이는 하나님만
섬겨야 할 이스라엘 백성들이 바알을 섬겼기 때문에 엘리야는 안타
까운 마음에서 불타는 심정으로 그러한 백성들 앞에서 이와 같이
말합니다.

"엘리야가 모든 백성에게 가까이 나아가 이르되 너희가
어느 때까지 두 사이에서 머뭇머뭇 하려느냐. 여호와가 만
일 하나님이면 그를 좇고 바알이 만일 하나님이면 그를 좇
을지니라 하니 백성이 한 말도 대답지 아니하는지라."(왕상
18:21)

그래서 엘리야 선지자는 기도에 불로 응답하는 신이 참 신임을 가려내자는 제안을 합니다. 먼저 바알을 섬기는 선지자들이 갈멜산에서 송아지를 취하여 잡고 단 주위에서 아침부터 낮까지 바알의 이름을 부르며 "우리에게 응답하소서. 우리에게 응답하소서." 하고 부르짖어도 아무 응답이 없었습니다. 그러자 그들은 피가 흐르기까지 칼과 창으로 자기들 몸을 상하게 하며 바알 신을 불러도 응답이 없었습니다. 오정에 이르러서는 엘리야 선지자 차례가 되어 엘리야가 기도합니다.

"내게 응답하소서. 내게 응답하옵소서. 이 백성으로 주 여호와는 하나님이신 것과 주는 저희의 마음으로 돌이키게 하시는 것을 알게 하옵소서." 그러자 여호와의 불이 내려서 번제물과 나무와 돌과 흙을 태우고 또 도랑의 물을 핥아 불로 응답하십니다. 이 광경을 지켜보던 모든 백성이 엎드려 "여호와 그는 하나님이시로다. 여호와 그는 하나님이시로다."라는 고백을 하게 됩니다. 이처럼 엘리야 선지자는 기도를 통해 하나님의 능력을 힘입은 선지자였습니다.

셋째, 엘리야는 말씀에 사로잡힌 선지자였습니다.

신11:16- 17 말씀에 보면

"너희는 스스로 삼가라 두렵건대 마음에 미혹하여 돌이켜 다른 신들을 섬기며 그것에게 절하므로 여호와께서 너희에게 진노하사 하늘을 닫아 비를 내리지 아니하여 땅이 소산을 내지 않게 하시므로 너희가 여호와께서 주신 아름다운 땅에서 속히 멸망할까 하노라."(신11:16- 17)

엘리야는 이 말씀을 아합 왕에게 그대로 선포한 것입니다.

"이대로 가면 하늘 문이 닫히고 비가 오지 않게 될 겁니다."

그때 엘리야는 우상숭배를 하는 이스라엘 백성들을 향한 주님의 심정으로 불타는 마음을 자기 생명의 위협에도 불구하고 담대하게 전했던 것입니다. 그러면 엘리야는 아주 특출하고 특별한 사람처럼 생각이 됩니다. 그러나 그에 대해 성경은 한 줄로 나타내고 있습니다.

"길르앗에 우거하는 자 중에 디셉 사람 엘리야가 아합에게 고하되 나의 섬기는 이스라엘의 하나님 여호와께서 사심을 가리켜 맹세하노니 내 말이 없으면 수 년 동안 우로가 있지 아니하리라 하니라."(왕상17:1)

말하자면 엘리야는 디셉 사람이며, 그의 배경에 대해서 특별한 기록이 없습니다. 이는 그가 선지자였지만 지극히 평범한 사람이었음을 말하고 있습니다. 이처럼 특출하거나 특별한 사람이 아닌 평범한 사람이었음에도 불구하고 그가 이같이 하나님께 붙들려 큰일을 행했습니다. 왜일까요?

엘리야는 하나님을 향한 뜨거운 사랑과 열정이 있는 사람이었습니다.

"…내가 만군의 하나님 여호와를 위하여 열심히 특심하오니…"(왕상19:10)

엘리야는 하나님을 위해서라면 생명도 아끼지 않는 사람이었습니다. 그러한 열정 때문에 우상 숭배하는 이스라엘 백성을 보면 의분이 솟고 불타는 심정이 되어 견딜 수 없었던 것입니다. 일신상을 돌아보지 아니하고 하나님의 의를 이루기 위해 생명도 아끼지 않았습니다.

오늘날 주의 종들은 엘리야와 같은 이러한 거룩한 분노가 있어야 하고, 확실하게 하나님 편에 서서 말씀을 바르게 전해야 하고, 하나님을 위해서 복음의 순수성을 지키며 불의 앞에서는 결단코 타협하지 않는 믿음의 스승이 되어야 합니다. 주님께서는 그날 제게 에녹과 엘리야는 이 땅에 주님 오실 때 들림 받는 예표인데 에녹은 들림 받는 성도들의 예표요, 엘리야는 들림 받는 주의 종들의 예표라 하셨습니다. 마지막 시대 들림 받기 위해서는 에녹과 엘리야와 같은 믿음의 사람들이어야 한다는 것입니다.

주님은 제게 진한 감동을 주셨습니다. 주의 종들은 양을 위하고 주님을 위하고 복음을 위해서 이 마지막 시대에 더욱 자기 생명을 기꺼이 내놓을 수 있는 각오와 결단으로 행하는 믿음의 종들이 엘리야처럼 들림 받을 것이라는 말씀을 주셨습니다.

3

사람의 마음속에는
온갖 쓰레기가 가득 차 있다

2015. 12. 12.

새벽 기도 중 사람의 마음 안에는 온통 쓰레기가 가득 차 있다고 하셨습니다. 사람의 마음은 온통 잡다한 쓰레기가 모인 쓰레기장 같다고 하셨습니다. 시기, 질투, 미움, 원망, 불평, 불만, 비판, 판단, 정죄, 멸시함, 무시함, 욕심, 탐심, 이기심, 악심, 앙심, 음심, 복수심, 명예욕, 지배욕, 교만, 음란, 혈기, 분노 등 헤아릴 수 없는 쓰레기들이 가득 차 있는데도 치울 생각을 하지 않고 이미 쓰레기에 중독되어 냄새조차도 맡지 못하고 있다고 하십니다. 쓰레기를 담뿍 담은 겉모습을 아름다운 옷, 곱고 화려한 옷, 꾸미고 치장하고 화장한 외모는 아름답게 사람들에게 비쳐지는데 그 마음은 온통 쓰레기로 가득하다고 하십니다. 외모를 보시지 않고 그 생각과 마음과 심장과 폐부를 감찰하시고 중심을 보시는 하나님은 쓰레기로 가득한 마음 상태를 보시기 때문에 숨김없이 다 드러나는데 그 쓰레기를 가득 담고 주님께 나와서 예배를 드리고 찬송을 한다고 하십니다.

사람들은 그 아름다운 겉모습에 칭찬을 보내고 교회 안에서 봉사 잘하고 믿음 좋다고 치켜세우는데 하나님은 그 마음 안에 있는 쓰레기를 보시고 슬퍼하신다고 합니다. 그리고 그 예배와 찬송을 받지 않는다고 하십니다. 그의 예배도 찬송도 기도도 가증하다고 하십니다. 하나님이 받지 않으시는 예배는 사단이 받는다고 하십니다. 예배는 신령과 진정으로 드려야 하며 산제사로 드려야 한다고 하십니다. 그럼으로 예배 자는 일주일의 성결한 삶을 가지고 나온 자여야 한다고 하십니다. 시기하고 다투고 분 내고 미워하고 불평, 불만하고 감사치 아니하고, 용서하지 아니하고 등등 잡다한 쓰레기를 깨끗이 치우고 와서 예배를 드려야 한다고 하십니다. 그래서 매일 삶 속에 회개가 필요하다고 하십니다. 그러므로 예배당에서 드리는 공적 예배는 반드시 회개를 먼저 하고 드려져야 한다고 하십니다.

물론 반복되는 죄는 철저히 회개하여 반복하지 말아야 한다고 하십니다. 가인의 예배를 받지 않으시는 이유를 다 알 것이라 하셨습니다. 가인은 악한 자였다고, 시기가 가득하여 의인인 동생 아벨을 죽인 자였다고 하십니다. 마음속에 감춰둔 모든 쓰레기는 악이라고 하십니다. 수 천, 수 만 명이 드리는 예배 자 가운데 하나님이 받으시는 예배는 불과 몇 명이나 몇 십 명밖에 되지 않는다고 하십니다.

예배 중에 하나님께서 받으시는 예배 자에게는 하나님께로부터 나오는 빛으로 옷을 입히신다고 하십니다. 하얀 세마포라 하십니다. 이것을 영안이 열린 자에게 보여 주신다고 하십니다. 교회는 화려한데 모인 숫자는 많은데 그 안에 하나님이 안 계시는 교회가 많다고 하십니다. 이미 사단이 교회와 예배자들의 마음을 장악하고 있기 때문이라고 하십니다. 성회와 아울러 악을 행하는 것을 하나님은 견디기 어렵다고 하십니다. 오늘날 많은 교회가 이사야 1장의 모습과 같다고 하십니다.

마음속의 쓰레기장에서 끊임없이 뿜어져 나오는 독은 그 가족과 이웃에게 독침이 되어 상처를 입히고 넘어뜨리고 실족시킨다고 하십니다. 때로는 무서운 칼날이 되어 심한 상처를 입히고 그 칼날에 자신도 찔린바 되어 자신을 무너뜨리고 가정도 파괴시킨다고 하십니다. 그러나 그 쓰레기를 하나씩 치우고 회개할 때 주님은 그 마음을 받으시고 새롭게 변화 시키신다고 하십니다. 쓰레기를 다 치우고 다시는 그런 쓰레기를 만들지 말라고 하십니다. 설령 쓰레기가 생기더라도 부패하기 전, 벌레가 생기기 전, 독한 냄새를 풍기기 전에 재빨리 치우라고 하십니다. 회개하라고 하십니다. 회개만이 살길이라 하십니다. 마음을 하나님 말씀으로 채우라고 하십니다. 항상 기뻐하고 범사에 감사하며 쉬지 말고 기도하는 것을 습관화 시키라고 하십니다. 아멘.

4

사람들이 가장 많이 섬기는 우상은 '자기 우상'이다

2015. 11. 23.

'자기 우상'이란 자기 뜻대로 자기 고집대로 하는 사람입니다. 이런 사람은 '자기 우상'을 섬기는 자라는 것입니다. 자기 우상은 세상 거의 모든 사람들이 섬기는 우상이라고 하십니다. 비기독교인 뿐만 아니라 기독교인들도, 그리고 우상숭배를 하지 말라고 설교하시는 목사님들도 마찬가지라는 것입니다. 그런데도 자신들은 자기 우상을 섬긴다는 것을 전혀 모르고 있다고 하셨습니다. 물론 저도 그 가운데 한 사람입니다. 그러면서 계속 말씀하십니다. 아무리 교회 잘 다니고, 주일 성수 잘하고, 헌금 많이 하고, 봉사 잘하고, 열심히 일해도 자존심이 강하여 쉽게 화내고 쉽게 토라지고 마음 상해하고 분을 풀지 못해 미워하고 용서하지 못한 사람은 자기 우상을 섬기므로 하나님께 인정을 받지 못한다는 것입니다. 겉으로 나타나는 모습으로 사람들에게는 인정을 받을 수 있지만 중심을 보신 하나님께는 인정을 받지 못한다는 것입니다. 그래서 성경은 "외모로 사람을 판단하지 말라."고 하셨습니다. 자존심이 강한 사람일수록 자기 우상을 더 많이 섬긴다고 하십니다.

물론 사람들에게는 누구에게나 자존심이 있습니다. 자존심이란 없어서도 안 되지만 과하면 '자기 우상'이 되기 때문에 과한 자존심은 말씀 안에서 버리라는 것입니다. 교회 안에서나 가정에서 다툼이 있고 분쟁이 있고 서로 미워하고 용서하지 못하고 사랑하지 못하는 것은 자존심이 상해서 벌어지는 일들이며 이 자존심은 지옥으로 인도하는 첩경이라는 것입니다. 하나님 말씀에 역행하기 때문입니다. 곧 불순종이기 때문입니다.

쉽게 화내고 억울하다고 상대를 미워하고 원수를 맺는 것도 자존심 때문이라는 것입니다. 하나님은 자존심 다 내려놓고 사람들을 섬기며, 대접 받고자 하는 대로 먼저 남을 대접하고, 항상 자신이 부족하다는 것을 깨닫고 겸손하며, 무슨 일에도 상대편 탓하기 전에 자신을 돌아보고, 억울한 일이 있더라도 주님께 기도하는 가운데 주님께 하소연하면, 주님이 위로와 평강을 주실 것이라는 것입니다. 그리고 모든 문제가 순적하게 해결된다는 것입니다. 자존심이 개입하면 그 안에 사단이 역사하기 때문에 일은 더 꼬이고 결국 신앙까지 팔아먹을 수 있다는 것입니다. 그래서 주님께 버림 받게 된다는 것입니다. 오늘날 시끄러운 교회가 많은 것도 그래서 사회의

지탄을 받는 것도 모두가 자신만이 옳다고 하는 '자기 우상' 때문이라는 것입니다.

자신은 아무 잘못도 없는데 상대편이 잘못된 것이고 자신의 생각이 다 옳고 상대의 생각을 그르다고 하는 판단도, 그리고 상대를 지배하려고 하는 것도 명예를 탐하는 것도 뿌리는 자존심이라는 것입니다. 즉 '자기 우상'이라는 것입니다. 부부간에 형제간에 불화하는 것도 '자기 우상' 때문이라는 것입니다. '자기 우상'은 곧 사단을 섬기는 거와 같으며 사단의 종이라는 것입니다.

하나님보다 더 사랑하는 것이 우상을 숭배하는 것이라고 설교하시는 목사님도 실상은 '자기 우상'을 섬기는 분들이 많으며 성도들 역시 그렇다는 것입니다. 그러면서도 '자기 우상'을 섬기고 있다는 것을 모르고 있다고 성령님께서 지적하셨습니다. 높고자 하는 마음, 지배하고자 하는 마음, 항상 남보다 앞서야 한다는 마음, 권위에 의한 아집 등 때문에 쓸데없는 자존심은 버려야 한다는 것입니다. 그 대신 자존감을 높여야 한다는 것입니다.

자존심과 자존감은 어떤 차이가 있는 걸까요?

자존심이 강한 사람은 외부 환경의 자극에 민감해서 그 자극에 의해 때로는 우월감이나 열등감을 느끼기도 하고 비교 의식에 빠지기도 합니다. 그래서 스트레스를 받기도 하고 그래서 충돌이 생기고 마음이 늘 요동합니다. 자존감이 강한 사람은 외부 환경이나 자극에 민감하게 반응하지 않습니다. 자기 존재 가치에 대한 인식이 높기 때문입니다. 그래서 어떤 자극에도 동요하지 않고 여유가 있습니다. 자신에 대한 믿음이 있습니다. 마음의 평안을 유지합니다.

참된 그리스도인은 천하보다 귀한 자신의 소중한 존재 가치를 외적 자극에 의해서 함부로 훼손하지 않습니다. 부부간 싸움도 결국 자존심 싸움입니다. 개도 안 먹는다는 자존심이라는 말이 있습니다. 누군가 말했습니다. "자존심의 꽃이 떨어질 때 자존감의 열매가 맺힌다."는 것입니다. 자존감은 인격입니다. 인격적 존재가 되는 것입니다. 자존감이 높은 사람일수록 불필요한 자존심을 버리고 하나님 말씀대로 자신의 인격을 다듬어 가는 사람이 된다는 것입니다.

5

보지 말고 듣지 말고
말하지 말라

2015. 11. 25.

이날 새벽 기도 중 성령님은 제게 말씀하셨습니다. "눈이 있다고 보지 말아야 할 것을 보는 것도 죄요, 귀가 있다고 분별없이 듣는 것도 죄요, 입이 있다고 생각난 대로 말하는 것도 죄다. 영의 사람은 보여도 보지 않고, 들려도 듣지 않고, 알아도 말하지 말아야 한다. 즉 절제를 말함이다."라고 하셨습니다. 그리고 성경 말씀 한 구절이 떠올랐습니다.

"예수께서 가라사대 너희가 소경 되었다면 죄가 없으려
니와 본다고 하니 너희 죄가 그저 있느니라."(요9:41)

이 말씀을 생각하면 떠오르는 생각이 있습니다. 대학 시절 제 일
생 가운데 그때의 신앙이 가장 순수했고 예수님에 대한 사랑이 충
만했던 거 같습니다. 그때는 부흥성회가 있다는 소식만 들려오면
아무리 먼 교회라도 달려갔습니다. 그리고 길을 걸어가면서도 기도
를 했습니다. 눈은 떴지만 마음으로는 기도를 한 것입니다. 그때는
예수님에 대한 사모함이 간절했던 때였습니다.

하루는 길을 걷다가 기도하는 가운데 '하나님, 제가 소경이 되게
해 주십시오. 그러면 아무것도 보지 못하니 죄를 짓지 않겠습
니까?' 그러나 지금은 그런 기도를 못 합니다. 오히려 나이 들어감
에 따라 시력이 저하되니까 '이러다가 잘 안 보이면 어쩌지?' 때로 그
런 걱정을 하게 될 때도 있습니다. 아무튼 우리 예수님께서 하신
"본다고 하니 너희 죄가 그저 있느니라."는 말씀은 의미심장한 말씀
입니다.

사람이 죄를 지을 때 언, 행, 심, 사 즉 말을 함부로 해서 죄를 짓
게 되고, 행동으로 또 생각으로, 마음으로 죄를 짓게 되지만 보는
것으로 죄를 지은다고 생각한 사람은 별로 없는 거 같습니다. 한 예
로 요즈음 TV를 안 보는 사람은 거의 없을 정도로 TV를 즐겨 봅니
다. TV를 본다고 그것을 죄로 여기는 사람도 없다는 것입니다. 그
런데 요즘 TV 프로는 갈수록 선정적이고, 폭력적이고, 자극적이 되
어가고 있습니다. 보지 말아야 할 프로들이 많이 등장하고 있습니
다. 그러나 드라마는 가장 인기 있는 프로이며 거의 모든 가정이 드

라마를 즐겨 보고 있습니다. 그러나 드라마 역시 불륜 관계를 다루고 동성애를 다루는 프로도 있어서 점차 사람들의 마음에 최면을 거는 것처럼 그런 면에서 무디어가고 있습니다.

저도 드라마를 즐겨 보는 편이었습니다. 많이 보는 것은 아니지만 매일 한 편씩은 보았습니다. 나름대로는 선별해서 보는 드라마였지만, 마음 한편으로는 드라마를 보는 시간에 기도를 해야 되지 않겠느냐는 생각이 들어서 드라마를 보지 않으려고 했지만 맘대로 안 되었습니다. 그러기를 한두 해가 흘렀습니다.

2014년 8월 29일 금요일 새벽이었습니다. 평소 하던 대로 새벽 기도에 들어갔습니다. 그런데 갑자기 배 안에서 뭔가 통통거리는 소리가 들렸습니다. 그 소리가 계속 이어졌습니다. 그래서 눈을 뜨고 배를 내려다보며 '이게 무슨 소리지?' 하면 소리가 들리지 않다가 눈을 감고 기도하면 또 통통거리는 소리가 들리는 것입니다. 그러기를 몇 번 반복하게 되니까 저는 주님께 여쭈었습니다. 그랬더니 갑자기 "너 어제 간음했지 않느냐?" 하는 것입니다. 저는 깜짝 놀라서 "제가 무슨 간음을 했다는 것입니까?"

그러자 성령님은 "네가 어제 저녁에 드라마를 보지 않았느냐? 드라마를 보는 것도 영적 간음이니라."

그러면서 다음 말씀을 상기시키셨습니다.

"간음하는 여자들이여, 세상과 벗된 것이 하나님의 원수임을 알지 못하느뇨. 그런즉 누구든지 세상과 벗이 되고자 하는 자는 스스로 하나님과 원수 되게 하는 것이니라."(약 4:4)

저는 그 자리에서 회개 기도를 드렸습니다. 드라마 다시는 보지 않게 해 달라고 간절히 기도했습니다. 주님께서는 오래전부터 드라마를 보는 시간에 기도하라는 마음을 강하게 주셨음에도 끊지 못하고 있었기에 오늘 새벽에 이렇게 확실하게 가르쳐 주신 것이라는 생각을 하게 된 것입니다. 제 힘으로는 끊지 못하니 성령님께서 보고 싶은 마음이 사라지게 해 달라는 기도를 간절하게 드린 것입니다. 참으로 신기했습니다. 그날 저녁부터 즐겨보던 드라마를 보지 않게 되었는데 그 이후로 드라마를 보고 싶은 마음이 사라진 것입니다.

뉴스는 봐도 된다고 하셔서 뉴스를 보려고 TV를 켜면 드라마가 나올 때도 있습니다. 그러면 자신도 모르게 얼른 채널을 돌리게 됩니다. 이렇게 해서 드라마를 보지 않게 된 것이 오늘로 꼭 15개월이 되었습니다. 그러면서 이제는 '저렇게 싱거운 것들을 왜 내가 그렇게 열심히 봤을까?' 하는 생각을 하게 된 것입니다. 사람은 할 수 없으되 하나님은 하실 수 있다는 말씀처럼 성령님께서 역사하시니 그 즐겨 보던 드라마를 보지 않게 된 것입니다.

"너는 나의 신부가 되어라. 신부는 오직 신랑만 바라보고 신랑만 생각하느니라."

주님은 또 그렇게 감동을 주셨습니다. 이러한 간증을 읽으신 독자들 가운데는 드라마 보는 것이 무슨 죄가 되느냐고 반문 하실지는 몰라도 특히 TV나 영화의 영상은 뇌리 속에 오래 남기 때문에 자꾸 입력된 영상들이 영을 흐리게 하고 혼탁하게 해서 영적인 생활을 방해하는 것은 사실입니다. TV를 전혀 안 볼 수는 없으나 절제해야 한다는 것입니다.

TV를 발명한 사람은 미국 과학자 '사노크'라고 합니다. 사노크는 프리메이슨(루시퍼를 섬기는 사단 숭배 집단)의 한 사람으로서 프리메이슨의 의도대로 사람들을 타락시키고 바보로 만드는데 큰 역할을 하며, 사타니즘(Satanism: 악마주의)을 쉽게 받아들이게 하기 위한 세뇌용 도구로 TV가 개발되었다고 합니다.

청소년들이 모방 범죄를 하는 것도 폭력이 가중되어 가는 세상이 되어 가는 것도 성적 타락에 의한 불륜도 TV의 폐해인 셈입니다. 원래의 순기능은 포장이요 역기능이 TV의 목적이 된 것입니다. 진실은 거짓 속에 가려지고 숨겨져 있듯이 '세계 단일 정부'는 모든 사람을 '노예화'하여 우민으로 만들려고 하는데 TV가 한몫을 담당하고 있는 것입니다. 좋은 프로그램이 소수라면 그에 비례하여 TV를 악용하는 프로그램은 수없이 많다는 것입니다. TV로 말미암아 야기된 끔찍스러운 일들을 열거한다면 셀 수 없을 것입니다.

여기 인터넷상에 올라온 90세 된 노르웨이 국적을 가진 할머니에게 하나님께서 보여 주신 예언적 환상을 인용해서 TV의 진실을 알아보겠습니다.

(참고: 노르웨이에 TV는 1968년에 나왔다고 합니다. 그때 당시의 예언입니다.)

첫째, 도덕성이 분열될 것입니다.

노르웨이에서 전혀 겪어보지 못한 그런 일들이 일어날 것입니다. 사람들은 결혼하지 않고 결혼한 부부처럼 함께 살 것입니다. 결혼하기 전 불결함이 증가하며, 부정, 간통들이 결혼한 사람들 안에서 자연스러워질 것입니다. 그리고 이러한 것들이 어느 각도에서 보나 정당하게 될 것입니다. 예수님이 오시기 바로 전에 우리가 겪어 보지 못한 많은 TV 프로그램들이 나올 것입니다

둘째, 끔찍한 폭력물 영향으로 사람들은 거리를 걷는 것도 안전하지 않을 것입니다.

TV에는 아주 끔찍한 폭력물들이 사람들로 하여금 서로를 죽이며 파괴하게끔 가르칠 것입니다. 그리고 거리를 걸어 다니기도 안전하지 않을 것입니다. 사람들은 그들이 본 것들을 따라할 것입니다.

셋째, TV에는 많은 '스테이션'(채널)들이 있을 것입니다. TV는 라디오처럼 많은 '스테이션'들이 있을 것이며, 폭력물로 가득 찰 것입니다. 사람들은 이것들을 즐기는 것에 사용할 것입니다. 우리는 서로가 파괴하며 죽이는 두려운 장면들을 볼 것입니다. 그리고 이것들은 세상 사회에 번져 나갈 것입니다. 성관계를 하는 장면들 또한 TV 스크린을 통해서 보일 것입니다. 그리고 당신은 볼 것입니다. 가장 음탕한 것들이 우리 눈앞에서 일어날 것입니다.

이 예언대로 오늘날 TV의 폐해는 말로 다 할 수 없습니다. 앞으로는 더욱 심화될 것입니다. 마치 서서히 스며들어 마침내는 사람을 죽이는 독처럼 분별없이 TV를 시청하는 사람들의 뇌리에 박히고, 세포에 박혀서 그러한 모순된 것들이 아무렇지도 않게 느껴질 정도로 사람들을 세뇌시킬 것입니다. 저는 뉴스를 보면서 한 가지 느낀 것이 있습니다. 채널이 많이 있다 보니 건전한 프로그램보다는 왜 저런 프로그램을 방송하는지 의아할 때가 많습니다. 아무리 프로그램이 빈곤하다 할지라도 저래서는 안 된다는 느낌을 받습니다.

한 가지 예로 하나의 사건이 터지면 그 사건을 이슈화해서 방송

국마다 관련된 인사들을 초빙해서 사건을 분석하고 예견한답시고 사건에 관련된 한 사람을 마치 해부하듯 샅샅이 파헤쳐 완전히 조각낸다는 것입니다. 말, 말, 말들이 무성하고 해서 조금이라도 허가 보이면 찌르고 또 찔러서 그 사람을 만신창이로 만든다는 느낌을 자주 받습니다. 떠들썩한 뉴스거리가 아닌데도 방송을 통해 떠들썩한 뉴스거리로 방영한다는 것입니다. 저렇게 사람을 난도질한 자신들은 어떤 사람인지 묻고 싶을 때가 있습니다.

TV의 해악

- TV는 위험천만한 암시력을 가지고 있다.

한 장면이 잠재의식에 깊이 파고들어 사람을 지배하여 움직이는데 심리학자들은 이것을 '심상(IMAGE)'이라고 부릅니다.

- TV는 시간을 도적질하는 시간 도둑이다.

영화나 드라마 오락 등의 프로는 신앙인들에게 성경 읽고 기도하는 시간을 빼앗아 갑니다. 머지않아 우리는 주어진 시간을 어떻게 사용해 왔는지 하나님의 심판대 앞에서 후회할 날을 맞이하게 될 것입니다.

- 가장 심각한 영향은 모종의 몇몇 프로그램이 지닌 본질적 특성에서 비롯되는 악영향입니다. 한 가지 사례를 들어봅니다.

1975년 9월에 '라인 넥카신문'은 여덟 살짜리 남자 어린애를 살해한 13세와 14세 두 소녀에 관한 보도기사를 실었습니다. 왜 살해했는지 질의를 받자 그들은 답변했습니다.

"우리는 TV에서 많은 살해 장면을 보았어요. 그래서 우리는 남을 죽이는 게 어떤 건지 직접 알아보고 싶었어요."

그러나 사랑하는 자녀가 TV의 해악으로 지옥에 간다면 부모의 마음은 어떨까요? TV의 해악으로부터 자녀들을 보호해야 한다는 충격적 간증.

† 간증) 안젤리카

- TV 만화를 보는 아이들이 지옥에 간 이유

주님은 내게 8살 난 남자 아이가 지옥 불에서 고통당하는 것을 보여 주셨습니다. 그 소년은 "주님, 제게 자비를 주세요. 여기서 나가게 해 주세요. 여기가 싫어요." 계속하여 울며 비명을 질렀습니다. 나는 그 소년을 둘러싸고 있는 귀신들을 보았는데 그것은 만화에 나오는 등장인물과 비슷하였습니다. 거기에는 〈드래곤 보이 Z〉, 〈벤 10〉, 〈포켓 몬스터〉, 〈도라〉 등등.

"주님, 이 소년이 왜 여기 있나요?"

예수님은 그 소년의 삶을 큰 화면을 통해 내게 보여 주셨습니다. 나는 그 소년이 텔레비전 앞에서 이런 만화영화를 보는 것으로 대부분의 시간을 보내고 있는 것을 보았습니다. 예수님은 "이 모든 만화영화와 텔레비전에서 방영하는 연인 드라마는 가정을 깨뜨리고 인간을 파괴하는 사탄의 도구다."라고 말씀하셨습니다. 그러고 나서 "그것이 이 아이를 어떻게 만들었는지 잘 보아라." 하셔서 보니 그 소년은 반항아가 되어 부모에게 거역하였습니다. 부모가 그에게 무슨 말을 하였는데 그 아이가 밖으로 달아나며 물건을 던지며 부모에게 대들고 밖으로 달아났습니다. 그러고는 차가 그 아이를 치고 지나갔습니다. 예수님은 "그 이후부터 이 아이는 여기에 있게 되었다."라고 하셨습니다. 나는 그 아이가 고통을 받는 것을 보았습니다. 예수님은 "너는 가서 부모들에게 성경에 기록된 대로 자녀를 가르치라고 말하여라."(잠22:6)

하나님의 말씀은 사실이며 항상 매를 때리라는 것은 아니나 부모에게 불순종할 때만은 매로 아이를 고치라고 말씀하고 있습니다.(잠22:15)

주님은 "이곳에는 만화영화로 인해 반항함으로 이곳에 온 아이들이 많이 있다."고 하셨는데 나는 "주님 만화영화가 왜 그렇게 나쁜가요?"하고 물었습니다. 예수님은 설명하셨습니다.

"그것은 아이들에게 귀신들이 반항과 불순종과 원망과 미움을 실어 나르기 때문이다. 그래서 아이들이 좋은 일을 하기는 원치 않고 나쁜 것을 하게 된다. 아이들이 TV에서 본 대로 실제 생활에서 행하기 때문이다. 한 번 아이들이 천국과 지옥이 있다는 것을 알게 되면 그들이 선택을 하여야 한다."고 말씀하셨습니다.

6

환난은 왜 오는가?
마지막 시대 환난은 왜 대환난인가?

2015. 11. 12.

성경에는 마지막 시대에 겪게 될 환난에 대해서 말하고 있는데 왜 마지막 시대에 살고 있는 사람들은 이 대환난을 겪게 되는 것일까. 그런 환난이 없다면 얼마나 좋을까 하는 생각을 종종 할 때가 있었습니다. 그런데 어느 날 기도하며 말씀을 읽는 가운데 깨닫게 하셨습니다. 왜 마지막 시대에 겪는 환난이 대 환난인가를. 먼저 대환난은 어떤 성격의 환난인지에 대해 성경에서는 아래와 같이 기록하고 있습니다.

첫째, 창세 이후로 없는 환난이다.

"이는 그때에 큰 환난이 있겠음이라. 창세로부터 지금까지 이런 환난이 없었고 후에도 없으리라."(마24:21)

둘째, 개국 이래로 없는 환난이다.

"그때에 네 민족을 호위하는 대군 미가엘이 일어날 것이요, 또 환난이 있으리니 이는 개국 이래로 그때까지 없던 환난일 것이며 그때에 네 백성 중 무릇 책에 기록된 모든 자가 구원을 얻을 것이라."(단12:1)

위의 말씀들은 앞으로 이 땅에 필연적으로 닥칠 환난은 창세 이후로 전무후무한 환난이라는 것입니다. 성경 6천 년의 역사 가운데 인류는 수많은 환난을 겪었습니다. 전쟁과 테러, 지진과 화산 폭발, 역병과 대학살 등 인류의 역사는 그런 환난 가운데서 한 시대가 가고 또 한 시대를 맞으며 세상 열국은 흥망성쇠를 거듭하면서 이렇게 같은 일들을 시대마다 겪으며 갈수록 강도가 더해가는 환난 속에서 역사는 반복되었는데 앞으로 인류가 겪어야 할 환난은 창세 이후로 없는 대환난이라는 것입니다.

부분별로 먼저 전쟁에 대해서 돌아본다면 인류는 전쟁으로 시작해서 전쟁으로 이어진 전쟁의 역사였습니다. 전쟁은 약육강식의 성격을 띠고 있습니다. 힘이 있는 나라는 이기고 힘이 약한 나라는 먹히게 마련입니다. 마지막 시대도 전쟁으로 결국 치닫게 되겠지만 그 전쟁 가운데서도 세계대전인 1, 2차 전쟁을 들 수 있습니다. 1914년 8월에 시작된 1차 세계대전(1914-1918년)은 발칸반도의 조그만 나라 사라예보에서 발생한 암살 테러 사건이 불씨가 되어 발발했습니다. 4년 반 동안 계속된 이 전쟁에서 800만 명의 군인이 전사했으며, 전쟁이 몰고 온 기근과 전염병, 소비에트 혁명으로 민간인 1,200만 명을 희생시켰습니다. 또한 전쟁이 끝나고 10년 후인 1929년에는 전 세계를 휩쓴 '세계 경제공황'이 발생하게 되었습니다.

1차 세계 대전이 종료된 지 불과 21년 후인 1941년부터 시작된 2

차 세계대전(1939-1945)에서는 도이치(독일) 군대 5,000만 명 중 2,000만 명이 사망하고 20만 명이 포로로 잡혀갔습니다. 그런데 성경에 예언된 세계 3차 대전(계9:13-18)은 2만만 즉 2억의 군대가 동원되고 1/3이 죽는다고 예언되어 있습니다. 성경은 천지 만물과 인간을 창조하신 전능하신 하나님 말씀이며, 이 말씀은 우주를 계획과 작정 가운데 말씀으로 섭리하시는 하나님의 예언이며, 신실하시고 식언치 아니하시는 하나님께서 이 예언의 말씀대로 성취하시기 때문에 반드시 역사 속에서 이뤄질 전쟁입니다. 현재는 중동이 이 3차 대전의 불씨를 안고 있으며 무서운 것은 성경 말씀대로 핵전쟁이 될 것이므로 인류 최대의 비참한 전쟁이 될 것입니다.

> "이 세 재앙 곧 저희 입에서 나오는 불과 연기와 유황을 인하여 사람 삼분의 일이 죽임을 당하니라."(계9:18)

테러에 관해서는 이제는 IS의 등장으로 세계가 어떤 법으로도 감당하지 못할 대 테러가 됐습니다. 이들은 이미 사람이기를 포기한 살인마들입니다. 그들에게는 양심도 도덕도 인륜도 천륜도 없습니다. IS에 가담한 자녀에게 탈퇴를 종용한 어머니를 아들이 직접 상부에 고발하여 상부의 지시대로 아들의 손으로 어머니를 직접 총살하였으니 무슨 말이 더 필요하겠습니까?

그들의 살해 대상은 무차별적이면서 최후 타깃은 기독교인들입니다. 우리는 이 시대 바로 이 순간에 기독교인이라는 죄명 아닌 죄명으로 무자비하게 공개 처형하여 그 현장을 동영상으로 만방에 아주 떳떳하게 올리고 있는 IS의 만행을 직접 눈으로 보고 있습니다. 시간이 감에 따라 더 잔인해지고 더 극악해지고 더 악랄해지는 그들은 그렇게 하도록 명령한 신을 섬기고 있습니다. 그 신의 명령 하에 그 일들을 자행하고 있는 것입니다. 그들이 섬기는 알라가 지배하는 세상을 만들기 위해, 알라를 섬기는 세상을 만들기 위해서입니다. 그들이 자살 폭탄 테러를 쉼 없이 감행하고 하루에도 지구상에서 수차례의 테러를 일으켜 살상하고 있는 것은 무슬림 외에는 다 죽이라는 알라신의 명령에 의해서입니다.

이슬람은 2005년 한국 이슬람 전파 50주년 기념대회가 있던 서울의 롯데호텔에서 '한국 무슬림 선언서'를 낭독하고 2020년까지 대한민국을 이슬람화하겠다고 선언했습니다. 그들이 한국을 이슬람화하기 위한 여섯 가지 전략에 의하면,

첫째, 이슬람 사원 건립
둘째, 국제 이슬람 학교 설립
셋째, 이슬람 문화센터 설립
넷째, 코란의 새로운 번역 추진
다섯째, 이슬람 대학 건립
여섯째, 이슬람 관련 서적 출판

그리고 문제는 감춰진 마지막 전략입니다. 즉 생물학적 이슬람화를 추진하는 것입니다. 이는 무슬림들과 한국인들의 결혼을 적극 장려하여 아이들을 많이 낳는 것을 말합니다.

그런데도 정부에서는 익산의 왕궁면 50만평 대지 위에 각종 이슬람 단지를 조성하려고 계획 추진 중입니다. 거기에는 이슬람 할랄

식품, 이슬람 사원과 무슬림 병원, 무슬림 학교, 무슬림 아파트 등 이슬람 사람들을 위해 대규모의 단지를 조성하고 있습니다. 이는 이슬람 정체를 파악하지 못한 무지입니다. 또 이러한 다문화 정책은 뉴월드워더(세계 단일 신세계 정부) 수립을 목표하는 조직에서 추진하는 어젠다 가운데 하나이기도 합니다. 이와 같이 창세 이후로 이 땅에는 사람들의 죄가 쌓이고 쌓여서 하나님의 대노가 격발하신 탓에 대 환난을 필연적으로 겪어야 한다는 것입니다. 자신들의 죄, 시대의 죄에 조상들의 죄까지 추가해서 말입니다.

> "보라, 여호와의 노가 발하여 폭풍과 회리바람처럼 악인의 머리를 칠 것이라. 20) 나 여호와의 노는 내 마음의 뜻하는 바를 행하여 이루기까지는 쉬지 아니하나니 너희가 말일에 그것을 완전히 깨달으리라."(렘23:19-20)

똑같은 말씀이 렘30:23-24에 기록되어 있습니다.
하나님은 모든 죄를 용서하시지만 죗값은 반드시 치르게 하십니다. 즉 죄에는 반드시 징계가 따른다는 것입니다.

> "나 여호와가 말하노라. 내가 너와 함께하여 너를 구원할 것이라. 내가 너를 흩었던 그 열방은 진멸한다 할지라도 너는 진멸하지 아니하리라. 그러나 내가 '공도'로 너를 징책할 것이요 결코 무죄한 자로 여기지 아니하리라."(렘30:11)

아합왕이 나봇의 포도원을 자기 것으로 만들기 위해 나봇에게 누명을 씌워 맞아 죽게 했을 때 아합왕은 하나님께서 엘리야를 통해 자신뿐 아니라 그에 속한 모든 자를 멸하겠다는 말을 전해 듣고 아합 왕이 회개(왕상21:27)했을 때 아합 왕은 당시 재앙 면하였지만, 그 자손들에게 재앙을 내리셨습니다.

말세가 되어갈수록 죄질이 더 나빠지고 더 악해지고 더 빈도가 더 잦아지고 더 심해집니다. 그리고 죄질이 지능화되어 가고 깊어집니다. 때문에 그에 따른 징계가 더 무거울 수밖에 없습니다. 그러므로 대 환난은 창세 이후로 없는 환난이며 전무후무한 환난이 되는 것입니다. 20절 말씀처럼 말일에 그것을 깨달으리라 하신 것입니다. 이 말씀을 하실 때 당시의 이스라엘의 죄악은 이 시대의 죄악보다는 더 경미했다는 것입니다. 그러므로 죄질이 더 극악하고 악랄한 말일 즉 말세에 그것을 깨달으리라 하신 것입니다. 예를 들어 그 당시는 문화가 단순했고 문명의 이기도 부족했던 터라 그만큼 죄질에 있어서도 이 시대처럼 탄식할 만큼 심각하지는 않았던 것입니다.

지금 이 세대에서 일어나는 죄악은 상상을 초월하고 소름이 끼칠 정도입니다. 문화적 혜택을 누릴수록 사람의 죄악은 커가고 깊어가기 마련입니다. 죄짓기에 합당한 요소가 많아지기 때문입니다. 예컨대 TV의 폐해만 보더라도 사람을 나태하게 하고 안일하게 하고 쾌락을 추구하게 하고 타락하게 하고 영성을 흐리게 하고 등등 순기능보다는 역기능이 급물살을 타고 있으며. 공포 스릴러 영화나 오컬트 문화, 록 음악 즉 사탄을 찬양하는 음악까지 등장하여 정신세계를 흐리게 하여 이에 자극을 받아 범죄 하는 나이는 점차 내려가기 때문에 10대들의 범죄가 급증하고 있습니다. 지금은 딸자식들을 밖에 내놓기도 무서운 시대입니다. 전체의 현상은 아닐지라도 전반적인 현상입니다.

둘째는 주의 종들의 타락입니다.

이스라엘의 멸망 원인 중 하나는 거짓 선지자들이 거짓을 예언하였기 때문입니다. 렘23:25-33 말씀에 보면 거짓 선지자들의 거짓 예언은 현 시대 주의 말씀을 잘못 가르치는 주의 종들에 비견됩니다. 하나님 말씀 한 절 읽고 예화나 세상 이야기, 세상 복, 지식적 말로 순전한 젖을 먹고 자라가매 단단한 식물을 먹어야 할 양(성도)들에게 독물과 쑥물을 마시게 하고 있음으로 영적 분별력, 판단력이 흐려지고 있으며, 영적 자극 없이 편안한 삶을 누리다 보니 물질 추구에 힘쓰게 되고 영적으로는 병들고 나태해지고 죄에 무디어 가는 것입니다.

> "상아 상에 누우며 침상에서 기지개 켜며, 양떼에서 어린
> 양과 우리에서 송아지를 취하여 먹고 5) 비파에 맞추어 헛
> 된 노래를 지절거리며… 6) 대접으로 포도주를 마시며 귀
> 한 기름을 몸에 바르면서 요셉의 환난을 인하여는 근심치
> 아니하는 자로다."(암6:4-6)

요셉의 환난은 북이스라엘이 당할 환난을 말합니다. 그러나 북이스라엘 사람들은 당시 번영한 나라의 부와 문화 속에서 안일한 삶을 누리며 아모스 선지자를 통해 선포된 심판의 경고를 듣지 않음

으로 결국 앗수르에 의해 멸망을 하게 됩니다. 오늘날도 예수님의 재림이 임박한 모든 징조 가운데 말씀을 통해 깨어나라고 외치는 주의 종들의 경고를 무시하게 되면 결국 하나님의 진노의 심판을 받게 된다는 것을 뼈저리게 인식해야 되는 때입니다.

12장

천국과 지옥에 관해
(지옥편)

1. 천국과 지옥의 실재에 대해서 의심하는 자 많다

2. 천국과 지옥은 실재한다

3. 지옥의 위치

4. 어떤 사람이 지옥에 가는가?

5. 지옥의 비참함

6. 지옥을 체험한 목사님들

7. 지옥 체험 목사님들의 간증

8. 종류별로 지옥에서 형벌 받는 실제적 모습들

9. 지옥에 가려면 차라리 태어나지 않음이 낫다

10. 가족 구원을 위해 필사적으로 기도해야 한다

11. 사탄의 전략

1

천국과 지옥의 실재에 대해서
의심하는 자 많다

우리가 신앙생활을 하는 것은 궁극적으로 천국에 가기 위함입니다. 예수님께서는 우리를 영원한 천국으로 인도하시기 위해 십자가 위에서 피를 흘리셨기 때문입니다. 그렇다면 우리의 신앙생활이나 우리의 삶도 천국에 초점을 맞춰야 할 것입니다. 항상 천국을 사모함으로 천국에 들어가기 위한 순종의 삶, 사랑의 삶을 살아야 할 것입니다. 이 땅에서의 삶은 천국 가기 위한 훈련장이라고 할 수 있습니다. 길어야 80, 90의 삶을 투자해서 영원을 사게 되는 것입니다. 인간의 영혼은 불멸하기 때문입니다. 죄로 인해 사람들에게 죽음이 왔지만, 그 죽음이란 영혼이 육체에서서 분리되는 죽음이며, 하나님의 생기, 즉 영적 생명을 받은 인간의 영혼은 죽지 않고 영원히 살아서 사후에는 천국이나 지옥에서 살게 된다는 진리를 외면하거나 모르는 사람이 기독교 신자 가운데서도 많다는 것은 아이러니입니다. 영원한 생명이신 예수님을 믿으면서도 천국과 지옥의 실재를 믿지 않거나 의심한다는 것은 참 크리스천이 아니라고 할 수 있습니다. 그러기 때문에 천국 지옥 간증 자들의 간증을 무시하거나 심하게는 사단의 역사라고 매도해 버리는 일이 있습니다.

눅16:19-31 말씀에 나오는 '부자와 나사로'의 사건이나 고후 12:4에 나오는 바울사도의 '낙원'과 '음부'의 체험을 통해서나 그 외 성경의 수많은 곳에서 천국과 지옥의 실재를 말씀하고 있습니다. 그런데도 크리스천 가운데서도 성경에 기록된 천국과 지옥의 실재를 의심하거나 아예 믿지 않는 분들도 있으며, 교회 나가면 무조건 천국에 갈 줄 알고 착각하고 있는 분들도 많고 지옥의 실재를 인정하더라도 지옥의 참혹함을 잘 알지 못하는 분들이 많습니다.

성령님께서 이러한 것들을 지적하셨기에 성경 말씀을 통해 지옥의 실재를 확실하게 증거하며, 천국(낙원)과 지옥(음부) 체험자들의 간증을 실어 지옥의 실상을 알려야 한다는 감동에 의해 간증을 선별하여 실었습니다. 간증은 말씀에 의해 분별해야 하고 영적 분별력이 있어야 하기 때문에 천국 지옥 간증이라고 해서 무조건 다 받아들이지 말아야 하는 조심성도 있습니다. 그러나 천국 지옥의 간증을 신학적 잣대로 평가하거나 무조건 터부시하거나 이단이라고 정죄해서는 안 된다는 것을 미리 말씀드립니다. 받아들이고 안 받아들이고는 자신들의 몫입니다.

예수님께서 말씀하셨습니다.

"너희는 마음에 근심하지 말라. 하나님을 믿으니 또 나를 믿으라. 2) 내 아버지 집에 거할 곳이 많도다. 그렇지 않으면 너희에게 일렀으리라. 내가 너희를 위하여 처소를 예비하러 가노니 3) 가서 너희를 위하여 처소를 예비하면 내가 다시 와서 너희를 내게로 영접하여 나 있는 곳에 너희도 있게 하리라."(요14:1-3)

2

천국과 지옥은 실재한다

1) 성경에 기록된 지옥

"나는 너희에게 이르노니 형제에게 '노'하는 자마다 심판을 받게 되고 형제를 대하여 '라가라' 하는 자는 공회에 잡히게되고 '미련한 놈'이라 하는 자는 '지옥' 불에 들어가게 되리라."(마5:22)

"만일 네 오른 눈이 너로 실족케 하거든 빼어 내버리라. 네 백체 중 하나가 없어지고 온 몸이 '지옥'에 던지우지 않는 것이 유익하며"(마5:29)

"또한 만일 네 오른손이 너로 실족케 하거든 찍어 내버리라. 네 백체 중 하나가 없어지고 온몸이 '지옥'에 던지우지 않는 것이 유익하니라."(마5:30)

"몸은 죽여도 영혼은 능히 죽이지 못하는 자들을 두려워하지 말고 오직 몸과 영혼을 능히 '지옥'에 멸하시는 자를 두려워하라."(마10:28)

"만일 네 눈이 너를 범죄케 하거든 빼어 내버리라. 한 눈으로 영생에 들어가는 것이 두 눈을 가지고 '지옥 불'에 던지우는 것보다 나으니라."(마18:9)

"화 있을진저 외식하는 서기관들과 바리새인들이여 너희는 교인 하나를 얻기 위하여 바다와 육지를 두루 다니다가 생기면 너희보다 배나 더 '지옥' 자식이 되게 하는도다."(마 23:15)

"뱀들아, 독사의 새끼들아, 너희가 어떻게 '지옥'의 판결을 피하겠느냐." (마23:33)

"만일 네 손이 너를 범죄케 하거든 찍어 버리라. 불구자로 영생에 들어가는 것이 두 손을 가지고 '지옥' 꺼지지 않는 불에 들어가는 것보다 나으니라."(막9:43)

"만일 네 발이 너를 범죄케 하거든 찍어 버리라. 절뚝발이로 영생에 들어가는 것이 두 발을 가지고 '지옥'에 던지우는 것보다 나으니라."(막9:45)

"만일 네 눈이 너를 범죄케 하거든 빼어 버리라. 한 눈으로 하나님의 나라에 들어가는 것이 두 눈을 가지고 '지옥'에 던지우는 것보다 더 나으니라."(막9:47)

"마땅히 두려워할 자를 내가 너희에게 보이리니 곧 죽인 후에 또한 '지옥'에 던져 넣는 권세 있는 그를 두려워하라. 내가 참으로 너희에게 이르노니 그를 두려워하라.(눅12:5)

"…그 사르는 것이 '지옥 불'에서 나느니라."(약3:6)

"하나님이 범죄한 천사들을 용서치 아니하시고 '지옥'에 던져 어두운 구덩이에 두어 심판 때까지 지키게 하셨으며" (벧후2:4)

이와 같이 성경에는 '지옥'에 대해서 많은 곳에서 말씀하고 있습니다.

2) 지옥을 일컫는 또 다른 표현들

① **영원한 불**(마18:8, 25:41, 유1:7)

② **꺼지지 않는 불**(막9:48, 눅3:17, 사66:24)

③ **멸망하도록 사르는 불**(욥31:12)

④ **불로써 소금 치듯 함을 받는 곳**(막10:49)

⑤ **불 꽃**(눅16:25)

⑥ **불 못**(계20:14-15)

⑦ **유황 못**(계20:10)

⑧ **불과 유황으로 타는 못**(계21:8)

⑨ **풀무 불**(마13:42, 13:50)

⑩ **불과 유황과 태우는 바람**(계21:8)

⑪ **맹렬한 화염**(사66:15)

⑫ **바깥 어두운데**(마8:12, 22:13, 마25:30)

⑬ **흑암**(삼상2:9)

⑭ **캄캄한 흑암, 캄캄한 어두움**(벧후2:17)

⑮ **외식하는 자의 받는 율**(마24:51)

⑯ **세세토록 밤낮 괴로움을 받는 곳**(계20:10)

⑰ **밤낮 쉼을 얻지 못하는 곳**(계14:11)

⑱ **성 밖**(계22:15)

⑲ **웅덩이**(시40:2)

⑳ **멸망의 웅덩이**(욥26:6, 사38:17)

㉑ **파멸의 웅덩이**(시55:23)

㉒ **깊은 웅덩이**(시88:6)

㉓ 불 가운데 깊은 웅덩이(시140:10)

㉔ 형벌(벧후1:10, 2:9, 살후1:8)

㉕ 영원한 멸망의 형벌(살후1:9)

㉖ 무저갱(계9:1, 2, 17:8, 20:1, 20:3)

㉗ 땅 깊은 곳(시63:1, 71:20, 겔26:20)

㉘ 지하(겔32:18)

㉙ 구렁(겔31:14)

㉚ 구덩이(겔31:14, 32:18, 32:24, 32:29, 32:30, 33:24, 33:28, 욥33:3,)

㉛ 옥, 깊은 옥(사24:22)

㉜ 유암(잠20:20)

3

지옥의 위치
지옥은 땅 밑 깊은 곳에 있습니다.

1) 성경의 증거

민16장에 보면 고라의 반역 사건이 나옵니다. 이스라엘 광야 생활 도중 고라는 모세에게 불만을 품고 당을 지어 모세의 명을 거역합니다. 모세는 이 일은 단순히 자신을 대적하는 것만이 아니라 하나님을 대적하는 일로 간주했습니다. 사실이 그렇습니다. 그때 모세는 극단적인 말을 합니다.

"만일 여호와께서 새 일을 행하사 땅으로 입을 열어 이 사람들과 그들의 모든 소속을 삼켜 산 채로 음부에 빠지게 하시면 이 사람들이 과연 여호와를 멸시한 것인 줄을 너희가 알리라. 31) 이 모든 말을 마치는 동시에 그들의 밑의 땅이 갈라지니라. 32) 땅이 그 입을 열어 그들과 그 가족과 고라에게 속한 모든 사람과 그 물건을 삼키매 33) 그들과 그 모든 소속이 산 채로 '음부'에 빠지며 땅이 그 위에 합하니 그들이 총회 중에서 망하니라."(민16:30-33)

고라가 서 있던 땅 밑이 갈라지면서 그들은 산 채로 음부(지옥)로 떨어졌습니다. 정확히 말하면 음부와 지옥, 낙원과 천국은 조금 차이가 있습니다. 천국과 지옥은 천년 왕국이 끝난 후 백보좌 심판에 의해 영원히 정하여진 처소이며, 낙원과 음부는 죽은 사람들이 천국과 지옥에 가기 전 즉 백보좌 심판 전에 가 있는 곳입니다. 그러나 음부는 지옥에서 받게 되는 형벌과 유사한 고통을 받는 곳이기에 이해하기 쉽게 지옥이라고 한 것입니다.

2) 지옥의 실재를 발견한 사람들

이 내용은 1970년 핀란드 신문 '암메누사스타리'에 실린 기사 내용입니다.

1970년 말, 구소련 시베리아 땅에 지하 유전을 찾던 아자코프 박사의 유전 탐사 팀이 지하 23㎞의 땅에 구멍을 뚫던 중 갑자기 드릴이 공회전하기 시작했다. 그것은 커다란 빈 공간이나 동굴에 도달했다는 신호였다. 온도는 화씨 2000도로 용암을 건드렸을 것이라고 추측했다. 처음에는 기계에서 소음이 나는 줄 알고 기계 소음 탐지를 위해 마이크를 넣었다. 그런데 기계 소리가 아니고 한 사람도 아닌 수백만 명의 비명과 울부짖는 소리였다.

"우리는 지옥의 문을 통과하는 구멍을 뚫었다고 확신한 것이다."

구소련은 종교의 자유가 없어 지옥이 있다는 것을 믿을 수 없었다. 그러나 그 일을 목격한 후 그들은 확실히 지옥이 있다는 것을 알게 되었다.

3) 죽기 전 지옥의 실재를 깨닫고 후회했던 사람들

① 괴링

독일 나치스 히틀러 심복이었다. 그는 전범자로 사형에 처해질 때 면회 온 아내에게 마지막 부탁으로 어린 딸을 교회에 보내라고 했다.

② 토마스 페인

『이성의 시대』라는 책의 저자이며 무신론자였다. 하나님을 부인하고 내세를 부인했다. 그런 그가 죽음 앞에서 "나 홀로 지옥에 가게 되었다."며 비참하게 울부짖었다.

③ 토마스 스토 경

생전에 하나님이나 지옥에 관해서 전혀 관심조차 없었던 사람이었다. 그러나 그는 죽기 전 두려움으로 외쳤다.

"나의 운명은 너무 비참하다. 전능한 조물주의 심판에 빠져 들어가야 하는 이 두려움을 어이할까."

④ 볼테르

프랑스 무신론 철학자였다. 볼테르는 임종을 앞두고 의사에게 말했다. "나는 하나님과 사람에게 버림을 받았소. 당신이 내게 6개월 동안 생명을 연장시켜 준다면 나에게 가치 있는 모든 것의 반을 주겠소. 난 두려운 지옥으로 가게 되오."

⑤ 토마스 홉스

영국의 유명한 무신론 철학자이며 회의론자였고, 유명한 『리바이던』의 저자이다. 그는 죽음 앞에서 "내가 이 세상을 다 가지고 있다면 그것들을 하루치의 생명과 바꿀 수 있겠다. 하루만이라도 더 살고 싶다. 내 앞에 다가오는 저 세상을 조금이라도 들여다볼 수 있는 구멍이라도 있으면 좋겠다. 껑충 어둠 속에 뛰어 들어가는 것 같다."고 후회했다. 그 후 그가 죽어 실제 지옥에 있는 것을 보고 그와 더불어 대화했던 '존 번연'은 자신이 천국 지옥을 체험하고 기록한 『천국과 지옥』이라는 책에 다음과 같이 서술하고 있다.

홉스는 존 번연에게 말했다.

"이젠 나는 세상에서의 명성과는 거리가 멀고 이 고통스러운 곳에 와 있는 사람들 가운데서도 가장 비참한 축에 속할 뿐이오. 이제는 하나님이 계시다는 것을 알게 되었지만 이제 와서 그게 무슨 소용이 있겠소? 내 얄팍한 지식에 대한 자만심이 나를 이 지경으로 만들었소. 내 비록 헛된 철학에 몰두하고 내 스스로 고안한 새로운 사상 체계를 세상에 보급했으나 이제는 하나님이 계신 것을 확인하게 되었고, 그분이 크고 두려우신 분임을 깨닫게 되었소. 내 이름으로 얼마나 많은 사람들을 멸망에 떨어지게 했는지 생각하면 마음이 몹시 아프다오.

지옥 불은 화덕의 불보다 천 배는 더 뜨겁고 성질도 그것과 사뭇 다르오. 세상에서 타오르는 불은 빛을 동반하지만 이곳의 불에는 빛이 없다오. 그래서 지옥이 온통 불길에 휩싸여 있는데 우리는 완전한 어둠에 갇혀 있다오. 지상에서 타오르는 불은 물리적 불이어서 비물질적 실체들에는 붙을 수 없고 따라서 영혼들을 태우지 못하오. 그러나 이곳에서는 불이 우리 영혼들에 붙어서 어떤 말로도 표현할 수 없는 극한 고통을 안겨주고 있소. 이곳의 불과 지상의 불 사이에 다른 점이 또 한 가지 있는데 지상에서는 언제든지 원할 때 불을 붙이고 끌 수 있지만 이곳에서는 그렇지 못하다오. 이곳의 불은 영원히 타오르오. 그러므로 이곳의 불을 '꺼지지 않는 불'(눅3:17)로 표현한 것은 대단히 적절한 것이오."

⑥ 엠 네프리치

"영원한 지옥에서 두려움과 고통 속에서 살기보다는 오히려 100만 년 동안 뜨거운 난로 위에 누워 몸을 지지는 편이 낫겠다. 나는 돈을 위해 부도덕을 택했는데 이제 그 점이 나를 끝도 없고 소망도 없는 지옥으로 밀어 넣고 있다."

⑦ 성철 스님

성철 스님은 죽기 전 마지막으로 한 말이 "나는 지옥으로 간다."였다.

"내 죄는 산보다 높고 바다보다 깊은데 내 어찌 감당하랴. 내가 80년 동안 포교한 것은 헛것이로다. 우리는 구원이 없다. 죗값을 해결할 자가 없기 때문이다. 필이야, 내가 잘못했다. 내 인생을 잘못 선택했다. 나는 지옥에 간다!"

참고: 성철 스님은 아버지를 찾아온 딸(불필 스님)을 만나주지도 않고 딸 필이와 54년을 단절하고 살았는데 임종 시에 찾게 되었습니다.

그러면 왜 이들은 생전에 깨닫지 못하고 알지 못해 관심 밖이었던 지옥에 대해 죽음의 순간에 이처럼 지옥에 대한 두려움을 갖거나 회한의 말들을 했을까요? 사람이 죽는 순간 영안이 열려 영의 세계 즉 지옥의 실체를 보았기 때문입니다. 그러나 때는 이미 늦은 것입니다. 불교계에서 한 시대를 풍미했던 성철 스님도 죽음의 순간에 이 지옥을 보게 된 것입니다. 지옥에 있는 석가를 보게 된 것입니다. 그래서 그의 평생의 수도가 헛것임을 한탄하면서 수도를 위해 자녀까지 버린 것을 후회하며, "필이야 내가 잘못했다. 내 인생 잘못 선택했다."라고 탄식하며 '지옥에 간다'라는 마지막 말을 남기고 세상을 떠난 것입니다.

4) 유명인들의 지옥에 관한 견해

① 존 웨슬리(감리교의 창시자)

"오늘날 설교자들은 지옥에 대해서 거의 침묵하는 죄를 범하고 있다. 설교자들이 지옥에 대해 자주 설교하지 않는 이유는 사람들이 그런 설교를 좋아하지 않기 때문이다. 하지만 지옥에 관한 설교처럼 사람에게 필요한 설교도 많지 않을 것이다"

② **부스 대장**(구세군의 창시자)

"사관생들을 10분 동안만 지옥에 데리고 갔다 와서 4년간의 피땀 흘린 공부의 필요성보다 복음을 전하지 않고는 견딜 수 없는 심정으로 불타게 하는 것이 더 필요하다."

③ **조나단 에드워즈**(미국의 위대한 신학자이며 설교가)

단 5초만 지옥을 보여 준다면.

"어느 날 갑자기 여러분이 지옥에 떨어진다고 가정해 봅시다. 그곳에서 여러분은 어쩔 도리가 없게 됩니다. 지옥에 간 사람이 지옥에서 다시 빠져 나올 방법은 전혀 없습니다. 당신이 지옥과 같이 끔찍한 곳에서 영원히 있다고 생각해 보세요. 너무도 무섭습니다. 반 시간만 그곳에 있다고 해도 그곳에서 받는 고통은 말로 표현할 수 없을 정도입니다. 그런데 더욱 힘든 사실은 고통을 영원히 참고 있어야 한다는 사실입니다."

④ **솔로몬 스토다드**(조나단 에드워즈의 조부)

"지옥의 참혹함은 그것이 영원히 지속된다는 데 그 비극이 더해진다. 누가 그렇게 영원히 타오르는 지옥의 불길 가운데 영원토록 살아갈 수 있단 말인가?"

⑤ **존 맥아더**(미국의 대표적 강해 설교가)

"성경에서 예수님보다 심판을 더 많이 말씀하신 분은 없다. 지옥의 고통 속에서 영원을 보내야 하는 것에 대해서, 바깥 어두운 곳에 내어 쫓겨 거기서 영원히 슬피 울며 이를 갈아야 할 것을 말씀하신 분도 우리 주님이시다. 지옥은 공포의 장소요, 흑암의 장소요, 끝없이 불이 타오르는 불의 장소요, 결코 감해지지 않는 고통과 고문을 영원히 당하는 장소이다."

⑥ **프랭클린 그래함 목사**(빌리 그래함 목사 아들)

"성경에 의하면 지옥은 슬픔과 고통의 처소요 영원히 꺼지지 않고 타오르는 불로 가득 찬 영원한 심판의 처소이다."

⑦ **에드워드 도넬리 목사**(리폼드 신학교 신약학 교수 및 학장)

"악한 자들은 영원한 지옥 불 가운데서 불타게 될 것이나 결코 멸절되지 않을 것이다."

⑧ **리차드 백스터**(유명한 청교도 설교자)

"지옥의 고통이 가장 심한 것은 그 고통이 영원하다는 것이다. 수천만 세대가 지났을 때, 그 고통은 첫날처럼 새롭게 시작될 것이다."

⑨ **이중표 목사님의 지옥에 관한 간증**

이중표 목사님은 '별세 신학'(날마다 죽노라)으로 유명하신 목사님이십니다. 목사님은 다음과 같이 고백했습니다. "지옥만 없어도 여러분에게 결코 이렇게 복음을 전하지 않을 것입니다. 나는 지옥의 환상을 봤기에 복음을 전하지 않고는 견딜 수 없습니다."

⑩ 웨스트민스터 대요리문답

장차 오는 세상에서 받는 죄의 형벌은 하나님의 위로하시는 임재로부터 영원히 분리, 단절되는 것과 영과 육이 아울러 한시도 쉼 없이 영원한 지옥 불에서 받게 되는 지극히 비참한 고통이다.

⑪ 지옥에 관한 성경의 예화(부자와 거지 나사로)

눅16:19-31에 보면 음부에 간 부자와 낙원에 간 거지 나사로에 대한 사건이 나옵니다. 음부에서 불로 고통을 당하는 부자가 아브라함의 품에 있는 나사로를 보고 애원하는 장면이 나옵니다.

"아버지 아브라함이여, 나를 긍휼히 여기사 나사로를 보내어 그 손가락 끝에 물을 찍어 내 혀를 서늘하게 하소서. 내가 이 불꽃 가운데서 고민하나이다."

그러나 그는 거절당했습니다.

아브라함이 가로되, "애! 너는 살았을 때에 네 좋은 것을 받았고 나사로는 고난을 받았으니 이것을 기억하라. 이제 저는 여기서 위로를 받고 너는 고민을 받느니라."

4

어떤 사람이 지옥에 가는가?

1) 불신자들(살후1:8-9)

2) 말씀에 불순종하는 자들

- 불법을 행하는 자들(마7:21-23)

- 육체의 일을 행하는 자들(갈5:19-21, 벧후2:5-10))

- 육신의 생각을 하며 육체의 소욕을 따르는 자들(롬8:6-8)

- 음행하는 자들(엡5:3-5)

- 땅에 있는 지체를 죽이지 못한 자들(골3:1-6)

- 가라지, 쭉정이(마3:12, 13:30)

- 물과 성령으로 거듭나지 못한 자들(요3:5)

- 용서하지 않는 자들(마6:14-15, 18:35)

- 구제하지 않고 염소와 같은 자들(마25:32-46)

- 미련한 다섯 처녀와 같은 자들(마25:3-12)

- 자살 자들(계21:8)

- 서기관과 바리새인보다 의가 더 낫지 못한 자들(마5:20)

- 비판하거나 판단하는 자들(마5:22)

- 교만한 자들(잠16:18, 18:12))

- 어린아이와 같지 아니한 자들(마18:3)

- 형제를 미워하는 자들(요1서3:15)

- 이 세상을 사랑하는 자들(요1서2:15-16)

- 계명을 지키지 아니하는 자들(요일2:4)

- 우상숭배자들(계21:8)

- 거짓말하고 두려워하는 자들(계21:8)

- 형제를 사랑하지 아니하는 자들(요1서3:10)

- 하나님과 물질을 겸하여 섬기는 자들(마6:24)
- 생명책에 이름이 녹명되지 못한 자들(계20:15)
- 아름다운 열매 맺지 아니하는 자들(마3:10)

이 외에도 성경의 많은 곳에서 죄 된 일은 모두 지옥 가는 일임을 말씀하고 있습니다.(고전6:9-10, 갈5:19-21, 롬8:6-8, 12-135:3-5, 빌3:18-19, 골3:1-6, 벧후2:5-10 등)

3) 회개하지 않는 자들(마3:8-10)

예수님을 구주로 영접하고 믿어 교회 생활을 하는 사람이라 할지라도 하나님 말씀에 순종하지 않고 불순종하는 자들은 결국 하나님께 버림받아 지옥에 갈 수밖에 없습니다. 하나님 말씀은 '하라', '하지 말라' 두 가지입니다. 성경 말씀에 하라는 것은 하고, 하지 말라는 것은 하지 않는 것이 말씀에 순종하는 것이요, 하라는 것을 하지 않고, 하지 말라는 것을 하는 것이 말씀에 불순종하는 것입니다. 그럼으로 성경 말씀을 읽고 듣고 그 말씀대로 살고자 힘쓰는 삶이 천국을 침노하는 자입니다. 예를 들자면, 기도하라 했는데 성도가 기도하지 않는 것도 말씀에 불순종하는 것입니다. 그러므로 사무엘 선지자는,

"나는 너희를 위하여 기도하기를 쉬는 죄를 여호와 앞에 결단코 범치 아니하리라."(삼상12:23)

했습니다.

그래서 우리는 하나님 말씀에 순종하기 위하여 매일 기도하며 성경을 읽고 묵상하고 그 말씀대로 살고자 힘써야 할 것입니다. 다윗왕도 오직 여호와의 율법(말씀)을 즐거워하며, 그 율법을 주야로 묵상하는 자가 복(영생의 복)이 있다(시1:2-2)고 했으며,

> "주의 말씀을 지키려고 발을 금하여 모든 악한 길로 가지 아니하였으며"(시119:101), 주의 가르친 규례를 떠나지 아니했다."(시119:102)

라고 고백하고 있습니다.

그러므로 지은 죄에 대해서는 반드시 철저히 회개하여 죄를 끊어 버려야 합니다. 같은 죄를 반복하는 것은 죄를 끊지 못하기 때문이며 철저한 회개가 이루어지지 않았기 때문입니다. 죄를 미워하고 죄를 짓지 않고자 노력하며 말씀대로 살기 위해 기도로 성령 충만함을 받아야 합니다. 사도 바울도 복음을 전하면서도 하나님께 버림받을까 봐 죄를 짓지 않고자 노력했지만 죄를 짓게 됨으로 탄식했습니다.

> "내가 원하는바 '선'은 하지 아니하고 도리어 원치 아니하는바 '악'은 행하는도다."(롬7:19)
> "오호라, 나는 곤고한 사람이로다. 이 사망의 몸에서 누가 나를 건져 내랴."(롬7:24)

바울이 원치 않는 죄를 짓게 됨에 대한 탄식의 이유입니다.

그런데 "생명의 성령의 법이 죄와 사망의 법에서 해방시켰다."(롬 8:2)고 고백합니다. 사람은 죄 성이 강해서 '선'보다는 '악'에 기울기 쉽고 원치 않는 죄를 짓게 됩니다. 그런데 성령 충만함으로 이 죄를 이길 수 있다는 것입니다. 우리가 기도해야 할 이유입니다. 말씀에 순종하기 위해서는 성령 충만해야 하고 성령 충만 받기 위해서는 기도해야 합니다. 그러므로 성도는 말씀과 기도를 병행해야 합니다. 기도하지 않고 자신의 의지로는 죄를 이길 수 없기 때문입니다. 반드시 성령의 도우심을 받아야 합니다. 그리함으로 차츰 죄를 버리고 성화되어 가는 것입니다. 같은 죄를 반복하는 것은 성령 충만하지 않기 때문입니다.

"또 '새 영'을 너희 속에 두고 '새 마음'을 너희에게 주되 너희 육신에서 굳은 마음을 제하고 부드러운 마음을 줄 것이며 27) 또 '내 신'을 너희에게 두어 너희로 내 율례를 행하게 하리니 너희가 내 규례를 지켜 행할지니라."(겔36:26-27)

또한 매일 회개해야 하는 이유는 회개하면 하나님께 자범죄에 대해 용서받을 수 있고 그 자범죄를 용서받아야만 천국 갈 수 있기 때문에 우리는 날마다 죄를 회개해야 하는 것입니다. 예수님께서 우리 과거, 현재, 미래의 죄를 다 짊어지시고 십자가에서 대속의 죽음을 죽으셨기 때문에 우리는 회개 안 해도 천국에 들어갈 수 있다고 방심하면서 멋대로 신앙생활을 하는 태도는 잘못된 것이며, 잘못된 교리에 속고 있는 것입니다. 사단은 잘못된 교리로 성도들을 속이고 있다는 것을 명심해야 할 것입니다.

그러나 한편 사함 받을 수 없는 죄가 있습니다. 그것은 '성령훼방죄'입니다.

> "내가 진실로 너희에게 이르노니 사람의 모든 죄와 무릇 훼방하는 훼방은 사하심을 얻되 29) 누구든지 성령을 훼방하는 자는 사하심을 영원히 얻지 못하고 영원한 죄에 처하느니라."(막3:28-29)

사하심을 얻지 못하고 영원한 죄에 처해지는 성령훼방죄에 대해서는 기도도 하지 말라고 하십니다.

> "누구든지 형제가 사망에 이르지 아니한 죄 범하는 것을 보거든 구하라. 그러면 사망에 이르지 아니하는 범죄자들을 위하여 저에게 생명을 주시리라. 사망에 이르는 죄가 있으니 이에 대하여 나는 구하라 하지 않노라."(요1서5:16)
> 그러면 성령훼방죄는 구체적으로 어떤 죄일까요?

예수님께서 귀신 들린 자에게서 귀신을 쫓아내실 때 이를 본 서기관들이 예수님을 향해 비웃었습니다.

> "저가 바알세불을 지폈다 하며 또 귀신의 왕을 힘입어 귀신을 쫓아낸다."(막3:22)

그때 예수님께서 그들에게 말씀하십니다.

"성령을 훼방하는 자는 사하심을 영원히 얻지 못하고 영원한 죄에 처한다."(막3:29)

오늘날도 귀신을 쫓아내거나 천국 지옥 간증을 하는 은사 자들을 비방하는 사람들과 심지어는 목사님들이 계십니다. 그러나 예수님께서는 제자들에게 귀신을 쫓아내는 능력을 주셨고(마10:1), 나보다 더 큰일을 할 수 있다(요14:12)고 하셨습니다. 그리고 바울 사도에게 환상을 통해 낙원을 보여 주셨고(고후12:4), 요한계시록은 사도 요한이 환상을 통해 본 내용들입니다. 그리고

"말세에 내 신(성령)을 만민에게 부어 주어 장래 일을 말하며, 꿈을 꾸며, 이상(환상)을 볼 것."(엘2:28)

이라고 약속하셨습니다. 물론 사단도 광명의 천사로 가장할 수 있으니(고후11:14) 영적인 것은 말씀에 의해 분별력을 가져야 하지만 자신이 영적 능력이 없다고 해서 영적인 것들을 무조건 부정하는 것은 자칫 성령훼방죄에 해당될 수 있으니 함부로 판단하거나 비판하지 말아야 합니다. 또한 "예수님 외에는 천국에 올라간 자가 없다."(요13:3)고 했기 때문에 천국 지옥 간증이 성경적이지 않다고 무시하는 목사님들도 계십니다. 죽은 나사로가 가 있는 곳이나, 사도 바울이 본 곳은 낙원입니다.(고후12:4) 그러나 요한 사도가 하늘나라를 보고 기록한 요한 계시록은 분명 천국입니다.

"이 일 후에 내가 보니 하늘에 열린 문이 있는데 내가 들은바 처음에 내게 말하던 나팔소리 같은 그 음성이 가로되 이리로 올라오라. 이 일 후에 마땅히 될 일을 내가 네게 보이리라 하시더라. 2) 내가 곧 성령에 감동하였더니 보라, 하늘에 보좌를 베풀었고 그 보좌 위에 앉으신 이가 있는데"

(계4:1-2)

성삼위 하나님은 능치 못함이 없으시니 천국과 지옥의 실재를 모르거나 어떻게 하면 천국에 가고, 지옥에 가지 않을 것인지를 깨우치시기 위하여 이미 성경에 말씀으로 기록되어 있음에도 깨닫지 못하는 영혼들을 위해 능히 천국과 지옥을 보여 주실 수 있는 것입니다. 성령의 능력은 무한하시며 인간의 이성을 능가하므로 성령의 역사를 인간의 생각으로 제한시키거나 성경 말씀을 문자적으로만 해석하는 우를 범해서는 안 될 것입니다. 이미 하나님은 죽은 나사로가 아브라함의 품에서 안식하고 있는 것과 부자가 영원히 나올 수 없는 불꽃 가운데서 고통을 당하고 있는 모습을 보여 주셨습니다.

이들이 있는 곳은 미래의 천국과 지옥의 모습입니다. 그래서 하나님은 천국 지옥 간증 자들에게 실체를 보여 주시고 그들은 이 체험을 간증한 것입니다. 그것도 하나님의 명령에 의해서 말입니다. 그들에게 이구동성으로 당부하신 말씀은, "가감하지 말고 본 그대로 전하라." "전하는지 전하지 않는지 두고 보리라." 등입니다. 그리고 그들이 본 대로 전한 내용들이 거의 모두 일치한다는 점입니다. 그럼에도 "천국 지옥 간증은 다 사단의 역사다."라고 과격하게 말씀하시는 목사님들도 간혹 보게 됩니다. 만약 그 목사님이 성령훼방죄를 지은 거라면 평생의 목회도 헛것이 되고 영원한 지옥에 갈 수도 있으니 무서운 일입니다.

　목사님들 가운데 성령훼방죄를 지어 지옥에 가신 분들이 많다는 간증들이 있습니다. 그럼으로 자신들의 교리에 맞지 않다고 무조건 정죄해서도 안 됩니다. 교리는 성경에 기초해서 만들었지만 인간이 만든 것이기 때문에 다분히 오류가 있습니다. 자기 것만 고집하는 편협함을 버리고 문자 이면에 있는 영적인 실재들을 들여다 볼 수 있는 영성이 필요합니다. 또한 결코 용서받지 못하는 '영원한 사망에 이르는 죄'를 범치 않기를 기도해야 할 것입니다.

5

지옥의 비참함

　이 땅에서는 팔다리가 한 번 잘리면 그것으로 끝입니다. 또한 기절이라도 하면 잠시나마 극심한 고통을 모면할 수 있습니다. 그러나 영혼은 팔, 다리, 목 등 그 어느 부위를 베어 낸다 해도 다시 붙습니다. 피를 흘리고 또 흘려도 다함이 없습니다. 고문으로 피부가 벗겨지고 뼈가 으스러지며 장기가 밖으로 쏟아져 나와도 잠시 후면 원래대로 회복됩니다. 형벌이 되풀이되고 또 되풀이되는 것입니다.

- 지옥은 끝이 없는 형벌의 장소

지옥에 한 번 들어가면 영원히 나올 수 없고,(눅16:26) 그곳에서 받는 형벌과 고통은 끝나지 않고 영원히 이어집니다.(계14:11) 그곳에서는 쉼도 없습니다.(계14:11) 죽고 싶어도 죽을 수도 없습니다.(막9:48) 인간의 영혼은 죽지 않고 불멸하기 때문입니다.(창2:7) (전3:21)

단지 예수 믿는다는 죄명으로 12년 동안 감옥 생활을 하면서 옥중에서 『천로역정』이라는 유명한 책을 저술한 이후 천국 지옥을 체험하고 출간한 존 번연의 저서 『내가 본 천국과 지옥』이라는 책에 기록된 지옥 간증을 일부 발췌해 보겠습니다. 그는 지옥의 참상을 여섯 가지로 표현했습니다.

"지옥은 형언할 수 없는 고통의 장소요, 총체적인 고통이요, 극단적인 고통이요, 서로에게 가하는 고통이요, 짐승만도 못한 고문자들(귀신들)에게 고문당하는 영원히 지속되는 고통"이라고 표현했습니다."

1) 지옥은 형언할 수 없는 고통의 장소

우리는 많은 고통을 겪고 있다오. 이곳에서 우리가 당하는 고통은 그 종류가 만 가지도 더 된다오. 만약 전염병과 통풍과 결석증과 열병을 한꺼번에 앓게 된다면 스스로 얼마나 비참하게 느끼겠소? 그런데 그런 병을 다 합쳐봐야 이곳에서 우리가 당하는 엄청난 고통에 비하면 벼룩에게 한 번 물린 것에 지나지 않소. 이곳에는 우리를 태우는 영원한 불이 있고, 숨이 콱 막히게 하는 펄펄 끓는 유황 못이 있고, 우리를 결박하는 영원한 사슬이 있고, 공포로 짓누

르는 철저한 흑암이 있고, 우리를 영원히 갉아먹는 양심의 구더기
가 있소.

2) 지옥은 총체적인 고통(한꺼번에 당하는 여러 가지 고통)의 장소

이곳에서는 영혼과 육체의 부분이 한꺼번에 아프오. 눈은, 너무
나 어둡고 공포스러운 형상으로 다가오는 악귀들의 모습에 고통을
당하고, 귀는 멸망당한 자들이 쉴 새 없이 내지르는 비명과 절규로
인해 고통을 당하고, 코는 찌를 듯한 유황 연기와 온갖 악취에 시달
리고, 혀는 뜨거운 유황 용액에 끊임없이 데이고, 전신은 불 못에서
종일 뒹굴어야 한다오.

3) 지옥은 극단적인 고통을 겪는 곳이오

우리의 비참함을 더욱 견딜 수 없게 만드는 또 한 가지는 고통의
정도가 너무 심하다는 것이오. 우리를 태우는 불은 세상의 바닷물
을 다 끌어와도 끌 수 없을 만큼 뜨겁고 격렬하오. 우리가 이곳에
서 당하는 고통은 너무나 극단적이어서 느껴보지 못한 사람은 아
무리 설명해도 알 길이 없소.

4) 지옥의 고통은 쉼 없이 지속되는 고통

우리를 비참하게 만드는 또 한 가지 요소는 이 고통이 끊이지 않
는다는 사실이오. 다양하고 총체적이고 극단적인 고통이 지속적이

기까지 한 것이지요. 잠깐이라도 쉴 수 있다면 한숨을 돌리겠는데 그런 것이 없소.

5) 서로에게 가하는 고통

동료 영혼들이 똑같은 고통을 당한다는 사실이 조금도 위안을 주지 못하고 오히려 고통을 가중시킬 뿐이오.

6) 짐승만도 못한 고문자들에게 영원히 고문당하는 고통

고문자들은 마귀의 추종자들인 악귀들인데, 피도 눈물도 없는 이들은 아무런 가책도 없이 우리를 괴롭히는 데서 즐거움을 얻고 있소. 더욱 참을 수 없게 만드는 것은 그 형벌이 영원히 지속된다는 사실이오.

6

지옥을 체험한 목사님들

썬다씽 선교사	리챠드 이비 목사	마빈 포드 목사
존 웨슬리(감리교 창시자)	윌리엄 부스(구세군 창시자)	조나단 에드워드 목사
스베덴보리(과학자)	존 하이드 선교사	존 번연
메어리 백스터 목사	밥 존스 목사	말레이시아 목사

하워드 피트만 목사	캐네스 해긴 목사	허마리아 목사
박보영 목사	다니엘 목사	임바울 목사
이기웅 목사	서요한 목사	안용희 목사
박영문 목사	고재영 목사	고바울 목사
김성권 목사	윤남옥 목사	박소리 목사
김광전 목사	이옥상 목사	서사라 목사
유병기 목사	이현숙 목사	김용두 목사
천국이 목사	박용규 목사	최보라 목사
신성종 목사	나현숙 목사	김민선 목사
김웅삼 목사	강윤정 목사	김상호 목사
김상호 목사	백운권 목사	이은희 전도사
손에스더 전도사	빌 와이즈	박 현 전도사

이 외에도 국내외 목사님들이 많이 있고 평신도로서 천국과 지옥을 체험한 사람들이 다수입니다.

7

지옥 체험 목사님들의 간증

천국 가기가 얼마나 어려운지 갈수록 천국 가는 숫자가 줄어든다.

1) 하워드 피트만 목사

"각 성도에게는 한 명의 수호천사가 있고, 어떤 이들에게는 한 무리의 천사가 함께하고 있다. 나는 50명의 성도가 천국으로 들어가는 것을 보았지만 이 50명의 성도가 지구에서 죽을 때 1,950명의 다른 사람들도 같은 시간대에 죽었다. 즉 2,000명 중 50명만 천국에 간 것이다. 오직 2.5%만 천국에 간 것이다. 97.5%는 천국에 가지 못했다. 구원받은 사람은 이렇게 충격적일 정도로 적다.(마7:14) (눅 13:24) (베전3:20)

2) 박용규 목사

죽기 전에 예수 잘 믿어야 합니다. 왜냐하면 지옥문은 넓어서 누구나 들어가기 쉽지만 천국 문은 너무 좁아서 들어가기 어렵기 때문입니다. 천사는 내게 지옥 가는 수와 천국 가는 수가 1000:1이라 했습니다. 이 말은 성경에서도 증명하고 있습니다."(전7:28)

3) 어느 무명인

가족에게조차 말하지 못한 말이 있는데 그것은 수만 명 중 단 두 사람만 천국으로 들어갔다는 사실이다.

"생명으로 인도하는 문은 좁고 길이 협착하여 찾는 이가 적음이니라."(마7:14)
"혹이 여짜오되 주여 구원을 얻는 자가 적으니이까. 저희에게 이르시되 24) 좁은 문으로 들어가기를 힘쓰라. 내가 너희에게 이르노니 들어가기를 구하여도 못하는 자가 많으

리라."(눅13:23-24)

"그들은 전에 노아의 날 방주 예비할 동안 하나님이 오래 참고 기다리실 때에 순종치 아니하던 자들이라 방주에서 물로 말미암아 구원을 얻은 자가 몇 명뿐이니 겨우 여덟 명이라."(벧전3:20)

주님은 몸이 불 못에 반쯤 잠겨 있는 한 남자의 생각하는 것을 알게 하셨다. '지상으로 나갈 수만 있다면 내가 가진 모든 것을 다 줄게! 단 1분이라 하더라도 다시 지상으로 돌아갈 수만 있다면 내가 가진 모든 것을 줄게! 지상에서 가장 비참하고 최악의 병을 앓고 가장 저주받고 가장 가난한 자가 된다 해도 상관없어! 지상으로 되돌아갈 수만 있다면 내가 가진 모든 것을 다 줄게! 단 지상에서 1분이면 돼.'

슬프게도 지옥에 있는 모든 영혼들에게는 더 이상의 희망이 없다. 지상에 있는 우리들에게만 오늘 회개하고 천국에 갈 수 있는 기회가 있는 것이다.(저서:『플라시보』)

+ 하나님의 심판대(무명인의 간증)

"나는 식물인간으로 누워 있는 상태에서 안락사를 당하여 지옥으로 떨어질 자였으나 어머니의 간절한 기도를 하나님이 응답하셔서 살아났다. 1999년도였다. 나는 누워 있는 동안 하나님의 심판대 앞에 서게 되었다. 보좌 앞에 서 있는 나는 그 위엄에 놀랐고, 방금 보았던 지옥의 광경은 너무 두렵고 떨리어서 도망가고 싶어도 도망갈 수 없었다. 나는 그 자리에서 회개하고 싶었으나 육신을 떠난 영은 회개할 수도 없었다. 회개는 오직 육신이 세상에 살아있을 때만 기회가 있는 것이라는 것을 알았다.

보좌 위의 그분이 내게 뭔가를 질문하셨고 나는 아주 큰 소리로 대답하였다. 그 순간 식물인간이던 내 몸이 펄쩍 뛰면서 알아들을 수 없는 소리를 지르며 의식이 돌아왔다. 두렵고 떨림으로 깨어 난 후 10개월 동안 가족에게조차 하지 못한 말이 있는데 그것은 수만 명 중 단 두 사람만 천국으로 들어갔다는 사실이다. 그것은 나를 고통스럽고 두렵게 했다.

내 폐는 지금 10%밖에 남지 않았다. 목에 구멍이 뚫려 있다. 그러나 나는 목숨을 걸고 간증하고 복음 전한다. 여러분도 예수님 잘 믿고 수만 명 중 한 명으로 천국 대열에 들기 원한다."

회개하지 않는 죄가 한 가지라도 있으면 그 죄로 천국에 못 간다. 그러므로 철저히 회개해야 한다.

4) 메어리 백스터 목사
천국과 지옥을 전하라

〈예수님 말씀〉
"수많은 사람들이 지옥으로 우수수 떨어지고 있다. 교회 안에서 나의 종들이 전파하지 않기 때문이다. 많은 나의 백성들이 천국과 지옥의 실재를 믿지 않거나 의심하고 있다. 나의 종들도 천국과 지옥을 믿지 않는 자 많도다. 내가 천국과 지옥을 나의 종들에게 보여 주는 것은 지옥의 실재를 믿고 지옥에 가지 말라는 이유 때문이다. 지옥에 한 번 떨어지면 영원히 그 곳에서 나올 수 없고 영원한 형벌을 당하느니라. 그곳에서는 불도 꺼지지 않고 구더기도 죽지 아니하며 사람마다 불로 소금 치듯 함을 받느니라.(막9:48-49) 본 그대로 전하라. 더하지도 빼지도 말고 본 그대로 전하라."

지옥은 우리가 상상할 수조차 없는 무서운 장소이다. 또한 영원한 장소이다. 나는 내가 보고 들은 것을 하나도 빠뜨리지 않고 최선을 다하여 여기에 적으려고 노력했다. 여기에 있는 내용들은 모두 사실이다. 지옥은 감방으로 된 곳도 있다. 영원토록 그 속에 갇혀 불 속에서 타며 갖가지 고통을 겪는다. 그 고통은 밤이나 낮이나 쉬지 않고 영원히 이어진다.(계11:14) 지옥이 두려운 것은 그 고통이 영원하다는 것이다. 어떤 일이 있어도 지옥만큼은 가지 말아야 한다.

나는 지옥을 본 이후로 제대로 자거나 먹을 수 없었다. 매일 지옥을 회상하게 되었다. 눈을 감았을 때에도 지옥의 모습들이 떠올랐다. 지옥에서 고통당하는 영혼들의 울부짖는 소리가 귀에서 맴도는 것 같았다.

터널 밑으로 더 내려갈수록 비명 소리는 더 커지기 시작했다 어두움 속에서 고막이 찢어지는 듯한 소름 끼치는 소리가 들려왔다. 한 번도 들어본 적 없는 절망의 소리들이었다. 이 소리들은 영혼들의 울부짖음인 것을 알게 되었으며, 지옥은 그들의 흐느끼는 소리들로 가득 차 있었다. 나는 감방 앞을 지나가면서 그들이 신음하거나 울부짖는 소리, 한숨짓는 소리, 이를 갈며 불평하는 소리들을 들을 수 있었다. 조그만 어두운 터널로 이어지는 출입구에 이르렀다 거기에는 이 책에 감히 기록할 수 없는 무시무시한 것들이 있었다. 지옥의 공포는 이루 말할 수 없었다. 거기에는 밤낮으로 고통당하는 영혼들이 있었다. 쉼이 없다. 상상을 초월하는 슬픔의 장소이다.

많은 영혼들이 살려달라고 아우성이었다. 지옥 입구가 열릴 때마다 영혼들이 빠져 들어가는 소리가 났다. 더 많은 영혼들이 계속 들어오고 있었다. 불에 타고 있는 감방들로부터 '후회하는 영혼들의 울음소리'가 새어 나왔다. 영혼들의 울부짖는 소리들이 신음 소리와 소름 끼치는 비명과 더불어 지옥에는 조용한 시간이란 게 없었다. 신음 소리, 비명 소리, 더러운 공기가 꽉 찼다.

"나는 네가 이 세상 사람들에게 이 지옥에 대해 이야기해 주길 바라노라." 예수님께서는 'Tell them, Tell them, Tell them(전해다오).' 하고 세 번씩 반복해서 말씀하실 때에 이 메시지가 얼마나 중요하고 긴박한가를 알 수 있었다. 한 영혼, 한 영혼이 음부에 떨어질 때마다 예수님께서는 슬픔의 눈물을 흘리신다고 한다. (저서『정말 지옥은 있습니다』)

5) 존 번연 목사
뜨겁게 달군 철 침대에 눕혀져 유황에 질식된 한 영혼의 울부짖음

아! 무섭도록 비참하다! 영원히 영원히 끝나지 않는다. 백만 년이 지나도 이 고통은 여전히 계속되겠지. 죄의 짧고 찰나적인 쾌락을 택하고서 영원한 고통이라는 값비싼 대가를 치르게 되다니 내가 얼마나 어리석고 큰 죄를 지은 것인가! 쾌락은 잠시요, 그 후에는 곧 영원한 고통이 따를 것이라고 그들이 내게 얼마나 자주 타일렀던가! 이젠 확연히 알았지만 너무 늦어 버렸다. 왜 불멸의 영혼을 가지고 있었으면서도 그것에 전혀 관심을 갖지 않았을까? 구더기도 죽지 않는다는 게 바로 이것이구나! 하나님이 그렇게 많이 부르셨는데 나는 부르실 때마다 거절했다. 그러므로 내가 선고 받은 이 영원한 고통은 내 행위에 대한 정당한 보응이다.(저서『내가 본 천국과 지옥』에서)

6) 김용두 목사

지옥은 끔찍하기가 이를 데 없는데 인간이 상상할 수 없는 모든 악한 조건들을 모두 갖추고 있을 뿐만 아니라 가는 곳곳마다 영원히 몸서리쳐지며 잊히지 않는 그야말로 아수라장이다. 지옥에는 수많은 감자탕 집들과 뼈 국물을 우려내는 갈비탕 집을 연상케 하고 닭갈비를 연상케 하는 곳이 수두룩하게 있는데 사람꼬치, 얼음지옥, 회를 뜨듯 살을 오려내는 인간 횟집 등 우리들이 세상에서 먹고 마시고 접할 수 있는 모든 음식점들을 상상하게 하는 것들이 그곳에 그대로 펼쳐져 있다. 이 세상에는 소나 돼지, 닭, 오리 등의 가축들이 인간들을 위한 음식 재료로 널려 있고 언제라도 준비되어 있지만 지옥에서의 모든 재료는 사람들의 영혼들이다. 한마디로 마귀와 악한 영들이 인간의 영혼들을 상대로 하여 왁자지껄 형벌의 잔치를 벌이고 있는 것이다. 예수님을 제대로 믿지 않고 지옥으로 간 영혼들은 육신의 생명이 끝나는 순간 영원한 저주, 영원한 멸망, 영원한 형벌이 기다리고 있는 곳으로 간다. 그리고 그곳은 육신의 감각보다 훨씬 더 감각이 예민해지므로 고통도 더 크게 느끼게 된다.

- 매일 지옥 체험을 시키시는 이유

예수님은 이 문제에 대해서 나에게 이렇게 말씀하셨다.

"너무나 많은 목회자와 성도들이 나를 잘못 믿고 있는 부분이 많기 때문에 네가 직접 경험하여 보고 천국과 지옥을 분명하게 알려야 할 사명이 있으니 김 목사는 매일 지옥에 들어가야 할 분량이 남아 있느니라."

나는 매일 지옥에 다녀온 후유증으로 인하여 하루 한 끼 먹는 경우가 다반사이며 큰맘 먹고 몸을 추슬러야겠다고 생각을 해야 겨우 두 끼를 먹을 정도이다. (저서 『불세례』 4권, 98-99쪽 발췌)

7) 빌 위스가 23분간 직접 체험한 지옥

나는 지상에서 살고 있는 대부분의 사람들이 지옥이 존재하는 것을 모를 뿐 아니라 듣더라도 믿으려 하지 않는다는 것을 잘 알고 있다. 그러나 지옥은 실제로 존재하고 있고 너무나 무섭고 두렵다는 것을 알았다.

나는 지옥의 환상에서 진정되고 다시 정상인이 되기까지 1년이 걸렸다. 두려움으로 정신적인 충격이 컸고, 그 체험은 나의 삶을 완전히 바꿔 놓았다. 지옥 감방 안, 아직까지 겪어보지 못한 어두움. 그곳에서 수십억의 사람들이 소리를 지르고 있었다. 사람들의 몸뚱이들이 불 속에서 타고 있었다. 그들은 불 속에서 소리 지르며 자비를 구하는 비명을 지르고 있었다.

지옥에서는 모든 감각이 더 날카롭다. 그때 한 생물이 나를 붙잡고 다른 하나는 면도칼 같은 갈고리 발톱으로 나의 살을 찢었다. 그리고 살이 찢어진 조각처럼 걸려 있었다. 이 짐승들은 내가 고통과 공포를 느낄 때마다 쾌감을 느끼는 것처럼 보였다. 귀신들의 냄새와 지옥의 냄새는 지독했다. 살인적인 악취에 짐승들의 무서운 힘, 여기저기서 들려오는 견딜 수 없는 비명 소리, 타는 듯한 목마름, 그리고 영원히 버려진 것 같은 외로움 등이 지상에서보다 천 배 정도는 더 심한 것 같았다. 죽고 싶어도 죽을 수도 없는 곳이었다. 지옥은 어디에도 탈출구가 없었다. 잠시

동안의 휴식도 없었다. 고통은 단 한순간도 멈추지 않았다.

과학자들은 지구의 중심부의 온도가 6천6백 도가 넘을 것이라고 주장한다. 그런데 지옥에 간 사람은 그런 뜨거운 불길을 영원토록 견뎌내야만 한다. 2001년 9월 11일 세계무역센터 쌍둥이 빌딩이 무너져 내린 참사가 일어났을 때 나는 당시 건물 안에 있던 수많은 사람들이 2천 도가넘는 고열을 견디지 못하고 창문 밖으로 뛰어내려 죽음을 선택한 것을 충분히 이해할 수 있었다. 그런데 지옥에서는 더 높은 온도의 꺼지지않는 불 속에서 1초의 휴식도 없이 그 고통을 영원히 영원히 견뎌야 한다면 상상이 가겠는가? 유황불과 함께 불타는 돌덩어리들이 마치 용암덩어리가 떨어지듯 쏟아져 내린 그 속에서 수많은 사람들이 빠져 나오기 위해 안간힘을 쓰고 있었다. 그렇지만 그 불구덩이를 빠져나갈 방법은 없었다. 정말 지옥만큼은 절대로 절대로 가서는 안 된다. (저서『지옥에서의 23분』)

8

종류별로 지옥에서 형벌 받는 실제적 모습들

1) 점쟁이 마술사 무당이 간 지옥

"남자나 여자가 신접하거나 박수가 되거든 반드시 죽일

지니 곧 돌로 그를 치라. 그 피가 자기에게로 돌아가리라."
(레20:27)

"음란하듯 신접한 자와 박수를 추종하는 자에게는 내가
진노하여 그를 그 백성 중에서 끊으리니."(레20:6)

"이 여자는 사단의 종이었다. 그녀는 자신의 영혼을 사단에게 팔았다. 그리고 갖가지 악한 일들을 자행해 왔단다. 그녀는 마술을 직접 행하고 다른 이들을 가르치기도 하면서 죄악의 길을 향해 계속 걸어왔었다. 마술을 직접 행하며 가르치는 자들은 단순히 마술을 행하는 자들보다도 더 사단의 관심과 능력을 받게 된단다. 이 여인은 점쟁이 마술사 무당이었느니라. 이 여자는 사단을 전파하는 설교자였다. 사단이 주는 선물은 예수님이 우리에게 주시는 은사의 동전 뒷면과 같으니라. 그것이 어두움의 권능이란다. 이러한 사단의 사역자들은 마술계, 마술 상점, 수상 보기(손바닥을 읽고 점치는 것) 등의 많은 방법으로 일하고 있단다. 사단을 전하는 영매술사들은 사단적인 권능을 지닌 강력한 일꾼들이란다. 이러한 자들은 철저하게 사단에게 속고 있으며, 자신의 영혼은 사단에게 완전히 팔려졌느니라."

- 마술사의 자백

"나는 마술사였으며 사단을 위하여 많은 사람들을 현혹시켰습니다. 그러나 주님! 이제 회개하오니 저를 이곳에서 나가게 해 주세요. 밤이나 낮이나 이곳에서 불로 고통 받고 있습니다. 여기엔 물이 없어요. 너무 목마릅니다. 저에게 물 한 컵이라도 주시지 않겠습니까?"

뼈만 남은 그 남자의 온몸에는 불이 붙어 있었으며, 시체가 썩는 듯한 악취가 났다. 모든 마술사와 사단의 사역자들은 불과 유황으로 타는 이곳에서 고통을 받게 될 것이며 이것이 둘째 사망이라고 주님이 말씀하셨다. (메어리 백스터 목사)

2) 동성애자들이 간 지옥

"누구든지 여인과 교합하듯 남자와 교합하면 둘 다 가증한 일을 행함인즉 반드시 죽일지니 그 피가 자기에게로 돌아가리라."(신20:13)

주님이 말씀하셨다

"그들은 육체의 정욕 사랑하기를 하나님 사랑하는 것보다 더 하였느니라. 남자가 남자로 더불어 잤으며 여자가 여자로 더불어 잤느니라. 그들은 또 어린 영혼들을 유혹하여 같은 죄를 짓게 하였다. 그들은 자기들의 행위를 사랑이라고 말했지만 결국 이리로 오게 되었다. 그러고도 회개하지 않았다. 그들은 죄의 삶을 즐겼으며 나의 구원의 손길을 거절하였느니라. 내가 거룩하니 너희도 거룩하기를 원하노라."

강 양쪽에 있는 뚝은 어두움으로 인해 잘 보이지 않았다. 강은 피와 불로 가득 차 있었다. 강 안에는 수많은 영혼들이 있었는데 모두 서로 쇠사슬로 묶여져 있었다. (메어리 백스터 목사)

3) 복음을 전하는 자들을 모욕하고 핍박하는 자들이 가는 지옥

"악인에게는 화가 있으리니 화가 있을 것은 그 손으로 행한 대로 보응을 받을 것임이니라."(사3:11)

"너희로 환난 받게 하는 자들에게는 환난으로 갚으시고 7) 환난 받는 너희에게는 우리와 함께 안식으로 갚으시는 것이 하나님의 공의시니…"(살후1:6-7a)

끊임없이 들려오는 비명 소리, 분필로 칠판을 긁은 듯한 소리가 끊이지 않았다. 빛도 없고 어둠과 고통 고난이 계속되는 곳. 사람들의 울부짖는 소리가 영원한 곳, 위로나 소망이 없는 곳, 어둠, 고통, 아픔만 있었다. 썩은 시체 같은 냄새, 일생 동안 맡아 본 적이 없는 독하고 나쁜 냄새. 그들은 예수님을 전하는 사람을 모욕하고 핍박한 자들이었다. (밥 존스 목사)

4) 술 마시고 담배 피우는 자들이 가는 지옥

"불의한 자가 하나님의 나라를 유업으로 받지 못할 줄을 알지 못하느냐…. 10) 도적이나 탐람하는 자나 술 취한 자나…하나님의 나라(천국)를 유업으로 받지 못하리라."(고전 6:9-10)

- 맥주 담는 큰 통나무 속에다가 사람을 담가 놨어요. 거기에 이 사람을 양반 다리로 앉혀 놨어요. 그 안에 술과 함께 오물이 있고 구더기 실뱀들이 헤엄쳐 다녀요. 그것들이 사람 입에 들어갔다가 코에 들어갔다가 그래요. 콧구멍보다 더 큰 뱀이 코로 들어가고 눈으로 나오는데 눈이 뚫려 버려요. 귀로도 나와요. 사람이 술 속에 오물 속에 잠겨 있으니까 시체가 바닷물 속

에 오래 있다가 나온 것처럼 살이 부르텄어요. 아, 너무 징그러워요.

그 사람이 지옥에서 외쳐요. 억울해! 억울해! 왜 우리 목사님이 나한테 얘기 안 했을까? 왜 술 먹고 담배 피우고 회개치 않으면 지옥 간다고 얘기해 주지 않았을까? 술 많이 먹는 사람들 중에 음란죄에 안 걸린 사람이 없어! 권사, 집사, 장로라도 술에 인이 박힌 사람들은 다 음란죄에 걸렸네! 많은 목사님들 죄를 지적하세요. "술 취하지 말라. 이는 방탕한 것이다."라고 했는데 그 방탕이 바로 음란이에요. 제발 술, 담배를 끊어요. 지옥, 진짜 있어요. 술, 담배 하고 회개하지 않으면 아무리 교회를 다녔어도 지옥 가요. 나 예수 믿었어요. 교회 다녔다구요. 내가 봉사도 잘하고, 기도도 열심히 하고, 말씀도 잘 보고, 예배 참석도 잘했는데 딱 한 가지 술에 걸렸나 봐요. 아무리 신앙생활을 잘해도 술, 담배 끊지 못하면 헛것이요. 지옥 가요. 진짜 지옥 있어요. 내가 이곳에서 형벌을 받고 있어요. 무시무시한 지옥에서 형벌 받고 있어요. (김민선 목사)

- 불이 솟구치는 불 속에 둥그런 통들이 있었다. 그 통은 새빨갛게 달구어져 타지도 깨어지지도 않았다. 그 속에는 한 영혼씩 들어 있었는데 그들은 "뜨거워! 뜨거워! 꺼내줘! 물 한 모금만 줘요! 용서해 줘!"라며 비명을 지르고 있었다. 지옥사자는 그 통을 공놀이하듯 뾰족뾰족한 벽을 향해 내리치면 쾅! 하고 불 속 바닥으로 떨어져 악! 하는 비명 소리와 함께 온몸이 깨어져 피를 철철 흘리고 있었다. 그들의 고통은 계속되고 있었다.

주님께서 "저 영혼들은 세상에 사는 동안 자신을 비관하고 학대하며 세상을 욕하고 일평생 술로 허랑방탕한 삶을 살다가 양심이 화인 맞아 죽어서 술통 같은 속에 들어가 영원히 고통을 당한다."고 했다. 그러시면서 예수 믿고 구원 받은 하나님 자녀들은 성찬식 때 먹는 포도주 외엔 알코올이 가미

된 술을 먹으면 술 취하는 것이며, 거룩한 성전 된 몸을 더럽히면 멸망하리라 했다. (나현숙 목사의『아름다운 영의 세계』162쪽)

- 천사가 나에게 일러 주었다. 사람들은 술과 담배로 인하여 지옥에 가지 않는다고 말합니다. 그렇게 말하는 것은 마귀에게 속고 있기 때문입니다. 헤아릴 수 없는 사람들이 퍼렇게 타오르는 불가마 안에 있는데 궁둥이가 바닥에 붙어서 떨어지지 않아서 도망치지 못하고 당하는 고통, 사방에서 불이 붙은 담배가 날아와서 사람의 눈, 코, 입, 귓구멍, 배꼽들에 담배를 꽂으니 그 많은 연기로 콜록거리며 고통을 당하고 있었다.

- 영안이 열리다 보니 길을 걸을 때나 앉아 있을 때 혹은 누구와 대화를 나눌 때마다 영적으로 보면 깜짝깜짝 놀랄 때가 많다.

사람들이 술집 앞 노천에서 맥주와 소주와 막걸리 파티를 벌이고 있었다. 술 먹는 사람들의 손에는 큰 맥주 컵이 들려 있었는데 술잔 속에서 치어들처럼 꾸물거리는 것이 보였는데 뱀 중에서도 킹코브라하고 영락없이 똑같은 것들이었다. 술잔 속에 있는 실뱀들은 소주잔에도 가득했으며, 막걸리 잔에도 바글바글했다. 너무 징그러워서 계속 볼 수 없을 정도였다. 그러나 사람들은 아랑곳하지 않고 계속 부어라! 마셔라! 경쟁하듯이 입으로 들이켰다. 그러자 킹코브라같이 생긴 실뱀들은 아이 좋아라! 하며 꼬리를 연신 흔들어대며 사람들의 목구멍으로 들어갔다. 예수님께서는 내 옆에 나타나셔서 "요셉아! 저 모습을 똑똑히 보고 기억해서 김 목사에게 전하여 책에 기록하게 하여라!"라고 하셨다. 술 취한 사람들이 비틀거리면서 지나가면 그 사람의 머리끝에서 발끝까지 크고 작은 여러 뱀들이 휘감고 있는 것이 보였다. 양쪽 눈에도 작은 뱀들이 똬리를 틀고 나를 째려보며 계속 혀를 날름거렸다.

그리고 한쪽에서는 사람들이 담배를 꺼내들고 불을 붙이며 입으로 길게 빨았다가 내뱉자 코와 입에서 시커먼 연기가 길게 나오면서 순식간에 킹코브라와 같은 왕뱀의 모양으로 바뀌더니 연기를 뿜는 사람의 코와 입으로 나오는데 뱀이 되어 다시 빨려 들어갔다. 특이한 장면은 사람 속으로 뱀이 다시 들어갈 때는 입에서 나올 때보다 훨씬 흉측하게 변해서 인상을 쓰며 삼킬 듯한 모습이 되어 들어가 버리는 것이었다. 그러다가 담배 피우는 사람들이 점차 많아지기 시작하더니 나중에는 술 파티를 벌이는 모든 일행들의 술잔 속 실뱀들과 연기로 바뀐 뱀들을 먹고 마시고 빨고 내뿜고 먹는 파티가 되고 말았다. 나중에는 사람들이 술과 담배를 먹는 것이 아니라 뱀들이 사람을 먹는 것처럼 보이기 시작했는데 나는 너무 징그럽고 역겨워서 그 자리를 피하고 말았다.

　담배 피우는 사람들이 지나가면서 연기를 내뿜을 때마다 육신의 눈으로 보면 담배 연기가 사라지는 것 같지만 실제로는 뱀이 되어 입에서 나오자마자 그 사람 속으로 금방 다시 들어가 버렸다. 그 뱀들이 사람 속으로 들어가면 자기 스스로 절대 나오는 법이 없으며, 사람들의 몸 안에서 새끼를 치고 알까지 낳아 더 많은 양의 뱀들이 생겨 바글바글하게 되는 것이다.

　나는 이러한 것들이 눈에 보이기만 하고 끝날 줄 알았는데 전국에서 우리 교회로 몰려와서 기도하고 은혜 받으려는 성도들 중에 목사님이 기도해 주려고 가까이 다가서면 비명을 지르며 뱀처럼 바닥에 쓰러져서 혀를 날름거리는 것이었다. 이런 모습을 나는 수도 없이 지켜보았고 지켜보고 있다. 술 먹고 담배 피우는 사람이 말을 하면 사람이 혀 꼬부라지는 말을 한다. 그러나 영적으로는 뱀들이 혀를 날름거리며 말을 해서 나는 소스라치게 놀랄 때가 한두 번이 아니다. 술 먹고 토해낸 자리는 항상 뱀들이 똬리를 틀고 앉아 있었으며, 가게에 있는 수많은 종류의 술병 속에서 치어들 같은 실뱀들이 춤을 추며 바글바글하게 있는 것을 항상 볼 수 있다.

   (김요셉:『내가 네게 불세례를 주노라』저자 김용두 목사 아들)

   - 잠자는 시간을 빼놓고는 한 시간도 술과 떨어져 살 수 없었던 저는 늘 술 냄새에 절어서 생활했습니다. 그렇게 술에 절어서 살다 보니 가정 파탄이 왔고 담배를 더 피우게 되었습니다. 하루에 두 갑 이상을 피워야 했습니다. 그런데 예수 믿고 나서부터 하나님 은혜로 그것을 모두 끊었습니다. 은혜 받고 며칠 안 되어서의 일입니다. 집으로 돌아가던 중 대폿집 앞을 지나가게 되었습니다. 그 순간 저는 깜짝 놀라고 말았습니다. 어두컴컴한 가운데서 시커먼 구렁이들이 똬리를 감은 채 입을 벌리고 혀를 날름거리고 있었습니다. 저는 깜짝 놀라 눈을 감아 버렸는데 한참 후 눈을 떠 보니 그 구렁이들은 보이지 않고 담배 연기가 자욱한 곳에서 몇 사람이 술을 마시고 있었습니다. 술을 마시면 저렇게 구렁이가 된다는 생각을 하니 등골이 오싹하고 식은땀이 주르르 흘렀습니다.

   얼른 밖으로 나와 집으로 향하는데 술에 취해 앞뒤 분간도 못하고 비틀거리며 걷는 사람을 보았습니다. 지나쳐 가다가 조금 마음에 걸려 뒤를 한 번 돌아보았습니다. 그러자 전봇대 밑에 시커먼 구렁이가 길게 늘어져 있는 섬뜩한 모습이 눈에 들어왔습니다. 하나님께서 영의 눈을 뜨게 해 주셨던 것입니다. 너무 놀라 눈을 감았다가 다시 떠 보니 앞서 비틀거리며 지나가던 바로 그 사람이 전봇대 밑에 쓰러져 길게 누워 있었습니다. 저 모습이 바로 며칠 전의 나의 모습이었다고 생각하니 너무도 끔찍했습니다.

   그 뒤로 술을 끊고 지내던 중 하루는 집회를 마치고 차를 기다리다가 지하 술집에서 나는 요란한 음악 소리를 들었습니다. 저 속에 있는 사람들은 모두 술을 먹고 춤을 추고 있을 텐데 도대체 어떤 모습일까? 궁금한 생각에

확인해 보고 싶어 발걸음을 지하 계단으로 옮겼습니다. 조금은 주저하면서 계단을 다 내려갔을 때 시커먼 구렁이 한 마리가 머리를 끄덕하며 "어서 오십시오." 하는 것이었습니다. 순간 멈칫하다가 안쪽 문을 열어 보았습니다. 현란한 네온 불빛에 구렁이 큰 놈, 작은 놈, 긴 놈, 짧은 놈이 휘청거리며 음악에 맞춰 끄덕거리는데 마치 구렁이들의 낙원 같았습니다. 한쪽에서는 시커먼 구렁이 옆에 작은 구렁이가 꼬리를 착 감고 있었는데 다시 한 번 바라보니 남자와 여자가 껴안고 춤을 추고 있는 모습이었습니다. 더 이상 그곳에 있을 필요가 없어 발걸음을 옮기면서 이런 기도를 했습니다.

"주여, 이제 다시는 이런 곳에 오지 않고 술도 절대 마시지 않겠으니 이 구렁이를 더 이상 보지 않게 해 주옵소서. 그리고 지금 여기 있는 이 사람들에게 제가 본 것을 증거하게 해 주옵소서."

그만큼 그 구렁이는 끔찍한 모습이었습니다. 아직도 술을 드시는 분이 그 구렁이를 보았다면 아마 그 자리에서 술을 끊고 말았을 것입니다.

술과 뱀은 영적으로 볼 때에 깊은 관계가 있습니다. 술에 취한 사람과 뱀의 성격은 비슷합니다. 구렁이는 절대로 밝은 곳을 싫어합니다. 어둡고 침침하고 습기 찬 곳을 좋아합니다. 술 먹은 사람도 낮보다는 밤을 더 좋아합니다. 어두운 밤거리를 보세요. 술 취한 사람들은 2차 3차를 헤아리며 빨간 불, 노란 불, 파란 불이 있는 술집을 찾아다닙니다. 으스스한 곳들을 찾아다니는 것이 이들의 성격입니다.

또한 마귀 중에 가장 큰 마귀가 바로 술입니다. 술을 안 마시면 세상에 더할 수 없이 순하고 착한 사람도 술만 들어가면 제 정신을 잃고 책임지지 못할 말을 하며 거친 행동을 합니다. 못난 사람은 잘

난 체하고, 없는 사람은 있는 체하고 아무것도 모르는 사람은 아는 체를 합니다. 술이 깨면 언제 그랬느냐며 자신의 행동이나 말을 전부 잊고 마는 것입니다. 이것이 마귀 중의 마귀가 아니고 무엇이겠습니까?(박영문 목사: 『천국과 지옥을 믿습니까?』저자)

성경은 술에 대하여 어떻게 말씀하고 있나요?

① 술을 보지도 말라고 합니다.(잠23:31)

② 재앙이나 근심이나 분쟁이나 원망이 술에 있다고 합니다.(잠23:29-30)

③ 술이 끼치는 해악에 대해서 말씀합니다.(잠23:32-35)

④ 술을 즐기는 자와 사귀지 말라 합니다.(잠23:20)

⑤ 술을 즐기는 자는 가난하게 된다고 합니다(잠23:21)

⑥ 술 취한 자는 방탕한 것이라고 합니다.(엡5:18)

⑦ 술 취한 자는 마음이 둔하게 되어 주님 재림을 예비할 수 없다고 합니다.(눅21:34)

⑧ 포도주에 취한 자들은 화가 있다고 합니다.(사5:11)

5) 이중적 삶을 산 기독교인들이 간 지옥

"화 있을진저 외식하는 서기관과 바리새인들이여, 회칠한 무덤 같으니 겉으로는 아름답게 보이나 그 안에는 죽은 사람의 뼈와 모든 더러운 것이 가득하도다 28) 이와 같이 너희도 겉으로는 사람에게 옳게 보이되 안으로는 외식과 불법이 가득하도다."(마23:27-28)

가장 끔찍한 지옥의 장소인 중심부에 이르렀다. 인간이 표현할 수 없는 고통들이 동시에 가해지는 곳이었다. 이곳에는 예수님과 성경을 알았던 사람들만이 오는 곳이었다. 목사들, 장로들, 선교사들, 전도자들 그리고 예수님을 영접하였고 진리가 무엇인지를 알았던 사람들 중 이중적인 삶을 살았던 모든 자들이 그곳에 와 있었다. 그곳에는 또한 기독교인이었다가 배교한 모든 사람들이 와 있었다. 이 배교자들의 고통은 그곳에 있는 다른 사람들보다 천 배는 더 심해 보였다.

그들은 살아생전에 전도하고, 금식하고, 찬양하고, 그들의 팔을 교회에서 주님을 위해 치켜들었지만 거리에서나 가정에서는 간음하고, 간통하고, 거짓말하고, 도적질하였기 때문에 그곳에 와 있었다. 또한 세상에 있을 때 주님 말씀을 알고 있었으나 주님 앞에 깨끗하지 않는 삶을 살았던 수많은 사람들이 있었다.

"겉으로 살인하지 않아도 도적질하지 않아도 내면은 자기를 반대하는 자를 미워하고 복수심에 불타고 남의 것을 탐내고 시기하면 저들은 지옥과 하나가 되어 행동한 것이므로 지옥에 있는 자의 무리 속에 들어간다."

고 하셨다. (하워드 피트만 목사)

6) 육적 간음한 자들이 간 지옥

"나는 너희에게 이르노니 여자를 보고 음욕을 품는 자마다 마음에 이미 간음하였느니라. 29) 만일 네 오른눈이 너로 실족케 하거든 빼어 내버리라. 네 백체 중 하나가 없어

지고 온몸이 지옥에 던지우지 않는 것이 유익하며 30) 또
한 만일 네 오른손이 너로 실족케 하거든 찍어 내 버리라.
네 백체 중 하나가 없어지고 온몸이 지옥에 던지우지 않는
것이 유익하니라."(마5:28-30)

- 그녀는 알몸이었고 온몸은 진흙으로 덮여 있었고, 벌레들이 그녀의 몸
으로 기어들어 가고 나오고 있었다. 그녀의 가슴에는 불꽃 화염에도 파괴되
지 않는 금속판이 붙어 있었는데 거기에는 "나는 간음으로 이곳에 와 있다."
라고 씌어져 있었다. 뱀이 그녀의 몸속으로 들어갈 때 그녀는 비명을 지르
기 시작했다. 그녀는 그녀에게 쉴 수 있는 낮과 밤은 없었고, 항상 똑같은
방법으로 고통을 받고 있었다. 우리는 수없이 많은 영혼들을 보면서 계속
걸었다. 그곳에는 젊은이들도 있었고, 장년들도 있었고, 늙은 사람들도 고
통 중에 있었다.

"주님, 제가 간음했기 때문에 이곳에 왔습니다. 에이즈로 죽어서 이곳에
온 지 7년이 되었습니다. 저에게는 6명의 정부들이 있었습니다."라고 울부짖
었다.

"이러므로 우리 각인이 자기 일을 직고하리라."(롬14:12)

- 배우자가 있음에도 몰래 다른 사람과 사귄 간음 자
"모든 사람은 혼인을 귀히 여기고 침소를 더럽히지 않게
하라. 음행하는 자들과 간음하는 자들을 하나님이 심판하
시리라."(히13:4)

① 엄청나게 큰 프라이팬 같은 모양이 있는데 그 안에는 끈적끈적 기름 같은 것이 많이 고여 있었는데 셀 수 없이 많은 사람들이 모두 알몸으로 뛰면서 뜨겁다고 소리를 지르고 있었다.

② 팥빙수 기계같이 생긴 지옥이 있는데 거기에 사람을 넣어 갈고 있었다. 사람들은 온몸이 찢어지고 갈리면서 고통스럽게 소리를 질렀다. 마귀들은 사람들의 오장육부를 다 꺼내어 갈아서 팥빙수 재료로 만들어 먹고 있었다.

③ 지옥에서 간음한 자를 보여 주셨다.

길이가 40-50㎝된 뱀들이 산에 나무를 죽죽 심어 놓은 것처럼 뱀들이 산 속에서 숲을 이룬 듯 구렁이 뱀 숲 지옥이었다. 밑에는 유황불이 타고 있고 구렁이가 쭉 늘어서 있는데 구렁이의 입 끝에는 발가벗은 남녀노소들이 허리를 2/3 정도 물고 구렁이 머리가 좌우로 움직이는데 허리 물린 사람들이 구렁이 입에서 춤을 추며 요동친다. 뱀 꼭대기에서 춤을 추며 유황불 속으로 안 떨어지려고 몸부림하지만 뱀이 입에서 사람을 놓는다. 그러자 뱀 입에 물린 사람들이 안 떨어지려고 뱀 머리를 안는다. 그러면 미끄러져 내려오면서 뱀의 입에서 뿜어져 나오는 액체가 뱀의 몸을 타고 내리니까 달린 사람들이 미끄러져 내려오는 순간에 뱀의 비늘이 솟는다.

비늘 끝 부분은 시퍼런 면도칼처럼 예리하다. 그것을 사람들이 타고 내려오니까 살과 힘줄이 난도질되어 횟집에서 뜬 회같이 된다. 그것이 불속으로 떨어진다. 살과 피, 힘줄이 불에 떨어져 불이 붙어 탄다. 갑자기 불꽃이 올라오면서 불침으로 변한다. 누워서 정신 잃은 사람들 살이 벗겨진 부분에 불침이 가슴에서부터 다리까지 찔러댄다. 그때마다 "으악! 으악!" 부르짖으며 깬다. 불침이 공격하면 피하려고 도망간다. 그러나 불침은 자동적으로 따라가서 계속 찔러댄다. 그러면 부서진 사람이 다시 재생된다. 그러자 구렁이가 허리를 또 문다. 그리고 같은 형벌이 반복, 반복, 또 반복된다.

주님이 그 장면을 보시면서 "지금 내 백성들이 음란에 빠져서 음란 귀신이 배후에서 조정하는 대로 내 백성과 내 종들이 빠져 있고, 음란 귀신은 합법적으로 내 백성들을 잡아먹고 있으니 너는 가서 보고 듣고 체험한 것을 더하지도 빼지도 말고 그대로 전하라." 하셨다,

"한 가지를 더 봐라." 주님이 말씀하셨지만 나는 "주님, 더 이상 못 보겠습니다."했더니 "그러면 다음에 봐라."고 하셨다. (백운권 목사: 미국 LA에서 미주기독교 방송을 통한 간증)

- 예수님은 성도들의 간음죄를 언급하시면서 간음해서는 절대로 안 된다는 것을 명령하셨는데 지옥에 가는 수많은 사람들 중 간음죄로 가는 사람들이 부지기수라고 하셨다. 더욱 "목회자들이 몰래 간음한 것은 더욱 용서하기 어려우니 진실로 회개하지 않으면 지옥이다! 목회자들은 성경을 잘 알고 있으면서도 그 죄를 지었으니 더 큰 심판을 받을 것이고 용서가 더욱 어렵다!"고 엄하게 꾸짖으셨다.

"하나님 아버지께서는 나와 똑같은 생각을 하고 계신단다. 만일 목회자들이 자기의 간음죄를 놓고 무섭게 회개했다면 용서가 있을 수 있겠지만, 회개를 하고 난 다음에 또 다시 죄를 짓는다면 그것은 하나님을 기만하는 행위가 된다. 목회를 크게 하든지 작게 하든지, 잘했든지 못했든지 간에 간음죄는 하나님께서 가장 싫어하시는 죄이기 때문에 꼭 명심하기 바란다.

그리고 예수님께서는 한 사건을 보여 주셨다. 목회를 잘하고 있는 목사님이 사모님 몰래 젊은 여자 성도와 눈이 맞아서 자주 만나고 잠자리를 했는데 결국 사모님에게 발각되어 사모님의 스트레스가 심해졌으며 남편 목사에게 말로 권면해도 듣지 않았다. 그 충격 때문에 견디다 못해 사모님은 우울증에 걸리게 되었고 세상 사람들처럼 '자살'을 선택하여 지금 지옥에서 처참한 고통을 당하고 있다고 하셨다. 예수님께서는 "그 딸을 볼 때마다 내 가슴이 미어지는데 어찌 그 타락한 목사를 지옥에 보내지 않겠느냐?"고 반문하셨다. 현재 목회를 하고 있는 그 목사의 회개 기도는 가짜일 수밖에 없고 지금도 임기응변으로 자기 생각과 자기 착각 속에서 살고 있다고 하셨다.

"마지막 때는 마귀가 음란의 영으로 할 수만 있으면 믿는 자들과 목회자까지 무너뜨리려고 한다. 사단이 강력하게 쓰는 무기가 음란이다."고 주님이 말씀하셨다.

"두렵고 떨림으로 너희 구원을 이루라."(빌2:1)

(김용두 목사『불세례』2권 158-161쪽 발췌)

"또 내가 그에게 회개할 기회를 주었으되 자기의 음행을 회개하고자 하지 아니하는 도다. 볼지어다. 내가 그를 침상에 던질 터이요 또 그와 더불어 간음하는 자들도 만일 그의 행위를 회개하지 아니하면 큰 환난 가운데에 던지고 또 내가 사망으로 그의 자녀를 죽이리니 모든 교회가 나는 사람의 뜻과 마음을 살피는 자인 줄 알지라. 내가 너희 각 사람의 행위대로 갚아 주리라."(계2:21-23)

7) 영적 간음 자들이 가는 지옥

- 예수 믿지 않고 타 종교를 믿는 자들

"…나 외에 다른 신이 없나니 나는 공의를 행하며 구원을 베푸는 하나님이라 나 외에 다른 이가 없느니라. 22) 땅 끝의 모든 백성아 나를 앙망하라. 그리하면 구원을 얻으리라. 나는 하나님이라 다른 이가 없음이니라."(사45:21-22)

"예수께서 가라사대 내가 곧 길이요 진리요 생명이니 나로 말미암지 않고는 아버지께로 올 자가 없느니라."(요1서 4:6)

"다른 이로서는 구원을 얻을 수 없나니 천하 인간에 구원을 얻을만한 다른 이름을 우리에게 주신 일이 없음이니라 하였더라."(행4:12)

- 굉장히 크고 끝이 안 보이도록 깊은 구덩이가 있었다. 그 속에는 엄청나게 많은 사람들이 꽉 차 있었는데 구덩이 안에도 불이 있고 구덩이 밖에도 불이 있어서 멀리서도 뜨거움을 느낄 수 있었다. 사람들은 이리저리 뛰어다니고 그 안에서는 사람 타는 냄새로 연기가 끝없이 피어올랐다.

8) 십일조와 헌금 도적질한 자

"사람이 어찌 하나님의 것을 도적질하겠느냐. 그러나 너희는 나의 것을 도적질하고도 말하기를 우리가 어떻게 주의 것을 도적질 하였나이까 하도다. 이는 곧 십일조와 헌물

이라. 9) 너희 곧 온 나라가 나의 것을 도적질하였으므로 너희가 저주를 받았느니라."(말3:8-9)

우리는 불이 들어 있는 아주 큰 수영장 같이 생긴 어느 장소에 도착했다. 그 속에는 수천 명의 남자와 여자들이 있었는데 각 사람들의 가슴의 금속 판에 다음과 같이 씌어져 있었다.

"십일조와 헌금 도적질로 나는 이곳에 와 있다."

주님이 말씀하셨다.

"내가 분명히 십일조와 헌금이 명령이라고 밝히 말했음에도 불구하고 이 사람들은 십일조와 헌금이 중요하지 않다고 생각했기 때문이란다."(말3:8-9)

이곳에 있는 사람들은 다른 이들보다 천배는 더한 고통을 받고 있었다 .(루페)

필자는 얼마 전에 TV 방송 설교를 듣고 있었습니다. 그 교회는 우리나라에서도 널리 알려진 대형 교회였습니다. 그 목사님은 설교 가운데 "십일조 안 낸다고 지옥 가는 것은 아닙니다."라고 말씀하셨습니다. 그러나 성경 말씀에서는 십일조 하지 않는 자는 하나님의 것을 도적질하는 것(말3:8-9)이라고 하셨으며, 도적질한 자는 회개치 않으면, 당연히 지옥에 가는 것은 자명한 일인데도 너무나도 유명한 그 목사님은 그렇게 설교하셨습니다. 이렇게 많은 성도들을 잘못 가르쳐 그 성도가 지옥에 간다면 하나님은 말씀을 잘못 가르친 목사님도 회개치 않으면 지옥에 갈 건 뻔하기 때문에 정말 목사님들은 성경을 바로 알고 바로 가르치셔야 할 것입니다. 지옥에서 "목사가 안 가르쳐서, 잘못 가르쳐서 지옥에 떨어졌다."라고 부르짖는 성도들이 많다는 것입니다. 목사님들은 자신들이 정말 성경 말씀을 바르게 가르치고 있는지 되돌아보고 두려움과 떨림으로 말씀을 제대로 전해야 할 것입니다.

9) 용서하지 못한 사람이 간 지옥

"너희가 사람의 과실을 용서하면 너희 천부께서도 너희 과실을 용서하시려니와 너희가 사람의 과실을 용서하지 아니하면 너희 아버지께서도 너희 과실을 용서하지 아니하시리라."(마6:14-15)

한 여자의 영혼이 말씀을 가르치고 있었다. 그 여자는 35년 동안 목사로서 교회에서 말씀을 전했다. 그러나 그녀는 남편을 용서하지 않아서 지옥에 와 있었다. 왜냐하면 주님의 말씀을 알았음에도 그것을 거역했기 때문이다.

용서하지 않는 자는 결코 천국에 들어 갈 수 없습니다. 천국에 가기를 원한다면, 상대가 아무리 잘못을 했더라도 용서해야 합니다. 그래야만 우리 죄도 용서받습니다. 마음 속에 미움을 품고 기도하면 하나님은 그 기도를 오히려 가증히 여기십니다.(잠28:9)

10) 타락한 목회자와 성도들이 간 지옥

"나더러 주여 주여 하는 자마다 천국에 다 들어갈 것이 아니요 다만 하늘에 계신 내 아버지의 뜻대로 행하는 자라야 들어가리라."(마7:21)

"거짓 선지자들을 삼가라. 양의 옷을 입고 너희에게 나아

오나 속에는 노략질하는 이리라."(마7:15)

"아름다운 열매 맺지 아니하는 나무마다 찍혀 불에 던지
우느니라."(마7:19)

타락한 목회자들이 성도들을 잘못 가르치고 잘못 믿도록 하여 지옥에 가
있는 현장을 생생하게 보게 되었다. 주님께 요청해서 목사님들의 영적인 상
태를 보여 달라고 요청했더니 많은 목회자들은 동물들을 박제시켜서 전시
물로 만든 것처럼 박제된 인간들로 보였으며, 머리는 가분수처럼 크고 인간
적인 지식으로 꽉 차 있었으며, 가슴은 온통 텅텅 비어 있었다. 그리고 일부
목사님들의 시신이 들어 있는 관은 끝이 보이지 않을 정도이고 모두 십자가
의 휘장이 덮개로 되어 있으며 나팔관 지옥의 입구에 송두리째 던져졌다.
목회자들은 관 속에서 알몸으로 뛰쳐나와 나팔 지옥으로 미끄러져 들어갔
는데 차마 눈 뜨고 볼 수 없었다.

"으악! 잘못했어요. 용서해 주세요! 몰라서 그랬어요. 제발 용서해 주세
요! 살려 주세요!"

그들은 끝없이 미끄러져 갔으며 나중에는 밑바닥에 거꾸로 처박혔는데
그곳은 아무것도 보이지 않는 캄캄한 곳이었으며, 거기에는 이미 타락한 목
회자들이 산처럼 쌓여 있었다. 그리고 목회자들이 한 명씩 한 명씩 나팔지
옥으로 떨어질 때마다 비명을 질렀다.

"주님! 도와주세요! 살려주세요!"

비명 소리만 메아리쳐 울렸다. 나는 통곡하듯이 울면서 주님께 물어 보
았다.

"주님 목회자들이 무슨 이유로 지옥에 온단 말입니까?

주님께서는 진노하시며 무섭고도 엄한 목소리로 말씀하셨다.

"이들은 성령 훼방하는 자들이고, 성령의 역사를 거스르고 은사를 실제적으로 부인했던 자들이며, 주일을 거룩하게 지키지 않고 성도들을 잘못 가르치고 소경으로 만들었던 장본인들이다. 그리고 외식으로 가득 찼던 자들이며 뿐만 아니라 나보다 물질을 더 탐했던 자들이다. 이들 중에는 음담패설과 간음했던 자들이 셀 수 없이 많이 있다."

목회자들이 평신도보다 천국에 가기가 하늘의 별을 따는 것보다 더 어렵다는 사실을 나는 절감하고 있다.

사모님들이 겉모양만 신경 쓰느라 정신이 없다. 지옥으로 가고 있는 사모님들도 똑같이 이렇게 될 줄 몰랐다는 비명 소리와 함께 불과 어둠 속으로 던져졌다. 주님께서는 지옥에 있는 수많은 사모들도 주님께서 싫어하시는 외식과 교만과 물질에 길들여졌다고 말씀 하셨다. 평신도들도 천국 가는 믿음대로 제대로 살지 못했기 때문에 마귀들이 조종하고 밀어 버리는 불도저의 힘에 알몸이 된 채 무더기로 지옥에 들어가고 또 들어갔다.

- 실제로 많은 교회들이 주님을 잘못 믿으면 지옥에 갈 수 있다는 가르침을 주지 못하고 있다.(김용두 목사)

11) 지상에서 이기적 자기 사랑만 했던 한 목사가 간 지옥

"네가 이것을 알라. 말세에 고통 하는 때가 이르리니 2) 사람들은 자기를 사랑하며 돈을 사랑하며 자긍하며 교만하며….(딤후3:1-2)

내가 천하의 유명한 목사인데 왜 나를 몰라주는 거야!

이 목사는 모든 지상 생활은 자기 사랑이 동기가 되었다. 이는 이타적 사랑이 아니라 이기적 사랑이다. 이기적 사랑의 본산은 지옥이다. 그는 얼마 되지 않아서 지옥으로 떨어졌다.(김용두 목사)

12) 지옥에 간 부흥강사

> "교만은 패망의 선봉이요 거만한 마음은 넘어짐의 앞잡이니라."(잠16:18)

홍○○ 부흥강사는 인쇄소에서 종이를 자르는 기계 같은 곳에서 몸이 계속 잘려지는 고통을 당하면서 이곳에는 절대 오지 말라고 소리쳤다. 각종 고문하는 기계들이 즐비했고, 커다란 불 못과 뜨거운 물이 끓는 가마솥에서 영혼들이 튀겨지고 삶아지는 광경이 보였다. 뾰족한 쇠창살로 몸이 관통되어 고통을 당하는 곳이었으며, 기계에 들어가서 몸이 분쇄되어지는 곳이었다.(김용두 목사)

13) 먹기를 탐하며 하나님 영광을 가로챈 목사들이 가는 지옥

> "그러므로 무엇이든지 남에게 대접을 받고자 하는 대로 너희도 남을 대접하라. 이것이 율법이요 선지자니라."(마 7:12)
>
> "나는 여호와니 이는 내 이름이라. 나는 내 영광을 다른 자에게 내 찬송을 우상에게 주지 아니하리라."(사42:8)

- 세상에 사는 동안 먹기를 탐하며 성도들로부터 대접받기만을 좋아하던 목사들만 모아서 지옥의 구정물 통에 집어넣었는데 그 통 속에 음식물이 얼마나 썩고 오래되었는지 악취가 나고 벌레들이 들끓어 그만 구역질이 날 것 같았다. 썩은 오물이 사람의 몸에 닿으니 살까지 같이 썩어서 흐물거리는데 썩은 음식인지 사람의 썩은 살인지 구별을 못하고 온갖 구더기들이 들끓어 대는 바람에 차마 눈 뜨고 볼 수 없었다.

- 지옥의 차가운 얼음 바닥에서 목사라고 불리는 사람들이 마치 밟혀진 지렁이같이 몸을 똬리 트는데 사람들의 몸이 오므라져 펴졌다 뒤로 뒤집어졌다 앞으로 젖혀졌다 하며 뭐라고 형용할 수 없을 만큼 얼마나 괴로워하며 몸들을 뒤틀고 고통스러워들 하고 있던지 볼 수가 없었다. 누군가 자세히 보라는 소리에 왜 그런가 하여 자세히 보았더니 모두가 한결같이 두 손으로 온 힘을 다해 귀를 틀어막으면서 몸부림을 치며 괴로워하며 고통스러워했다. 옆의 천사에게 어찌하여 그러는지 물어보니 천사가 대답하기를, "저들은 세상에서 사는 동안 하나님이 받아야 할 영광을 많은 사람들로부터 가로채 자신들이 다 받아 누렸으므로 이제는 그 영광의 소리가 저주의 소리로 변하여 지금 저들에게 고통의 소리로 들리고 있는 것이다."라고 했다.(미국 무명의 목사)

14) 형식적으로 교회 다녔던 사람들이 가는 지옥

"너희가 내 앞에 보이러 오니 그것을 누가 너희에게 요구하였느뇨. 내 마당만 밟을 뿐이니라. 13) 헛된 제물을 가져오지 말라. 분향은 나의 가증히 여기는 바요 월삭과 안식일

과 대회로 모이는 것도 그러하니 성회와 아울러 악을 행하
는 것을 내가 견디지 못하겠노라."(사1:12-13)

엄청나게 크고 넓은 기둥에는 움직이는 물체들이 희미하게 보였는데 가
까이 가서 보니 수많은 사람들이 기둥에 달라붙어 있었다. 사람들은 끈으
로 단단히 묶여 있었고 꼼짝 못 했으며 모두 다 알몸 상태였다. 수천, 수만
명은 족히 되어 보였다. 그들의 몸에는 하얀 벌레들이 뿌옇게 달라붙어서
살을 뜯어 먹고 있었으며, 벌레들이 살과 뼈를 뜯어 먹고 갉아 먹을 때마다
그곳은 비명 소리로 아수라장이 되었다. 그리고 나중에는 해골과 뼈다귀로
변해 버리고 다시 또 살이 생기면 벌레들이 다가와서 뜯어 먹는 일이 계속
반복되었다.

(문) 주님 이 사람들이 무슨 연유로 이곳에서 벌을 받는 것입니까?

(답) "저 사람들 중에는 주일 낮에 잠깐 예배를 드리고 여기저기 놀러 다
니다가 교통사고로 죽은 사람들이 많고, 교회에 다니면서도 술을 먹고 스탠
드바에도 가는 등 신앙생활은 했지만 제대로 주님을 만나보지 못한 채 형식
으로 교회 다녔던 사람들이다."라고 하셨다.

15) 예수님을 믿지 않는 불신자가 가는 지옥
(지옥에서 우리나라 전직 대통령을 만나다.)

"죄에 대하여라 함은 저희가 나를 믿지 아니함이요."(요
16:9)

"누구든지 생명책에 기록되지 못한 자는 불 못에 던지우

더라."(계20:15)

　"그러나 두려워하는 자들과 믿지 아니하는 자들은…불과 유황으로 타는 못에 참예하리니 이것이 둘째 사망이라."(계21:8)

　그분은 아무것도 걸치지 않는 상태로 서 있었는데 크고 징그러운 흰색 뱀이 그분의 몸을 눈만 남기고 발에서부터 목까지 칭칭 감고 있었다. 그리고 색깔이 알록달록한 여러 가지 무늬의 뱀 몇 마리가 다가오더니 흰색 뱀 위를 다시 휘감았고, 그 뱀들이 서로 뒤엉켜 몸을 조이고 또 조였다. 꼭 뱀들끼리 누가 더 세게 조이는지 내기를 하는 것 같아 보였다. 전직 대통령은 비명을 지르면서 캑캑거렸고 "으악! 그만 조여! 제발 그만해! 살려 줘!"를 연신 외쳤다. 그런 와중에서도 그분은 나를 보며 말을 건넸다.

　"나는 한때 잘나가는 대통령이었는데 지금 이렇게 지옥에 와서 고통을 당하고 있습니다. 땅에 있을 때 많은 목사님들이 나에게 교회 가라고 그렇게 부탁을 했지만 외면했습니다. 나는 지옥이 있다는 말을 흘려들었고, 이런 곳이 있는 줄은 꿈에도 생각지 못했어요. 우리 아이는 아직도 예수님을 제대로 믿지 않고 있는데 걱정입니다. 살아 있을 때 빨리 예수님을 믿어 구원받고 천국에 가야 되는데 내가 당장이라도 가서 얘기해 주고 싶은데 갈 수가 없으니 어떻게 하면 좋겠습니까? 아! 마음이 너무 아파요." 그분은 이야기 좀 꼭 해 달라고 간절히 부탁했다.(김용두 목사『불세례』2권 P131-132)

　- 지옥에서 본 '자원봉사자'
　"착한 것만으로는 내 나라에 들어올 수 없다."

- 지옥에서 본 '선을 베푼 의사'

"아무리 세상에서 인정받았어도 하나님께 인정받지 못하면 헛된 것이다."

16) 성령훼방죄를 지은 자가 간 지옥

> "내가 진실로 너희에게 이르노니 사람의 모든 죄와 무릇 훼방하는 훼방은 사하심을 얻되 29) 누구든지 성령을 훼방하는 훼방은 사하심을 영원히 얻지 못하고 영원한 죄에 처하느니라 하시니."(막3:28-29)

캄캄하고 어두운 한쪽에서 큰 기계가 움직일 때 나는 굉음이 들리기 시작했는데 그곳의 정 중앙에는 알몸인 사람들이 가지런히 누워 있었으며 고정된 채 겹겹이 쌓여 있는데 이쪽과 저쪽에서 사람들을 사이에 두고 엄청나게 큰 직사각형의 무쇠 덩어리 같은 기계가 움직이고 있었다. 천천히 움직일 때마다 크르르르릉! 하는 소음이 심하게 났다. 기계는 사람들의 위쪽과 아래쪽을 마찰을 일으키며 지나갔는데 사람들은 맷돌 사이에서 콩이 가루 국물처럼 되듯이 어그러지고 짓이겨졌다.

주님께서는 "저들은 고의로 성령의 역사를 훼방했던 사람들이며 대부분 목회자와 성도들인데 잘못 믿고 잘못 가르치다가 죽어서 이곳으로 들어왔다. 나도 가슴이 아프구나!"라고 하셨으며 한탄하셨다.

17) 주일을 거룩히 지키지 않고 마음대로 행한 사람들이 가는 지옥 (흉기로 가득 차 있는 방)

"만일 안식일에 네 발을 금하여 내 성일에 오락을 행치 아니하고 안식일을 일컬어 즐거운 날이라 여호와의 성일을 존귀한 날이라 하여 이를 존귀히 여기고 네 길로 행치 아니하며 네 오락을 구치 아니하며 사사로운 말을 하지 아니하면 14) 네가 여호와의 안에서 즐거움을 얻을 것이라. 내가 너를 땅의 높은 곳에 올리고 네 조상 야곱의 업으로 기르리라. 여호와의 입의 말이니라."(사58:13-14)

왕 마귀 앞에 놓인 큰 상 위에 흉측하고 날카로운 도구와 무서운 무기들이 셀 수 없을 정도로 많이 쌓여 있는 것이었다. 그리고 사람들의 끝없는 행렬들이 이어졌다. 얼마나 사람들이 많은지 가늠할 수 없었다. 시퍼런 날이 번쩍이는 낫과 도끼, 여러 종류의 크고 작은 칼들, 사람보다 더 큰 갈고리, 채찍, 끝이 날카로운 포크, 곡괭이, 드라이버, 송곳, 드릴, 창과 총 등 사람들을 때리고 찌를 수 있는 것들이 많이 있어서 줄 지어 서 있는 사람들의 얼굴이 겁에 질려 사색이 되었다.

왕 마귀 사단은 보좌에 앉아서 모든 지시들을 하고 있었으며, 마귀의 부하들은 그 지시대로 명령을 수행하느라 정신없이 바쁘게 다녔다. 마귀의 부하들은 쌓여 있는 무기나 흉기로 지옥의 영혼들을 찍고 찢으며 쑤셔댔는데 그래도 분이 안 풀리는지 다른 방에 가서 새로운 흉기들을 가져왔다. 예수님께서는 고통 받기 위해 줄지어 서 있는 사람들을 가리키며 "저 영혼들 중에는 나의 날(주일)을 함부로 여기며 돈을 맘대로 쓰고 자기 맘대로 살았으며, 특히 주일을 거룩하게 지키지 않은 사람들이 가장 많단다. 저들은 주일날 장사를 하면서 주님은 다 용서해 주실 것이란 착각 속에 살았던 자들이다. 또한 저들 중에는 장로들도 많이 있으며 권사, 집사들도 부지기수고 목

회자도 수없이 많다."고 하시면서 자세히 보여 주셨다.(김용두 목사 『불세례』 3권, 115-116쪽)

18) 예수님을 잘못 믿어 지옥에 간 자들

> "나더러 주여! 주여! 하는 자마다 천국에 다 들어갈 것이
> 아니요 다만 하늘에 계신 내 아버지의 뜻대로 행하는 자라
> 야 들어가리라."(마7:21)

지옥의 하늘에 매달려 있는 십자가에 묶여 있는 사람들은 목사님들이었다. 사모님들은 뱀들이 산더미처럼 쌓여 있는 넓은 지옥에 갇혀 있었다. 지옥의 뜨거운 불꽃 속에서 몸부림치는 영혼들의 절규는 제대로 표현할 수 없었으며, 특히 그들 중에 주님을 알면서도 잘못 믿어서 지옥에 와 있는 영혼도 많았다. 무엇보다도 그 고통 받는 영혼들 중에는 교리적으로, 신학적으로, 학문적으로 다 알 만한 사람들이 너무 많았다. 그리고 성령 체험과 함께 교회의 문과 바닥이 마르고 닳도록 출입을 했던 영혼들이 있어서 더욱 목사인 나를 괴롭게 하였으며, 나는 머리를 쥐어뜯으며 절규했다.

불바다 속, 살 껍질을 벗기는 곳, 뼈다귀만 남기고 살들 간추려 내는 곳과 지옥의 절구통에서 내장을 끄집어내어 찧었으며, 사골 국 끓이듯이 뜨거운 가마솥에 부글부글 끓이기도 하고, 꼬치구이로 만들기도 하였다. 타락한 그리스도인들과 함께 뒤섞여 굴비 엮이듯 줄줄이 혐한 꼴을 당할 때도 많았다.

"성도들이 정신을 차리고 제대로 신앙생활 하기를 원하며 주의 종들이 성도들을 잘못 가르치고 잘못 인도해서 지옥에 오는 일이 절대 없어야 한다."

라고 하셨는데 요즘은 타락한 목회자와 성도들이 가는 지옥을 집중적으로 가고 있다.(김용두 목사 『불세례』 4권, 215-216쪽)

19) 주의 종을 비방하고 이간하거나 교회를 어지럽힌 자가 받는 벌

"형제들아, 피차에 비방하지 말라. 형제를 비방하는 자나 형제를 판단하는 자는 곧 율법을 비방하고 율법을 판단하는 것이라. 네가 만일 율법을 판단하면 율법의 준행 자가 아니요 재판 자로다."(약4:11)

"이르시기를 나의 기름 부은 자를 만지지 말며 나의 선지자를 상하지 말라 하셨도다."(시105:15)

교회를 비방하고 분열을 주도하여 목사파, 장로파를 나뉘게 하여 교회를 갈라놓은 여자의 몸을 뱀이 감고 있다가 뱀이, 뱀 전기톱으로 변하여 여자의 몸을 반으로 갈랐다. 그녀는 비명을 지르고 온몸에서 피가 마구 튀겨 나왔다.

주의 종의 부족한 점이 보인다면 중보기도를 해야 하고 함부로 대하거나 뒷말을 한 적이 있다면 회개하시길 바라며 재판장은 주님 한 분이시라는 것을 유념해야 합니다.

20) 주님이 원하시는 것이 무엇인지 알면서도 행치 않고 세상의 정과 욕심을 버리지 못한 집사, 권사, 장로 들이 가는 지옥

"사람이 선을 행할 줄 알고도 행치 아니하면 죄니라."(약4:17)

거대한 프라이팬을 불에 벌겋게 달구어 놓은 것처럼 보이는 곳 바닥에서 실오라기 하나 걸치지 않은 발가벗은 사람들이 빨갛게 익어버린 상태로 고통을 피해 보려고 이리저리 뛰어다니고 있었다. 그 모습이 너무나 비참하고 참혹했다. 주님이 말씀하셨다. "저들은 나를 진정으로 알지 못하고 진정한 진리의 길을 포기한 채 세상의 정과 욕심을 버리지 못하고 죄악에서 돌이키지 않았다. 그러므로 이제는 돌이킬 수 없는 이곳 지옥 불에서 영원한 고통 속에 몸부림치며 울부짖을 것이다. 영원토록… 영원토록….(박옥숙 하늘에서 온 이메일)

21) 하나님과 세상을 겸하여 섬기고 물질에 마음을 빼앗긴 자

"한 사람이 두 주인을 섬기지 못할 것이니 혹 이를 미워하며 저를 사랑하거나 혹 이를 중히 여기며 저를 경히 여김이라. 너희가 하나님과 재물을 겸하여 섬기지 못하느니라."
(마6:24)

여자인지 남자인지 분간을 못하겠는데 그가 형벌을 받는 모습이 너무 고통스러워 깨어나고 싶었다.

22) 옛 습관을 버리지 못하고 계속 되풀이하는 자들

"너희는 유혹의 욕심을 따라 썩어져 가는 구습을 좇는 옛사람을 벗어 버리고 23) 오직 심령으로 새롭게 되어 24) 하나님을 따라 의와 진리의 거룩함으로 지으심을 받은 새 사람을

입으라.”(엡4:22-24)

땅에서 구더기를 집어 먹고 있었다. 구더기가 자기 머리로 살로 막 파고 나오는데 구더기인 줄도 모르고 계속 주워 먹고 있다 그리고 토해내고 토한 것을 다시 먹고 있었다. 너무 참혹했다.(이현숙 목사)

23) 십일조 않고 물질에 인색했던 사람들

“네 하나님 여호와를 기억하라. 그가 네게 재물 얻을 능을 주셨음이라.”(신8:18)

“은도 내 것이요 금도 내 것이니라. 만군의 여호와의 말이니라.”(학2:8)

“사람이 어찌 하나님의 것을 도적질하겠느냐 그러나 너희는 나의 것을 도적질 하고도 말하기를 우리가 어떻게 주의 것을 도적질 하였나이까 하도다. 이는 곧 십일조와 헌물이라. 9) 너희 곧 온 나라가 나의 것을 도적질하였으므로 너희가 저주를 받았느니라.”(말3:8-9)

깡통에 밥이 없는데도 계속 수저로 퍼 먹고 있었다. 옷은 남루하고 거지 중 상거지. 이들은 믿는 자들로 세상에서 부유하게 살면서 구제도 않고, 십일조도 않고 하나님께 물질에 대해서 인색했다. 예수님은 십일조는 우리의 믿음의 고백이라 하셨고, 십일조를 내지 않는 것은 하나님의 것을 도적질하는 것이라 하셨다.(이현숙 목사)

24) 성령을 거스르고 하나님을 배척했던 사람들

"내가 이르노니 너희는 성령을 좇아 행하라. 그리하면 육체의 욕심을 이루지 아니 하리라. 17) 육체의 소욕은 성령을 거스르고 성령의 소욕은 육체를 거스르나니 이 둘이 서로 대적함으로 너희의 원하는 것을 하지 못하게 하려 함이니라."(약5:16-17)

불이 활활 타는 못에 빠져서 살려 달라고 위로 올라갔다가 다시 잠기는데 살들과 뼈들이 녹고 있었다. 불에 타다 못해 녹고 있었다. 이단자들 '여호와 증인'도 있었다. 그러나 그들은 진실로 자기 죄가 무엇인지 모르고 있었다.

25) 나이트클럽에 간 자들

"간음하는 여자들이여, 세상과 벗된 것이 하나님의 원수임을 알지 못하느뇨. 그런즉 누구든지 세상과 벗이 되고자 하는 자는 스스로 하나님과 원수 되게 하는 것이니라."(약 4:4)

"이 세상이나 세상에 있는 것들을 사랑치 말라. 누구든지 세상을 사랑하면 아버지의 사랑이 그 속에 있지 아니하니 16) 이는 세상에 있는 모든 것이 육신의 정욕과 안목의 정욕과 이생의 자랑이니 다 아버지께로 좇아 온 것이 아니요 세상으로 좇아 온 것이라. 17) 이 세상도 그 정욕도 지나가되 오직 하나님의 뜻을 행하는 이는 영원히 거하느니라."

(요일서2:15-17)

나이트클럽에서 사람들이 춤을 추는 중간 중간에 검은 귀신들이 있었다. 사람들은 자기들이 춤을 춘다고 추고 있지만 사실은 귀신들이 춤추는 것을 그대로 따라하고 있었다. 그들은 로봇 같았다. 완전히 귀신들에게 사로잡혀 있었고, 영이 죽어 가고 있었다.

26) 제사 지내고 우상 숭배하는 자가 가는 지옥

"대저 이방인의 제사 하는 것은 귀신에게 하는 것이요 하나님께 제사하는 것이 아니니 나는 너희가 귀신과 교제하는 자 되기를 원치 아니하노라."(고전10:20)
"우상을 만드는 자는 부끄러움을 당하며 욕을 받아 다 함께 수욕 중에 들어갈 것이라."(사45:16)

해골로 보이는 사람을 칭칭 감고 있는 큰 뱀. 아나콘다처럼 굉장히 굵고 매우 큰 뱀에 휘감겨 고통 받고 있는 해골 모습은 34년 전에 돌아가신 저희 친정아버지셨습니다. 아버지는 종갓집 어른으로 조상의 제사를 맡아 지내며 우상을 숭배하는 분이셨습니다. 형체는 해골과 뼈다귀 모습이었고 큰 뱀에게 갈가리 찢기고 뜯기며 살들이 찢겨 없어지고 뱀이 뼛속까지 뜯고 고통을 주고 있는 처참한 모습이었습니다. 통곡하고 울며 그 장면을 보는데 도저히 제대로 볼 수가 없었습니다.

27) 지옥에 간 동자승들

"너를 위하여 새긴 우상을 만들지 말고 또 위로 하늘에 있는 것이나 아래로 땅에 있는 것이라. 땅 아래 물속에 있는 것의 아무 형상이든지 만들지 말며 5) 그것들에게 절하지 말며 그것들을 섬기지 말라. 나 여호와 너의 하나님은 질투하는 하나님인즉 나를 미워하는 자의 죄를 갚되 아비로부터 아들에게로 삼사 대까지 이르게 하거니와"(출20:3-5)

동자승의 무리는 포승줄로 묶여 불의 심판을 받고 있었습니다. 그들이 그 조상의 패역함과 어릴 때부터 완악한 원수의 손에 묶여진 영이라는 감동이 왔는데 그들의 아래로부터 계속 불이 일어 그들을 태우고 있었습니다.

28) 지옥에 간 부처와 승려들

"너는 다른 신들을 네게 있게 말지니라."(출20:3)

"…나 외에 다른 신이 없나니 나는 공의를 행하며 구원을 베푸는 하나님이라 나 외에 다른 신이 없느니라."(사45:21)

"다른 이로서는 구원을 얻을 수 없나니 천하 인간에 구원을 얻을 만한 다른 이름을 우리에게 주신 일이 없음이니라 하였더라."(행4:12)

미얀마(버마)에서 한 독실한 불교 승려가 3일 동안 죽었다가 화장하기 직전 살아났습니다. 그사이 그는 천국과 지옥을 보았고, 그로 인해 예수님을 믿는 사람이 되었습니다. 그 사람의 이름은 '아테트 피얀 신토 파울루'입니다. 그는 지옥의 왕이 불 못을 들여다보라고 해서 봤더니 긴 머리칼을 잡고 머리를 감싸 쥐고 번민하고 고통당하는 사람이 있는 것을 보고 "이 사람은 누구냐?" 그러자 그는 "네가 숭배하던 가우타마(부처, Buddha)이다." 하였다. "부처님이 어떻게 지옥에서 고통을 받는가? 부처님은 윤리와 도덕의 사람인데 왜 지옥에서 고통을 받는가?"라고 물었더니 지옥 왕이 대답하기를 "얼마나 착한가 하는 것은 문제가 되지 않는다. 그가 영원하신 하나님을 믿지 않았기 때문이다."하고 대답하더랍니다. 또 다른 한 곳을 보니까 군복을 입고 가슴에는 큰 상처가 보이는데 "이 사람은 누구냐?" 하니까 "이 사람은 아웅산이다. 미얀마의 혁명가이며 지도자이다. 그는 많은 기독교인을 죽였다. 그러나 그가 지옥에 온 가장 큰 이유는 예수 그리스도를 믿지 않았기 때문이다."라고 하더랍니다. 그러면서 "네가 이제까지 본 것을 세상에 나가 전하라." 하더랍니다. 그는 사람들에게 "나는 방금 지옥 불이 실재하는 것을 보고 왔는데 우리나라는 수천 년 동안 잘못된 종교에 속아 왔다."고 했습니다. 그 후 파울루는 불교의 나라에서 사형을 당합니다. 이것은 실화입니다.

† 박용규 목사의 지옥 간증(금란교회에서 간증)

〈약력〉

- 총회신학 대학원. 고대 경영대학원 졸. 신학박사
- 성남제일교회 창립(18년 장립). 송림중·고등학교 교장 이사장 역임
- 한국교회사가. 총회신학대학 이사. 총회 선교 100주년 사료분과 위원장
- 『저 높은 곳을 향하여』,『목사님 눈물을 거두세요』,『꿈에 본 천국과 지옥』외 77권 저작.
- 『저 높은 곳을 향하여』는 5개월 만에 무려 50만부가 팔렸고, 10년 동안 베스트셀러 5권 중 3권이 그가 쓴 책이었다.
- 아들은 의사, 서울대 과 수석으로 입학하여 전체 수석으로 졸업. 세계

다니며 천국 지옥 간증하다. 금란교회에 479번째 왔다.

- 2006. 4. 7. 68세로 소천

저는 박 목사님이 본 지옥 간증을 인터넷을 통해 들었습니다. 그는 금란교회에서 지옥 간증 전 부목사에게 준비물을 받아 적으라 했습니다. 그리고 그 준비물을 다음 날 간증하기 전에 앞에 갖다 놓으라 했습니다. 그 준비물은 제일 큰 식칼, 시퍼런 낫, 임꺽정 도끼, 톱, 대못, 철사 2미터, 각목 등 일곱 가지였습니다. 다음 날 간증 시간에 실제 지옥에서 그 기구로 고통을 주는 장면을 실물 간증했습니다. 그는 지옥이 얼마나 무서운지 감히 쓸 수 없다고 표현했고, 지옥에 다녀온 후 2천억 재산 다 나눠주고, 세 곳의 학교 다 헌납하고, 다섯 대의 자가용 남 주고, 아파트도 남 주고, 자신은 13평 아파트에서 살고 있다고 간증했습니다.

1987년 12월 19일 오후 2시 30분 고혈압으로 쓰러지다. 그때 나이 50세였다. 4개월 동안 식물인간으로 있다가 깨어났지만 4년 동안 말을 못 했다. 그는 자신이 교만했기 때문에 하나님께 징계를 받았다고 고백했다. 그는 또 목사, 장로, 권사, 집사, 청년, 학생을 불문하고 교만하면 나같이 저주 받아 병신 되니 겸손하라고 가르치러 왔다고 했다.

1987년 12월 23일, 심장이 멈추자 두 천사가 그를 찾아왔다. 그 두 천사를 향해 왜 내게 왔느냐고 묻자 천사들이 말하기를, "천국과 지옥을 보여주고 본 것을 세상에 알려 지옥에 가는 숫자를 줄이고 천국 가는 사람을 더 많게 하시려는 예수님의 계획 때문이다."라고 대답했다.

그가 예수님을 뵈었을 때 예수님께서 그에게 다섯 가지를 물어보셨다.

① 너는 땅에서 '성경'을 얼마나 읽었느냐?
② 너는 '봉사'를 얼마나 했느냐?
③ 너는 '십일조'를 어떻게 했느냐?
④ 너는 '전도'를 얼마나 했느냐?
⑤ 너는 '기도 생활'을 얼마나 했느냐?

하나님은 ①번부터 ④번까지 네 가지는 크게 칭찬하셨으나 큰 교회 유명한 목사가 된 후 바쁘다는 핑계로 기도 생활을 게을리한 것에 대해 책망하셨다. 16세 때 폐결핵으로 각혈할 때 골방에 들어가서 성경 100독을 하고 폐병 나아서 신학교 갔다. 그리고 예수님께서 말씀하시기를, "너는 두 천사의 안내를 받아 천국과 지옥을 구경한 후 땅에 내려가서 네가 본 대로 전해라. 그리고 양로원을 만들어 목회자 50명을 잘 보살피면 현재보다 20배의 상을 주겠다."고 하셨다

- 지옥에서 하는 세 가지 말
① 뜨거워서 견딜 수 없다!
② 목말라 살 수 없다!
③ 물 좀 달라!

지옥 불은 영원히 지속된다. 죽을 수도 없다. 지옥 간 자는 어떤 자냐? 물었다.

① 불신자는 100% 지옥 간다.
② 회개하지 않는 자 지옥 간다.

회개는 자신의 입으로 세 가지를 말하는 것이다.
- **잘못했습니다. 용서해 주세요. 다시 안 하겠습니다.**
- **회개는 내 몸에서 세 가지 물이 나와야 한다.**
- **눈물, 콧물, 땀**
회개는 얼마나 간절하게 애통해하는지 옷을 물로 짜야 한다.

[천사의 말]
땅에서 사람들 눈에 잘 믿는 것처럼 보여도 주님 보실 때는 아니다.
- 주일날 교회 안 나오고 돈 벌고 직장 나간 자들
- 기도 않고, 전도 않고, 십일조 안 내고 목사 괴롭히고 사사건건 반대하고 죽을 때 회개하지 않으면 죽어서 지옥 불에 던져진다.
- 내가 지옥에서 본 사람들

히틀러, 스탈린, 모택동, 중국 공산당 최고 지도자, 이토 히로부미, 대원군. 나는 조대비와 대원군이 지옥에서 고통 받는 것을 봤다. 이 두 사람은 유황 불 못 가장 뜨거운 곳에서 아우성치고 울부짖고 있다. 나는 두 손 들고 말했다.

"1866년 복음 전도할 때 제사 안 지낸 산 생명들을 1년 동안 찢어 죽인 악마입니다. 공의로우신 심판에 감복했습니다. 죄인들 지옥에서 고통당하고 있다고 증거 하겠습니다."

 - **지옥의 실상들**

 책에 스물여덟 가지 징계 기록했다.

 ### ① 갖은 도구로 고통당하는 영혼들

 낙태와 살인을 자행한 자들. 낙태를 집도한 의사들, 낙태를 허락한 가족들에게 시뻘겋게 달군 쇠 송곳으로 배꼽을 깊숙이 쑤셨다.

 ### ② 입에 칼을 물고 있는 영혼들

 쇠방망이를 든 괴물들에게 두들겨 맞고 있었는데 입으로 교회와 주의 종들과 교인들을 욕한 자들이라 했다.

 ### ③ 온몸을 무 자르듯 칼로 난자당하는 영혼들

 이들은 폭력으로 돈과 목숨까지 빼앗는 죄를 지은 영혼들이라 했다.

> "부하려 하는 자들은 시험과 올무와 여러 가지 어리석고 해로운 정욕에 떨어지나니 곧 사람으로 침륜과 멸망에 빠지게 하는 것이라. 돈을 사랑함이 일만 악의 뿌리가 되나니 이것을 사모하는 자들이 미혹을 받아 믿음에서 떠나 많은 근심으로써 자기를 찔렀도다."(딤전6:9-10)

 ### ④ 펄펄 끓는 물속에서 고통당하는 영혼들

 이들은 부하 직원들의 노동력을 착취한 부자들이라 했다.

 "들으라, 부한 자들아! 너희에게 임할 고생을 인하여 울고 통곡하라. 너희

재물은 썩었고 너희 옷은 좀먹었으며, 너희 금과 은은 녹이 슬었으니 이 녹이 너희에게 증거가 되며 불같이 너희 살을 먹으리라. 너희가 말세에 재물을 쌓았도다. 보라! 너희 밭에 추수한 품꾼에게 주지 아니한 삯이 소리 지르며 추수한 자의 우는 소리가 만군의 주의 귀에 들렸느니라. 너희가 땅에서 사치하고 연락하여 도살의 날에 너희 마음을 살지게 하였도다.

⑤ 높은 곳에서 쉬지 않고 뛰어내리는 영혼들

권력을 남용하여 남을 희생시킨 독재자들이 높은 곳에서 쉬지 않고 뛰어내려 죽음을 반복하고 있었다. 일본의 이토 히로부미, 중공의 모택동, 스탈린, 독일의 히틀러, 우리나라의 역대 왕들이 지옥에서 고통당하고 있었다.

⑥ 유황불 못에서 물! 물! 하고 소리치는 영혼들

기독교인을 많이 죽인 대원군 조대비가 그 속에 있었다.

⑦ 벌레에게 뜯기는 영혼들

불의, 음행, 추악, 욕설, 거짓, 부정, 정욕대로 산 자들.

발가벗은 영혼들이 머리끝에서부터 발끝까지 스무 가지는 더 될 듯한 셀 수 없이 많은 벌레들이 몸에 붙어서 살을 뜯어 먹는다. 파리, 모기, 빈대, 벼룩, 이 등 구더기도 죽지 않고 불도 꺼지지 않는 곳, 불 속에서 사는 것보다 벌레에게 물어뜯기는 것이 더 참혹하다.

> "그들이 나가서 내게 패역한 자들의 시체들을 볼 것이라. 그 벌레가 죽지 아니하며 그 불이 꺼지지 아니하여 모든 혈육에게 가증함이 되리라."(사66:24)

⑧ 낫으로 배를 찔리는 영혼들

비명을 차마 들을 수 없다. 직장에서 돈 생기면 세 가지를 위해 산 영혼들(먹는 데, 입는 데, 노는 데 돈 쓴 사람들) 가난한 자 죽어도 구제 안 하고 동정도 안 한다. 이 현장 보고 와서 가진 재산 다 남 주었다. 교단에서 인정하기 시작했다.

⑨ 톱으로 머리를 써는 지옥

왜? 머리로 좋은 생각 안 하고 죄짓는 생각, 미워하는 생각, 못된 생각, 중상모략, 악한 생각하는 사람들이 가는 지옥. 아름다운 생각, 선한 생각을 해야 한다.

⑩ 도끼로 뒤에서 친다

몸이 조각난다. 다시 원상 복구된다. 그러면 또 친다. 그러면 또 조각난다. 영원토록 계속된다. 왜? 게으른 권사, 장로, 집사들이 받는 형벌.

⑪ 못으로 혓바닥 찔리는 영혼들

그리고 철사로 혓바닥 묶어 끌고 다닌다.

- 이들의 네 가지 죄
- 목사 비판, 협박, 괴롭히고 설교 비판하고, 비난하고 비난하도록 조종한 자들(회개하시오)
- 교회를 괴롭히고 악담하고 비난한 자들
- 예수 잘 믿는 사람 교회 못 나가게 한 사람들
- 교회 갔다 온 아들, 딸에게 성경 찢으며 욕하는 사람

⑫ **송곳으로 배꼽만 찌른다**

- 청년들이 결혼 안 했는데 같이 잤다.
- 젊은 여자에게 낙태시킴.
- 아내나 며느리나 딸이 낙태 하도록 동조한 자들, 처녀 총각 같이 자고 낙태시키는 것 방관한 죄
- 중학교 여학생 낙태 명단 2천 명(상담교사)

⑬ **유황 불 붙는 불 못에서 고통 하는 영혼들**

나는 '지옥이 과연 어떤 곳일까?' 하는 호기심으로 지옥을 들여다보았을 때 너무도 깜짝 놀라 쓰러질 뻔했다. 천사는 나를 힘 있게 붙들면서 "저기 불붙는 곳에서 사람들이 아우성치며 울부짖는 곳이 지옥이다. 박 목사는 지옥의 상태를 자세히 보고 땅으로 돌아가서 교인들과 믿지 않는 사람들에게 지옥에서 일어나는 일들을 정확하게 말하고, 지옥 가는 사람 수가 적어지도록 전하시오."라고 말했다.

나는 지옥에서 셀 수 없이 많은 죄인들의 영혼이 영원히 꺼지지 않는 유황불 가운데에서 괴로워하며, 울부짖는 모습들을 똑똑히 보았다. 그래서 천사에게 물었다. "저 지옥에서 고통 하는 구원 받지 못한 영혼들은 무슨 죄를 지었기에 지옥에 왔습니까?" 그랬더니 천사는, "저 영혼들은 땅에서 성경 말씀을 믿지 아니하고 교회와 교인들을 업신여기며, 조롱하고, 핍박하던 자들이며, 또 세상의 부귀와 권세를 위해 신앙을 저버리고, 주일을 범하는 등 성도임을 잊어버리고 살던 자들과 교회에서 직분을 가지고 분열과 분쟁을 조장하고, 교회를 자기 권세의 장소로 삼아 싸움을 일삼았던 자들이다. 또한 주의 종을 자기의 일꾼으로 여겨 내어 쫓고 모독하는 등 교회를 어지럽힌 자들도 있다."라고 말하는 것이었다.

잠시 후 천사들이 내게 "박 목사! 저기 지옥의 유황불 속에서 아우성치며 고통당하는 영혼들 중에 본 적이 있거나, 아는 영혼이 있는가?" 하고 물었다. 그래서 다시 한 번 나는 지옥에서 고통당하고 있는 영혼들을 자세히 살펴보았더니 한국 교회에서 이름이 있던 목사, 장로, 권사, 집사 들이 많이 보이는 것이었다. 나는 천사에게 물었다.

"저기에 있는 영혼들 중에는 보지도 못하고 같이 지내지도 못했지만 역사를 통해 아는 영혼들도 있고, 내가 알고 지낸 영혼들도 있습니다. 저들은 한국 교회와 주님을 위해서 충성한 일꾼이라고 생각되는데 왜 고통스러운 지옥에서 영벌을 받는 것입니까?"

천사는 나의 질문에 "저들은 교회를 섬기면서 교권과 명예와 권세를 위해 신앙을 떠나 자기의 유익을 구하였으며, 그로 인해 교회와 총회에서 싸움과 분열로 주님의 몸 된 교회를 찢고 부수고 한 죄 때문에 하나님의 진노 속에 여기에 왔노라." 하고 대답하는 것이었다.

나는 두 천사의 안내로 지옥을 샅샅이 살펴볼 때에 세상에서 죄짓고 살다가 죽은 영혼들과 예수 믿는다고 하면서 하나님을 배반하고 교회를 욕되게 하여 자기의 정욕대로 살다가 죽은 영혼들이 지옥에서 형벌을 받으며 고통하는 모습을 세 가지로 말할 수 있겠다. 내가 볼 때 지옥의 유황불은 말로 표현할 수 없다. 어찌 땅의 사람이 지옥 불에 대하여서 글로, 말로 표현하겠는가. 꼭 표현하려고 하니까 이렇게 말할 수밖에 없다.

유황불은 부인들이 주방에서 음식을 만들 때 가스레인지를 사용하는데 가스레인지에서 나오는 불꽃과 같이 새파랗게 끓어오르는 불꽃인데 그 크기는 엄청나게 크며 그 불 속에서 수많은 죄인들의 영혼이 뜨겁다고 아우성을 치고 있었다. 살려 달라고 아우성치고 비명을 지르며 나의 눈으로 볼 수 없을 만큼 처참하게 고통을 당하고 있는 것이었다. 어떤 영혼은 잠시도 가

만히 있지 못하고, "뜨거워 견딜 수가 없다." "목말라서 못 견디겠다! 물 좀 달라"고 하며 이리저리 뛰면서 무섭게 몸을 괴롭히고 있었다. 세상에서는 불이 몸에 닿으면 잠시 잠깐만 고통을 느끼다가 죽지만 지옥불은 영원토록 죄지은 영혼들을 괴롭히며 뜨겁기만 하고 죽지도 못하고 또 죽이지도 않는 유황불인 것이다.

나는 천사에게 물어 보았다.

"저기 저 영혼은 한국 교회 1백년사에 이름 높은 지도자였는데 왜 지옥에 왔으며 유황불에서 고통을 당하고 있습니까?"

천사가 대답했다.

"사람들 보기는 주 예수를 믿고 교회를 위하여 충성된 종으로 여겨지고 있지만 주의 이름을 가지고 권세와 명예를 위해서 인간의 수단과 방법을 가리지 않고 갖은 계략과 인간의 방법을 총동원하여 주의 말씀을 어리석게 전했으며, 많은 동역자들을 괴롭히고 총회와 노회와 교회를 가르고 분열시켰으며 그때마다 세상 사람들에게 얼마나 교회를 욕되게 했는지 하나님께서 용서하지 않고 저렇게 지옥에서 고생하도록 한 것이다."

나는 또 천사에게 묻기를,

"저기 저 장로와 권사, 집사는 왜 지옥 불에서 저렇게 고통당해야 합니까?"

"교회에서 예수를 믿는다고 하여 자기의 세상 권력과 물질을 가지고 신앙을 떠나 교역자들을 농락하고 자기의 마음에 들지 않으면 교역자를 교회에서 내쫓고 교역자의 눈에서 피눈물이 나도록 고통을 주었으며 어떤 때는 교역자를 내쫓을 때 교회에서 싸움을 하여 강단에서 욕설을 퍼붓고 목사를 때리고 한 죄로 저렇게 고생을 영원토록 당하는 것이다."라고 하였다.

물론, 믿지 않으며 죄 짓다가 지옥에서 고생하는 사람들의 영혼은 말할 것도 없지만 일단 교회에서 일생 동안 주의 종으로 또는 직분자로 믿는 체하다가 저렇게 고생하는 사람의 영혼도 수없이 많을 것이다.

영혼들이 유황불 속에서도 서로 밀치며 서로 싸움을 하고 있는 것을 볼 수가 있었다. "왜 저렇게 불 속에서 싸우느냐?"고   더니 다소나마 뜨거운 데서 피하여 불꽃 가운데로 들어가지 않으려고 서로 밀치며 싸운다고 하였다. 유황불 속에 있는 영혼들이 제일 고통당하는 것은 불꽃에 시달려 뜨거운 것은 물론이지만 목이 말라서 물을 달라고 하는 것은 차마 볼 수가 없었다. 유황불 속에는 물도 없고 쉴 만한 곳도 없다. 항상 불과 불꽃 가운데서 뜨거움과 목마름에 고통을 당할 뿐이다.

유황불 속에서 고생하고 있는 영혼들 중에는 우상에게 절하고 우상을 섬긴 사람들이 있었다. 물론 내가 아는 한국 교회 지도자로서 일제 36년 동안 일본 사람들의 앞잡이가 되어 신사참배를 정당화하고, 많은 교인들에게 신사참배를 하도록 한 죄로 고통을 당하고 있었으며, 어떤 영혼들은 성경 말씀을 하나님의 말씀으로 믿지 않고 자기 마음대로 사람의 지식대로 해석하고 교인들에게 가르친 미혹하는 자들이었으며, 거짓된 주의 종들이었던 것이다.

- 형벌의 세 가지 종류

나는 세 가지 종류로 지옥에서 고통을 당하는 것을 보고 안내하는 천사에게 물어 보았다.

"유황불에서 고통당하는 영혼, 벌레에게 고통당하는 영혼, 갖은 형벌로 고통당하는 영혼들이 이 중 한 가지 고통 속에서 영벌을 받고 있습니까?" 하고 물었더니 천사가 "아니다."라고 말했다.

"어느 죄인의 영혼이든지 한 가지 고통에서 영벌을 받는 것이 아니라 여러 종류를 자기가 땅에서 죄 지은 종류에 따라 고통을 돌아가며 받는 것이다. 한 가지 고통에서 그치면 지옥에서 영벌을 받는 죄인의 대가가 너무 약하다. 지옥의 고통은 지옥에 있는 가지가지의 종류를 다 당해 봐야 되는 것이다."라고 말했다.

이 말을 들은 나는 지옥이 얼마나 무섭고 참혹하며, 지옥의 고통이 얼마나 크고 한없는 영벌이란 것인가를 또 한 번 깨달을 수 있었다.

① 신사참배를 강요하여 일본의 앞잡이가 되었던 몇 명의 지도자

내가 제일 관심 있는 것은 한국 교회의 지도자로서, 일본의 앞잡이가 되어 일본의 우상인 신사참배를 종교의식이 아니고 국가 의식이라고 하면서 양심의 가책 없이 총회, 노회에서 신사참배 가결을 하여 교인들에게 신사참배를 하도록 선동함으로써 많은 교회가 문을 닫고 예배를 드리지 못하도록 하고, 신사참배를 하지 않은 목사, 장로, 집사들을 투옥시키는 데 앞잡이가 되어 급기야는 순교까지 하도록 했던 지도자들이다.

1945년 8월 15일에 해방이 되자 총회적으로 신사참배를 했던 것을 통회하고 얼마 동안 교회 강단에 서지 말고 회개하여 근신하고자 할 때, 끝까지 이 일도 반대하고 교회 앞에 나서서 지도자라고 떠들며 총회와 노회에서 교회를 어지럽히던 기회주의적 지도자들의 이름을 말하면서 이들 중에 지옥에 온 사람이 있느냐고 천사에게 물었더니 천사는 이렇게 말했다. "한국 교회에 신사참배로 물의를 일으키고, 우상에게 경배하게 한 그들이 끝까지 회개하지 않고 죽었으니 지옥에 온 것은 당연하다. 하나님께서는 그들의 영혼을 불쌍히 여기지 아니하시고, 지옥의 고통을 당하도록 지옥으로 던졌다."

나는 천사에게 그들이 있는 곳으로 안내해 달라고 부탁했다. 그들은 지옥에서도 가장 더럽고, 추하고, 냄새가 나는 곳에 앉아서 온몸이 지옥에 있는 벌레들에게 물어뜯기고 있었다. 그들은 손으로 뜯으려고 애썼지만, 벌레를 하나 뜯고 나면 또 붙고, 또 붙어서 너무나도 심하게, 악착스럽게 괴롭힘을 당하고 있는 것이다. 나는 눈으로 그들의 고통과 안타까워하는 모습을 볼 때에 마음으로 기도하면서 빨리 그 자리를 떠나자고 했다. 떠나기 전에 땅에서 하는 것같이 그들의 이름을 부르며, "목사님! 목사님!" 하여도 그들은 벌레를 뜯는 데만 정신이 있고, 내가 애타게 부르는 소리는 듣지 못하고 있었다.

그 자리를 떠날 때에 천사는 나에게 말했다.

"이 말은 예수님의 명령이다. 박 목사가 땅에 돌아가서 지옥에서 한국 교회 지도자들의 이름을 말하면서 보았다고 하면, 죽을 때까지 다시 말을 못하고 벙어리가 되리라."하였다. 그래서 나는 신사참배 가결로 지옥에 가서 고통당하는 지도자들의 이름을 밝힐 수가 없는 것이다.

② 한국 교회의 분열 자들

또 한국 교회 지도자이면서 노회와 총회에서 싸우고, 교단을 찢고 분쟁을 일으키고 자기의 교권을 위해 갖은 수단과 방법을 가리지 않고 사탄의 앞잡이가 되어 세상에 조소거리가 되었던 지도자들이 지옥에서 고통당하는 것도 보았다. 지옥에 교회를 괴롭히고 하나님을 두려워하지 않고 자기 마음대로 교회를 움직이던 집사, 장로, 권사들도 있는 것을 보았다.

- 박 목사가 목사와 성도들에게 당부하는 말

"나는 율법주의 목사요, 신비주의를 배척한 경건주의 목사였으나 그 신비한 천국을 보고 그 무서운 지옥을 본 이상 전하지 않을 수 없다. 불신자가 지옥 가는 것은 당연한 일이지만 교회 다니다가 지옥 가는 것은 얼마나 슬픈 일인가? 예수 믿으려면 생명 내놓고 믿으세요! 예수님 따르는 목회자는 전 소유를 드리고 따르세요! 나는 무서운 지옥에서 수많은 목사 장로를 보았기에 가는 곳마다 창자가 끊어지는 아픔으로 외치다가 탈장이 되어 창자를 25㎝나 잘라내었습니다. 죽기 전에 예수 잘 믿어야 합니다. 왜냐하면 지옥문은 넓어서 누구나 들어가기 쉽지만 천국 문은 너무 좁아서 들어가기 어렵기 때문입니다. 천사는 내게 지옥 가는 수와 천국 가는 수가 1000:1이라 했습니다. 이 말은 성경에서도 증명하고 있습니다."(전7:28)

③ 그 외 목사님들의 지옥 간증
† 이기웅 목사 지옥 간증
삼성물산, 삼성기업 14년간의 생활, 하청 공장 23개 정리하고 목사가 되다.

아무리 선하고 착해도 예수 안 믿으면 지옥 간다. 지금도 타는 냄새가 난다. 지옥 10초 동안 보고 고개 돌렸다. 지금도 화장실 가면 불 다 켜야 한다. 남 전도 말고 내 가족부터 먼저 전도하라. 지옥은 안 가야 한다. 예배드릴 때마다 울면서 성도들에게 말했다. 믿음 안에서 실패하면 지옥 간다. 지옥은 영원이다. 아담과 하와 가룟 유다는 믿음 안에서 실패했다.

사단의 말에 미혹되지 말고 마지막 때 영 분별 잘해야 한다. 이단들이 들끓고 있다. 잠도 자지 않고 24시간 예수님께 미치고 싶다. 늦게 부름 받은 만큼 시간이 너무 아깝다. 숨 쉬는 자체가 나는 없어지고 오직 예수다. 사나 죽으나 오직 예수다. 교회에는 죽은 교회, 산 교회, 영적 교회, 육적 교회, 깨어 있는 교회, 잠들어 있는 교회가 있다. 마지막 때 교회 잘 선택하고 목자 잘 만나야 한다. 간증 집회도 잘 안 간다. 꼭 가야 할 교회만 간다.

† 안용희 목사 지옥 간증

공수부대 군 생활 중에 콩팥이 썩어서 피가 흘러 육군 병원에서 투병 중 영이 육체를 빠져나와서 천국 지옥을 보게 된다. 시체를 냉동실에 옮기다가 깨어남.

불로 태우고 철퇴로 머리를 치니 머리가 호박 깨지듯이 깨지면서 자지러지는 비명. 천국에 한 명 가면 지옥은 천 명 간다. 덤프트럭으로 들어 붇듯이 지옥으로 들어간다. 죽으면 끝이라고 하지 마세요.

† 고 박영문 목사 지옥 간증

이 목사님은 예수님 영접하기 전 예수 믿는 자를 너무 싫어하여 친 형님이 목사님이라는 이유로 형님과 의절하고 살았습니다. 그를 전도하는 친구의 뺨을 때리기까지 할 정도로 강퍅했습니다. 그러다 사고를 치고 감옥에 간 동안 면회도 오지 않고 이혼을 요구한 아내에게 반감을 갖고 처가 식구 일가족 8명을 살해할 생각으로 칼을 갈다가 그를 찾아오신 주님과 천사들의 안내를 받아 천국과 지옥을 체험하게 됩니다. 특히 지옥에서 수많은 독사들에게 고통당하는 아버지를 보고 천국과 지옥이 있다는 것을 체험한 이후 목사가 되어 남은 생을 피를 토하는 심정으로 천국 지옥 간증으로 복음을 전하다가 소천한 목사님이십니다.

천국에서 뵙게 된 예수님께서, "네가 천국과 지옥에서 본대로 전하라. 두고 보리라."라고 하신 말씀대로 1986년 지옥 체험 후 2009년 소천하기까지 23년 간 국내외 3,700여 교회를 다니며 이 사실을 간증하게 되었고, 국내 4개의 기독교 방송국은 물론 미국 '일 워키 방송국'과 캐나다 W.T.V 방송국에서 간증하게 되었습니다. 1986년 지옥 체험 후 해마다 3일 휴가 정도만

쉬고 23년간 국내외 교회로 천국 지옥 증언 집회를 다녔는데 2009년 6월 1일 소천했습니다.

- 박영문 목사가 지옥에서 본 아버지

아버지는 독실한 유교 신자였습니다. 30년 넘도록 문중 일을 보고 비석 100개를 세우며 지역에서 유명 인사였습니다.

캄캄한 곳에서 본 아버지는 발목이 보이지 않을 정도로 많은 독사들이 구물거리며 아버지의 위로 기어 다니면서 물어뜯고 찢고 할퀴어서 아버지를 피투성이로 만들고 있었습니다. 몇 번을 눈을 감았다가 다시 떠 보았지만 분명히 우리 아버지였습니다. 저는 그 자리에서 "아버지! 아버지!" 하고 몇 번을 울부짖고 통곡하며 불러 보았지만 아버지는 저의 애타게 부르는 소리를 전혀 듣지 못하시는 듯했습니다. 수없이 많은 독사들을 피하면서 고통당하고 있는 모습은 차마 눈 뜨고 볼 수 없을 만큼 비참했습니다.

밑에는 아버지 외에도 수없이 많은 사람들이 혀를 날름거리는 수많은 독사들에게 고통당하고 있었습니다. 세상을 그럭저럭 살다 죽어 흙에 묻혀 썩어 버리면 그만인 줄 알았는데 지옥에서 다른 사람도 아닌 바로 내 아버지, 6년 만에 다시 본 아버지의 그런 비참한 모습에 저의 가슴은 천 갈래 만 갈래로 찢어지는 듯했습니다. 정말 눈을 뜨고는 볼 수 없는 너무도 비참한 곳이었습니다. 조상들에게 백 벌이나 넘는 석물 비석을 바친 공로는 다 어디 가고 제사 날짜 잊어버리지 않고 꼬박꼬박 제사 잘 지낸 공로는 다 어디 가 버리고 그 캄캄한 독사 구덩이에 빠져 그리 비참한 것인지…. 아버지는 사람이 사람다우려면 사람 구실을 해야 하는데 예수쟁이들은 조상을 모르게 때문에(제사 지내지 않기 때문에) 사람 구실도 못 한다는 것이었습니다. 그러나 사람답게 살고자 한 아버지의 종말은 어떠했습니까? 조상을 끔찍이 위하시고(제사 지내고) 백여 개의 비석 석물을 바친 공로는 고사하고 수많은 독사들에게 영원토록 고통당하고 있습니다. 지금 생각해 보면 우상을 숭배한 죄가 참으로 비참한 것임을 깨달았습니다.(저서『천국과 지옥을 믿습니까?』에서 발췌)

> "어떤 길은 사람이 보기에는 바른 길 같으나 필경은 사망
> 의 길이니라."(잠16:25)

④ 박보영 목사가 본 지옥

박 목사님은 조부와 부친이 고명한 목사님이었음에도 불구하고 교회 안에서 장로님들이 싸우는 모습에 크게 실망하여 불신자로 살게 되었습니다. 의사로서 부유한 상태에서 세상적인 삶을 살다가 어느 날 예수님을 만난 후 모든 재산, 30억을 가난한 자들에게 나눠주고 의사 면허증까지 미련 없이 찢어 버린 후 목사님이 되어 거리에 버려진 부랑아, 고아들을 데려다 기르며 그리스도의 사랑의 삶으로 변화된 삶을 살며 현재는 전 세계를 다니며 말씀을 전하고 있는 목사님이십니다.

"나는 이 땅에서 설교할 시간이 20분밖에 없다면 이 설교를 하려고 합니다. 여러분이 지옥을 봤다면 절대로 이 모습대로 살 리가 없습니다."
"너는 거룩한 성도로 이 땅에서 살아 왔느냐?"
"너는 거룩한 무리로 이 땅에서 좁은 길을 갔느냐?"
"너는 성도로 구별된 삶을 살았느냐?"

하나님을 믿으면서도 거짓말하고, 간음하고, 도적질하고, 술 마시고, 담배 피우고 세상 사람들과 똑같은 삶을 살고 있는 거짓 성도들. 하나님의 이름을 더럽히는 성도들이 너무나도 많다는 것입니다.

"기록된 바와 같이 하나님의 이름이 너희로 인하여 이 방인 중에서 모독을 받는 도다."9롬2:24)

내가 본 지옥에는 몇 십만 개의 지옥의 종류가 있었습니다. 그곳은 무섭고 두렵고 소름이 끼치는 곳이었습니다. 엄청난 웅덩이 끈적끈적한 그 속에는 뱀들이 있었습니다. 살을 파고 들어가는 무서운 벌레가 있었습니다. 그곳에 떨어지면 뱀들이 감기 시작합니다. 20㎝ 정도 되는 벌레들이 눈으로 코로 막 들어가는 소름 끼치는 장면이었습니다. 시체 썩는 냄새 같은 지독한 냄새, 갖가지 형벌을 받으며 아우성치는 그곳. 다시 살아나면 또 다시 같은 형벌을 영원토록 받는 그곳, 한 번 결정되어 그곳에 들어가면 영원히 빠져나올 수 없는 그곳.

그곳에 들어가지 않기 위해서는 세상을 끊어야 합니다. 쾌락, 탐욕, 명예, 돈, 부의 추구, 음란, 술, 담배 등을 끊고 순종하며, 거룩하며, 성결하며, 희생하며, 포기하며, 결단하는 삶, 변화된 삶, 그리스도인다운 삶을 살아야 합니다. 목사, 선지자, 노릇 한다고 다 천국 가는 것이 아닙니다.

"이 세상이나 세상에 있는 것들을 사랑치 말라 누구둔지 세상을 사랑하면 아버지의 사랑이 그 속에 있지 아니하니 16) 이는 세상에 있는 모든 것이 육신의 정욕과 안목의 정욕과 이생의 자랑이니 다 아버지께로 좇아 온 것이 아니요

세상으로 좇아 온 것이라. 17) 이 세상도 그 정욕도 지나가
되 오직 하나님의 뜻을 행하는 이는 영원히 거하느니라."
(요1서 2:15-17)

⑤ 김광전 목사가 본 지옥

- 첩들

"조강지처를 울려 놓고 작은 마누라에게 빠진 불쌍한 두 남녀를 보라. 저들이 불 속에서 타며, 비명 지르고 있는 모습을 보아라. 큰 부인 울려 놓는 자를 집사 직분을 주며, 권사 취임까지 하지만 저자들이 무슨 구원이 있겠느냐? 이 땅에 있는 첩들은 구원이 없다. 회개하고 돌이켜서 정리하지 않고는 절대 구원이 없다.

- 낙태자

저 사람들은 회개하지 않고, 당연한 줄 알며 죄인 줄 모르다가 세상을 떠나온 자들이다. 귀한 어린 생명들을 죽였으니 살인자다.

- 혼 전 간음 자들

아무리 내일 결혼한다 할지라도 결혼 전까지는 남편이 아니고 아내가 아닌데 맘대로 범죄하고 선을 넘다가 지옥에 왔느니라. 강대상 위에서 성경에 손 얹고 서약한 후에야 내 사람이지 그러기 전에는 내 사람이 아니니라.

- 심판은 교회에서부터

종아! 내려가거든 교회에서부터 심판(히10:30, 벧전4:17)이 있겠다고 전

하고 교회에서 심판이 크다고 전하라. 목사 장로부터 심판이 어마어마하다고 전하거라.

"내 성소에서 시작할찌니라."(겔9:6)

⑥ 유병기 목사가 본 지옥
〈지옥을 체험하고〉

처절한 고통과 슬픔이 절절한 지옥을 봤었네.
칠흑 같은 어둠과 절망의 공간,
저주로 얼룩져 문드러진 영혼들이 모여
쉼을 얻지 못하고,
끝없이 고통을 호소하고 있는 곳.

수천만이 풀무 불에 던져져
이를 갈며 통한의 절규를 뿜고 있는 곳.
영혼들의 울부짖음이 쉼 없이 끊임없이
애절하게 몸부림하는 곳.
뱀 품에 안겨 독으로 식사를 하며
고통을 받고 있었네.
다리에 못이 박힌 상태로 거꾸로 매달려
고통 하는 저 사람은 뉘신고
더럽고 추한 오물통에 빠져
허우적대는 영혼들 아비규환이라.

빛 한 줄기 없는 동굴에

영원토록 갇혀 고통을 받으며,

처처에 사지가 문드러진 영혼들

죽음도 없고 끝남도 없는

고통을 받고 있었네.

저주의 세력이 온 몸을 휘어 감고 있었네.

쉬지 않는 고통이 온 몸 속으로 파고들고,

영원히 빠져 나올 수 없는

무시무시한 저주의 감옥이었네.

무통 주사도 없고 신음 소리 요란했으며,

혀를 적실 물 한 방울 없는

참담한 현실이었네.

마귀와 그를 추종하는 자들에게 예비 된

구더기 한 마리도 결코 죽지 않는,

무시무시한 지옥이 존재하고 있었네.

사랑하는 사람을 그곳에 보낸다면

지상에서 가장 나쁜 사람 아닌가!

오직 생수 되신 예수만 비상구라네.

29) 지옥의 종류

① 뱀 지옥

한 사람의 몸을 뱀이 칭칭 감았다. 겁에 질린 눈. 독사가 혀를 날름거리며 입으로 들어갔다 코로 나오고 눈으로 들어갔다 귀로 나오고 몸으로 관통했다. 충격 그 자체였다. 너무 끔찍했다. 독사가 몸을 꽉 조여서 꼼짝하지 못하게 하고 독을 품고 있었다. 이 사람은 벗어날 길 없고 영원토록 뱀에게 안겨 살아야 한다.

② 오물통

이 세상 더러운 오물통보다 몇 천배 더러운 오물통에서 수많은 사람들이 들어갔다 나왔다 하고 있었다. 이가 붙어서 살을 뜯어 먹는데 너무 처참했다. 나는 통곡했다.

③ 풀무 불

강력한 풀무 불 속에 소금 치듯 하는 곳에 던져진 영혼들. 타지도 않고 죽지도 않고 이를 악물면서 고통당하는 영혼들을 보았다.

④ 못 박는 지옥

마귀가 사람을 끌고 가더니 망치로 사람을 때려 못을 박았다.

⑤ 동굴 속

손, 코, 몸이 문드러진 영혼들이 삼상오오 동굴 안 처처에 있었다. 칠흑같은 흑암 속에 갇혀 꼼짝하지 못하고 있었다.

⑥ 말로 남에게 상처를 많이 준 사람

엉겅퀴와 큰 가시가 있는 지옥에서 고통을 받고 있었다. 너무 고통스럽다. 움직이는 방향대로 가시가 찔려 피를 흘리며 고통을 당하고 있었다. 그 사람은 입으로 남에게 많은 상처를 주었다는 것이다. 입은 아름다운 말, 은혜스러운 말, 긍정적인 말, 위로와 격려의 말, 사랑과 권면의 말을 해야 한다. 그런데 정죄하고 판단하고 해서 남에게 상처를 주는 말을 한 사람이 가는 지옥이다.

"누추함과 어리석은 말이나 희롱의 말이 마땅치 아니하니 돌이켜 감사하는 말을 하라."(엡5:4)

"내가 너희에게 이르노니 사람이 무슨 무익한 말을 하든지 심판 날에 이에 대하여 심문을 받으리니"(마12:36)

⑦ 이중 혀를 가지고 있는 사람

너무 징그러운 뱀 구덩이 속에 사람이 있다. 독사가 내뿜는 독 때문에 사람이 괴물이 되어 있다. 온 몸이 울퉁불퉁하다. 끔찍하다. 사기 치고 거짓말하는 자가 가는 지옥이었다. 뱀은 혀가 둘이라는 것을 그때 알았다. 한 입으로 한 말만 해야 하는데 서로 다른 두 말을 하는 자 '이중 혀'를 가지고 있는 자가 가는 지옥이다.

⑧ 우상을 숭배한 목회자

새까만 구렁이가 있는 지옥에 굵은 구렁이가 우글거리다. 최고의 형벌! 이곳에 우상숭배자, 유능한 목회자가 있었다. 저렇게 유능한 목회를 했던 분이 왜 이렇게 무서운 지옥에 와 있을까 그런 분이 왜 최고의 형벌을 받는가?

"저분이 왜 이곳에 있습니까?" 하고 물었다.

"하나님의 말씀을 팔아먹는 자였다. 하나님의 자리에 서 있는 자였다."
하나님 생각과 인간의 생각은 다르다. 많은 교회를 세우고 많은 성도를 모으고 기적과 이적을 베풀고 큰 교회 목회자였으나 결국 가장 무서운 지옥에 와 있었다.

9

지옥에 가려면
차라리 태어나지 않음이 낫다

저는 신앙생활을 하면서 세 가지 것을 감사하며 살았습니다.

첫째, 짐승으로 태어나지 않고 사람으로 태어난 것을 감사했습니다.

둘째, 북한에서 태어나지 않고 남한에서 태어난 것을 감사했습니다.

셋째, 믿음을 주신 것을 감사했습니다.

그러나 예수 믿는다고 다 천국 가는 것이 아니며(마7:21-23), 천국 가는 자는 극소수이며(마7:14), 한번 구원은 영원한 구원이 아니요, 구원받은 자도 버림받을 수 있으며(신32:33), 그리고 지옥은 한 번 들어가면 영원히 나올 수 없으며(눅16:26), 지옥의 형벌은 영원(계 14:10-11, 20:10)하므로 구원을 두려움과 떨림으로 이루어야 한다(빌 2:12)는 성경 말씀을 통해 '지옥 갈 바에는 차라리 나지 않음이 낫다. 지옥 갈 바에는 사람으로 태어난 것이 오히려 저주이며, 차라리 혼이 없어 죽음으로 끝나는 짐승이 더 낫다'는 것을 생각하게 되었습니다. 그래서 믿지 않는 가족이나 친척, 친구들에게 복음을 전하며 구원받기를 기도하지 않을 수 없었습니다.

　이날 주님께서는 예수를 믿지 않는 자는 물론이지만 믿어도 불순종하여 잘못 믿으면, 생전에 사람의 육체는 귀신의 놀이터가 되며, 사후에는 지옥에서 사단의 식물이 되어 갖가지 형벌을 받게 된다는 지옥 간증 자들의 간증을 실감 나게 하셨습니다. 그러면서 예수님께서 가룟 유다에게 하신 말씀을 생각나게 하셨습니다.

> "인자는 자기에게 대하여 기록된 대로 가거니와 인자를
> 파는 그 사람에게는 화가 있으리로다. 그 사람은 차라리
> 나지 아니 하였더면 제게 좋을 뻔 하였느니라."(마26:24)

　가룟 유다가 물욕 때문에 예수님을 팔 것을 미리 아신 예수님은 그가 결국 지옥에서 영원한 형벌을 받을 것을 아셨기에 차라리 나지 않음이 나았다고 말씀하신 것입니다. 그렇습니다. 지옥 갈 것 같으면 차라리 인간으로 세상에 태어나지 않는 것이 훨씬 낫습니다. 그러나 한 번 태어났으니 예수님 잘 믿고 말씀에 순종하고 죄를 회개하여 천국에 가야 할 것입니다.

10

가족 구원을 위해
필사적으로 기도해야 한다

모든 것을 잃어도 구원만은 잃지 말아야 합니다. 부귀, 영화, 명예, 권세를 누려도 구원을 잃으면 불쌍한 사람입니다. 지혜로운 자의 삶은 영원을 붙드는 삶이며, 어리석은 자의 삶은 현세를 붙드는 삶입니다. 그러나 세상 사람들은 거의 모두 거꾸로 살고 있습니다. 영원에는 관심조차 없고 현세에 붙들려 현세를 위한 삶을 살고 있습니다. 성령의 소욕보다 육체의 소욕을 따라 살고 있습니다. 영원을 잃고 지옥에서 깨닫고 후회하지만 한 번 닫힌 구원의 문은 다시 열리지 않습니다. 지옥에는 출구가 없습니다. 한 번 들어가면 그 속에서 갖은 형벌을 받으며 영원히 갇혀 살아야 합니다. 절대 지옥에 가서는 안 됩니다.

천하를 얻고도 지옥 가면 무슨 소용이 있겠습니까? 대통령 되어 부귀, 명예, 권세 누리다가 지옥 가는 것보다 일평생 가난하고 이름없이 살았어도 천국 가는 사람이 훨씬 더 낫습니다.

예수님께서 말씀하셨습니다. 지은 죄는 어떤 죄라도 회개하면 다 용서해 주신다고(요1서1:9). 원죄에서는 완전히 구원 받았기 때문에 원죄에 대해서는 다시 회개할 필요가 없지만, 자범죄는 매일 회개해야 합니다. 매일 옷을 빨고 세수를 하고 이를 닦듯이 지은 죄를 회개해야 합니다. 지옥은 죄 지은 자가 가는 곳이 아니라 회개하지 않는 자가 가는 곳입니다.

하나님의 심판은 행한 대로 갚아 주고 심는 대로 거두는 법칙입니다. 이것이 영계의 법칙입니다. 예수님의 성품을 닮아 가고 죄를 떠나 원수까지 사랑해야 합니다. 예수님은 사랑이시며(요1서4:16), 우리에게 원수까지 사랑하라고 명령(마5:44)하셨기 때문입니다.

이 명령에 불순종하는 자는 결코 천국에 갈 수 없습니다. 천국은 하나님 말씀에 순종하는 자만이 가기 때문입니다. 나는 예수를 믿으니까 어떤 행동을 해도 천국 간다는 망상을 버리세요. 이미 천국 가는 티켓을 따 놓은 것처럼 믿고 있는 자, 또 교단 교리를 앞세워 그와 같이 가르치는 목사님은 자신뿐 아니라 성도들까지 지옥으로 끌고 가는 죄를 범하는 것입니다. 하나님의 심판은 심는 대로 거두고(갈6:7), 행한 대로 갚아주는 공의의 심판(대하15:7, 시62:12, 잠24:12, 렘17:10, 호12:2, 마17:27, 롬2:6, 벧전1:17, 계3:23)이기 때문입니다.

바울도 고백했습니다.

"내가 전파한 후에 버림받을까 두려워 날마다 죽노라."
(고전9:27, 15:31)

그는 자신을 죄인의 괴수(딤전1:15)라 했습니다. 하물며 우리 평범한 성도들임에랴. 일평생 세상 등지고 주의 일만 하는 목사님들도 지옥에 가는 숫자가 많은데(마7:22-23) 성도들이야 말해 무엇 하겠습니까?

이생의 삶은 천국 가느냐 지옥 가느냐 판가름하는 시험대입니다.

70, 80 혹은 길어야 100년을 투자하여 영원한 천국이냐 지옥이냐

를 자신이 선택해야 합니다. 세상은 잘 먹고 권력이나 명예나 부를 위해 사는 것이 아닙니다. 좋은 대학, 좋은 직장, 좋은 집에 사는 것이 성공이 아닙니다. 천국에 가는 것이 성공한 인생입니다. 인생의 목표가 지상에 머물러서는 안 됩니다. 인생의 목표는 천국이 되어야 합니다. 이런 목표를 가지고 세상을 살면 어떤 고난도 감수할 수 있으며, 매일 기쁨과 감사로 살게 됩니다.

모든 사람이 이렇게 살아간다면 이 세상은 얼마나 평화롭고 따뜻한 세상이 되겠습니까. 세상의 삶을 육적인 삶에 목표를 두니까 경쟁을 하게 되고 이겨야 되니까 남을 밟고, 모함하고, 시기하고, 질투하고, 스트레스 받게 되고, 각박해지고, 돈벌이 위해서 갖은 죄악을 범하게 되고 살벌하고 악이 충만한 세상이 되는 것입니다. 영원한 세상에 목표를 두고 살아가는 지혜로운 삶이 되기를 진심으로 부탁하고 기원 드립니다.

지옥에 간 수많은 영혼들은 이 진리를 몰랐기 때문에 제멋대로 살다가 지옥에 가서야 후회하지만 이미 때는 늦었습니다. 믿는 자들은 이 사실을 불신자들에게도 전해서 지옥 갈 영혼들을 건져내야 합니다. 먼저는 사랑하는 가족이 다 천국에 가서 영원한 축복의 삶을 살 수 있도록 가족 구원을 위해, 그리고 부모, 형제, 친척, 이웃을 위해 기도해야 합니다. 결과는 주님께 맡기고 죽을 때까지 기도해야 합니다. 우리에게 이 사명이 제일 큽니다.

11

사탄의 전략

우리가 승리의 삶을 살려면 사탄의 정체를 알아야 합니다. '지피지기(知彼知己)면 백전백승(百戰百勝)'이라는 말이 있습니다. 적을 알고 나를 알면 백 번 싸워도 승리한다는 말입니다.

신앙인의 적은 사탄입니다. 대부분의 사람들이 일생 동안 사탄에게 속아 살고 있습니다. 그럼에도 자신이 사탄에게 속고 있다는 사실을 전혀 모르는 사람이 많습니다. 사탄에 대해서 제대로 알지 못하기 때문입니다. 그래서 결국 사탄에게 끝까지 속아 지옥으로 끌려가는 것입니다. 사탄은 세상의 모든 사람을 지옥으로 끌고 가려고 온갖 계략으로 사람들을 속이고 모든 악을 총동원해서 쉬지 않고 일하는 것입니다.(벧전5:8) 그래서 성도는 죽을 때까지 사탄과의 영적 전쟁을 치러야 합니다. 피 흘리기까지 싸워야 합니다. 사탄의 정체를 알아야 사탄과 싸울 수 있고, 사탄에게 속지 않을 것입니다. 그래서 사탄의 정체를 알아봅니다.

"큰 용이 내어 쫓기니 '옛 뱀' 곧 '마귀'라고도 하고 '사탄'이라고도 하는 '온 천하를 꾀는 자'라 땅으로 내어 쫓기니 그의 사자들도 저희와 함께 내어 쫓기니라."(계12:9)

① 사탄은 온 천하를 꾀는 자(계12:9), 참소자(계12:10, 욥1:9-12), 훼방자(막8:232), 살인자(요10:10), 거짓말쟁이, 거짓의 아비(요8:44)이며, 도적질하고 멸망시키는 자(요10:10)이다.

② 이러한 사탄이 모든 사람을 미혹해서 지옥으로 끌고 가려고 쉬지 않고 일한다.(벧전5:8)

③ 귀신들은 사탄에게 절대 순종한다.(사단의 세계는 군대 조직과 같다)(엡6:12)

④ 모든 악을 동원하여 미혹한다.

⑤ 에덴동산에서 하와를 거짓말로 미혹해서 타락케 했다.(창3:1-4)

⑥ 출애굽한 이스라엘 백성을 미혹해서 하나님의 도를 깨닫지 못하게 하여 광야에서 멸망당하게 했다.(시95:10-11)

⑦ 가룟 유다의 생각에 들어가서 예수를 팔려는 생각을 하게 했다.(요13:2)

⑧ 이스라엘 백성들을 미혹해서 우상숭배를 하게 했다

⑨ 결국 이스라엘 백성을 멸망시켰다.(왕하17:1-12, 15-18, 21-21, 왕하24, 25)
이러한 사탄이 오늘날도 주의 종들과 백성들을 미혹하여 타락시키고, 지옥으로 끌고 간다.(벧전5:8)

⑩ 사탄의 미혹에 지면 지옥, 이겨야 천국 간다.(엡6:12-13)

⑪ 성도와 목사는 이 사실을 까맣게 잊고 사탄에게 속고 살다 지옥 가는 자가 많다.

⑫ 오직 기도와 말씀으로 이들을 이길 수 있다.(엡6:14-18)

⑬ 성령의 사람은 하나님이 주시는 마음의 평안을 누리게 되며, 이 평안은 세상이 줄 수 없는 평안이다.(요14:27)

⑭ 사단의 지배를 받는 사람은 마음의 평안이 없고 근심, 걱정, 염려, 불

안, 두려움이 있다.(요14:27)

⑮ 눈에 보인다고 모두 성령의 역사가 아니다. 사탄도 광명의 천사로 가장하고 성령의 역사로 가장하여 보여 준다.(고후11:13)

인간의 실체는 사탄에게 드러나 있으며, 사탄은 사람들의 취약점을 알고 그 취약점을 틈타 사람들 속에 들어옵니다. 그러므로 사탄에게 빌미를 제공하지 말아야 합니다. 즉 원망, 불평, 불만, 비판, 판단, 정죄, 분노, 화, 짜증, 신경질, 거짓말, 실망, 낙담, 불안, 초조, 두려움, 시기, 질투, 미움, 음란 등등 육체의 소욕으로 죄를 짓지 말아야 하며, 죄를 지었을 때는 즉시 회개해야 합니다. 그리고 성화되어 가야 합니다. 그러기 위해서는 오직 기도로 성령 충만을 받아야 하며, 말씀에 순종하여 성령의 소욕대로 살아가야 사탄의 미혹을 받지 않고 승리할 수 있습니다. 이러한 사탄의 정체를 알고 날마다 벌어지는 영적 전쟁에서 승리하시길 기원합니다.

참고로 캐더린 백스터 목사님의 저서 『영적 세계의 비밀』에 실린 '사단의 종 악령들의 실제 활동 모습'의 일부를 발췌하여 적어 봅니다.

예수님께서 지구상에서 일하는 악한 영들의 역사를 자세하게 알려 주셨습니다. 악령들의 숫자는 이루 헤아릴 수 없을 만큼 많았습니다. 나는 그것들을 보면서 이 지구상에 있는 사람들이 얼마나 많은 악한 영들의 공격을 받고 있는지 알게 되었습니다.

악한 영들은 하나님의 후사인 믿는 자들을 시기합니다. 왜냐하면 그들이 받을 수 없는 나라(천국)를 성도들이 상속할 것이기 때문입니다. 사탄은 하나님을 미워하며 그 미워한 만큼 하나님의 자녀들을 똑같이 미워한다는 것을 알았습니다. 그들은 하나님을 해할 수 없으니 그의 자녀들을 해하는 것입니다. 그들의 목적은 하나님의 자녀들을 온갖 수단과 방법을 동원해서 미혹하여 지옥으로 끌고 가는 것입니다. 그러나 이를 모르는 사람들이 많아 그들의 계략에 속아 지옥 가는 자가 많다는 것입니다.

우리 주변에서 일어나고 있는 모든 죄와 타락의 배후에는 악령들의 역사가 있었으며, 알코올 중독이나, 성적 타락 같은 일들은 반드시 사탄과 그의 세력들이 관여하고 있었습니다. 사탄은 더럽고 지저분한 부하 영들을 파견하여 사람들로 온갖 죄 즉 마약을 하게 했으며, 가정에 투입하여 부부간 불화, 자녀들을 때리며, 배우자를 학대하게 했으며, 가정을 파괴시키고 신경질환, 신경쇠약, 음란, 술 취함, 시기, 질투, 분란, 분리, 이단, 탐욕, 우상숭배, 혈기, 분노, 미움, 실망, 낙담, 좌절, 두려움, 자살 생각, 소외감, 도적질, 거짓말 등 인간사의 모든 죄 즉 성경에서 하지 말라는 모든 죄를 짓게 했습니다. 교회 안에 분쟁을 일으켜 교회를 무너뜨리고 사람들의 마음속에 끊임없이 악한 생각을 일으켜 정신적으로 교란시키고 영적으로 타락하게 만들며 육체적으로 살게 만들어서 믿는 자도 미혹하고 타락하게 하며 불신자들에게는 하나님을 믿지 못하게 끝까지 방해하여 결국 지옥으로 가게 한다고 주님께서 말씀하셨습니다.

귀신에게 속아 마음을 방심하여 의지를 빼앗기거나 틈을 보이면 그들은 바로 그 틈을 이용하여 사람 속에 들어가게 되고 사람의 마음과 생각을 사로잡아 갑니다. 그리고 결국 그 삶 전체를 지배하여 세력을 발전시켜 나갑니다. 나는 귀신들이 의지가 약한 사람들에게 접근하여 그들에게 속살거리며 자신들의 밥으로 만들어 가는 것을 보았습니다.

주님께서 보여 주신 영적 실상을 보면서 한 가지 특이한 사실을 발견했습니다. 그것은 바로 사람들이 귀신을 대적하거나 그들에게 항복하지 않을 때 그들도 강제로 사람들의 삶에 침입할 수 없다는 사실입니다. 그러므로 귀신들은 먼저 사람 속에 들어갈 수 있는 틈을 찾고 접촉점을 찾아 그 의지를 점령하고자 부지런히 사람들을 미혹하는 일을 합니다.

추신) 그러므로 우리 마음과 생각을 절대 사단에게 내어주지 말아야 하며 항상 기뻐하며, 우리의 심령을 말씀으로 채우고 그 말씀대로 살며, 무시로 기도하여 기도 쉬는 죄를 범치 말며, 범사에 감사할 때 사단은 절대 우리를 침범하지 못하고 승리하는 삶을 살게 될 것입니다.

⑯ 항상 기뻐하라.
⑰ 쉬지 말고 기도하라.
⑱ 범사에 감사하라. 이는 그리스도 예수 안에서 너희를 향하신 하나님의 뜻이니라."(살전5:16-18)

그리고 사단을 항상 대적하여 '예수의 이름'으로 물리쳐야 할 것입니다.
"예수의 이름으로 명하노니 더러운 사단은 물러가라."
대적 기도를 하면 사단은 물러갑니다. 예수의 이름은 권세가 있기 때문입니다.

마무리

1. 이 시대를 향한 주님의 음성

2. 천국 지옥을 체험한 목사님들의 저서 및 참고 문헌

이 시대를 향한 주님의 음성
2015. 10. 27.

겸손하라. 사랑하고 용서하라. 품어라.
매일 천국을 사모하라. 항상 천국을 사모하라. 내가 곧 가리라.

나의 사랑하는 자야!
나 예수는 사랑이니라.
사람은 사람을 가리지만,
나 예수는 가리지 않고 차별하지 않고
모든 사람을 사랑하노라.
아무리 흉악한 살인범이라 할지라도
나는 그를 사랑한다.
내가 너희를 사랑한 것같이 너희도 서로 사랑하라.

사랑하는 자야!
내가 너를 얼마나 사랑하는지 너는 아느냐?
네가 세상에 태어났을 때,
네 부모가 기뻐한 것보다 난 더 기뻐하였노라.
그렇게 사랑스러운 널 위해

난 십자가에서 내 몸을 주었노라.
넌 날 위해 무얼 주려느냐?

나의 사랑은 깊고, 넓고, 높으며, 한결같으니라.
내가 너희를 목숨 다해 사랑한 것같이
너희도 서로 사랑하라.

나의 사랑하는 자야!
세상은 점점 사단이 장악해 가고 있구나!
나의 사랑하는 큰 종들이 WCC에 가담하여 무너지고 있구나!
그들로 인해 나의 피 값으로 산 나의 사랑하는 양떼들이
줄줄이 지옥을 향해 가는구나!
그들이, 나의 종들이 회개하지 아니하면
그들의 영혼은 참혹한 형벌을 받으리니
내 가슴이 무너지는구나!
내 눈에서 눈물이 마르지 않는구나!

사단은 점점 세상을 장악해 가고 있구나!
그들의 때를 기다리며 쉬지 않고 일하고 있는데
나의 종들은 그들에게 속고 있구나! 잠들어 있구나!
모든 교회마다 기도의 등불이 꺼지고
모든 교회마다 사단이 장악하여
나의 종들은 나의 양 떼들의 머리를 쇠사슬로 감고 있구나!
그러나 나의 종들은, 나의 양떼들은

깨닫지 못하고 점점 세속화되고
나를 등 뒤로 던지고 멀리 떠나고 있구나!
나의 아버지의 노를 더 이상 내가 진정시킬 수 없구나!
내가 곧 가리라. 내가 곧 가리라.
그때에 내가 믿음을 볼 수 있겠느냐?

사랑하는 자야!
아무리 나를 주여 주여 부르고 아무리 나를 위해 충성한다 해도
그 안에 내가 없으면, 결코 천국에 들어갈 수 없느니라.
말씀을 많이 알고 잘 가르쳐도 그 안에 내 영이 없으면
지식적인 종이 되고 그 안에 생명이 없느니라.

나 보기를 원하는 자들은
마음이 성결하고 순결하며, 티 없이 깨끗해야 하느니라.
한 점의 죄도 없이 거치는 것이 없어야 되느니라.
그러므로 매일매일, 순간순간
자신을 돌아보고 회개해야 하느니라.
철저히 회개해야 되느니라.

오늘날 나의 종들이 양 떼들에게 독을 먹이고 있구나!
기도 없이, 회개 없이 말씀을 지식적으로 풀어 가르치고 있구나!
자신의 지식을 자랑하고 있구나!
영성 없고 지성만 가지고 서기관과 바리새인들이 되어가고 있구나!
입술로는 나를 존경하되 마음은 내게서 멀어지고 있구나.

날 사랑한다고 입술로는 말하지만,

그 마음은 나의 뜻대로가 아닌 자신의 뜻대로 행하고 있으면서

그것이 나의 뜻이라고 착각하고 있구나.

나는 그들의 마음을 원한다. 온전히 내게 향한 그 순수한 마음.

나를 사랑한다 하면서도 그 마음에는 세상 것이 가득 차 있구나.

미워하고, 시기하고, 질투하고, 다투고, 성내며, 용서하지 못하고

등지며 살고 있구나!

나는 사랑이니라.

나는 온갖 수모와 굴욕을 당했어도,

십자가에서 모진 고통과 침 뱉음과 후욕과

살이 찢기는 매를 맞았어도

그들을 끝까지 사랑하였노라.

그들이 모르고 지은 죄요

그 안에 있는 사단에게 속고 있기 때문에

오히려 불쌍히 여겼노라.

그러나 나를 사랑한다고 하면서 나의 말을 전하는 나의 종들이

그 마음속에 시기와 질투와 미움과 분을 품고

서로를 향해 원수진 마음을 갖고 원통해하며, 분한을 참지 못하고

서로 참소하고 있구나!

용서하지 못하고 이를 갈고 있구나!

사단이 가득하구나!

그들로 인해 나의 사랑하는 양 떼들이

모두 그들이 주는 독을 마시고 죽어가고 있구나!

교회마다 사단이 가득하구나!

나의 마음이 심히 아프도다. 심히 슬프도다.

나의 눈에서 애통하는 눈물이 쉼 없이 흐르는구나!

지금 적그리스도는 그의 출현을 위해 쉬지 않고 일하며,

많은 나의 종들과 많은 나의 양들의 영혼을 낚아채고 있는데도

잠들어 있는 나의 종들은 깨닫지 못하고 안일무사 하구나.

물욕과 명예욕과 음란에 사로잡혀 있구나.

독주를 마시고 비틀거림같이 비틀거리고 있구나.

사단이 일할 수 있도록 그들의 자리를 내어주고 있구나.

그 안에 갇혀 있는 나의 양 떼들은 어이할꼬!

분별없이 비틀거리는 종들을 따라가고 있구나!

어이할꼬! 어찌할꼬!

나의 피멍울 진 심장은 날마다 찢기고 있노라

나의 눈물은 쉬지 않고 흘러내려 강물이 되어 가는구나.

나의 애 타는 이 마음을 나의 종들은 외면하고 있구나.

아예 헤아리지도 못하고 있구나.

그러면서도

"주님 제가 주님을 사랑하나이다.

제가 열심히 말씀을 가르치고 있나이다."

자기만족에 도취되어 있구나!

이미 세상은 끝자락에 와 있노라.
내가 곧 가지 않으면 이 세상은 죄로 인해
자멸하고 말겠구나!
깨어라! 깨어라! 나의 종들아!
온유하고 겸손하라!
쉬지 말고 기도하라, 기도하라. 기도하라, 또 기도하라.
부르짖으며, 가슴을 찢으며 회개하고 또 회개하며 기도하라.
회개치 않는 자는 결코 내 나라에 들어올 수 없느니라.

노아의 시대 홍수에 멸망하기까지 그들은 세상에 취해 살았노라.
그러다 거세게 몰려든 홍수 심판 앞에 모두 멸망하였느니라.
지금은 그때보다 더 사악하고 더 안일하구나
내가 덫과 같이 임할 때 과연 얼마나 구원받을 자가 있을는지...

지금은 지식적인 말씀보다 영성을 깨우며,
세상 돌아가는 마지막 시대를 깨우쳐야 하느니라.
요한계시록을 풀어 가르쳐야 되느니라.
성경대로 이루어지는 역사 속에
오늘날 세계 속에서 마지막을 향해 치닫고 있는
계시록의 실체들을 깨달아 알고 가르쳐야 하느니라.

세상을 육안으로 보지 말고 영안을 뜨고 보아야 함에도
눈이 감기고 귀가 막히고 머리는 사단의 무게로 덮여 있구나.
소경이 소경을 인도하고 있으니 심히 안타깝도다.

그래서 더욱 말씀 읽고 기도하여
영으로 깨닫고 전해야 하느니라.

내가 곧 가리니 깨어 준비하라.
미련한 다섯 처녀가 되지 말고
슬기로운 다섯 처녀가 되어라.

미국은 이미 사단의 국가가 돼 버렸다.
청교도 정신을 잃은 지 이미 오래 되었구나
내가 가증히 여기는 동성애가 합법화되고
그 여세가 물밀듯 온 세상을 잠식하고 있구나.
낙태가 합법화되고,
성적 타락은 더 이상 눈 뜨고 바라볼 수 없구나.

나의 종들이 세상 풍조를 따라가고 있으면서
나를 사랑한다고 하는구나.
내 뜻을 행하는 자가 나를 사랑하는 자이거늘
자기 뜻을 행하면서 내 뜻을 행한다고 하는구나!

이제 적그리스도가 온 세상을 장악하면
곳곳에 전쟁이 터지고 환난이 시작되리니
창세 이후로 없는 환난이요,
큰 환난이요, 견디기 어려운 환난이요
사단이 최후의 발악으로 온 힘을 다 하여

세상은 어둠과 두려움과 떨림으로 변할진대

그날에 배도의 역사가 크게 일어나는 가운데서도
믿음을 지키고자 하는 자들은
모든 괴로움과 고통을 참고 끝까지 인내해야 되리니
지금부터 기도와 말씀으로 준비하여
성령의 인도하심을 따라야 하리니
끝까지 말씀 붙들고 적그리스도에게 굴복하지 않은 자들은
내가 지키리니 기도로 준비해야 하느니라.

다니엘의 사자 굴의 기도와
사드락과 메삭과 아벳느고의 사건은
환난의 모형이니 그들과 같이 죽음을 불사한 믿음으로
오직 주 예수만 바라보고
믿고 참으며 끝까지 견디어야 하느니
그런 자는 내가 보호하리라.

이 시대는 사악한 사단의 시대
적그리스도의 출현을 눈앞에 두고 있는 시대
성경 계시의 마지막 징조들이 다 드러나고 있는 시대이니라.
한국에도 동성애법이 통과되면,
참 종들은 순교를 각오해야 되리니
주의 종들 가운데서도 배도 자가 많으리라.

사랑하는 자야!

끝까지 믿음 지키며 깨어 기도하고

오직 주만 바라고 주만 믿고 의지하며 승리하기 바란다.

나의 사랑하는 자! 나의 종아!

사랑한다. 사랑한다. 심히 사랑한다.

나는 널 천국에서 보기를 소망한다.

2

천국 지옥을 체험한
목사님들의 저서 및 참고 문헌

- 메어리 K. 백스터, 『정말 지옥은 있습니다』, 은혜출판사, 2007.5.20. 14쇄

- 메어리 K. 백스터, 『정말 천국은 있습니다』, 은혜출판사, 2008.3.10. 10쇄

- 에마누엘 스베덴보리, 『천국과 지옥』, 세종문화사, 1990.5.15

- 에마누엘 스베덴보리, 『위대한 선물』, 다산북스, 2009.3.23. 7쇄

- 토마스 주남, 『천국은 확실히 있다』, 말씀사, 2005.1.10. 56쇄

- 모리스 S 롤링스, 『지옥에 다녀온 사람들』, 요단출판사, 2008.9.30. 4쇄

- 리처드 에비, 『하늘나라 기행문』, 나침반, 2009.6.20. 5쇄

- 존 번연, 『천국과 지옥』, 규장출판사, 2010.2.16. 13쇄

- 빌 와이즈, 『지옥에서 23분』, 베다니, 2011.3.30. 6쇄

- 하워드 피트만,『플라시보시』, 호야, 2015.9.8. 수정증보판
- 박영문,『두고 보리라』, 일신, 1990.1.10.
- 박영문,『천국과 지옥을 믿습니까』, 쿰란출판사, 2009.3.20.
- 이현숙,『지옥에서 본 천국 Ⅰ』, 아가, 2005.12.27. 4쇄
- 이현숙,『지옥에서 본 천국 Ⅱ』, 아가, 2006.4.12 4쇄
- 이재록,『지옥』, 우림북, 2013.5.24. 총 13쇄
- 이재록,『천국』, 우림, 2009.9.1. 11쇄
- 변승우,『하늘나라에서 온 이메일』, 큰믿음, 2009.5.9.
- 변승우,『지옥에 가는 크리스천들』, 큰믿음출판사, 2009.5.9. 수정증
  보판
- 김용두,『내가 네게 불세례를 주노라』, 예찬사, 1009.9.30.-2013.3.28
  총 19쇄 〈1권- 6권〉
- 최보라,『도저히 믿어지지 않는 지옥의 실상들』, 사랑, 2011.1.15
- 나현숙,『아름다운 영의 나라』, 성운, 2011.6.30. 3쇄
- 신성종,『내가 본 천국과 지옥』, 크리스찬서적
- 서사라,『천국과 지옥 간증 수기 1, 2권』, 하늘빛, 2014.9.22.

참 고

  지옥 간증이나 지옥 간증 책을 출간한 목사님들 가운데 이단으로 정죄되거나 이단 시비에 걸려 있는 목사님 몇 분이 계십니다. 변승우 목사, 김용두 목사, 나현숙 목사, 이재록 목사 등입니다. 그럼에도 이 목사님들의 간증이나 책을 소개한 이유는 이 목사님들은 그 어떤 목사님들보다 뜨겁게 하나님을 사랑하고 그 누구보다 열정적으로 기도하며 지옥 간증을 하기까지 매일 전 교인이 예배하며

하나님에 대한 열정과 천국에 대한 소망이 가득합니다. 하나님께서 는 아무에게나 천국 지옥을 보여 주시지 않습니다. 거기에 합당하 기 때문에 보여 주시는 것입니다.

저는 이 목사님들을 이단이라고 정죄하는 분들에게 묻고 싶습니다.

첫째, 그 목사님 교회에 가서 한 번이라도 예배에 참석하신 적이 있습니까?

둘째, 그 교회 성도들이 기도한 모습을 한 번이라도 보신 적이 있 습니까?

셋째, 그 목사님들을 한 번이라도 면대해서 대화해본 적이 있습 니까?

넷째, 그 목사님들이 천국 지옥을 보기까지의 과정을 알고 있습 니까?

다섯째, 어떻게 해서 그 목사님들이 천국 지옥을 보게 되었는지 알고 있습니까?

여섯째, 그분들이 쓴 천국 지옥 간증 책을 보셨습니까?

이 목사님들을 두둔하는 것이 아니라 실상을 말하는 것입니다. 저는 이 교회 가운데 직접 가서 예배에 참석하여 전 교인들이 철야 하며 매일 밤 기도하는 기도 현장을 보았고, 아침부터 저녁까지 온 종일 성전에서 기도하는 성도들을 보았습니다. 모든 사람들이 잠자 는 시간에 자지 않고 저녁 9시부터 뒷날 새벽 5시까지 긴 시간을 뜨겁게 찬양하고 부르짖는 모습들을 보고 어떻게 매일 밤 저렇게 할 수 있을까 하며 그 열성에 감동을 받았습니다. 이러한 기도의 열 정과 하나님에 대한 뜨거운 사랑과 천국에 대한 소망은 누구도 따 라갈 수 없는 그들만의 모습들이었습니다. 설령 그 목사님들이 성경적이지 않은 부분이 있다 하더라도 사람은 누구나 완전하지 않기 때문에 잘못된 면이 있을 수 있습니다. 정통 교회라 해도 100% 완전하지는 못합니다. 오류가 있습니다.

천국 지옥 간증은 귀한 것입니다. 영적으로 무지해서 죄를 짓게 되는 경우도 많기 때문에 하나님께서는 합당한 자를 들어서 본 그대로 전하라고, 그래서 천국 간 자가 많도록 하기 위해서 보여 주신 것입니다. 이러한 하나님의 마음을 헤아린다면 함부로 이단으로 정죄하기 보다는 우리가 배울 부분은 받아들이고 아닌 부분은 버리면 되는 것입니다. 함부로 정죄했다가 자칫하면 성령훼방죄를 지으면 안 되기 때문입니다. 성령훼방죄는 사하심도 없다(마12:31-32, 막3:28-29, 눅12:10-12)고 하셨습니다.

오직 말씀만 외치는 정통 교회 목사님들이 '추도예배' '장례예배'를 드리고 'WCC'와 연합하고 교계에서 널리 알려진 모 대형 교회는 교회 모습부터 완전히 사단을 숭배하는 프리메이슨을 형상화하고, 교회 안에서도 그러한 모습들을 보이고 있는데도 그들에게는 이단이라고 하지 않는 이유는 무엇인지 묻고 싶습니다. 노골적으로 하나님을 배도하고 있는데도 말입니다.

위의 목사님들이 오류가 있다 해도 지옥 간증을 이처럼 신랄하게 드러낸 분들의 간증에서 우리가 많은 깨우침을 받고 있는 것은 사실이니 지옥 간증까지 이단시하지 말고 아닌 것은 버리고 우리가 얻을 부분만 취하면 되는 것입니다. 그런 의미에서 이분들의 지옥 간증을 싣고 책들도 소개했습니다.

우리는 항상 사람의 생각이 다 옳은 것이 아님을 알고 남들이 이단이라고 하니 이단으로 함부로 정죄함으로 성령훼방죄를 짓지 말기를 바라는 마음입니다. 이들을 이단으로 규정한 신학자도 교단도 완전한 사람은 하나도 없습니다. 오히려 그들이 하나님 편에서 볼 때는 더 이단성을 띨 수도 있습니다. 자신들은 모릅니다. 하나님만이 아십니다.

교주를 신격화하거나 예수님의 신성을 부인하거나 성경 말씀에서 이탈한 '신천지', '하나님의 교회', '통일교', '여호와 증인' 등은 진정한 이단들임에 틀림없습니다.

맺는 말

　　2015년 4월, 성령님께서 목차와 내용까지 주시며 책을 쓰라고 하셨지만 기도 시간을 빼앗기고 싶지 않아 8개월 동안 지체하고 있는 가운데 12월 새벽 기도 시간에 두 번째 성령의 감화 감동으로 주신 말씀들을 받아 적으면서 이 책을 쓰지 않으면 불순종이 되겠다는 생각에 기도로 다시 여쭈었습니다. '이 책을 꼭 써야 되겠느냐'고 말입니다. 성령님은 '이 책을 통해 구원할 영혼들이 많다.'고 하셨습니다. 그래서 순종함으로 시작된 글이 40여 일 만에 400페이지에 달하는 책으로 마무리되었습니다.

　성령님은 '네가 쓴 것이 아니고 너는 도구일 뿐'이라고 하셨습니다. 그 말씀이 위안이 되어 시작된 글이 너무나도 빠른 속도로 너무나 쉽게 진행된 것을 보면서 제가 한 일이 아니라는 것을 강하게 느꼈습니다. 제가 쓰고 싶은 책이 있다면 '마지막 시대'에 관한 책이었습니다. 이미 성경에 예언된 모든 말씀들이 성취되었고, 이제 마지막 예수님께서 재림의 시기에 이뤄질 몇 가지 사건만을 앞두고 있는 이 시대에 너무나도 급격한 변화와 더불어 마치 봇물 터지듯 한꺼번에 밀려드는 종말의 사건들이 끝자락에 와 있음을 느끼면서 오늘이 최후의 한 날인 양 말씀과 기도로 무장하지 않으면 안 된다는 절박감 속에서도 마음의 평안을 누리게 하심을 감사하게 됩니다.

이 책은 절대 한 개인의 생각이나 주장이 아니고 이 시대를 향하신 하나님의 마음이 담겨진 책이며, 그러기에 슬쩍슬쩍 넘기지 마시고 정독 하시면서 꼼꼼히 읽어 보시길 재삼 부탁드립니다. 마음에 와 닿는 부분이 있다면 좋거니와 '가당치 않다', '편견이다'라는 생각이 드신다면 그 부분을 성경을 읽으시며 기도로 주님께 여쭙기 바랍니다.

어찌하든 지옥은 가지 말아야 합니다. 본인은 물론이거니와 가족의 구원을 위해서도 필사적으로 기도해야 합니다. 사랑하는 가족 중 그 어느 한 사람이라도 지옥에 가면 안 되기 때문입니다. 이 책에서는 지면 관계상 천국에 대해서는 언급하지 않았고, 집중적으로 지옥에 관한 것만 다루었지만 너무 참혹한 부분은 싣지 못했습니다. 이 책에 기록된 지옥보다 더 중벌로 다스리는 무서운 지옥에 대해서 침묵한 이유는 이미 기록된 지옥의 참상만으로도 지옥은 절대 가서는 안 된다는 생각을 충분히 하셨으리라 생각하기 때문입니다. 서두에서도 언급했지만 지옥을 체험하신 목사님들의 간증을 사례별로 기록하라는 감동을 주셨기에 선별하여 실었습니다.

이 책을 읽으시는 분들은 '나무'를 보지 마시고 '숲'을 보시기 바랍니다. 사소한 것에서 비판을 삼가시고 이 책의 핵심을 보시기 바랍니다. 주님의 마음을 읽으시기 바랍니다. 이 시대 우리에게 무엇을 원하고 계시는지를.

우리나라에서 '차별금지법'이 통과되면 교회는 문을 닫아야 합니다. 진리를 바로 전할 수 없기 때문입니다. 아니면 순교를 각오하고 말씀을 전해야 합니다. 그럼에도 오늘날 교회는 너무 안일합니다.

실상을 알고 깨어 있는 교회는 극소수입니다.

지금 눈에 보이는 세계는 평화스러워 보이지만 영적인 세계는 실로 처절합니다. 자기 때가 얼마 남지 않음을 알고 있는 사단은 온갖 방법을 동원하여 한 영혼이라도 지옥에 빠뜨리고자 그야말로 발광을 하고 있으며, 주님의 재림은 노아의 때, 마지막 심판의 순간까지 먹고 마시고 즐기면서 시집가고 장가가고 세상에 취해서 그들을 멸하기까지 몰랐던 것처럼 지금 이 시대도 그렇습니다. 오직 주님 오시기만을 학수고대하며 기도와 말씀으로 깨어 있는 자들만이 분별할 수 있기 때문입니다.

주님 재림은 '덫과 같이', '도적같이', '번개가 번쩍임같이', 평안하다 안전하다 할 그때에 '홀연히' 임하신다고 했습니다.

> "홍수 전에 노아가 방주에 들어가던 날까지 사람들이 먹고 마시고 장가들고 시집가고 있으면서 39) 홍수가 나서 저희를 다 멸하기까지 깨닫지 못하였으니 인자의 임함도 이와 같으리라."(마24:38-39)

> "너희는 스스로 조심하라. 그렇지 않으면 방탕함과 술 취함과 생활의 염려로 마음이 둔하여지고 뜻밖에 그날이 덫과 같이 너희에게 임하리라. 이날은 온 지구상에 거하는 모든 사람에게 임하리라."(눅21:34-35)

> "번개가 동편에서 서편까지 번쩍임같이 인자의 임함도 그러하리라."(마24:27)

"주의 날이 밤에 도적같이 이를 줄을 너희 자신이 자세히 앎이라. 3) 저희가 안전하다 평안하다 할 그때에 잉태된 여 자에게 해산 고통이 이름같이 멸망이 홀연히 저희에게 이 르리니 결단코 피하지 못하리라."(살전5:2-3)

그러나 빛의 자녀들은 그날이 도적같이 임하지 못한다(살전5:4)고 하셨습니다. 그러므로,

"깨어 있으라."(마24:42),

"예비하고 있으라."(마24;44),

"그런즉 깨어 있으라."(마25:3)

고 말씀하십니다.

마지막으로 우리는 2004년 12월 24일 동남아시아에서 돌발한 지 진 쓰나미(지진해일)로 40개국에서 30만 5천 명이 사망한 사실을 알 고 있습니다. 예고 없이 순식간에 밀어닥친 쓰나미는 지구 축을 변 화시키고 지형을 바꾼 강력한 지진해일로 삶의 터전이 마치 지우개 로 지우듯 흔적도 없이 사라지고 사람들에게 피할 길도 주지 않고 수백 수천 명의 사람들을 단숨에 삼켜 버려 지구를 아비규환의 지 옥으로 만든 사건을 저는 지금도 잊을 수 없습니다. 그러나 앞으로 닥칠 환난은 이와는 비교할 수 없습니다. 창세 이후로 전에도 없고 후에도 없는 환난(마24:21, 막13:19-23, 눅21:22-24, 단12:1)이라고 성경 은 말씀하고 있기 때문입니다. 우리의 소망은 예수님의 재림입니다. 재림을 사모하며 신부로 단장되어 모두 공중에서 주를 맞이하시길

바랍니다. 신부는 오로지 신랑만 사모하고 신랑만 바라보며 신랑에게만 몰두해야 할 것입니다. 결코 다른 데 눈을 돌리거나 마음을 앗겨서는 아니 됩니다.

마라나타! 모든 영광 주님 홀로 받으시옵소서.

2016. 정월 초이튿날
골방에서

"너는 기도할 때에 외식하는 자와 같이 되지 말라.

저희는 사람에게 보이려고 회당과 큰 거리 어귀에서 기도하기를 좋아하

느니라.

내가 진실로 너희에게 이르노니 저희는 자기 상을 이미 받았느니라.

너는 기도할 때에 네 '골방'에 들어가 문을 닫고

은밀한 중에 계신 네 아버지께 기도하라.

은밀한 중에 계시는 네 아버지께서 갚으시리라."(마6:5-6)